WJ Gruffydd

DAWN DWEUD

Hen gwestiwn mewn beirniadaeth lenyddol yw mater annibyniaeth y gwaith a ddarllenir; ai creadigaeth unigryw yw cerdd neu ysgrif neu nofel, i'w dehongli o'r newydd gan bob darllenydd; neu i ba raddau mae'n gynnyrch awdur unigol ar adeg arbennig yn ei fywyd ac yn aelod o'r gymdeithas y mae'n byw ynddi? Yn y pen draw diau fod gweithiau llenyddol yn sefyll neu'n cwympo yn ôl yr hyn y caiff darllenwyr unigol ohonynt, ond aelodau o'u cymdeithas ac o'u hoes yw'r darllenwyr hwythau, a'r gweithiau a brisir uchaf yw'r rheini y gellir ymateb iddynt a thynnu maeth ohonynt ymhob cenhedlaeth gyfnewidiol am fod yr oes yn clywed ei llais ynddynt. Ni all y darllenydd na'r awdur ymryddhau'n llwyr o amgylchiadau'r dydd.

Yn y gyfres hon o fywgraffiadau llenyddol yr hyn a geisir yw cyflwyno ymdriniaeth feirniadol o waith awdur nid yn unig o fewn fframwaith cronolegol ond gan ystyried yn arbennig ei bersonoliaeth, ei yrfa a hynt a helynt ei fywyd a'i ymateb i'r byd o'i gwmpas. Y bwriad, felly, yw dyfnhau dealltwriaeth y darllenydd o amgylchiadau creu gwaith llenyddol heb ymhonni fod hynny'n agos at ei esbonio'n llwyr.

Y gyfrol gyntaf yn y gyfres yw'r bywgraffiad hwn o W. J. Gruffydd. Eraill sy'n cael eu paratoi ar hyn o bryd yw bywgraffiadau llenyddol o T. H. Parry-Williams, Daniel Owen, Islwyn, Kate Roberts, Iolo Morganwg ac O. M. Edwards.

DAWN DWEUD

WJ Gruffydd

gan
T. Robin Chapman

GWASG PRIFYSGOL CYMRU
CAERDYDD 1993

Mae cofnod catalogio'r gyfrol hon ar gael gan y Llyfrgell Brydeinig

ISBN 0-7083-1200-4

Cynllun y siaced gan Design Principle, Caerdydd
Cysodwyd yng Nghymru gan Megaron, Caerdydd
Argraffwyd a rhwymwyd yng ngwledydd Prydain gan Hartnolls Cyf., Bodmin

Cynnwys

Cydnabyddiaethau

Rhaid diolch i nifer o bobl am hynny o lun gorffenedig sydd ar y gyfrol hon. Yr wyf yn arbennig o ddiolchgar i'r Dr Brynley Roberts, Llyfrgellydd y Llyfrgell Genedlaethol, nid yn unig am fod mor garedig â meddwl amdanaf fel cyfrannwr i'r gyfres hon o fywgraffiadau beirniadol-lenyddol yn hydref 1989, ond hefyd am ei ohebiaeth hynaws a chalonogol byth oddi ar hynny. Yr oedd derbyn rhyw bwt newydd o wybodaeth annisgwyl am Gruffydd oddi wrtho yn brofiad amheuthun ac yn foddion i ddal ati. Bu Tomos Roberts, Archifydd Coleg Bangor, yn arbennig o gymwynasgar a gwybodus. Mwynheuais aml i sgwrs am Gruffydd gyda Mr Brinley Rees ac elwais, gobeithio, ar ei gyngor tawel. Cefais sylwadau amhrisiadwy yn ogystal oddi wrth ddau a adwaenai Gruffydd yn bersonol, Mr R. Wallis Evans a Mrs Myfanwy Jenkins. Yr wyf yn ddyledus i'm hen gyfaill Einion Thomas, Archifydd Rhanbarthol Môn, am hanes Gruffydd ym Miwmaris ac i staff Cofrestrfa'r Brifysgol am fanylion ar ei yrfa academaidd. Bu'r Athro J. E. Caerwyn Williams garediced â chaniatáu imi ddefnyddio ysgrif a ysgrifennais i'r *Traethodydd* ar dranc *Y Llenor* yn sail i'r bennod olaf. Cydnabyddaf yn olaf gymorth ac amynedd fy ngwraig, y Dr Susan Chapman. Gwnaeth waith gwerthfawr ar yrfa seneddol Gruffydd ac yr oedd yn ddyfal-ddiflino yn ei hymchwiliadau ar fy rhan. Iddi hi y cyflwynir y gyfrol hon. Nis caed hebddi.

T. Robin Chapman, Rhagfyr 1992

Rhagarweiniad

STORI FACH wir i ragymadroddi stori hwy a llawer llai sicr.
Un prynhawn Sul yn nechrau Awst yn 1990, tra oedd gweddill
Cymru'n dadbacio wedi wythnos o eisteddfota, penderfynodd fy
ngwraig a minnau fynd ar fath o bererindod i fro W. J. Gruffydd yn
Llanddeiniolen, plwyf hirsgwar cam, yn ymestyn o lannau'r Fenai rhwng
Bangor a Chaernarfon hyd at lan ddwyreiniol Llyn Padarn a llethrau'r
Elidir Fawr. Ymweld â dau eithaf ei fywyd, man ei eni a man ei gladdu,
oedd y nod.

I bentref Bethel yr aethom gyntaf a chael hyd i'w gartref, Gorffwysfa.
Darlun plentyn o dŷ: drws yn y canol gyda ffenestr o bobtu, a thair
ffenestr mewn rhes uwchben. Wyneba'r de-orllewin a thywynnai'r haul
ar ei baent coch newydd. Sefyllian wedyn. A phetruso. Fe'n harbedwyd
rhag yr embaras o egluro ein perwyl wrth y perchnogion; wedi curo a
disgwyl, cawsom fod y tŷ penteras bychan, gyda'i fymryn gwrt o'i flaen,
yn wag. Gadawsom y naill orffwysfa er mwyn cael golwg ar y llall.
Troesom oddi ar y ffordd fawr ger Tafarn Gors Bach a dilynasom lôn
serth rhwng gwrychoedd nes gweld mynwent Llanddeiniolen ar lecyn o
dir gwastad. Ni bûm yno ers blynyddoedd ac nid adwaenwn y lle mwyach
Chwiliasom yn ofer am y bedd dan yr ywen fawr (mor aml y'n siomir gan
fythau) ac yna aethom yn ôl a blaen yn sustemataidd oer rhwng y rhesi.

Cofadail marmor gwyn ar ffurf angel dynnodd ein sylw yn gyntaf, yn
dwyn enwau ei deulu: Edith Myfanwy, ei chwaer hynaf, a fu farw yn
1903 yn ddwy ar bymtheg oed; ei fam, Jane Elizabeth (1859–1927); John,
ei dad (1852–1929); ac yna'r ddau a oroesodd eu brawd, Elwyn (1895–
1964) a Ceridwen (1891–1968).

Yn ymyl y cofadail mawreddog, ar dalp o wenithfaen nadd, crwm yr
oedd enw William John Gruffydd ynghyd â'i ddyddiadau, 1881–1954, a
thri gair mewn llythrennau breision: ATHRO, BARDD, LLENOR.

Wrth ddychwelyd at y car, troes fy ngwraig ataf. 'Wyddwn i ddim beth
i'w ddisgwyl,' meddai. 'Roeddwn i'n hanner chwilio am garreg blaen

werinol ac yn hanner disgwyl gweld rhywbeth addurnedig a thrawiadol. Doedd carreg Gruffydd na'r naill beth na'r llall.'

Ni fynnwn ystumio'r metaffor yn ormodol a drwgdybiaf ddadansoddi seicolegol, ond gwelaf lygedyn o arwyddocâd yn y sylw mewn perthynas â holl fywyd a chymeriad W. J. Gruffydd. Pan ganodd Williams Parry amdano 'yn llawn o ryfel ac yn llyn o ras' yn 1938, nid dweud yr oedd yn unig fod Gruffydd yn anghyson a chyfnewidiol (er bod digon o'r ddeubeth yn ei wneuthuriad). Cyfanrwydd amwys Gruffydd oedd ei destun, y 'gymysg dras' a sicrhai na fyddai 'na'r naill beth na'r llall' ar hyd ei oes. Deallai Gruffydd hynny'n well na neb arall. Brwydr barhaus rhwng etifeddiaeth a theithi ei feddwl unigolyddol ei hun fu ei hanes. Ysgrifennwyd 'I'm Cyndadau' ym mis Hydref 1917, bron yn union ar ganol ei fywyd. I mi, cynrychiola sylweddoliad llawnaf Gruffydd o'r deublygrwydd hwn yn ei natur.

Prin y dirnadwn neilltuolrwydd Gruffydd trwy gyfyngu ein sylw i'r arysgrif foel ar ei garreg fedd. Athro, Bardd, Llenor. Mentraf awgrymu na ellid bywgraffiad llawn ohono o gwbl pe na bai ond yn athro neu'n fardd neu'n llenor a'r agweddau hyn ar ei fywyd yn gategorïau annibynnol, caeedig. Dysgwyd inni yn y coleg fod Gwynn Jones yn fardd a John Morris-Jones yn ysgolhaig a Kate Roberts yn awdur straeon byrion 'yn gyntaf dim', ac er imi amodi fy marn amdanynt wrth ddod i'w hadnabod yn well, daliaf yn reddfol i'w dosbarthu dan y pennau hynny. Buan y dysgais fod 'yn gyntaf dim' yn ddosbarthiad diystyr yn achos Gruffydd. Yr hyn sy'n asio'r athro a'r bardd a'r llenor, yr hyn a wna Gruffydd yn gofiadwy ac yn destun cofiant llawer mwy haeddiannol nag y gallaf i ei gynnig, yw cyfuniad o ddwy elfen annidol yn ei bersonoliaeth: ysfa a dawn am gyhoeddusrwydd. Meddai Gruffydd ar gynneddf i dynnu sylw. Ni bu yn y cyfnod rhwng y ddau ryfel ffigwr cyhoeddus mwy cyhoeddus nag ef. Fe'i bedyddiwyd â mwy o lysenwau nag odid neb o'i gyfoeswyr: 'Himmler y Bwrdd Beirniaid', 'a somewhat erratic genius', 'prif gythraul y cyhoedd', 'the stormy petrel of Welsh literary life', '*enfant terrible*', 'blingwr cydwybodau euog ei gyd-genedl', 'Gruffyddus contra mundum', 'the fledgeling who poses as a Daniel come to pass judgement'. Cythruddai ei gydwladwyr gan mai dyna a ddisgwylid ganddo. Ni allai neb aros yn amhleidiol yn ei gylch. Fel y nododd rhig-ymwr di-enw yn 1930:

> Beth a wnelai Cymru hebot,
> > Dybliw Jê?
> Pwy a godai'r stormydd tebot,
> > Dŵr a thê?

'Nid yw W. J. Gruffydd yn fardd adnabyddus iawn,' meddai Williams Parry amdano yn *Yr Ymwelydd Misol* mor gynnar â Gorffennaf 1912 pan nad oedd Gruffydd ond yn un ar ddeg ar hugain oed, ond ni allai beidio ag ychwanegu nad oedd yng Nghymru neb o'i oed 'y sydd iddo gynifer o bobl a'i câr ac a'i casha'.

Tynged y gŵr cyhoeddus yw fod ei fywyd yn mynd yn eiddo i'w gyhoedd. Y peth rhyfedd yn achos Gruffydd oedd iddo adael i hynny ddigwydd mor ewyllysgar. Cwynai'n aml wrth gyfeillion am y sylw ond yr oedd sylw'n faeth iddo. Seilir y cofiant hwn i raddau ar farn pobl eraill amdano am mai barnau oddi allan oedd un o brif gymhellion y dyn oddi mewn. Gwnaeth Gruffydd ddrama o'i fywyd ac yr oedd yn fodlon gwahodd eraill i chwarae rhan ynddi.

Fy ngobaith yn y tudalennau a ganlyn yw cyflwyno darlun o Gruffydd a ganiatâ iddo siarad drosto'i hun yn ogystal. Yn achos gŵr a gafodd fywyd mor amryfal, ofer chwilio am batrwm na neges. Nid amddiffyn nac erlyn Gruffydd mewn llys barn yr wyf; gwnaeth yntau hen ddigon i'w gyfiawnhau ac i'w gondemnio ei hun heb fy nghymorth. Y cyfan y gobeithiaf ei wneud yw bod mor deg ag y gallaf wrth ŵr a ddioddefodd lawer annhegwch oddi ar law eraill ac nad oedd bob amser yn gwbl deg wrtho'i hun chwaith.

1

Bethel a Chaernarfon, 1881–1899

YN NIWEDD HAF 1879 yr oedd Jane Elizabeth, unig ferch William a Jane Parry, Gorffwysfa, Bethel, yn un ar hugain oed ac ar fin mynd i'w hyfforddi yn athrawes i'r Coleg Normalaidd ym Mangor. Ond, ar ôl pasio'r arholiadau gofynnol ac wedi ysbaid fel athrawes ddidrwydded yn y Felinheli, fe newidiodd ei meddwl. Drylliodd obeithion ei rhieni, ac yn enwedig ei thaid, trwy briodi bron yn gwbl ddirybudd chwarelwr o'r un pentref a oedd bron wyth mlynedd yn hŷn na hi. Ymgartrefodd y ddau yn ei chartref genedigol yn Gorffwysfa a llai na blwyddyn yn ddiweddarach yr oedd John a Jane Griffith yn disgwyl eu plentyn cyntaf.

Ganed William John (yr enw blaen ar ôl ei daid a'r enw canol ar ôl ei dad) yn ddigon cynnar yn 1881 i gael ei restru yng Nghyfrifiad y flwyddyn honnoy mhlith y 6,886 o bobl a oedd yn byw ym mhlwyf Llanddeiniolen. Yr oedd tywydd y pedwerydd ar ddeg o Chwefror yn neilltuol o erwin. 'LLIFOGYDD ANFERTH YNG NGHYMRU A LLOEGR . . .', meddai gohebydd *Y Faner*, 'Y FFYRDD HAEARN WEDI EU "BLOCIO", A'R PELLEBRAU WEDI EU NIWEIDIO – HELA CWNINGOD &C AR BENAU COED – BWRW MILIYNAU O BYSG I'R LAN.' Yn ôl traddodiad y teulu yr oedd yr eira mor drwm yng nghyffiniau Bethel y noson honno fel na chyrhaeddodd y Dr Davies o Gaernarfon tan y foment olaf i ddwyn y bychan i'r byd ac fe'i cadwyd yn fyw trwy ei ddal uwchben padellaid o ddŵr poeth. 'Cafodd yr oruchwyliaeth hon y fath effaith arnaf, mi gredaf,' oedd sylw'r newyddanedig hanner cant ac un o flynyddoedd yn ddiweddarach, 'fel yr aeth hi'n anghenraid moesol imi am y gweddill o'm bywyd.'[1] Ei atgof cyntaf oedd gweld yr haul yn tywynnu ar wyneb cloc ei rieni ym mharlwr Gorffwysfa; cloc tebyg iawn i'r un a ddaeth yn destun ei ysgrif ar 'olafrwydd' darfodedig pob gweithred ddynol, 'Y Tro Olaf', yn 1939.[2]

Hanai teulu John Griffith o ardal Llanrug er mai ym Methel y'i ganed yn 1852. Yng nghof ei fab yr oedd yn ŵr tawel a di-sôn-amdano:

darllenai'n helaeth yn Gymraeg ac yr oedd yn berchen llyfrgell; hoffai ganu a cherddoriaeth; yr oedd yn hyddysg yn y Beibl a chymerai ddiddordeb byw ym materion y dydd. Ei arwr mawr oedd Lloyd George. Tua diwedd ei oes cyfrannodd gyfres o erthyglau ar hanes ei bentref i'r *Herald Cymraeg.*

Ni bu'r tad a'r mab erioed yn agos. Yn y bennod a neilltuodd Gruffydd i'w drafod yn ei *Hen Atgofion,* rhydd ddarlun ohono fel un a ysbrydolwyd gan ddau angerdd mawr: y capel (lle y bu'n ddiacon ac wedi hynny'n drysorydd) a magwraeth ei blant. Ni allai Gruffydd edrych arno ond fel ffenomen, cynnyrch a chynrychiolydd ei oes; ac ni welodd le iddo'i hun o fewn cwmpas ei fywyd beunyddiol:

> Yn wir, nid oedd iddo hanes o gwbl, – bu'n gwneuthur yr un peth ar hyd ei oes er pan wyf i'n ei gofio, – gweithio'n anarferol o galed yn y chwarel ar hyd yr wythnos nes ymlâdd yn hollol cyn ei diwedd; mynd i'w wely brynhawn Sadwrn pan oedd wedi myned – a hynny'n bur ieuanc – yn rhy flin i fyned i Gaernarfon yn ôl arfer yr ardal; mynd i'r capel dair gwaith y Sul, ac weithiau'n amlach, ac i ryw gyfarfod neu'i gilydd mewn cysylltiad â'r capel bron bob noson o'r wythnos; darllen y papur newydd a'i Feibl pan na fyddai'n cysgu neu yn y capel, – a dyna swm a sylwedd ei fywyd allanol. Nid oedd lawer o ymgomiwr ac nid oes brin un o'i ddywediadau wedi glynu yn fy nghof; nid edrychai neb i fyny ato fel arweinydd nac fel dyn o farn uwchlaw'r cyffredin; perchid ef gan bawb am ei unplygrwydd a'i ddidwylledd a'i ddiniweidrwydd.[3]

Yng ngolwg Gruffydd, yr unig beth nodedig a wnaeth ei dad erioed oedd priodi Jane Elizabeth, 'un o'r merched cryfaf ei chyneddfau a mwyaf treiddgar ei gwelediad yng Nghymru gyfan'. Yr oedd edmygedd Gruffydd ohoni yn anfeirniadol a diamod, ond câi drafferth i wahanu bywyd ei dad oddi wrth fywyd y cyfnod y magwyd ef ynddo ac ni allai ei ystyried ond fel metaffor i ddehongli symudiadau'r cyfnod hwnnw: Rhyddfrydiaeth, Radicaliaeth, dirwest a'r camau cyntaf tuag at addysg gyffredinol. Yr oedd ei fam, ar y llaw arall, oherwydd ei geni yn 1859, mewn gwell safle i fanteisio ar ffrwythau'r datblygiadau hyn. Pan godwyd ysgol Frytanaidd yn y plwyf ar ddechrau'r chwedegau yr oedd John Griffith eisoes rhwng deg a deuddeg oed ac yn rhy hen i elwa arni. Nid felly'r fam. O ganlyniad, mewn un cyswllt a ddaeth yn gynyddol bwysig, yr oedd profiad Jane Elizabeth yn llawer nes i'w brofiad ef ei hun na dim yn hanes ei dad. Ynddi hi câi gwmni cymeriad llawer mwy cydnaws na'i dad tawedog a mewnblyg. Credai'r mab fod y berthynas rhyngddynt yn beth cyfrin bron. Mewn llythyr at Mary Davies ym Medi 1932, bum mlynedd wedi marw ei fam, dug i gof un prynhawn Gwener heulog ddeugain mlynedd ynghynt pan redodd adref o'r ysgol gydag anrheg iddi yn ei law. 'Y mae gennyf gof arbennig o fyw am fy mam y diwrnod hwnnw, un o'r achlysuron prin pan *ddangosodd* ei serch ataf. Yr oedd yn y tŷ ei hunan; rhywsut byddai presenoldeb fy nain a hyd yn oed fy nhad i raddau yn cyfyngu ar ei *demonstrativeness*.'[4]

Y mae'r portread a rydd Gruffydd o'i fam yn dangos fel yr edmygai ynddi yr union briodoleddau a'i gwnâi'n wahanol i'w gŵr. Yr oedd yn sgwrswraig ddifyr a frithai ei hymddiddan â chyfeiriadau llenyddol; rhannai gyda'r mab yr un synnwyr digrifwch, annealladwy i'r tad; gallai ddarllen Saesneg yn rhugl. Ati hi, medd Gruffydd, y deuai'r cymdogion i geisio barn ar broblem neu ateb i gwestiwn. Uwchlaw popeth, fe edmygai gryfder ei chymeriad:

> Fel y dywedais o'r blaen, priodi fy mam oedd yr unig beth annisgwyliadwy a wnaeth fy nhad ar hyd ei oes; nid gormod yw dywedyd na bu ofyn arno wneuthur dim arall o fawr pwys byth wedyn, oherwydd mewn popeth ond manion cyflwynodd ei holl fywyd, ei eiddo, ei blant, ei gyflog, ei weith- redoedd, ei obeithion, i ofal fy mam.[5]

Yn rhannu'r un aelwyd yr oedd nain a thaid Gruffydd, rhieni ei fam. Ail briodas Jane Parry oedd hon; buasai ei gŵr cyntaf, tad Jane Elizabeth, farw mewn damwain yn chwarel Dinorwig yn fuan wedi iddynt gwblhau adeiladu Gorffwysfa, yr enw wedi ei godi o'r tŷ a adeiladodd Syr Hugh Owen i'w fam yn y Dwyran ym Môn. Priododd eilwaith, wedi blynyddoedd o gadw ysgol wnïo yn y tŷ, â William Parry, gŵr cryn ddwsin o flynyddoedd yn iau na hi. Gweithiai yntau yn ei dro yn chwarel Dinorwig. Gan ei nain y dysgodd Gruffydd hanes y teulu a'r fro.

Nid oedd William Parry fawr hŷn na thad Gruffydd a rhannai'r ddau yr un daliadau enwadol a gwleidyddol. Pleidient William Gladstone adeg prawf Parnell yn 1889 ac yr oedd y Tori yn fod dieithr at ryfeddu ganddynt. Er na chydsynient ynghylch rhinweddau'r gwahanol bregethwyr Methodistaidd a ddeuai i'r cylch, yr oeddynt yn gytûn ar bwnc llwyrymwrthod. Yng nghwmni'r ddeuddyn yr âi Gruffydd i'r capel dair gwaith bob Sul yn ogystal ag i'r cyfarfod plant 'gorthrymus' am un o'r gloch (lle y dysgai ganu a'r catecism ar gyfer y Gymanfa Ysgolion flynyddol yng Nghaernarfon) a'r cyfarfod canu am bump. 'Yr oedd y capel yn bwrw ei gysgod dros holl egnïon fy mywyd i a'm teulu. Ar ddydd Sul, byddem yn treulio'r rhan fwyaf o'r diwrnod rhwng ei furiau, ac yn ystod yr wythnos prin yr oedd yr un noson yn rhydd oddi wrtho.' Trwy wydrau'r capel, meddai, y bu'n rhaid iddo edrych ar fywyd nes tyfu i oedran gŵr, ac fe gyfrifai'r fagwraeth yn 'wraidd byw' rhyngddo a'i orffennol. Y capel oedd ei etifeddiaeth, hoffi hynny ai peidio. 'A phrin y gellir enwi trasiedi ddycnach mewn bywyd na gorfod edrych ar amser ieuenctid fel blynyddoedd coll.' Mewn amser, daeth i werthfawrogi hyd yn oed yr oriau a dreuliasai'n dysgu adnodau a Chatecism y Plant yn yr

Ysgol Sul. 'Cyn belled ag y mae hanes Cymru i'w ystyried,' meddai yn 1936, 'nid yw'r Ysgol Sul ddim llai na'r offeryn a gadwodd yr iaith Gymraeg yn fyw, a roes lais a diwylliant i'r werin, a arweiniodd yn uniongyrchol at y Brifysgol a'r ysgolion eraill yng Nghmru.'

Ymgais yr athro coleg canol oed i amgyffred unoliaeth ei fywyd yw'r *Hen Atgofion* ac oherwydd hynny fe ddichon mai Gruffydd yw'r sylwedydd lleiaf dibynadwy ar ddigwyddiadau ei flynyddoedd cynnar. Yng nghalon ei hanesion ceir rhyw wyrni – boed feddalwch y cofiannydd a fynn 'estyn ychydig ar ysbaid derfynedig y gymdeithas gynt', neu galedwch y beirniad na all ymgadw rhag tadogi ar bobl a phethau arwyddocâd *post hoc* – sy'n peri i ddyn amau cywirdeb ei berspectif. Canlyniad y gwyrni hwn, yn enwedig yn y chwerwder sy'n lliwio'r portread a rydd o'i ddyddiau ysgol ym Methel (ymagweddu neu *conceit* llenyddol a etifeddodd o *Clych Atgof* O. M. Edwards, bid sicr), yw gorfodi'r darllenydd i dybio mai yn y llecynnau hynny lle y llwydda Gruffydd i osod ei hunanymwybyddiaeth o'r neilltu y deuir agosaf at ei wir hanes. 'Atgof', meddai wrth sôn am y gynneddf yng nghyfansoddiad Owen Edwards a edmygai fwyaf, 'yw'r gallu gwyrthiol hwnnw ynom a all droi'r dŵr yn win, a all greu byd o sylwedd allan o annelwig ddeunydd breuddwydion.'[6] Gwaith i'r cofiannydd yw gwahaniaethu rhwng breuddwyd a sylwedd yn atgofion Gruffydd gan na thrafferrtha yntau bob amser i wneud hynny.

Ychydig iawn a darfodd ar reoleidd-dra plentyndod Willie John: Gorffwysfa, ysgol elfennol Bethel, y capel a chartref ei ewythr Lewis Huws a'i fodryb Elen yng Nghae Meta bob prynhawn Sadwrn oedd ffiniau ei fyd nes mynd i Gaernarfon i'r Ysgol Sir newydd yn dair ar ddeg oed.

Agorwyd Ysgol Elfennol Bethel yn 1864, gan symud i hen safle'r Ysgol Frytanaidd ar Ben y Lôn Newydd yn Ionawr 1880 a lle i ryw gant a hanner o blant. Yno'n dair oed yr aeth Gruffydd yn llaw ei gyfnither Jane Roberts. Disgrifiodd ei ddyddiau yno yn 1932 fel 'y cyfnod mwyaf gorthrymus (os wyf yn cofio'n deg) a fu arnaf yn ystod fy mywyd'.[7] Treuliodd ddeng mlynedd yno, saith ohonynt yn ddi-dor, gan ennill medalau a gwobrau 'Attendance'. Yr oedd dau o'r llyfrau a ddyfarnwyd i Willie John Griffith gan Fwrdd Ysgol Llanddeiniolen o hyd yn ei feddiant pan fu farw: *A Dog's Mission* gan Harriet Beecher Stowe (1888) a *Breakers Ahead* gan ryw Miss Saxby y flwyddyn ganlynol. Gwobrwyid y plant mewn cyfarfod cyhoeddus unwaith y flwyddyn pan wahoddid y rhieni i wrando ar y plant yn canu ac yn adrodd. Saesneg oedd y cyfrwng gan fod 'yr hen Sgŵl', G. R. Hughes (a fu'n brifathro am 43 mlynedd), 'fel y plant, o dan ddylanwad y gyfundrefn gythreulig a ddyfeisiwyd gan snobyddion Lloegr'.

Mewn sgwrs radio i blant tua diwedd ei oes (a'r unig enghraifft o ysgrifennu ar gyfer plant sydd wedi'i chadw), ymhelaethodd Gruffydd ar y dynged gyffredin a daflodd ei chysgod dros fywydau'r disgyblion a'r athrawon fel ei gilydd:

> Yr oedd arholiad bob blwyddyn, ac os na phasiech yr arholiad mewn popeth – darllen, rhifo, ysgrifennu, rhaid oedd aros yn yr un dosbarth am flwyddyn arall. Dychryn i bawb oedd dydd yr Arholiad – i'r athrawon yn gymaint ag i'r plant. Byddai un o'r plant wedi ei osod wrth y glwyd – wrth lidiart yr ysgol – a phan welai ef y ddau Inspector yn dyfod yn y pellter, byddai'n rhedeg a'i wynt yn ei ddwrn i ddweud wrth y Sgŵl fod y Farn Fawr ar y ffordd. Ac nid pobl hynaws yn siarad yn garedig yn Gymraeg wrth y plant oedd Inspectors yr oes honno, ond pobl ffrom, sych a deddfol heb air caredig i neb ac yn trin y plant fel Sergeant Major yn y fyddin.[8]

Dysgai Gruffydd rifyddeg a Saesneg ('bwnglerwaith') a chyfrinion *parsing and analysis*. Yn ystod ei flwyddyn olaf fe'i cyflogwyd i wasanaethu fel *monitor* (yr oedd yn rhy ifanc i fynd yn ddisgybl athro llawn). Câi hanner coron yr wythnos am 'ymbalfalu carbwl' gyda phlant anystywallt yr ail flwyddyn. Wrth edrych yn ôl dros y cyfnod 1884 i 1894, mynnai Gruffydd mai 'gwastraff amser' oedd y cyfan bron ac 'y buasai cyfundrefn well wedi gallu dysgu imi mewn dwy flynedd – rhwng naw ac un ar ddeg, dyweder – y cwbl a ddysgais'. Yn 1948, mewn ail gyfres o 'Hen Atgofion' i'r *Llenor*, yr oedd ei farn wedi tyneru rywfaint. Gallai addef erbyn hynny mai 'tafliad yn ôl o syniadau'r bywyd diweddarach, mi dybiaf, yw llawer o'r chwerwedd hwn yn hytrach na dim a deimlwyd yn eglur ar y pryd'.

Dihangfa rhag creulonderau'r ysgol a'i gofynion ymddangosiadol ddisynnwyr oedd ymweliad wythnosol â Chae Meta, fferm ei fodryb Elin, 'ym mhen draw'r byd, ymhell oddi wrth y ffordd fawr', lle y câi 'grwydro'r caeau ac ymgolli ac ymfrwysgo mewn cymundeb â natur':

> Yno mi ddysgais ymwrando â'r sylwedd, a myned dros ennyd i fyd arall a gadwai f'ysbryd ar hyd wythnos lafurus o bethau dibwys a diarwyddocâd.

Yr ymweliadau hyn â Chae Meta a roddodd i Gruffydd gyfle i brofi unigedd. Crwydrai o Ben y Ddinas hyd y Ddolwan lle yr oedd cannoedd o Gutiau Gwyddelod o hyd â'u sylfeini yn y golwg. Yno, meddai'n ddiweddarach, y deffrowyd ynddo 'yr ymdeimlad o undod hanfodol yr hen ardal a'i phobl drwy holl droeon a chyfnewidiadau'r aeonau'.[9]

Ond yr oedd ffiniau byd Gruffydd ar fin ehangu. O ganlyniad i Ddeddf Ysgolion 1889, agorwyd rhai degau o ysgolion sir newydd trwy Gymru. Ar y pumed o Chwefror 1894 nododd G. R. Hughes, prifathro Bethel, yng nghofnodion yr ysgol dan y teitl *County Scholarship Examination* fod chwech o blant Bethel wedi sefyll yr arholiad ar yr ugeinfed o Ionawr. 'In the list which came to hand today, two of our boys – Jno Griffith and W. J. Griffith – occupy the first two places out of the 66 who sat.'[10] Wedi derbyn gwersi ychwanegol mewn rhifyddeg gartref gan ei fam yr oedd Gruffydd a'i gefnder John Cae Meta â'u bryd ar yr Ysgol Sir yng Nghaernarfon, yr ysgol gyntaf o'i bath i'w hagor yng Nghymru.

Safai'r ysgol newydd – arwyddair 'Ni Ŵyr ond a Wrandawo' – ar safle hen Goleg Hyfforddi'r Santes Fair yn Stryd yr Eglwys, rhwng tŷ'r llawfeddyg a'r orsaf dân. Pwysai'r adeiladau ar fur y dref gyda golygfeydd dros y Fenai i gyfeiriad Môn. Agorodd ei drysau ar 19 Chwefror 1894 i bymtheg a thrigain o blant o bob rhan o Fôn ac Arfon prin dair wythnos wedi penodi ei phrifathro cyntaf, John Trevor Owen.

Yno yn 1895, yn ôl tystiolaeth ei lyfrau ysgol, y troes Willie John Griffith yn Wm. John Gruffydd. Yr oedd y Cymreigiad, ei ddewis ef ei hun, yn foddion i osgoi cymysgu ei enw â William Griffith arall ymhlith bechgyn y dosbarth a hefyd yn ddatganiad o'i unigolyddiaeth. Ymhlith ei gydnabod ar y pryd yr oedd H. Parry Jones ('H.P.') a oedd newydd gyrraedd o Ysgol Friars Bangor ac a ddaeth yn gyfaill oes iddo. Fel hyn y cofiodd yntau am y newid a ddaeth ar eu byd:

> Er bod bywyd y dref yn eithaf Cymreig, eto yr oedd elfennau eraill. Daethai dylifiad o blant y wlad i gyd-ddysgu a chyd-chwarae â phlant y dref, meibion i siopwyr, twrneiod a meddygon, dynion trwsiadus a wisgai hetiau llwyd a chôt gynffon fain, ynghyd â mwstàs trwm a locsus bychain ar bob cern, ac a rodiai megis duwiau trwy'r heolydd.[11]

Yr oedd Gruffydd Bethel, fel y'i hadwaenid bellach gan y bechgyn, yn ffitio'n rhwydd i fywyd y dref. Bywyd trefol fyddai ei fywyd o hynny allan. Medrai Saesneg yn rhugl, diolch i'r *penny dreadfuls* a ddarllenai ef a'i gefnder (er gwaethaf y pregethu tanbaid yn eu herbyn o du'r capeli) ac yr oedd yn dechrau ymddiddori mewn llenyddiaeth Saesneg. Yn yr ystafelloedd dysgu yn y tyrau yr oedd mynd mawr gan y bechgyn ar Macaulay, Byron, Carlyle, Swift, Milton, Wordsworth, Coleridge a Shelley. Mewn cyfuniad o Gymraeg a Saesneg, ar dudalennau *The Arvonian*, cylchgrawn yr ysgol a lansiwyd dan olygyddiaeth Gruffydd yn Ebrill 1898, y gwelwyd ei arbrofion llenyddol cyntaf.

Yr hyn sy'n drawiadol yn *juvenilia* Gruffydd yn *The Arvonian* yw rhychwant eang eu harddull. Dynwarediadau crefftus ond oer o waith y Sioriaid yw'r cerddi Saesneg at ei gilydd, heb ynddynt bron ddim o gymeriad y bardd ond yr awydd i ddangos ei feistrolaeth ar allanolion yr awen. Syniad bachgen o Gymro ydynt o'r hyn y dylai barddoniaeth fawr Saesneg fod ac maent ar yr olwg gyntaf yn od o debyg i'r gwreiddiol. Yn

'Evening on the Walls' (Awst 1898), er enghraifft, y mae crap y bardd ifanc dwy ar bymtheg oed ar ieithwedd ei feistri yn fwy canmoladwy na chyfriniaeth brudd, ddigyfeiriad y mater:

> Town, that standest by the Menai's sweetly-flowing silver stream,
> On thy ramparts here I wander, wander on as in a dream.
> Like a warrior slowly dying, sinks the day-star in his blood,
> Far o'er Menai's golden cornfields, far o'er Menai's rippling flood.

Mae llai o rodres (ac o ganlyniad mwy o gynhesrwydd) yn y cerddi Cymraeg. Yr orau o lawer yw 'Cerddi'r Gwyliau' (Rhagfyr 1898), lle y disgrifia Gruffydd wyliau haf yn Llanberis yng nghwmni H.P. a chyfaill arall. Petrusai Gruffydd rhag canu'n syml uniongyrchol yn Saesneg; nid felly yn ei famiaith:

> A gawn, ein tri, gyfarfod
>   Flynyddau ar ôl hyn
> I ganu cerddi Gwalia,
>   A rhwyfo ar y llyn? . . .

> Tri enaid yn y boreu
>   Yn ieungtyd tlws y dydd
> Yn canu cerddi Gwalia
>   I glust yr awel rydd.

Erbyn Awst 1899 daethai dyddiau ysgol Gruffydd i ben. Cri enaid a geir yn 'Cyfrinach Olaf a'r Fenai', a gyfansoddwyd yn ystod ei dymor olaf yng Nghaernarfon:

> Awydd myn'd ac awydd aros,
>   Fenai, fel tydi –
> Hiraeth yn gorchfygu Gobaith,
>   Dyna'm gofid i.

Yma eto gwelir gwahaniaeth amlwg rhwng personoliaeth y Gruffydd Cymraeg ac ysgafnder caboledig y Gruffydd arall a oedd erbyn hynny wedi ei argyhoeddi ei hun mai ym myd llenyddiaeth Saesneg yr enillai ei fywoliaeth. Gwelir yn yr un rhifyn ysgrif ryfedd, Jerome K. Jeromeaidd 'The Bell'. Y mae'n werth dyfynnu'n weddol helaeth ohoni er mwyn dangos sut drywydd a welodd y bachgen deunaw oed o'i flaen i arfer ei ddoniau. Cloch prif ddrws yr ysgol yw'r testun:

> Now, sir, take off your hat, and you, madam, make your best bow – before you stand – ahem! the temporary buildings of the CCS (I like that word

'temporary:' its sound bears an earnest of some great glory in the future). Look right before you; that, sir, is the door of the school. It is a double door as you perceive. It was once the proud possessor of as fine a coat of paint as you ever set eyes on, but the door was unwilling to be an exception, and so, by now, it is much the worse for wear. Around it runs a piece of wood (it *is* wood – I tried it the first day I came here) painted to represent a species of stone quite unknown to geologists of the present day, but which was perhaps the pride of some age gone by. About half way up on the right hand is a bell, or rather the handle of one. Well that is the bell I speak of . . .

I cannot recollect half the people that have been deceived by that little bell – that does not ring. Mothers with a consuming care for their boys at school; insurance-agents with a consuming glance and a big account book – I wonder which of us boys and girls looked rather pale that week; these insurance-agents *have* eyes, you know, as keen as any eagle's; organ-grinders with a reminiscence of the olive groves of their native Italy, prominent members of the Great Unwashed Club, modern day Diogeneses, in fact; outside porters strutting with self-conscious dignity and big parcels; legates from itinerant circuses to beguile the unwary scholar with cheap tickets; Wandering Willie, with a tired look and an empty pocket; commercial travellers from Soapson & Co, the great Old-Nibs-Cleaned-and-Mended firm; amateur antiquarians who have a notion 'that there *must* be something inside these buildings;' new boys with a de-light-full-y innocent look and a sound honest country face; new girls with a wistful gaze and the latest innovation in atrocious colours – all have come in their turn and have been sold by the bell.

Yr oedd maes llafur yr ysgol yn llawer ehangach a mwy blaengar nag y tybid efallai. Dan gyfarwyddyd Trevor Owen, prifathro Ysgol Ramadeg Abertawe wedi hynny, a Miss Annie Jones (a ddaeth yn brifathrawes Ysgol Grove Park, Wrecsam) cyflwynwyd y bechgyn i amrywiaeth o bynciau. Yn ôl llawlyfr yr ysgol am 1895, dysgid Saesneg (gramadeg, cyfansoddi a llenyddiaeth), mathemateg, Lladin, Ffrangeg, gwyddorau naturiol, canu a *manual instruction* (sef gwaith coed a metel) yn ogystal â sesiynau drilio dan arweiniad rhingyll milisia'r ysgol, P. R. Head – y rhain i gyd yn bynciau gorfodol. Statws pwnc dewisol a roddwyd i'r Gymraeg ochr yn ochr â ffiseg, amaeth, morio a llaw fer. Câi Gruffydd flas gweddol ar bob pwnc ond cerddoriaeth – ar ei nain y rhoddodd y bai, am iddi roi stop ar ei ymdrechion i ddysgu'r sturmant gartref – a chwaraeon, er iddo fanteisio ar unrhyw gyfle i deithio gyda thimau'r ysgol i ymweld ag ysgolion eraill. Cynigiai'r ysgol addysg ryddfrydig a boneddigaidd. 'My first impression was pleasing,' meddai O. M. Edwards yn ei adroddiad ar yr ysgol i'r Bwrdd Canol yn niwedd y nawdegau. 'The boys and girls in their separate classrooms looked bright and intelligent, were under excellent discipline, and each pupil worked at his papers as hard as if the reputation of the school had to depend on his exertions alone . . .

Carnarvon possesses a school so promising that it would not be impossible, with a little effort, to make it the best Intermediate School in Wales.'[12]

Y tu allan i furiau'r ysgol bwriodd Gruffydd brentisiaeth bachgen deallus ac ymchwilgar a ymhyfrydai yn ei ddoniau: gwyliai'r stemar *Rebecca* yn hwylio o borthladd Caernarfon a mynd ar ei bwrdd (dechrau diddordeb mewn morio a barhaodd am weddill ei oes); cymerai ran mewn dadleuon dwys gyda chyfeillion ynghylch etholedigaeth a chyfiawnhad trwy ffydd, rhoddai wersi yn y gynghanedd i'w gyfeillion, a chyfieithai enwau strydoedd y dref i Ladin, rhagbaratoad ar gyfer y gorchwyl a roddwyd iddo yn niwedd ei oes o adfer yr hen enwau Cymraeg i'w gosod ar arwyddion ffyrdd swyddogol Caernarfon. Yn 1899, wedi iddo sicrhau lle yn Rhydychen fel *Exhibitioner*, aeth i Lundain am y tro cyntaf yng nghwmni Trevor Owen a dau gyfaill ysgol i sefyll arholiad y 'Société des Professeurs de Français en Angleterre'. I H. Parry Jones yr ydys yn ddyledus am gofio'r achlysur: 'Mor gyfareddol oedd troedio ei heolydd prysur a syllu ar ei hadeiladau gwychion a hynafol, a thri llanc o Arfon yn teimlo'r un profiad â'r Salmydd hwnnw pan ddywedodd "Ein traed a safant o fewn dy byrth di, O Jerusalem!" '[13]

'We have been the first scholars of the County Schools, the Welshman's pride,' meddai'r israddedig Gruffydd mewn nodyn o Rydychen i *The Arvonian* yn 1902. 'It depends on us to fix the tone of the future and to colour its hopes, and oh! that we might comprehend the importance of our doings, for the world will judge of the Celt's reaction by our conduct and our exertions.' Yr oedd y cynghorwr bydol-ddoeth yn un ar hugain oed. Dair blynedd wedi iddo adael ei hen ysgol yr oedd 'exertions' un hen ddisgybl wedi ei roi ar ben y ffordd i fywyd newydd a'i 'conduct' eisoes wedi dechrau ennill sylw byd ehangach.

2

'Fy Addysg Rydycheiniol', 1899–1903

Y N Y LLENOR yn Haf 1941, wedi cyrraedd ei drigain oed, cymerodd Gruffydd ffon fesur lenyddol i benderfynu pa un oedd ei *annus mirabilis*, ei 'Flwyddyn Fawr':

Os gŵyr rhywun yng Nghymru rywbeth amdanaf ac os teimla ryw ddiddordeb ynof, fel Bardd a Llenor y mae hynny ac felly, mae'n amlwg mai'r flwyddyn fwyaf arbennig i mi yw rhyw drofa yn fy hynt lenyddol, rhyw flwyddyn sy'n bwysig am ei bod yn arwyddocaol i mi fy hunan yn bersonol.

Y flwyddyn a ddewisodd oedd 1899:

Dyna'r flwyddyn y digwyddodd llawer o bethau mawrion yn fy mywyd, nid yn unig y digwyddiadau allanol hynny sydd yn penderfynu faint o gyflog a gaiff dyn yn y dyfodol, neu pa un ai eistedd ai sefyll a wna i ganlyn ei waith, ond hefyd y profiadau hynny sydd yn ffurfio ei holl fywyd mewnol ac yn ein gwneud rywbeth yn debyg i'r math o ddynion y tybir ein bod gan ein cyd-bererinion.

Dau ddigwyddiad mawr 1899 oedd ennill yr ysgoloriaeth o hanner canpunt i fynd i Rydychen a chwrdd â bardd ddeng mlynedd yn hŷn nag ef ei hun na wyddai amdano cyn hynny ond fel 'rhyw fod lledrithiol' ar dudalennau *Magazine* Coleg Bangor:

Enw'r bod rhamantus hwn oedd Robert Silyn Roberts, a'i waith oedd paratoi ar gyfer gweinidogaeth y Methodistiaid yng Ngholeg y Brifysgol ym Mangor; ei gyflwr oedd bod yn llamu o'r naill gyffro eneidiol i'r llall; ei adloniant oedd siarad a dadlau cryn lawer, fel finnau, am gyflwr ei enaid ac adwaith cyffroadau ei nwyd ar yr enaid hwnnw.

Ni ellir gorbwysleisio dylanwad Silyn (1871–1930) ar ddatblygiad personoliaeth Gruffydd ym mlynyddoedd cynnar yr ugeinfed ganrif. O'r cychwyn bron, pryd y cyflwynwyd y ddau i'w gilydd ar y Pier ym Mangor yn nechrau 'haf gwyrthiol' 1899 tyfodd rhyngddynt berthynas glòs a chynhyrchiol ac amlweddog. Daeth Silyn i Gruffydd yn gyfaill, yn ohebydd, yn ddelwedd ramantaidd, yn gydlafuriwr ac yn dad-gyffeswr. 'Silyn', meddai Gruffydd mewn nodyn coffa iddo yn *Y Llenor* yn hydref 1930, 'oedd y cyntaf i agor fy llygaid, pan oeddwn yn ddeunaw oed, at bosibilrwydd arbrofion newydd mewn barddoniaeth Gymraeg.' Ni bu erioed yn hanes Gruffydd well adeg i arbrofi: yr oedd yr arholiadau ar ben ac yntau ar drothwy annibyniaeth; ymestynnai wythnosau o wyliau o'i flaen ac ar eu diwedd gyfle i brofi bywyd cwbl newydd. Dechreuodd y berthynas yn gofiadwy. Treuliodd Gruffydd a Silyn y noson gyntaf mewn cwch ar y Fenai yn dyfynnu gwaith Keats a Shelley a Wordsworth y naill wrth y llall. Ymwelent â chartrefi ei gilydd 'bob dydd', gan feicio'r pymtheg milltir rhwng Bryn Llidiart, Llanllyfni a Bethel cyn i Gruffydd fynd i Rydychen ym mis Hydref. Ffrwyth yr ymweliadau hyn oedd *Telynegion* 1900. Sefydlwyd telerau'r cyfeillgarwch o'r cychwyn: Silyn yn athro a beirniad a Gruffydd yn ddisgybl. Yr oedd elfen o chwerwedd yn sylw Gruffydd dros ddeugain mlynedd wedi hynny fod ei ran ef o'r llyfr wedi elwa'n fawr ar ymyrraeth ei gyfaill, 'ond prin y caniatawyd i mi newid yr un gair ar yr hyn a ysgrifenasai Silyn'. Drwy gyfnod Gruffydd yn Rhydychen daliai'r ddau i ohebu. Yr oedd dadrithiad Gruffydd â Silyn gymaint yn ddwysach pan ddaeth oherwydd eu hen agosrwydd.

Am nad oedd gan y Bwrdd Canol ei gyfundrefn arholi ei hun yn 1898 gwnaed trefniant arbennig i gofrestru Gruffydd ar gyfer arholiadau'r 'Oxford Local'. Pasiodd gydag anrhydedd a chaniatawyd iddo fwrw blwyddyn arall yng Nghaernarfon i ymbaratoi at ysgoloriaethau Rhydychen a Chaer-grawnt. Erbyn haf 1899 yr oedd wedi blino ar uchelgais academaidd. 'Pan orffennais i fy ngyrfa yn Ysgol y Sir yng Nghaernarfon,' meddai yn *Hen Atgofion*, 'ni wnâi dim y tro gennyf ond cael myned i Lundain ar staff papur newydd, ac ennill enw yn llenyddiaeth Saesneg.' Cynigiwyd swydd iddo ar *The Morning Herald*, papur Rhyddfrydol, ac aeth gyrfa'r mab yn destun dadl rhwng y rhieni. Cefnogodd ei fam yr antur; ond ildiodd ei dad i'r 'gwendid parod' a'i nodweddai ar hyd ei oes yng ngolwg Gruffydd – ofn. ' "Safety First" oedd ei arwyddair ef bob amser, ond ni bu hynny erioed yn ddelfryd i'm mam.' Pwyll oedd cyngor y tad, a'r cyngor hwnnw a orfu; un o'r achlysuron prin pan dynnodd tad Gruffydd yn groes i'w wraig. Daeth cynnig yr ysgoloriaeth i Rydychen pan oedd Gruffydd ar dderbyn y penodiad. Cychwynnodd i Rydychen ar y trên saith o orsaf y Felinheli ym mis Hydref 1899. Daeth ei daid i'w ddanfon, a mynnodd gyd-deithio gydag ef i Fangor. 'Gyda mawr anhawster y rhwystrais ef rhag dyfod o Fangor i Gaer, ac ar hanner gair buasai wedi dyfod yr holl ffordd i Rydychen.'

Dewis goleg Gruffydd oedd Iesu, coleg Cymreiciaf Rhydychen, ac er bod cyfran y Cymry wedi lleihau'n sylweddol erbyn 1899, adwaenid ef o hyd fel 'a House for Welshmen'.[1] Effaith dileu'r Profion Prifysgol (University Tests) yn 1871 oedd agor y drysau i Anghydffurfwyr a newidiwyd statudau'r Coleg ei hun yn 1882 i gyfyngu hanner yr ysgoloriaethau, pedair bob blwyddyn, i Gymry. Enillwyd dwy o'r rhain yn 1899 gan Gruffydd a H. Parry Jones. Rhoddodd yr olaf grynodeb o'u gyrfa yn Y Llenor coffa:

> Trigem yn ein hystafelloedd ein hunain yn y coleg am y tair blynedd cyntaf. Buom yn cydymlafnio yn yr un cwrs clasurol nes pasio ein harholiad cyntaf, sef Moderations. Yna ymwahanodd ein llwybrau addysgol. Y cwrs a gymerid bron yn ddieithriad wedi myned trwy Moderations oedd y cwrs a elwir yn Greats, sef hanes a llên Groeg a Rhufain, ac Athroniaeth. Ond yma dangosodd fy nghyfaill yr annibyniaeth hwnnw a'i nodweddai ym mlynyddoedd ei anterth: am ei arholiad terfynol dewisodd Lenyddiaeth Saesneg, ac mewn Llenyddiaeth Saesneg y graddiodd.[2]

Yn 1900 yr oedd dewis astudio Saesneg yn Rhydychen yn sicr yn ddewis annibynnol, anghonfensiynol i fachgen o fyfyriwr. Hyd ddiwedd y bedwaredd ganrif ar bymtheg cyfyngid Saesneg fel pwnc i'r ysgolion gwladol ac i'r Academïau Ymneilltuol. Fe'i dysgid ym Mhrifysgol Llundain a phrifysgolion taleithiol Prydain o'r 1880au ymlaen, ond cyfrifid ef yn beth distadl, yn academaidd ac yn gymdeithasol, o'i gymharu â'r clasuron – barn a ategwyd yng ngolwg llawer gan y ffaith mai merched oedd mwyafrif llethol y dosbarthiadau anrhydedd. Nis derbyniwyd yn bwnc gradd ym Mhrifysgol Rhydychen tan 1896.

Cwynodd Gruffydd mewn sgwrs radio, 'Hen Atgofion: Rhydychen', yng Ngorffennaf 1951 fod tlodi wedi ei gadw rhag elwa'n llawn ar ei flynyddoedd coleg: 'Yr oedd digon o wahaniaeth rhwng y rhan fwyaf o'n cyd-fyfyrwyr a ninnau i wneud fy mywyd yn Rhydychen yn unochrog, am na allwn gyfranogi mewn dim o weithgarwch y Brifysgol ond hynny a oedd yn gwbl angenrheidiol i ennill fy ngradd.' Nid oedd hyn ond yn rhannol wir; y darlun a geir o Gruffydd yn y cyfnod hwn yw gŵr ifanc yn ymroi'n llwyr i'r gweithgareddau hynny ym mywyd y Brifysgol y gallai eu fforddio. Gradd ddigon cyffredin a gafodd, a hynny i raddau, gellir tybio, gan fod pethau eraill yn mynd â'i fryd: rhwyfo ar yr Afon Tafwys a chyfarfodydd Cymdeithas Dafydd ap Gwilym ar nos Sadwrn. (Adwaenid ef fel 'Y Bardd' a diddanai'r cwmni â phenillion byrfyfyr ac wrth actio darnau o nofelau Daniel Owen.) Gan fod cyfyngiad ar y nifer a wahoddwyd i ymaelodi yn y gymdeithas a rheol na châi neb ymuno tan yr ail dymor, ystyriodd Gruffydd hi'n gryn fraint pan etholwyd ef a 'H.P.' yr un pryd ar derfyn eu blwyddyn gyntaf. 'Yr wyf yn sicr erbyn hyn,' meddai yn 1951, 'mai hwn oedd un o'r prif ddigwyddiadau a roes ffurf a chyfeiriad i'm gyrfa yng Nghymru, canys os cnociwyd allan rai o'm hamryw gonglau, i aelodau'r Dafydd y mae'r credyd am hynny.' Daeth Gruffydd yn ysgrifennydd arni am flwyddyn ac yn llywydd clwb drama'r Mermaid Society. Ymaelododd yn yr Ethical Society a threuliodd rannau o'i wyliau yn Mansfield House, cartref i dlodion yn Canning Town. Dysgodd chwarae *bridge*, mynychai gyngherddau a chafodd gyfle o'r diwedd i gwrdd â'i arwr O. M. Edwards pan wahoddwyd ef i frecwast yng Ngholeg Lincoln. Fel y dengys ei ohebiaeth â Silyn, manteisiodd ar ryddid Rhydychen hefyd i fwynhau cwmni merched.

Yn y llythyrau at Silyn, sydd ar gadw yn Archifdy Coleg Bangor, y ceir yr olwg fwyaf cynhwysfawr a dadlennol ar Gruffydd yn y bwlch rhwng llencyndod a rhyw fesur o aeddfedrwydd. Y maent yn gofnod nid yn unig o fanion ei fywyd beunyddiol ac o'i dyfiant fel bardd; dangosant hefyd ŵr ifanc yn diosg ei orffennol ac yn creu persona newydd iddo'i hun. Y mae blas dyddiadurol pendant arnynt. Ni chadwyd llythyrau Silyn, eithr saif geiriau Gruffydd yn dyst i'w ymwybyddiaeth o gynulleidfa a fyddai'n nodweddu ei weithgarwch cyhoeddus o hynny allan. Yn gymaint â dim a geir yn *Telynegion*, yn y llythyrau hyn y gwelir prentiswaith Gruffydd.

Wrth Silyn y cyfaddefodd ei droeon trwstan. Mewn nodyn ar 5 Chwefror 1900 sonia am ryw Miss Gwen Parry (merch o gyffiniau Bethel, yn ddiau, a adwaenai'r ddau) y bu ei 'enaid yn curio oddi fewn bob dydd' wrth feddwl amdani:

> Cefais lythyr ganddi y dydd o'r blaen. Doedd y llythyr ddim yn oerllyd mewn un modd.
> . . . Ond mae'r cymylau mor dduon ag erioed. – Ddoe yn ddydd goleu euraidd; heddyw y wawr yn wannaidd ac oer a swn gwlaw a drychin yn y gwynt a'r machludiad yn llwyd a difywyd a'r gwynt o hyd yn cwyno, cwyno fel un heb neb i'w gysuro: yfory bydd ddydd llwytach eto, drycin ar gors a mynydd ac un enaid wrtho'i hun yn eu canol. O, rwy'n crynu wrth feddwl am a ddaw . . .

Dichon fod yr arddull yn hunanymwybodol ac yn chwareus o brudd, ond awgryma'r llawysgrifen a'r mynych gywiriadau ac ychwanegiadau nad cyfansoddiad gofalus, gorffenedig sydd yma. Yr oedd teimladau Gruffydd yn boenus o fyw, eto mynnai eu lapio mewn ieithwedd ramantaidd a'u troi felly yn fath o ymarferiad artistig. Ar un wedd, mae amwysedd yr arddull yn ddrych o ansicrwydd bwriad y llythyrwr ei hun. Ar y naill law gwelir tuedd trwy'r ohebiaeth i wahodd Silyn i gyfranogi yn nrama ei fywyd; ar y llall, gofala Gruffydd rhag colli golwg ar ei ddyletswydd i ddiddanu. Troedia'r llythyrau i gyd y ffin denau rhwng gwae a gwatwar.

O 'Lecture Room B, Coleg y Vrenhines' y daeth llythyr yr ail o Fawrth tra'n 'gwrando ar hen bric sychlyd yn ceisio darlithio ar Aristophanes':

Brenin annwyl beth pe gwelet Rydychen yma neithiwr. Yr oedd pawb fel ffŵl yma ar ôl clywed am Ladysmith. Yr wyf wedi syrffedu ar y Saeson yma a'u lol erbyn hyn. Yr oedd pob Sais yn y Coleg wedi hel cadeiriau a chans oel a byrddau y Cymry a'r Saeson ac wedi gwneyd coelcerth ohonynt. Ond chollais i ddim a mae hynny yn dda er mwyn diddosrwydd a diogelwch pen ambell un ohonynt. Yr oedd tua mil o undergraduates a dwy fil o *townees* yn llenwi'r ysgwar sydd o flaen Balliol ac yn gwneyd y row fwyaf uffernol dan ddau o'r gloch y bore. Bu agos i un plismon gael ei ladd yn y row. Yn yr Iesu yr oeddynt wedi gwneud *bon-fire* mawr o gadeiriau a phethau felly. Cynigiodd rhyw Sais a oedd wedi meddwi 'Shaint Davidsh day gemmen' ond hwtiwyd ef i lawr. Mae'r Saeson yma yn cashau'r Cymry i'r gwaelod.

Yr oedd Gwen ar ei feddwl o hyd a diolchodd i Silyn am gadarnhau ei bod yn cofio ato. 'Yr wyf dros fy "mhen a'm clustiau" hefo Gwen o hyd. Silyn, os na briodaf fi yr eneth yna "mi listiaf at y sowldiwrs." O mae'r teimlad fod yna un ferch yn meddwl tipyn am danaf yng Nghymru a finnau yn y wlad bell yma yn fendigedig . . .'

Erbyn Mai 1900, a Silyn bellach yng Ngholeg y Bala, gwelir arwyddion fod Gruffydd yn dechrau ysgrifennu yn ôl patrwm: ymddiheuro ac ymesgusodi am oedi cyn ateb; hanes digwyddiadau yn y coleg; ei ddarllen diweddarach; meddyliau am farddoniaeth a serch (byddai'r naill bron yn ddieithriad yn arwain at y llall) ac apêl am ateb buan. Chwaraeai rôl yr alltud hiraethus a thlawd i berffeithrwydd. 'Rhyw araf iawn yw popeth yma ar hyd yn hyn ond gogoniant!' meddai ar 19 Mai. 'Maent wedi addaw schol. o £80 y flwyddyn i mi mis Ionawr nesaf!' Yr oedd yn darllen *On Compromise* gan John Morley a chaneuon D. G. Rossetti. 'O maent yn ardderchog. Mae na linell yn myn'd drwy fy meddwl yn barhaus: "Close-kissed with eloquence of soft replies". ' Daw'r llythyr i ben gyda sylwadau a chwestiynau'n baglu ar draws ei gilydd:

Sut mae'r ffun gennyt? Wyddost ti beth mae serch yn rhyw greadur cignoeth, diffaith didoriad ofnadwy. Mae yn fy nhrin yn echrydus arw y dyddiau yma – dim tór ar ei boenau o hyd. Gyda llaw wyt ti'n mynd i Eisteddfod Lerpwl? Etholwyd fi yn gynrychiolydd Cymdeithas Dafydd ap Gwilym felly yr wyf yn myn'd yno. Buasai yn dda arw gennyf pe baet yn gallu dod. Dau o 'poetical Protestants' wedi myn'd i wersyll y gelyn aïe?

Fedri di ddweyd wrthyf pwy oedd hefo W. ym Mangor ddydd Llun y Pasc os oedd rhywun? Mae'r peth yn fy mhoeni yn arw. Ysgrifenais atti ond bu raid imi aros am bythefnos agos heb lythyr yn ol. Go galed onide?

Y mae bwlch o flwyddyn namyn dau ddiwrnod yn yr ohebiaeth wedi hyn; sef union gyfnod cysodi a chyhoeddi'r *Telynegion*, a ddaeth o wasg Jarvis a Foster, Bangor, yng Ngorffennaf 1900.

Pa bethau sy'n nodweddu canu Gruffydd yn y gyd-fenter gyhoeddi gyntaf hon? Er nad yw'r gyfrol yn gwahaniaethu rhwng y ddau fardd, gellir yn weddol hawdd adnabod llais Gruffydd, yr ieuengaf, cofier, o ddeng mlynedd.

Dewisodd Gruffydd ei safle prydyddol yn ymwybodol a gofalus. Ei batrwm amlycaf, wrth gwrs, oedd gwaith cynharach Silyn ei hun, a enillodd ar 'Chwech o Delynegion Serch' yn Eisteddfod Genedlaethol Blaenau Ffestiniog yn 1898 ac ar y delyneg yn Eisteddfod Coleg Bangor flwyddyn yn ddiweddarach. 'Nid oedd na duwioldeb na moes na chyngor na heneiddrwydd na phwyll na dim arall tebyg i'r rhinweddau cyhoeddus yn y caneuon hyn,' meddai Gruffydd yn 1941 wrth gofio darllen cynnyrch Silyn am y tro cyntaf, '– dim ond cyfaredd llencyndod a'r cynhyrfiad hwnnw a ddaw unwaith ac am byth i bob dyn pan syrthio gyntaf mewn cariad.' 'Cyfaredd llencyndod' – yng ngwaith Silyn Roberts, gŵr naw ar hugain oed a'i fryd ar y weinidogaeth? Y mae mwy o sylwedd yn hanner cyntaf y dyfyniad nag sydd yn yr ail. O edrych ar gyfraniadau Gruffydd yn eu crynswth anodd osgoi'r casgliad ei fod yn ei delynegion ef yn canu nid yn gymaint dan gyfaredd profiad uniongyrchol o gariad â than ddylanwad mwy cyfareddol byth personoliaeth ei eilun Silyn a'i syniadau yntau am yr hyn y dylai telyneg fod. Newydd-deb a beiddgarwch yr athrawiaeth a ddenodd Gruffydd yn fwy na dim. Efelychodd nid yn unig arddull ei gyfaill; rhoes gynnig hefyd ar fabwysiadu'r un agwedd meddwl. Gwnaeth ei delynegion yntau'n ymosodiad chwyrn ar geyrydd barddoniaeth foesegol, haniaethol y cyfnod ac yn faniffesto estheteg newydd. Y mae'n arwyddocaol ond yn ddealladwy na welodd Gruffydd yn dda ailgyhoeddi'r un o'i delynegion mewn casgliadau diweddarach; yr oedd ôl llaw Silyn yn rhy drwm arnynt. Yn y darn estynedig cyntaf o feirniadaeth ar Gruffydd, 'Neges y Beirdd', gan E. Morgan Humphreys yn Y Traethodydd yn Nhachwedd 1906, nodwyd yr un gwendid:

[Mae] gormod o ddynwarediad, nid yn unig ar ffurfiau ond ar deimladau a nwydau hefyd. Nid ydych yn medru credu eu bod erioed wedi caru Olwen yn angerddol nag wedi hiraethu am Men hyd at doriad calon.

Rhagbaratoad angenrheidiol oedd y cerddi i'r llif cyson o gyfansoddi a'u dilynodd. Gyda Telynegion yr oedd Gruffydd wedi torri'r garw llenyddol. Cawsai ei enw ar glawr llyfr. Am y tro yr oedd hynny'n ddigon o wobr.

O ystyried ieuenged Gruffydd a gwendidau amlwg y canu cynnar, y mae'n gryn syndod fod y meddwl y tu ôl iddo mor nodedig o gyson. Mor gyson yn wir fel na ellir troi at yr un o'r caneuon heb weld yr un ysgogiadau'n brigo i'r wyneb: hiraeth a dadrithiad, delfrydu'r gwrthrych a gwerth llywodraethol profiad.

Cyfyd hiraeth am fod tyndra yn y cerddi rhwng y gorffennol a'r presennol. Rhagora ddoe – ffrwyth atgof – ar heddiw. Nid yw'r presennol ond yn bod er mwyn tynnu sylw at freuder y gogoniant a fu:

> Yn y gwanwyn, O Myfanwy,
>   Rhodiet gyda mi,
> Glas oedd lliw y clychau, feinwen
>   Fel dy lygaid di . . .
>
> Cloch y bugail wedi gwywo'n
>   Ddistaw wrtho'i hun,
> Gwywo wnaeth dy gariad dithau
>   Fel dy flodyn, fun.
>   (Cloch y Bugail)

Fel yr awgryma'r dyfyniad uchod, thema barhaus y canu yw'r berthynas rhwng un goddrych, sef y bardd, a chariad diflanedig. Cysylltir profiad cariad bron yn ddieithriad â delweddau stoc byd natur: lleuad ac afon, aderyn a blodyn a rhod y tymhorau. Rhed y *pathetic fallacy* trwyddynt fel twymyn. Nid yw natur yn ddim mwy nag adlewyrchiad o gyflwr hiraethus y bardd:

> Gwelais innau'r nos yn disgyn
>   Dros ganllawiau aur y nef;
> Gwelais wynder yn ei gwisgoedd,
>   Clywais ganu yn ei llef;
> Gwelais ddyddiau gwyn yng nghusan
>   Lleuad Arfon ar y lli,
> Gwelais yno gysgod gwannaidd
>   Cusan cariad Men i mi.
>   (Goleu'r Dyddiau Fu)

ac eto:

> Deffro'r bore, cofio neithiwr,
>   Gweld y nen yn dywell erch;
> Clywed taran ffawd yn rhuo
>   Toriad serch.
> Torri'r breuddwyd a'r addewid,
>   Gwywo'r goron am ei phen,
> Minnau yn yr heddyw caled
>   Heb un Fen
>   (Ddoe a Heddyw)

Profiad y bardd, felly, yw calon y canu, ac y mae profiad yn werthfawr ni waeth pa mor annymunol y bo:

Cas yw'r beddau gleision
Er yn Lleinder Duw;
Oer yw'r gorffwys distaw
Am mai angof yw.
(Y Gerdd Ddienw)

Yr oedd Gruffydd yn pleidio hen gonfensiwn pan honnodd yn 1938 na chyfansoddodd ddim gwerth ei gadw cyn cyrraedd ei saith ar hugain oed, ond dengys y cerddi amrwd hyn pa mor rhwydd yr ymgartrefodd rhwng muriau Rhamantiaeth. O hynny allan, fel 'Bardd' y dymunai synio amdano'i hun.

Nid oedd agwedd Gruffydd y myfyriwr at ferched mor wahanol a barnu wrth y tipyn traethawd a gyfansoddodd ar y testun ac a gadwyd yn ei bapurau:

4.1.01

The Girl I Like

Where is the girl I do not like? But that is neither here nor there. The question really is. What kind of girl is my favourite? Well, she need not necessarily be extra good looking, but she is decidedly fascinating in manner, she is about medium height and arch and says clever things quickly, and yet she does not say unkind things about other people. Her ears and hands are small, and her voice is low, and sweet, and she has a strange, sudden way of looking up out of her eyes. All her movements are quick and graceful.

Cafodd y gyfrol groeso brwd ond cyfyngedig. Dim ond Elphin yn *Young Wales* a synhwyrodd ynddi 'the advent of a new era'. 'Llyfr swllt a ddylai fod gan bawb sy'n hoffi cân', oedd barn Puleston Jones arni yn *Y Traethodydd* ym Mai 1901:

Ol [sic] yr Athrofa a Dafydd ap Gwilym sydd ar ganiadau Mr Roberts a Mr Griffith [sic]. Amlwg na wnaeth ein hathrofeydd ddim i lesteirio ond popeth i feithrin, awen yr hen wlad. Un o ragoriaethau amlycaf y caniadau hyn yw eu naturioldeb diorchest . . . Da y gwnaeth y ddau fardd gyhoeddi peth o'u gwaith yn gymharol gynnar ar eu hoes, cyn myned o'u chwaeth feirniadol yn rhy lem i wneud llawn degwch â'u cynyrchion cyntaf.

Yr oedd yn anodd i Gruffydd ailafael ym mywyd academaidd Rhydychen ar ôl gwyliau'r Pasg. Gyrrodd at Silyn 3 Mai 1901 i'w longyfarch ar ennill ei MA. Yr oedd ei astudiaethau yntau'n llai llewyrchus. 'Paid â meddwl am fynyd mai gwaith sy'n mynd â f'amser – cysgu, smocio a gwneud dim. Dyna fy hanes i. Byddaf yn mynd allan mewn cwch drwy'r dydd o dan y coed i ddarllen – a pheth braf gynddeiriog ulw ydyw.' Yr oedd, meddai, wedi datblygu'n greadur rhyfedd. 'Diog, difeddwl, dihidio, boddlon a dim awydd at ddim o'r hen bethau fyddai yn fy llonni.' Datganodd, thema gyson ei ohebiaeth pan âi pethau o chwith, fod yr awèn wedi peidio. Ar ferched y rhoddodd y bai. 'Priodi gynted ag y gallaf raid imi wneud, er fy mod yn credu na bydd arnaf fyth eto *awydd* gwneud hynny.' Daliai i hiraethu am Gwen, eithr mewn ôl-nodyn ni allai ymatal rhag crybwyll 'another girl on the string, quite as beautiful as Gwen':

Name – Stella Hazlewood, sex – female, age – 18, temperature – 2 in the shade. Don't tell a soul for Heaven's sake. I'll send you her photo when I get it. She is really very pretty . . . Mind that mum's the word.

Merched oedd pwnc y llythyr nesaf ar y seithfed o Hydref pan fynegodd Gruffydd ei fwriad i 'chwilio am long newydd':

'Trading ships' fyddai'r hen longau i gyd ond yr wyf wedi treio *yacht* yrwan. Yn Solfach, Sir Benfro, yr adeiladwyd hi. Nid y fi ydyw'r cadben cyntaf fel y gwyddost ond gan mai yacht yw, wnaiff hynny fawr o wahaniaeth. 'Rwyf am gadw'm llygaid yn agored am *barque* eto neu hwyrach *privateer*, myn einioes Pharaoh!!! ysgubo'r cefnfor a sincio pob llong arall a chymeryd yr ysglyfaeth!! A boddi neu rywbeth yn y diwedd a chau fy nwrn ar y byd!

Yr oedd arian eto'n brin ac arno ddyled o £11 i Jarvis a Foster am gyhoeddi *Telynegion*. 'Gyda golwg ar farddoniaeth,' meddai i gloi, 'mi ysgrifennais un delyneg ond nid yw'n werth ei hailysgrifennu yma a thua 50 llinell o bryddest ac un gân Seisnig. Dydi hi fawr o beth ond dyma hi am ei gwerth.'

The Madman Explaineth his Madness

Over the rollicking waves
  Of the slumbering Southern Sea
To a glorious house of dreams
  My wandering ship brought me.
The waves were wine of vintage rare
  And they danced right joyfully.

Like a thin blue line of smoke
  My soul went up to her,
She sat and trimmed the flame,
  The air was without a stir,
And God, like a wondering bird, looked on
  On the crest of a nodding fir.

The great wind rose and blew,
The goddess laughed a laugh of hell,
The bird on the nodding fir
Chirped a broken farewell.
My soul was blown over the sea
When as the blue smoke fell

To the treasure halls of Araby
To the orgies of the ghoul,
To the throne of Semiremis,
To the harêms of Istanbul,
To the chambers of the damned,
The charnel house of the soul.

And [at] once I was blown to England
And looked through my loved one's door,
There stood the devil grinning
In each of the corners four.
The wind had struck her rose-tree
And petals were on the floor!

Anodd darllen y penillion hyn heb ymglywed â her ynddynt, nid yn
unig i safonau antiseptig braidd *Telynegion*, eithr, trwy estyniad, i Silyn
ei hun. Beth a wnâi ei gyfaill ohonynt? Sut yr ymatebai i orffwylltra
ehedog y mynegiant a dychymyg sinistr y ddelweddaeth? Rhed herio fel
llinyn trwy lythyrau Gruffydd at Silyn yn y cyfnod hwn; awydd i synnu yn
gymysg ag awydd yr un mor daer am gymeradwyaeth. Clywir yr un
amwysedd yn y llythyr diddyddiad hwn a yrrodd Gruffydd yn ôl pob
tebyg tua chanol 1901. Mynnu adwaith yr oedd yma eto:

Gyda golwg ar dy *idea* di ei bod yn rhaid i ni roi goreu i ysgrifennu *serch* 'rwyf
yn hollol gytuno. *Ond* 'rwyf wedi penderfynu nad bardd mohonnof o gwbl;
felly 'rwy'n credu fod y byd wedi gweld cymaint ag a wna ar fy marddoniaeth
i.
   Gelli di fynd ymlaen. Mae gennyt obeith ac addewid o flaen dy lygaid; ond
does gen i'r un o'r ddau. Mae rhywbeth felly'n dy siwtio di'n iawn. 'Rwy'n
credu heb betruso na gwenieithio fod y peth yna; ond 'precious infant'
oeddwn i a wna'i ddim cynnydd eto. Mae'r *inspiration* personol – gwyddost
beth – wedi marw a does yna ddim eto ar ol.

Treuliodd Gruffydd wyliau haf 1901 yn Llundain, yn 'Philisteiddio fy
hunan' yn Canning Town. Yr oedd gogoniannau Rhydychen, pan
ddychwelodd yno ar ddechrau ei drydedd flwyddyn, wedi pylu. 'Twll
rhegadwy ofnatsan' oedd ei ddisgrifiad o'r lle i Silyn ar 29 Hydref.
Crefodd arno i ddod i'w weld. 'Treia wir, bendith. Mae'n bur goch arnaf,

heb gân na dim yn y byd.' Erbyn 12 Tachwedd, mewn llythyr hir ac annarllenadwy bron, cynigiodd dalu'r deg swllt a chwecheiniog i brynu tocyn trên i'w gyfaill. Yr oedd pethau'n dal 'yn ddigon dwl tua'r Rhyd yma' ac yntau, meddai, heb fynd i'r un ddarlith na gwneud yr un strôc o waith ers tro:

> 'Rwy'n gwneud y cais fel dyn ar farw yn gyrru am y meddyg, felly 'rwy'n hyderu y dôi. Gyr deligram yfory yn dweud dy fod yn dod yfory os gelli . . . Cofia – yn enw'r nefoedd na wrthod gais dyn ar dranc. Rwyf bron marw ond os gelli ddod rhagwelaf y byddaf yn prancio fel yr hydd.

'Mae'n siwr gen i,' meddai ar derfyn y campwaith hwn o hunandosturi, 'fod y lliwiau'n dlysion ar y coed yng Nghaernarfon.'

Yr oedd y dail wedi hen ddiflannu o'r coed yng Nghaernarfon erbyn i Gruffydd weld y dref eto yn niwedd Rhagfyr 1901. Cyfarfu yno Noswyl y Nadolig â Hudson Williams yng nghwmni mam a chwaer Silyn. Llongyfarchwyd Gruffydd yn wresog ar ei ddyweddïad â merch leol – y tro cyntaf iddo glywed yr hanes! Gwnaed trefniant gyda Hudson Williams i Gruffydd gael derbyn llyfrau Cymraeg trwy'r post yn y flwyddyn newydd.

Yn gynnar yn 1902 cyrhaeddodd pecyn Rydychen a ddisgynnodd ar Gruffydd 'fel taranfollt'. Ei gynnwys oedd *Gwlad y Gân*, cyfrol o farddoniaeth gan newyddiadurwr o Gaernarfon bron yn union yr un oed â Silyn, T. Gwynn Jones. 'Er mai llyfr o *juvenilia* oedd hwn,' meddai Gruffydd wrth gofio'r achlysur yn *Y Llenor* yn haf 1949, 'yr oedd ei fynegiant yn aeddfed ac yn bendant.' Trawyd Gruffydd yn arbennig gan wybodaeth y bardd o hen lenyddiaeth Gymraeg. Parodd y gyfrol iddo roi o'r neilltu – ac am byth – waith Elfed, Gwylfa a Moelwyn, yr unig dri bardd cyfoes a ddarllenai 'gyda rhywfaint o bleser'. Ysgrifennodd yn ôl at Hudson Williams yn mynnu ganddo gael ei gyflwyno i Gwynn Jones.

Cyfarfu'r ddau am y tro cyntaf yn nhŷ Gwynn Jones, 25 Stryd Dinorwig, yn ystod gwyliau'r Pasg 1902. Treuliasant y noson yn ysmygu ac yn darllen barddoniaeth i'w gilydd. O hynny allan cwrddent yn rheolaidd bob Sadwrn pan oedd Gruffydd gartref o'r Coleg. Flynyddoedd yn ddiweddarach cofiodd y ddau am y cyflwyniad cyntaf hwnnw. 'Gŵr tal, lluniaidd ac osgo filwrol arno, a llygaid eithriadol o fyw' oedd argraff Gruffydd o is-olygydd yr *Herald*.[3] 'Llefnyn main, pryd tywyll, wedi ymwisgo mewn brethyn golau o deilwriaeth dda,' oedd atgof Gwynn Jones. 'Talcen hael, llygaid byw, gwefusau llawn ond chwim.'[4] Tystia ffotograff yn Archifdy Bangor gan gwmni Gilman Rhydychen a dynnwyd tua'r un adeg i gywirdeb y disgrifiad. Yn 1902 yr oedd Gruffydd yn sicr yn 'llefnyn main', gyda chlustiau mawr a golwg orddifrifol bell yn ei lygaid glas.

Yn ôl yn Rhydychen yr oedd bywyd cymdeithasol Gruffydd mor llawn ag erioed. Pasiodd gynnig yn y Dafydd ar 8 Mehefin i drosglwyddo cofnodion y gymdeithas i ofal Llyfrgell Bodley ac, yn y gaeaf, fe'i penodwyd yn gaplan. Yr oedd yn mwynhau 'tymor digon difyr' gyda llu o fân garwriaethau. 'Your greatest characteristic is tenacity of affection,' oedd dyfarniad yr Albanwraig yr aeth ati yr haf hwnnw i gael dweud ei ffortiwn. Dathlwyd y cadoediad yn Ne Affrica gyda 'nag anferth': 'Cusenid pob merch ar hyd y stryd . . . roedd yn ddigon i godi cyfog ar neb.' Yr oedd ciniawa gydag Owen Edwards a'i wraig bellach yn rhan sefydlog o'i weithgareddau. 'Mi fuaswn i'n leicio gwybod,' meddai wrth Silyn ar 17 Mehefin, 'pa un ai anghyffredin o hapus ynte o anhapus y mae O.M. yn ei faterion priodasol, ond dydi o ddim o 'musnes i.'

Erbyn mis Gorffennaf ystyriaethau eraill oedd uchaf yn ei feddwl. Testun y bryddest yn Eisteddfod Bangor oedd 'Trystan ac Esyllt'. Ar y pedwerydd o'r mis hwnnw ceir y cyfeiriad cyntaf ganddo at y gystadleuaeth. 'Mae rhywbeth yn dweud wrthyf mai ti gaiff y goron, a buaswn innau'n hoffi bod yn ail,' meddai wrth Silyn. Fel myfyriwr yn ceisio perswadio ei gyfaill nad oedd wedi gwneud fawr ddim at yr arholiadau, mynnodd Gruffydd mai newydd orffen ei gyfansoddiad yr oedd ac nad oedd ganddo fawr o feddwl ohoni. Gofynnodd, er hynny, am gael gweld detholion o waith Silyn.

'Mae dy bryddest di'n *rich* fel y gwyddwn y byddai,' oedd ei farn ar y darn a dderbyniodd oddi wrth Silyn ar 16 Gorffennaf. 'Fy unig ofn am dano yw mai ei *richness* fydd ei fan gwan; h.y. y bydd yna ormod o ryw unrhywiaeth. Dyna dy unig berygl. Ond os nad yw hynny'n bod 'rwyt bron yn siwr o'i chael.'

Yr oedd proffwydoliaeth Gruffydd yn gywir: ym Mangor ar 9 Medi 1902 rhestrwyd cyfansoddiad Greid fab Eri, sef Gruffydd, ymhlith 'y tair pryddest agosaf i'r goron', ond Gwydion ab Dôn a orfu. Daliai Gruffydd yn gyson bob tro y bu sôn am y gystadleuaeth wedi hynny, er na wyddys ar ba sail, iddo ddod yn ail agos. Yn sicr, ni ddywedir hynny yn y beirniadaethau. Yn ddiddorol ddigon, neilltuodd Elfed fwy o le yn ei feirniadaeth i Gruffydd nag i'r un cystadleuydd arall. Dywed ei eiriau lawer mwy am feddylfryd y cyfnod nag a ddywedant am ansawdd y gân:

Treulia'r bardd nwyfus hwn dros ddau can' llinell yn ofer i ganu fod 'y golau a'r gwirionedd wedi myn'd' a bu agos i mi ei gredu, gan mor lleied o wirionedd sydd yn y rhan hon o'i gerdd. Y mae llawer o swyn yn ei frawddegau, ond diolchwn ar ddiwedd pob llinell mai anwiredd bron i gyd y mae wedi [ei] ganu mor bersain. Y mae y bardd wedi cynyg canu i serch yn erbyn *moesoldeb*: ac nid yw hyny, ar dir uchaf awen, yn gyfreithlawn.[5]

Yr oedd Elfed yn feirniad digon craff i ddyfalu oedran y pryddestwr ac yr oedd ei sylw clo bron yn dadol. Ieuenctid neu ddiofalwch, meddai a oedd i gyfrif am agwedd wrthryfelgar Greid fab Eri a gorau i gyd os mai'r cyntaf: 'Oblegyd gwelwn yn y bryddest obeithion disglaer am fardd ym mhell uwchlaw'r cyffredin, ar ol i'r "goleu a'r gwirionedd" ddod yn ôl iddo.'

Nid oes rhaid oedi'n hir gyda'r rhesymau arwynebol am ddedfryd Elfed. Bydd y gwrthdaro rhwng 'serch' a 'moesoldeb' yn dir cyfarwydd iawn i'r sawl a ŵyr rywbeth am safonau beirniadaeth eisteddfodol troad yr ugeinfed ganrif. Yn ddiau, nid oedd Elfed yn ddall chwaith i ddylanwad Swinburne ac adleisiau o 'light and loveliness have passed away'. Rhoes ei fys yn ogystal ar wendid arall yn y bryddest pan gyfeiriodd at Gruffydd fel bardd 'nwyfus'. Dymunodd Elfed roi cerydd caredig i fardd ifanc afieithus a oedd wedi camddehongli gofynion y testun.

Er gwaethaf cyffelybiaethau arwrol a chyfeiriadau clasurol 'Trystan ac Esyllt', cyfres o gerddi hanfodol delynegol sydd yma ac nid pryddest unedig. Rheffynnir yr elfennau at ei gilydd o fewn cynllun medrus ond llac. Nid damweiniol oedd penderfyniad Gruffydd i draethu chwedl y ddau gariad trwy lygaid atgofus Trystan, 'yn glaf yn Llydaw', a chanlyniadau eu serch melltigedig eisoes yn wybyddus. Hyn sy'n rhoi i 'Trystan ac Esyllt' Gruffydd naws eironig nas ceir ym mhryddest fuddugol Silyn. Cynigiodd y testun gyfle di-ail i Gruffydd i ganu i hiraeth anghymarol ddyfnach na dim a geir yn *Telynegion* ac fe'i cymerodd heb lawn sylweddoli goblygiadau dramatig ei ddewis.

Yr oedd uchelgais y bardd ifanc yn gymaint fel yr ildiodd i gamgymeriad tra elfennol; rhannodd y baich storïol rhyngddo'i hun a Thrystan heb hysbysu'r darllenydd. O edrych ar y bryddest yn y goleuni hwn gellir damcaniaethu mai dryswch artistig ac nid diffyg synnwyr moesol yn unig sydd i gyfrif am y rhannau hynny o'r gerdd a barodd dramgwydd i Elfed. Er enghraifft, ar ddiwedd ail adran y bryddest ceir y caniad hwn yn torri ar stori cusan gyntaf dyngedfennol y ddau gariad:

> Offeiriaid, ddiofryddion crefydd sanct,
> Chwychwi santesau'r gysegredig wên,
> Yn bygwth uffern boenau ar y gwr
> Ro'i fryd ar geinion daear 'pan fo'r nef
> Yn cynnyg iddo'u gwell' – ynfydion oll
> Drwy oesau'r byd leferwch ynfyd air!
> Pa beth yw poenau rhyw Ixïon brudd
> Os cafodd unwaith, er mwyn cwmwl oer,
> Gofleidio cynnes fron ei dduwies-gariad,
> A theimlo'i gwallt yn nyddu gylch ei wddf?
> Mae eiliad serch yn fwy nag oes o uffern.

Amhosibl dyfalu pwy sy'n llefaru yma: ai Trystan, ai cymeriad y bardd, ai ynteu Gruffydd ei hun. Awgryma'r cyd-destun mai myfyrion Trystan a geir, ond awgryma ieithwedd a natur hunangynhaliol y caniad fel arall, ac y mae'r amwysedd yn ddamniol. Y mae'n debyg nad oedd Gruffydd erioed wedi ystyried cwestiwn 'llais'. Diolch i'w brentisiaeth delynegol, ni chanasai cyn hynny ond â llais ymsonol y cariadfab hiraethus. Trwy geisio amrywio canolbwynt dramatig y bryddest syrthiodd i fagl amwysedd a hynny'n ddianghenraid. Yn ei 'Arweingerdd' i'r bryddest mynegodd Gruffydd, yn ei lais ef ei hun, yr un genadwri yn gliriach ac yn goethach ac yn llawer mwy cynnil. Yn bwysicach na dim, efallai, nis temtiwyd i bregethu. Y mae 'llais' y darn hwn yn llawer sicrach:

> Troi wnaeth Trystan at y nefoedd,
>> Gwelodd yno ddigter cariad;
> Trodd at Dduw – ffynhonnell bywyd,
>> Gwelodd uffern yn ei lygad.
> Trodd at Esyllt – yna'i galon
>> Ymdawelodd i'w gwaelodion;
> Mwy nag uffern, mwy na nef
>> Ydoedd Esyllt iddo ef!

Awgryma Alun Llywelyn-Williams yn ei ymdriniaeth fanwl â phryddestau Bangor yn Y Nos, y Niwl a'r Ynys mai'r 'Arweingerdd' a 'Lacrimae Musarum' a gollodd y Goron i Gruffydd.[6] Tebyg i Gruffydd goelio'r un peth gan iddo hepgor y rhannau hynny erbyn cyhoeddi'r bryddest yn Caneuon a Cherddi yn 1906. Pechodau celfyddydol oedd pechodau mwyaf 'Trystan ac Esyllt', ac nid y lleiaf o'r rhain oedd y duedd i orbwysleisio hynny o athrawiaeth a oedd ynddi. Ni allai hyd yn oed y beirniad haelaf beidio â derbyn fod y bardd yn ymwthiol o lawdrwm ar brydiau, megis yn ei ymosodiad ar yr Eglwys am lygru neges Crist yn 'Lacrimae Musarum':

> Daeth Ef i'r byd mewn côr
> O leisiau mwyn angylion, ac 'roedd aur
> A thus a myr y dwyrain gylch ei grud
> Pan anwyd Ef! Na, wedi hyn pan ddaeth
> Awr dduach 'gwir ddilynwyr Crist,' pan droed
> Ei grefydd gain yn au dan law barbariaid
> 'Y wir ac unig eglwys' – dyna'r pryd
> Bu farw Pan, a chydag ef fe ddûg
> Holl fwyniant nwyfus ac ieuenctid byd,
> Gan adael ar ei ôl ond henaint oer;
> Mae'r goleu a'r gwirionedd wedi mynd.

Mae'r llinellau rhwyfus hyn yn llythrennol yn blino'r llygaid yn null cyfansoddiadau mwyaf alaethus Ben Davies a hen weinidog Gruffydd ym Methel, Rhys J. Huws. Dywedodd Gruffydd yn *Hen Atgofion* iddo gael ei fagu ar fronnau'r Bardd Newydd; yma ac acw trwy'r bryddest gwelir olion y fagwraeth honno ar ei arddull onid ar ei syniadau. Yr oedd Gruffydd yn delynegwr tyner ond yn rhethregwr herciog ac yn gynlluniwr rhy ddiofal i ddygymod â gofynion gwaith estynedig. Clytwaith yw'r bryddest.

Yr oedd ymateb Gruffydd i ddedfryd beirniaid Bangor yn amwys. Daliodd hyd 1928 iddo gael cam ac i 'un o gynhyrchion salaf awen Mr Roberts' ennill y Goron: 'a bod y gerdd a ddyfarnwyd yn ail orau, er mai cynnyrch anaeddfed bachgen ugain oed ydoedd, mewn rhai pethau yn well na dim a ellais ei ganu wedi hynny'. Dywedodd wrth Gynan ar ganol y tridegau, pan oedd y ddau'n cydweithio i greu Cymdeithas yr Eisteddfod, y buasai pethau'n wahanol petasai John Morris-Jones wedi gwneud mwy na thorri ei enw ar waelod beirniadaeth Elfed.[7] Ar yr un pryd, 1902 oedd dechrau dadrithiad Gruffydd gyda'r 'gyfundrefn eisteddfodol', fel y mynnai ef ei galw yn gyson o hynny allan. Cyhoeddwyd pryddest Gruffydd ochr yn ochr â chynhyrchion gwrthodedig Alafon a Dewi Wyn yn niwedd y flwyddyn, ond nid oedd teitl y gyfrol, *Yr Awdl, Y Bryddest a'r Telynegion (Ail-oreu)*, ond yn tanlinellu'r siom.

Effaith ei fethiant ym Mangor oedd troi Gruffydd yn feirniad. Mewn erthygl i'r *Geninen*, 'Goreu Awen Gwirionedd', yn Ionawr 1903 yr oedd eisoes yn cyhuddo'r Brifwyl o fod yn 'achos dirywiad awen Cymru':

> Bu ei holl beirianwaith ar ei orau yn dryllio ein cân wrth gyfyngu arni a'i llabyddio â sofrenni. Bu dynion anghymwys wrth ei phen, a chafodd y rhai hynny eu ffordd eu hunain nes gwneud yr Awen yn beth cyffredin a rhad i bob ffwl a ymostyngai i foddhau eu mympwy hwy.

Beirniadaeth wedi ei hogi gan surni, bid siŵr, ond beirniadaeth â charn iddi serch hynny a blaenffrwyth beirniadaeth debyg iawn yn ei hanfod i'r hyn a oedd i lenwi colofnau golygyddol *Y Llenor* hyd ganol y tridegau. Yr oedd Bangor 1902, fel y dywedwyd gannoedd o weithiau, yn garreg filltir lenyddol: Gwynn Jones yn cipio'r Gadair am 'Ymadawiad Arthur' a beirniadaeth oleuedig John Morris-Jones. Ond nid oedd yn drobwynt terfynol yn hanes yr Eisteddfod. 'Y Diwygiwr' a 'Tywysog Tangnefedd' oedd testunau dieneiniad yr awdl a'r bryddest ym Merthyr yn 1901, mae'n wir; ond nac anghofier mai 'Y Celt' a'r 'Ficer Pritchard' a osodwyd yn Llanelli yn 1903. Ni welwyd ailorseddu 'testunau colegol' megis 'Trystan' ac 'Ymadawiad Arthur' fel rhan sefydlog o'r rhaglen am ragor na phymtheng mlynedd ar hugain. Yn wir, gallai'r Gruffydd aeddfed alaru yn *Y Llenor* mor ddiweddar ag 1930, yn sgil Eisteddfod Llanelli, '[fod] y Pwyllgor heb wybod bod dim cynnydd wedi digwydd yn llên Cymru er tua 1885'. Testun y bryddest y flwyddyn honno, gyda llaw, oedd 'Ben Bowen'. Effaith arhosol Eisteddfod Bangor oedd poblogeiddio testunau rhamantaidd eu naws, ond ni ellid dibynnu ar eu rheoleidd-dra, ac ni ellid deddfu ynghylch ansawdd ymateb y beirdd iddynt.

Yn y pen draw, trwy wydrau'r blaid fuddugol yr edrychwn ar frwydrau'r gorffennol. Ein tuedd heddiw yw synio am ddigwyddiadau Bangor fel rhyfel cyfiawn yn erbyn lluoedd yr adwaith gan anghofio fod adeg pan gyfrifid Syr John a Gwynn Jones hwythau'n adweithwyr. Yr oedd ymateb chwyrn a chyffredinol i destunau Bangor ar dudalennau'r *Geninen*. Cwynodd 'Hen Ddosbarth' yn rhifyn Medi 1902, er enghraifft, fod 'bechgyn y colegau' wedi cael rhwydd hynt gan John Morris-Jones a'i gydfeirniaid i 'lusgo y Gadair a'r Goron yn ol i niwl traddodiad ac i lwch hen lyfrau'. Y mae'n ddiddorol dyfalu tybed a gafodd Gruffydd wrandawiad mor barod yn y cylchgrawn am fod cyd-drawiad arwynebol rhwng ei ymosodiad ar sefydliad yr Eisteddfod a barn 'Hen Ddosbarth' a'i debyg am ffaeleddau Bangor.

Bu Bangor yn foddion i ddiddyfnu Gruffydd. Cafodd flas ar yr ymdderu a ddilynodd yr Eisteddfod. Erbyn Rhagfyr 1902 yr oedd ganddo gariad arall yn ogystal. Gyrrodd lythyr at Silyn yn niwedd y mis i'w hysbysu mai 'byd go lew ydyw'r hen fyd yma wedi'r cwbl er gwaethaf crefyddwyr a phesimistiaid'.

Yr oedd dyddiau Gruffydd yn Rhydychen yn dirwyn i ben a dewis gyrfa yn ei wynebu. Yn ystod gwyliau'r Pasg 1903, cyn iddo sefyll ei arholiadau gradd, bu farw ei chwaer Edith o'r dicáu. Nid oedd ond dwy ar bymtheg oed. Gyrrodd lythyr hir at Silyn, a oedd erbyn hynny yn weinidog gyda'r Methodistiaid yn Llundain, yn disgrifio'r profiad o'i gweld 'yn raddol yn marw o dan fy llygaid'. Yr oedd ei anallu i wneud dim yn syndod poenus iddo, ond yr hyn a'i brifodd fwyaf oedd ffydd ei rieni fod Edith yn well ei lle. 'Dyna lle mae – myfi a fy addysg Rydycheiniol – a dim gennyf o gwbl y gallaf gysuro neb arall ag ef mewn amgylchiad fel hyn. Mae nhad a mam yn cael cysur wrth feddwl fod fy chwaer yn dda – anghysur yw hynny i mi. Gwell gennyf fi weld y drwg yn marw'n ieuanc na'r da.'

Mae'n llythyr dryslyd, yn llawn cynlluniau gwyllt ar gyfer y dyfodol. Sonia am fynd i weithio i Lundain am ddwy neu dair blynedd er mwyn hel digon o arian i brynu fferm yng Nghanada, 'ymhell "o swn y boen sy yn y byd" a byw a marw yno'n hapus'. Rhydd hanes cyfansoddi 'llyfr mawr *epoch-making*' o'r enw *Côr Gwener*. '*Manifesto* o *range* a thestynau f'awen i fydd y gân hon.' A barnu wrth yr ychydig ddyfyniadau a rydd o'r gân arfaethedig nid oes ond diolch na ddaeth dim o'r cynllun.

Ryw fis yn ddiweddarach yr oedd yn ôl yn y coleg a 'IVth class yn edrych yn hyll yn fy wyneb'. Ysgrifennodd at Gwynn Jones 'yng nghanol fy exams' ar y seithfed o Fehefin i'w wahodd i ymuno ag ef a Silyn yn Llundain cyn diwedd y mis. Erbyn y pymthegfed yr oedd yr arholiadau terfynol ar ben a Gruffydd yn aros gyda Silyn yn New Cross, 'yn tindwyro ynghylch rhywbeth ddaw â bara a 'menyn i mi yn y dyfodol'. Yr oedd yn amlwg fod tyndra o hyd rhwng Lloegr a Chymru oherwydd sonia yn yr un llythyr at Gwynn Jones am ddychwelyd i Gymru i gael 'naws newydd' yn ei ganu.

'3Cl Mod '01, 2 Engl '03' yw'r cofnod moel wrth enw Gruffydd yn *Alumni Oxoniensis*, sef trydydd dosbarth yn y clasuron yn y *Moderations* yn 1901 ac ail mewn Saesneg yn yr arholiadau terfynol ddwy flynedd yn ddiweddarach. Yr oedd yn radd weddol i un a ofnai mai pedwerydd dosbarth a gâi. Profodd Gruffydd yn ystod haf 1903 ansicrwydd amheuthun y myfyriwr newydd-raddedig yn wynebu'r holl bosibiliadau ac atyniadau sydd ynghlwm wrth yr ansicrwydd hwnnw. 'I had just come down from Oxford with no very definite plans for my life,' meddai yn yr ysgrif wych honno ar 'My Literary Indiscretions' yn *TP's and Cassell's Weekly* ym Mawrth 1927, 'except that I was determined not to drift into the teaching profession.' Tra'n aros gyda Silyn ceisiodd am swydd newyddiadurol gyda *The Daily News* lle'r oedd cyfyrder iddo ar y staff. Aeth mor bell â hysbysu golygydd cylchgrawn ei hen ysgol, *The Arvonian*, o'r penodiad ac fe'i llongyfarchwyd ar gael 'definite work' yno a dymuniadau gorau am 'success in his career as a journalist' yn rhifyn mis Gorffennaf. Fe'i canmolwyd, trwy ryw amryfusedd hefyd, ar ennill gradd ddosbarth cyntaf. Mae'n ymddangos nad oedd mwy o garn i'r 'definite work' nag awgrym gan y golygydd y câi cais Gruffydd ei ystyried pe codai swydd arall yn y dyfodol. Siomwyd Gruffydd. Erbyn 13 Ionawr 1904 yr oedd yn rhybuddio Silyn rhag mentro i fyd twyllodrus newyddiaduraeth broffesiynol: 'Gyda golwg ar *journalism* y cwbl a ddywedaf yw "Na rydd dy ymddiried &c." Verbum sapienti satis est – gwyddost'. Ni ddaeth Gruffydd i delerau â'r wasg nes lansio'r *Llenor* yn 1922.

Cyfyng-gyngor Gruffydd yr haf hwnnw oedd dewis rhwng ymgolli yn ehangder dieithr ac ansicr bywyd llenyddol Lloegr a throi'n ôl at fywyd culach ond mwy cyfarwydd Cymru. Gwreiddyn y broblem, wrth gwrs, oedd gadael Rhydychen. Canodd yn ei hen gylchgrawn ysgol, fel 'Scholae Veteris Arvoniensis' yng Ngorffennaf 1900:

> Oh stately hall of Oxford town,
> Stepmother of an orphan son,
> I love thee not . . .

Ond dair blynedd union yn ddiweddarach daethai'r lle'n gartref iddo. Ar ben hynny, nid oedd modd mynd yn ôl at yr hen gynefin, 'discarded mother loved so strong', yn Stryd yr Eglwys yng Nghaernarfon. Soniodd yn hiraethus mewn darllediad radio yng Ngorffennaf 1951 am y rhwyg a brofodd wrth adael 'cymdeithas Rhydychen a'i bywyd gwryw a throi yng nghylchoedd cyffredin bywyd y byd':

> Bywyd lledrithiol ansylweddol yng nghanol rhyfeddodau dysg a llenyddiaeth oedd bywyd y colegau i lawer ohonom ni Gymry; pan ddaethom oddi yno i'r hen wlad a B.A. (Oxon.) ar ôl ein henwau, cawsom ni'n hunain mewn byd diantur ac ôl traed fflat yr alderman a'r blaenor yn drwm arno.

3

Yr Athro Ysgol, 1903–1906

YN NIWEDD HAF 1903, a Gruffydd o hyd yn Llundain, daeth swydd ddarlithio yn yr Adran Saesneg ym Mangor yn wag yn dilyn ymadawiad T. Loveday. Ymddangosai'n gyfle delfrydol i dorri'r ddadl a ddylai ddychwelyd i Gymru ai peidio. Yr oedd canpunt y flwyddyn o gyflog yn atyniad go gryf hefyd. Cynigiodd pymtheg o ymgeiswyr a Gruffydd yn eu plith, ond pan dynnwyd y rhestr fer nid oedd ei enw arni. Yr oedd yn fethiant arwyddocaol nid yn unig oherwydd ymateb ei gyfeillion a'i gefnogwyr eithr hefyd oblegid y goleuni a deifl ar weithredoedd Coleg Bangor yn ei ddyddiau cynnar. Yn ôl T. Gwynn Jones, a oedd yn aelod o Senedd y Coleg, sawrodd y penderfyniad o gynllwyn. Ar 19 Medi gyrrodd lythyr hir a chwerw at Silyn yn adrodd yr hanes. Yn ei farn ef, 'pwyllgor o'r Saeson' a fu'n gyfrifol am wrthod Gruffydd ar gyfrif ei Gymreictod gan roi enwau 'tri Sais (neu waeth fyth, dau Sais ac un Dic Shon Dafydd)' gerbron. Protestiodd Lewis Jones, yr Athro Saesneg, ond ni fynnai'r 'corrach pitw', sef Syr Henry Reichel, y Prifathro, ystyried gwasanaeth Gruffydd i lenyddiaeth Gymraeg fel cymhwyster. 'Nid yw Gruffydd byth yr un un, canys yr oedd y siom yn gymaint fel mai prin y gallai efe regi fel arfer!' Bwriad Gwynn Jones i leddfu'r boen oedd 'ceisio ennyn dyddordeb rhai o'n Seneddwyr ynddo, fel y caffo le yn un o Swyddfeydd y Llywodraeth os bydd bosibl'. Terfynodd Jones ei lythyr at Silyn gyda chân 'ddyhuddiant' i'w gyfaill alltud:

> 'Mae'r goleu a'r gwirionedd wedi mynd,'
> A gwyll a chelwydd a ddaeth yn eu lle,
> Pand ymbalfalu'r ydym fy ffrynd
> Yngwylltoedd uffern am wynfaoedd ne'?

Synhwyrai, bid siŵr, y collid Gruffydd i lenyddiaeth Gymraeg pe na ellid ei ddenu'n ôl i Gymru gyda swydd a oedd gyfuwch â'i uchelgais.

Y mae llawer o'r wybodaeth am y penodiad yn naturiol yn gyfrinachol, eithr o'r ychydig a wyddys ymddengys penderfyniad pwyllgor Bangor yn gwbl ddealladwy. Nid oedd Gruffydd ar y pryd ond yn ddwy ar hugain a heb unrhyw gymwysterau neilltuol yn ei bwnc ar wahân i'w radd symol. Yn yr ail le, gweithredai'r Adran Saesneg yn 1903 dan adain yr Adran Hanes, maes na allai Gruffydd hawlio unrhyw arbenigrwydd ynddo. Aeth yr ymgeisydd llwyddiannus, P. G. Thomas, rhagddo i Gadair Saesneg Coleg Bedford Llundain, prawf pur ddibynadwy o'i allu ac o ddoethineb y penderfyniad. Ar yr wyneb, felly, rhaid casglu nad 'gwrthod Gruffydd' a wnaeth pwyllgor Bangor yn gymaint â phenodi P. G. Thomas. Y mae tystiolaeth, er hynny, mai polisi cyffredinol Reichel parthed penodi i swyddi academaidd oedd peidio â dewis Cymry fel mater o egwyddor. Yr oedd y Prifathro â'i fryd ar wneud Coleg ifanc Bangor yn ddelw o brifysgolion taleithiol Lloegr ac nid oedd wyneb y bardd o Fethel yn ffitio, boed fel y bo am ei 'addysg Rydycheiniol'.

Siomwyd Gruffydd, er iddo gyfaddef yn y darn o hunangofiant yn *TP's and Cassell's Weekly* y dyfynnwyd ohono eisoes fod dyfarniad pwyllgor Bangor yn un cyfiawn ar sawl cyfrif. Yr oedd os rhywbeth, meddai, yn rhy adnabyddus i aelodau'r Senedd, 'mostly through my literary indiscretions'. Nid oedd ei lythyr cais chwaith yn gymorth, 'too flamboyant a document, and too like a manifesto, to please those cautious professors, whose reputation for academic propriety has always been deservedly high'. Yn ddwy ar hugain oed dysgodd Gruffydd wers galed ei enwogrwydd (cymharol) yng nghylchoedd Prifysgol Cymru. 'Looking back on an event which embittered me for many years, I must now confess that the Bangor Senate, on the evidence before them, acted justly in appointing someone else. and that is the tragedy of all such preferences in Welsh university circles — you can always make an excellent case for rejecting a known Welshman as against an unknown Englishman.'

At ysgol fonedd ragbarataol i fechgyn yn Scarborough, Bramcote, o bob man y troes Gruffydd ei olygon yn Hydref 1903. Cludai yn ei boced dystlythyr gan O. M. Edwards yn ei ddisgrifio fel 'one of the most promising men to leave Oxford this year . . . I have hardly ever come across a man whose enthusiasm is more contagious. I believe Mr Gruffydd will make a most successful and inspiring teacher'.

Ni phrofodd Gruffydd na llwyddiant nac ysbrydoliaeth a buan y darfu ei frwdfrydedd. Prin un tymor a hanner anhapus a dreuliodd yno. Yr oedd yn ymwybodol o'r cychwyn nad oedd na'r lle na'r gwaith na'i brifathro yn dygymod ag ef. Ar y pedwerydd o Ragfyr cwynodd wrth Gwynn Jones am yr oriau, 'bob dydd o chwarter i wyth y boreu hyd naw yn yr hwyr oddigerth ychydig o seibiant yn y pnawn'. Gwaith 'caled ofnadwy', meddai, oedd 'treio cyd-dynu gydag asynod'. Yn waeth na'r cwbl, 'Nid yw'r Prifathraw yma yn fonheddwr; darganfum hynny dro yn ôl bellach ac nis gallaf aros gydag ef yn hwy.' Asgwrn y gynnen oedd ymyrraeth y Prifathro â'i wersi. Yr oedd wedi torri ar un o'i ddosbarthiadau Lladin ac wedi ysgrifennu ' "*gwaeddwyr*" (howlers)' mor enbydus ar y bwrdd du nes peri i Gruffydd ei regi o flaen y plant.

Yr unig waredigaeth bosibl oedd 'rhyw siawns am ddod i ysgol Biwmaris' erbyn y flwyddyn newydd, 'ac os mai chwipio tinau plant fydd fy hanes yn y diwedd, mae'n well gen i wneud hynny yng Nghymru nag yn unlle arall'. Hiraethai am 'gael bod yng Nghymru ac ynghanol ei haddysg a chael bod yn eich ymyl chwithau'. Gwelai eisiau'r seiadau llenyddol nos Sadwrn yn nhŷ ei gyfaill yng Nghaernarfon: 'a choeliwch fi 'does dim y mae mwy o hiraeth arnaf am dano na hynny'. Clodd ei lythyr gyda hanes digrif sy'n arwydd go gryf o rwystredigaeth y Cymro ifanc yng nghwmni dieithriaid anghydnaws:

Mi brynodd chwaer y Prif (hen lanc yn byw hefo'i chwaer yw) siwt o ddillad i un o'r bechgyn lleiaf yma dros ei fam, ac yn siwr ddigon dyma'r bachgan i fy nosparth neithiwr yn y siwt *check* fwyaf dychrynllyd welsoch erioed. Mor fawr oedd y *check* fel nad oedd ond tri ohonynt ar ei drowsus — un ar bob coes ac un ei dîn. Pan welais ef dechreuais chwerthin dros y dosparth ac nid oedd dim a'm hataliai nes yr eis bron yn aflywodraethus. Yn naturiol iawn digiodd y foneddiges yn aruthr wrthyf a bu *passage-of-arms* rhyngom. Fel rhwng y cwbl, gwelwch mai gwell i mi yw bod oddiyma.

Gwireddwyd dymuniad Gruffydd cyn pen y mis. Ychydig ddyddiau cyn y Nadolig 1903 cafodd ef ei hun ar blatfform gorsaf Bangor i gwrdd â Madoc Jones, Prifathro Ysgol Biwmaris. Cyd-gerddodd y ddau yn ôl a blaen ar hyd y platfform am gryn awr ac ar ddiwedd y cyfweliad answyddogol cynigiwyd swydd athro clasuron i Gruffydd yn y fan a'r lle ac fe'i derbyniodd.

Rhuthrodd yn ôl i Scarborough yn Ionawr 1904 i gwblhau'r mis o waith angenrheidiol ac i roi gwybod i Silyn mewn nodyn brysiog ar y trydydd ar ddeg am ei benodiad i 'Ysgol wiw Biwmaris': 'Welaist ti erioed y fath lawenydd oedd yn fy nghalon pan ges weld fy mod yn cael dod yn ôl i Gymru eto. Ni fu ar alltud o Iddew ymhlith "pobl anwar Babyloniaid" erioed fwy o hiraeth am dref Caersalem nag oedd gennyf fi am Gaernarfon a Chymru, a wele fi'n awr yn cael dod yn ôl. Brysia dithau, yr hen gyfaill anwyl, yn ôl i'r hen wlad.'

Yr oedd Biwmaris i Gruffydd yn llawer mwy na dihangfa gyfleus rhag Scarborough. Yn 1951 neilltuodd sgwrs radio gyfan i ddwyn i gof ddyddiau a phersonoliaethau 'cyfnod hapusaf fy oes'.[2] Yr oedd ei brifathro newydd, Madoc Jones (1868–1953), yn ŵr gradd o Gaer-grawnt a ddaliodd ei swydd o 1895 hyd 1933. 'Byddaf yn meddwl llawer amdanoch ac yn aml iawn,' meddai Gruffydd wrtho mewn nodyn personol ar waelod tystlythyr i hen fyfyrwraig ym Mehefin 1926. 'Y tair blynedd yno oedd y tair gorau a gefais erioed – y tair pwysicaf yn fy nhwf.'[3]

Ymroes Gruffydd yn llawen i bob agwedd ar fywyd yr ysgol. Er nad oedd erioed wedi ymddiddori mewn chwaraeon, daeth yn ysgrifennydd mygedol y tîm pêl-droed a bu'n 'agor y batio' i'r tîm criced (allan heb sgorio yn erbyn Llangefni ac un rhediad yn erbyn Ysgol Friars, Bangor). Daeth hefyd yn drysorydd cylchgrawn yr ysgol, *The Bimarensian.* Hyd yn oed yn ystod ei fis cyntaf yno pan oedd yn 'bur gwla' gyda dolur gwddf, gallai ymhyfrydu, mewn llythyr at Silyn y Chwefror hwnnw, yn y profiadau newydd a ddeuai i'w ran: 'prifathro dan gamp fel bonheddwr a minnau'n *Senior Master* yn cael llywodraethu dros bedwar o athrawon ac athrawesau.'

Yr oedd Gruffydd am y tro cyntaf yn ei oes mewn swydd gyfrifol yng Nghymru, mewn safle i fyw bywyd llenyddol cymharol lawn ac i fwrw'r brentisiaeth ysgolheigaidd Gymraeg a warafunwyd iddo yn Rhydychen y tu allan i ddosbarthiadau achlysurol Syr John Rhŷs ar ieitheg. Treuliodd wyliau haf 1905 yn astudio Hen Wyddeleg yn Nulyn dan yr Athro Strachan ar ôl ennill Ysgoloriaeth yr Arglwydd Castleton. Yr oedd hefyd o fewn cyrraedd hwylus i Lyfrgell Coleg Bangor (lle'r âi o Fiwmaris mewn cwch i'r Garth bob hanner tymor) ac i'r Tŷ Coch, Llanfairpwll, cartref John Morris-Jones, taith hanner awr ar gefn beic bob prynhawn Sul. Dan ddylanwad Syr John yr helaethwyd y diddordeb mewn ieitheg gymharol a oedd i bennu i raddau pell gyfeiriad ei yrfa o hynny ymlaen. Yng ngeiriau Gruffydd ei hun o'r darllediad yn 1951:

Heddiw fe ellir cael yr holl fater mewn llyfrau, ond yn y blynyddoedd hynny yr oedd yn rhaid inni weithio allan reolau'r iaith drosom ein hunain ac yr oedd dyfod o hyd i gyfatebiaeth newydd rhwng geiriau Lladin a geiriau Cymraeg yn syndod a rhyfeddod.

Er na bûm erioed yn nosbarth John Morris-Jones yng ngholeg Bangor ei ddisgybl ef ydwyf ac ar wahân i ddarlithoedd achlysurol John Rhŷs yn Rhydychen, efo a ddysgodd imi y cwbl a oedd yn rhaid imi ei wybod pan apwyntiwyd fi'n athro Cymraeg yng Nghaerdydd.

Nid oedd bywyd Biwmaris, er hynny, yn fêl i gyd a theimlai Gruffydd ambell bwl o anesmwythyd wrth feddwl mor derfynol oedd ei ddewis. Wrth ei gyfaill alltud o Fethodist, Silyn, yr oedd yn llawn brwdfrydedd am Gymru lân, ond gwyddai sut i gymhwyso ei deimladau at ei gynulleidfa. Y mae tinc yr ohebiaeth â Gwynn Jones yn bur wahanol. 'Ar f'enaid i,' meddai mewn nodyn ato 25 Tachwedd 1904, ''rwy bron â'i heglu hi [oddi] yma gan saled a gwelwed yw bywyd yma.' Yng Ngorffennaf 1905 aeth mor bell â chynnig am swydd ddysgu yn Llundain. Yr oedd yr hyn a ystyriai'n orffwylledd Diwygiad Evan Roberts yn mynd yn drech nag ef: 'Wn i ddim beth ddaw o'r wlad', meddai wrth Gwynn Jones ar y pumed o'r mis gan wybod y câi wrandawiad llawn cydymdeimlad gan un a oedd ar fin troi at Rufain. 'Mae wedi mynd yn ôl beth bynnag ganrif i'r ofergoeledd mwyaf truenus a byddaf bron â mynd i Loegr ambell dro ac anghofio'r wlad a'r iaith y'm magwyd ynddi.'

Yr oedd Gruffydd hapusaf pan allai ymgolli mewn rhyw gynllun neu'i gilydd. Ei brif ddiddordeb ym Miwmaris oedd y Gymdeithas Lenyddol a sefydlodd ar y cyd â Madoc Jones a Wil Owen o'r ysgol elfennol yn ystod ei dymor cyntaf ym Môn. Yr oedd traddodiad Seisnigaidd y dref yn sbardun cryf i'r fenter. Anfonodd Gwynn Jones air at Silyn ar 16 Tachwedd i ddweud fod Gruffydd 'mewn hwyl fawr am ei fod ef a'i gyfeillion wedi gwneud siarad Cymraeg yn beth ffasiynol yn nhref fechan falch y Duw maris (chwedl Goronwy)'.

Arwyddair y Gymdeithas oedd 'Cared y Doeth yr Encilion' a bu Gruffydd yn llywydd arni o'i chychwyn hyd 23 Mawrth 1906. Swllt y flwyddyn oedd y tâl aelodaeth a chynhelid cyfarfod bob wythnos yn y Neuadd Ddirwest. Hyd y gellir casglu oddi wrth y cofnodion yn llawysgrifen ofalus Gruffydd,[4] cyfarfodydd y Dafydd a gymerwyd yn batrwm: cyfuniad o ddarlithoedd a 'chwrdd clebran', gan derfynu trwy ganu 'Hen Wlad fy Nhadau'. Ymhlith y darlithwyr gwadd caed John Morris-Jones ar 'Barddoniaeth Cymru' 7 Rhagfyr 1904 ('Cynulliad da – yr ystafell yn orlawn. Darlith dda,' oedd sylw Gruffydd), a 'Llên Môr a Mynydd' gan T. Gwynn Jones, 17 Mawrth 1905, pryd y llogwyd neuadd y dref. Gruffydd ei hun a draddododd Ddarlith y Llywydd, hon eto yn neuadd y dref, 17 Medi, ar y testun 'Cunedda Coron Wledig'. ('Yr oedd yr ystafell yn orlawn o wrandawyr.') Ceid ambell ddadl yn ogystal. 'Pa un ai mantais ai anfantais i Gymru fyddai trangc yr iaith Gymraeg?' oedd pwnc dyrys 25 Tachwedd 1904. Penderfynwyd o fwyafrif mawr mai mantais fyddai. Ni nodir a siaradodd Gruffydd o blaid neu'n erbyn.

Uchafbwynt 1904 oedd y Cwrdd Clebran neu'r 'Ymgomfa' ar y pedwerydd ar ddeg o Ragfyr. Daeth pedwar ar bymtheg a thrigain o aelodau a'u gwesteion ynghyd i gael eu diddanu gan gainc ar y delyn gan Delynor Seiriol (talwyd pymtheg swllt a threuliau iddo am ei berfformiad), alaw gan Wil Owen a chân gan Denorydd Môn, na allai Gruffydd ymatal rhag nodi amdani mai 'datganiad uchel iawn(!)' oedd. Canwyd penillion gan Degid Ddu ac unawd gan Mrs Mary Williams. Daeth y noson i ben gyda chanu hwyliog ar 'Hen Wlad fy Ngenedigaeth'.

Rhwng hyn i gyd, ceid nosweithiau darllen dan arweiniad Gruffydd. Y *Bardd Cwsg* (*Gweledigaeth Cwrs y Byd*) oedd y maes llafur yn

Nhachwedd a Rhagfyr 1904. Am ddau gyfarfod yn niwedd Medi a dechrau Hydref 1905 trafodwyd gwaith Dafydd ap Gwilym a rhoddwyd 'gwers arweiniol i ddirgelion y Gynghanedd Gymreig'. Bu cryn ddarllen achlysurol hefyd ar Goronwy Owen trwy fisoedd yr haf 1905 – deunydd crai darlithoedd Gruffydd i gymdeithasau Cymraeg ledled y Gogledd yn ystod yr un cyfnod a blaenffrwyth y casgliad o bedair ar hugain o gerddi ynghyd â rhagymadrodd a nodiadau (yn Saesneg) a ymddangosodd o wasg John Southall, Casnewydd, dan y teitl *Cywyddau Gronwy Owen* yn 1907.

Nid oedd anturiaethau Gruffydd bob amser mor llenyddol ac ni ellir adrodd hanes ei ddyddiau ym Miwmaris heb gofnodi un digwyddiad ymddangosiadol ddibwys y gwelodd ef yn dda neilltuo tua chwarter ei sgwrs radio i'w ddisgrifio. Un Dydd Gŵyl Dewi yn '1905 neu 1906', meddai, yr oedd ef a Madoc Jones am groesi o Fiwmaris i Fangor mewn storm. Gwrthododd y cychwyr hwylio ar y cychwyn gan faint y gwynt a'r glaw, ond pan gynigiodd y ddau athro dalu pum swllt am y daith yn hytrach na'r geiniog a dimai arferol, dyna droi am Fangor. Yr oedd y ddau tua hanner ffordd ar draws y Fenai pan gofiodd Gruffydd hen stori yn y cylch am dri chwch yn suddo tua'r un fan rhwng 1750 ac 1850. Enw'r unig un i gael ei achub rhag boddi bob tro oedd Huw Williams. A hwythau ar fin cyrraedd Bangor cododd ton anferth a chlywodd Gruffydd un cychwr yn gweiddi ar y llall, 'Dal dy lyff, Huw Williams!' Gwyrth i Gruffydd oedd iddynt gyrraedd y lan yn ddiogel.

Yr oedd tymhestloedd ar dir sych yn ogystal. Ychydig wythnosau wedi iddo gychwyn ym Miwmaris ac yn 'mendio gartref' yn Gorffwysfa yn dilyn salwch, cyfaddefodd wrth Silyn 5 Ebrill 1904 ei fod mewn cariad gydag aelod o staff yr ysgol. 'Mae hi'n eneth garedig, synhwyrol, a chanddi wyneb dynes, nid wyneb doli, fel fy hen fflam. Yr unig aflwydd yw mai Saesnes hi [sic] . . . ond waeth gen i pe bai'n Hottentot – mae'r peth nesaf beth bynag gan mai Eglwyswraig yw . . . Y cebyst yw ei bod yn gadael Biwmaris y term yna.'

Ni wyddys a ddaeth ateb i lythyr Gruffydd na chwaith faint o fwlch a fu yn yr ohebiaeth rhyngddo a Silyn wedi hynny, ond yn y llythyr nesaf oddi wrth Gruffydd a gadwyd, ar ddiwrnod olaf Awst y mae newid cywair trawiadol. Dyma'r brawddegau agoriadol: 'Wel, os nad ysgrifenni di, rhaid i mi wneud. Mi hoffwn yn arw allu'th weld cyn i ti adael Cymru. Hefyd hoffwn wybod un peth. Paham yr wyt wedi peidio ysgrifennu ataf? A phaham yn enw pob rheswm yr wyt wedi oeri cymaint?' Gwêl Gruffydd arwyddion fod 'asbri ieuenctid yn pasio heibio yn fuan' ac ymhola, 'Tybed fy mod yn anghyfiawn wrth feddwl fod gan dy *"barchus* arswydus swydd" rywbeth i wneud â hyn? Hwyrach yn wir fy mod yn ormod o bagan i gadw cymdeithas â gweinidogion yr "Efengyl"!'

Y ffaith fawr oedd fod Silyn newydd briodi 28 Mehefin a'r ddau'n rhwym o ymddieithrio. 'Mae gennyt un arall i ymlynu wrthi'n awr ond gallet gofio weithiau am danaf finnau', oedd cŵyn Gruffydd. Yr oedd priodas Silyn yn drobwynt yn hanes ymwneud y ddau â'i gilydd; ni byddent mwyach yn gyfeillion mynwesol, er iddynt gwrdd yn Eisteddfod y Rhyl yr haf hwnnw a llythyru'n ysbeidiol am gyfnod wedi hynny. Nodweddir geiriau Gruffydd wrth Silyn ac amdano o ganol 1905 ymlaen gan nodyn o siniciaeth lechwraidd. Adroddodd hanes y briodas wrth Gwynn Jones ar y pumed o Orffennaf:

> Yr wythnos diweddaf bum yn priodi Silyn yn Llundain. Yr wyf wedi synnu tipyn ato. Cymerodd arno'i hun *pose* a'r *pose* y tro yma oedd priodas ddistaw gyda'r canlyniad na chafodd creadur bach erioed y fath drafferth ar hyd yr wythnos i guddio'r peth a dweyd llawer iawn o gelwydd yn y fargen. Y canlyniad oedd i'r briodas fod yn un o'r rhai mwyaf *loud* y bum ynddi erioed ond mai *distawrwydd* oedd y *loudness* . . . Wel, wel, mynd y maent i gyd.

Yr oedd *poses* eraill a barodd anesmwythyd i Gruffydd, a'r mwyaf ohonynt oedd yr hyn a ystyriai'n benderfyniad Silyn i gefnu ar farddoni er mwyn ymroi i faterion cymdeithasol. Yr oedd Gruffydd wedi ei berswadio ei hun mai er mwyn Silyn y daethai'n ôl i Gymru ac yr oedd cyfeiriad gyrfa ei gyfaill yn gyfystyr â brad yn ei olwg ef. 'A wyt ti'n canu yrŵan?' gofynnodd yn bryfoclyd yn Awst 1905. 'Ni byddaf byth yn gweld dy awen. "Y bardd bach uwch beirdd y byd, Och nad ydych yn dwedyd"!' 'Gwelaf dy fod yn Socialist,' meddai ymhellach mewn llythyr yng Ngorffennaf 1908, wedi darllen pamffledyn Silyn, *Y Blaid Lafur Annibynnol: ei Hanes a'i Hamcan.* ' – Da iawn; felly finnau hefyd, cyn belled ag yr wyf yn cymeryd unrhyw ddyddordeb yn y peth.' Lleisiodd ei anniddigrwydd ynghylch Silyn yn gyhoeddus ym Mehefin 1911 ar ddudalennau *Wales* J. Hugh Edwards:

> We must all of us appreciate Mr Silyn Roberts's social work, and though many will disagree with the theories he preaches, Wales will be the richer for his exposures of sham and his somewhat too ideal counsels of perfection. But – is the work, valuable as it admittedly is, worth the sacrifice which he has made in resolutely turning his back on his earlier love? He could, we think, help in the good work far more effectively by the special talent of song which has been given him. The social economists are many, the poets are few.

Nid yn ei ebychiadau y ceir Gruffydd ar ei lymaf, ond yn y cyfuniad nodweddiadol hwn o'r sangiadol a'r swta, arddull a fcithrinodd ac a berffeithiodd yn ystod oes aur *Y Llenor*. Agoriad pwyllog a gwyliadwrus gydag islais dychanol ('somewhat too ideal counsels of perfection') ac yna'r syniad yn ymagor fel cwestiwn rhethregol yn yr ail frawddeg, yn cael ei ateb yn y drydedd cyn cloi'n epigramatig-derfynol yn y bedwaredd. Fe wyddai Gruffydd fod y gallu i ohirio'r ergyd lawn cyn bwysiced ymhlith ystrywiau'r rhethregydd â'r ergyd hithau. Dagrau pethau, wrth gwrs, oedd fod cyfrwng protest naturiol Gruffydd, sef llythyr at Silyn, wedi ei gau erbyn 1911.

Ie, yr oedd Silyn wedi siomi ei hen gyfaill trwy ddewis llwybr a oedd yn anghydnaws â'i ddoniau. Yr oedd yn gred a ddaliodd Gruffydd hyd farw Silyn yn 1930, pryd y rhoes gynnig yn *Y Llenor* ar ddadansoddi'r achosion a roddodd ben ar yrfa brydyddol addawol:

Ni pharhaodd yr awen yn hir ar ei gorsedd yn ei galon, am fod deuoliaeth ryfedd yn ei natur. Ar y naill law, ef oedd y *romantic* mwyaf a welais erioed, – yr oedd awgrymiadau lliwgar ei feddwl ef ei hun yn haen ar yr holl fyd allanol, a châi bleserau a oedd yn boenus bron yn eu treiddgarwch wrth ei unioli ei hun â natur. Ar y llaw arall, yr oedd ganddo feddwl neilltuol o feirniadol; ei duedd naturiol oedd gwrthod pob esboniad cyffredin ystrydebol a glynu wrth bopeth newydd . . . Canlyniad hynny oedd gadael prydyddiaeth, a glynu wrth wleidyddiaeth, – yr oedd bob amser a gorfod arno ddewis rhwng dwy anturiaeth.[5]

Geiriau eironig o ystyried gyrfa fer ond llawn Gruffydd ei hun yn Nhŷ'r Cyffredin cyn pen tair blynedd ar ddeg.

I 1905, cyfnod ysgariad effeithiol Gruffydd oddi wrth ei ddysgawdwr llenyddol cyntaf, y perthyn 'Lleisiau'r Fynwent', cerdd sy'n lletach peth o dipyn nag efelychiad slafaidd o 'Friends Beyond' Thomas Hardy, fel y mynn y nodyn a roes Gruffydd o dan deitl y gerdd:

> Yn Llaniolen wrth yr eglwys,
>   Clywais leisiau yn y gwynt;
> Sibrwd 'roeddynt yn doredig
>   Wrth a'u carai, ddyddiau gynt, –
>
> Rhobert Wiliam, gŵr y 'Sgellog,
>   Elin Morys, gwraig y Rhos;
> Dafydd, Tomos, Gwen y Goetre,
>   Sibrwd wnaent ym min y nos.[6]

O'r braidd na allai fod wedi ychwanegu enw Silyn yntau at restr y meirwon anedifar. Yr oedd sefyllfa Gruffydd wrth gyrraedd ei bump ar hugain oed yn od o debyg i eiddo Hardy. Yr oedd wedi torri pob cyswllt uniongyrchol â'i gartref; ni châi fynd yno mwyach ond fel ymwelydd. Lai na blwyddyn wedi iddo gyfansoddi'r llinellau hyn yr oedd yn aelod o sefydliad lle'r oedd i aros am ddeugain mlynedd nesaf ei oes: 'Pan ddeuthum gyntaf i Gaerdydd, a phan fabwysiadwyd fi yn un o wŷr y De,

pan ddechreuais fod i blant fy ardal fy hun yn "ddyn dieithr o'r Sowth".[7]
Yn y gerdd seml hon ceir rhagflas o naws y mwyaf arhosol o'i gerddi
aeddfetach lle y cyplysir y syniad o angau gyda phrofiad personol dwys.
Yng ngherddi cyfnod Biwmaris – 'Llanfihangel Dinsylwy', 'Y Pictiwr' a
'Gwerful Fychan' – gwelir estheteg delynegol Gruffydd yn bwrw
gwreiddiau praffach a mwy stoicaidd. Efallai na cheir gwell mynegiant o
agwedd meddwl y blynyddoedd hyn na'r geiriau o gysur a gynigiodd i
Gwynn Jones pan gollodd hwnnw ei frawd yn Rhagfyr 1905: 'Felly rhaid
i'r cryfaf ddod . . . ac nid gwerth weithiau fod wedi byw pan ddaw dydd
marw.'[8] Yr oedd bywyd Gruffydd ar fin dechrau o ddifrif. Ni byddai
casgliadau slic o'r fath ar fyw a marw yn goroesi'r profiad.

4

Y *Darlithydd, 1906–1914*

Y FLWYDDYN 1906, meddai Gruffydd wrth ddwyn i gof flwyddyn ei benodi i'r swydd a roes ddelw ar ei bersonoliaeth am weddill ei fywyd, oedd 'cyfnod mwyaf blodeuog Cymmrodorion Caer-dydd'. Yng ngwanwyn y flwyddyn honno, dan arweiniad eu llywydd Cochfarf (Edward Thomas), cyn-faer y dref, pasiodd yr aelodau hynny o'r gymdeithas a oedd yn weithgar ar Gyngor y Coleg gynnig y dylid penodi rhywun i gynorthwyo'r Athro Thomas Powel yn yr Adran Gelteg. Yr oedd yn swydd unigryw am nad oedd ar y pryd gan na John Morris-Jones ym Mangor nac Edward Anwyl yn Aberystwyth ddarlithwyr dan eu gofal. Ni phetrusodd Gruffydd, er mor ddieithr oedd y De iddo. Yr oedd problemau carwriaethol eto'n creu problemau a hyd yn oed ddrwgdeimlad o'i gwmpas ym Môn. Unwaith yn rhagor manteisiodd ar y cyfle deublyg i ddianc ac i ymddyrchafu. Ceisiodd eirda gan John Morris-Jones a Gwynn Jones. 'Er fod y cyflog yn llawer llai nag yma,' cyfaddefodd wrth y cyntaf o'r ddeuddyn ar y trydydd o Fai, 'yr wyf yn gweled mai hwn yw cyfle fy mywyd, ac os collaf hwn dyna ben arnaf.'

Cymhelliad cryf arall, yn bendant, oedd y cyfle i chwarae rhan amlycach ym mywyd llenyddol Cymru. Teimlai'n gynyddol ymwybodol trwy gydol ei amser ym Miwmaris fod perygl iddo droi'n gymeriad ymylol. Yr oedd amserlen lawn yr athro ysgol hefyd yn fwrn. Cyfunodd apologia dros ei gymwysterau gyda chyffes bersonol yn ei apêl at Syr John:

> Wel, baich fy mhroffwydoliaeth yw byw. Wnewch chi fod garediced ag ysgrifennu at Bowel rywbryd cyn Mai 25, ac hefyd ysgrifennu *testimonial* i minnau? Ni wn i faint ydych yn wybod am yr hyn a wn am *philology* etc., ond os y cawsoch yn ein hysgyrsiau fy mod 'ymhell ar ôl', chwedl pobl y Seiat, chwi gofiwch y bu raid i mi feddwl allan bob mân reol drosof fy hun, ac os caf ffun ychydig yn hwy, hwyrach y gallaf wneud rhywbeth go lew, ond yma nid oes amser i ddim . . . Mi fauswn yn ddiolchgar am byth i chwi os dywedwch air da drosof yng Nghaerdydd, a chaf finnau wedyn gyfle i fod fel chwithau, yn

'Llidiog wrth wŷr â llediaith,
Llym gledd bryd ar wedd brwydr waith!'[1]

O'i ran yntau, yr oedd Gwynn Jones yn hael iawn ei ganmoliaeth a barnu wrth y copi drafft o'r geirda a yrrodd at Gruffydd. Soniodd am 'his thorough acquaintance with the Classics, his mastery of Anglo-Saxon and cognate languages, his familiarity with the Romance languages, some of which, as I know, he speaks with remarkable fluency and his unique experience in the Celtic languages'. Yr oedd gan Gruffydd, meddai, 'an unparalleled qualification for the post which he now seeks'.

Teithiodd Gruffydd o orsaf Bangor i Gaerdydd ym Mehefin 1906 i ymddangos mewn het silc a chôt gynffon fain o flaen E. H. Griffiths, Prifathro'r Coleg, a gweddill y panel penodi.

Priodolodd Gruffydd ei lwyddiant i ddau beth: ei addysg yn Rhydychen (lle'r addysgwyd Griffiths yntau) a'i hoffter o hwylio (yr oedd Griffiths yn berchen cwch). Am y cyfweliad ei hun, honnodd Gruffydd na ofynnwyd iddo'r un cwestiwn am ei gymwysterau yn Gymraeg. Derbyniodd Gruffydd y swydd yn ymwybodol o'r amgylchiadau a'i creodd ac fe'i cafodd ei hun, meddai mewn sgwrs radio yn 1951, 'Hen Atgofion 3: Caerdydd', 'yn cerdded ar rimyn cul o lwybr rhwng dau agendor': sef y Cymmrodorion ar y naill law, a ffurfiai 'fath o ddictatoriaeth ar fywyd y dref', ac ar y llall Griffiths ei hun a'r rhan fwyaf o athrawon eraill y Coleg.

Cafodd lety dros dro yn Y Gelli Wen, Tongwynlais ar gyrion gogleddol y dref ac ysgrifennodd oddi yno at Gwynn Jones ar 27 Hydref i roi ei argraffiadau cyntaf o'r Coleg a'i staff: 'Y mae popeth yma o'r ddaear ac yn ddaearol a'r athrawon felly yn neilltuol.' Gwilym Davies yn yr Adran Ladin, Ernest Hughes (hanes) a W. J. Roberts (athroniaeth), ym marn Gruffydd, oedd 'yr unig rai a rhywfaint o enaid ynddynt'. Nid oedd y myfyrwyr yn plesio chwaith: 'Yr wyf yn hoffi'r gwaith ond chwi synnech mor felltigedig o ddwl a diamcan yw'r bechgyn yma.'

I ychwanegu at ei gyflog o £120 y flwyddyn, 'a'r byw yn ddrud ofnadwy', yr oedd eisoes wedi ymgymryd â darlithio i ddosbarthiadau allanol, ar Ddafydd ap Gwilym a'r Mabinogi ymhlith pynciau eraill. Yr oedd yn gyfle i ailgyflwyno peth o'r deunydd a ddefnyddiasai ym Miwmaris. Yn 1934 edrychodd yn ôl ar y cyfnod hwn gyda chryn swildod a hunanfeirniadaeth:

Er mwyn gwneuthur Dafydd yn dderbyniol i'm gwrandawyr, yr oedd yn rhaid i mi esbonio 'neges' Dafydd a'r neges honno (dyn a'm helpo!) oedd bod yn rhagredydd i'r Diwygiad Protestannaidd a hynny'n arwain i'r Diwygiad Methodistaidd, a hwnnw'n ei dro wedi ei amcanu gan Ragluniaeth i esgor ar y gynulleidfa o'm blaen.[2]

Yn 1906 hefyd y cyfarfu Gruffydd am y tro cyntaf â Syr Marchant Williams, cychwynnydd y cylchgrawn unigryw hwnnw, *The Nationalist* a beirniad mwyaf digymrodedd John Morris-Jones. Yr oedd enw Syr Marchant eisoes yn hysbys iddo ac nis siomwyd ar ôl eu cyfarfyddiad cyntaf, fel y dywedodd wrth Gwynn Jones: 'Dyn bach sur gwenwynllyd . . . a chasineb a chenfigen yn gwneud yn lle egwyddorion iddo.' Byddai gan Gruffydd gryn lawer i'w ddweud eto am Syr Marchant cyn troad y ddegawd. Yr oedd ar Gruffydd hiraeth yn barod am y Gogledd: 'Os ewch i Gaernarfon cyn i mi ddod gartref,' meddai ar waelod y llythyr, 'ewch dros bont yr Aber a thorwch groes ar y tywod cyn llanw – er cof amdanom ein dau.' Nid rhyfedd i Gwynn Jones fynegi pryderon am Gruffydd wrth Silyn ddeuddydd cyn y Nadolig ar ddiwedd tymor cyntaf Gruffydd yng Nghaerdydd: 'Yr wyf yn ofni nad yw efe yn gartrefol iawn yno.'

Digwyddiad canolog bywyd llenyddol Gruffydd yn 1906 oedd cyhoeddi *Caneuon a Cherddi* ym mis Tachwedd, cyfrol union gant o dudalennau, yn cynnwys tair a deugain o gerddi mwyaf adnabyddus y bardd. Pontia *Caneuon a Cherddi*, casgliad cyntaf Gruffydd dan ei enw ei hun, y gagendor rhwng byrbwylltra rhamantus ei gyfraniadau i'r *Telynegion* ac arddull fwy mesuredig ei waith aeddfetach. Cyflwynodd Gruffydd y gyfrol i'w dad a'i fam, 'yn arwydd bychan o fy serch tuag atynt', a chynhwysodd ragair gwylaidd:

> Os ca'r gyfrol yma hanner cystal derbyniad gennyt, fy narllenydd hynaws, ag a gafodd 'Telynegion', byddaf yn bur fodlon, ond ni ŵyr neb yn well na myfi y maddeuaist, y tro hwnnw, lawer bai arnaf gan fy ieuenged. Ond bellach nid oes gennyf esgus, a rhaid imi sefyll ar fy nhroed fy hun a'r cwbl a erfyniaf gennyt yw coelio mai ymdrech onest i farddoni yn fy ffordd fy hun ac i ddweud fy nhipyn meddyliau yn fy null fy hun, sydd yn gyfrifol am lawer o wendid yn y caneuon.

Er mor gwmpasog yr ieithwedd, yr oedd ofnau a phestruster Gruffydd yn real ddigon. Arbrawf, gêm ddeallusol a barddonol oedd *Telynegion*: canlyniad awydd myfyriwr uchelgeisiol i weld ei glyfrwch ar glawr, penllanw cyhoeddus ar weithgarwch partneriaeth gudd a chyfrin. (Ni wyddai H. Parry Jones, a oedd yn rhannu ystafelloedd gyda Gruffydd yn 1900 ddim am y fenter, er enghraifft.) Ni allai Gruffydd ymguddio bellach y tu ôl i beisiau ieuenctid na dylanwad Silyn.

Gwnaeth Gruffydd beth cyfrwys, er hynny, trwy ymesgusodi am ddweud ei 'dipyn meddyliau' yn ei ffordd a'i ddull ei hun. Ei amcan anuniongyrchol oedd rhoi i'r gyfrol arlliw o unoliaeth na fedd mewn gwirionedd. Prif ddiffyg a phrif rinwedd *Telynegion* oedd eu hunrhywiaeth: yr oedd yn gyfrol a aned mewn cwta flwyddyn o gyfansoddi i batrwm. Amrywiaeth yw nod amgen *Caneuon*: lloffion o'r tair neu bedair blynedd blaenorol, cynnyrch profiadau a chwiwiau ac arbrofion cywasgedig sy'n llenwi ei thudalennau. Blas blodeugerdd wedi'i hel at ei gilydd gan olygydd rhy oddefgar sydd arni. Clywir sawl llais yn *Caneuon*, felly: tinc y telynegwr ('Yr Ynysig', 'Newid'); dyfnllais y clasurydd ('Allor Awen Cymru'); a murmur prudd Gwynn Jonesaidd cerddi megis 'Ar yr Allt'. Ceir yma hefyd sonedau a chyfieithiadau o Heine sy'n arwydd o'i ddyled i John Morris-Jones. Ond y llais mwyaf treiddgar yw hwnnw a glywir yn y pedair ar ddeg o gerddi byrion tua diwedd y gyfrol dan y teitl 'Cerddi Cymru'. Egyr 'Merch y Mynydd', er enghraifft, yn gonfensiynol delynegol:

> Cerddasom hyd erwau y mynydd
> Dros lwybrau y rhuddgrug a'r nant,
> A thithau, 'run fach, oedd fy nghariad,
> Fy nghariad pan oeddym ni'n blant . . .

Hawdd darogan beth a ddaw erbyn y pennill clo: pleser ddoe yn ildio i adfyd heddiw, galar am serch a gollwyd, breuddwydion yn deilchion a gobeithion yn friw. Ie, dyna a geir, ond:

> A neithiwr fe'th glywais yn chwerthin
> Wrth basio ym merw'r bell wlad, –
> 'Cardotyn o Gymro yw hwna,
> Fu'n chware wrth riniog fy nhad.'

Dyma dro (neu nifer o droeon) yng nghynffon ddisgwyliedig y gân. Yn gyntaf, rhydd Gruffydd eiriau yng ngenau'r ferch, peth nas gwnaeth trwy gydol *Telynegion* lle y mae merched yn fodau digon goddefol. Yn ail, Cymraeg llafar a siaryd. Yn drydydd, ac yn gwbl groes i gonfensiwn ymsonol a myfyriol y delyneg, cyflwynir trydydd person i'r hanes. Wrth bwy y cyfeiria'r ferch ei sylw dirmygus am y bardd? Wrth ei chariad newydd? Wrth ferch arall? Cawn ein hunain yn dyfalu mewn modd a fuasai'n amhosibl gyda thelyneg gyffredin. Nid treuliad anorfod amser sydd wedi gwahanu'r ddau gariad ond balchder a snobeiddiwch a Seisnigrwydd ('Cardotyn o Gymro') y ferch. Mae gwireddu'r breudd-wydion plentynnaidd am rodio i wledydd pell wedi lladd y cariad a esgorodd ar y breuddwydion hynny. Y casgliad yw nad telyneg mo hon ond baled eironig y mae hyd yn oed ei theitl yn fath o jôc greulon erbyn y diwedd. Y mae'n gerdd sy'n em o awgrymusedd: yn y pennill clo ymrithia'r meddyliau a'r atgofion yn ddarlun diriaethol lle y mae brawddeg y ferch ddi-enw yn wrthodiad llawer mwy poenus na chyfanswm tawedogrwydd didostur pob Gwen a Men a Menna.

Y llais baledol, storïol, eironig hwn oedd darganfyddiad mawr Gruffydd erbyn cyhoeddi *Caneuon a Cherddi*, a'r rhyfedd yw nad oedd yn ei lythyrau at Gwynn Jones lle yr arferai anfon drafftiau o waith a oedd ganddo ar y gweill yr un argoel am ddatblygiad o'r fath. Ceir eithafbwynt y math hwn o ganu yn 'Hen Lanc Tyn y Mynydd', 'Yr Hen Chwarelwr' a'r 'Hen Longwr' lle y saif Gruffydd y tu allan i'w greadigaethau gan adael iddynt weithredu'n annibynnol arno.

Yr oedd Gruffydd, fel y nodwyd eisoes, yn ddibris hollol o gynnwys y *Caneuon*: 'Yn eithriadol o hwyr ar fy oes y datblygais hynny o synnwyr sydd gennyf,' meddai yn y rhifyn teyrnged o *Tir Newydd* yn 1938; 'prin yr ysgrifennais air cyn fy seithfed mlwydd ar hugain [sef 1908] nad oes arnaf gywilydd calon ohono . . . nid yw'r bobl sy'n canmol caneuon fel *Hen Lanc Tyn y Mynydd* fel *barddoniaeth* yn gwybod beth yw barddoniaeth; nid oes yr un o'r gyfres hon yn perthyn i fyd awen.'

Digon gwir, mae'n debyg. Annilysir cyffro pob un o'r cerddi a enwir gan sentimentaliaeth rad eu diweddglo. Ceir ynddynt, er hynny, rywbeth sy'n apelio at gynneddf nad ydym bob amser yn barod i'w chydnabod am ein bod yn ei hystyried yn annheilwng ohonom. Yr un pleser cywilyddus ag a ddaw o glywed canu 'Hen Brocer Fach Loyw Fy Nain'. O safbwynt datblygiad ei 'fyd awen', gellid dadlau mai un o fannau dall Gruffydd yn ei feirniadaeth ar ei farddoniaeth ei hun yw ei amharodrwydd i ganiatáu dylanwad ei waith cynharach ar gyfeiriad ei gynnyrch aeddfed. Yn sicr, yn 'Hen Lanc Tyn y Mynydd' a'r lleill gwelir sylfeini rhai o'i gerddi mwyaf fel 'Gwladys Rhys' a 'Thomas Morgan yr Ironmonger' (1922) a 'Chapten Huws yr Oriana' (1930), 'penllâd ei farddoniaeth', yn ôl Aneirin ap Talfan.[3]

O fewn blwyddyn wedi iddo gyrraedd Caerdydd yr oedd i 'Griff', fel y'i hadwaenid gan ei fyfyrwyr, enw fel athro diamynedd a brathog. Cynhaliai ei ddosbarthiadau yn rhif 10 Ffordd Casnewydd, safle'r Hen Goleg. Darlithiai ar ystod eang o feysydd: y Pedair Cainc o argraffiad Gwenogvryn Evans, gwaith Tudur Aled a Wiliam Llŷn o *Gorchestion Beirdd Cymru* a'r elfen Ladin yn y Gymraeg a gramadeg Cymraeg Canol i'r cwrs 'Ordinary', sef yr Ail Flwyddyn. Defnyddiai'r *Gorchestion* eto yn y 'Special', sef y Drydedd Flwyddyn, i oleuo gwaith Dafydd ap Gwilym a Gutun Owain. Dysgai *Ystorya de Carolo Magno* mewn argraffiad o waith ei athro ei hun, Thomas Powel, a thraddodai ddarlithoedd ar 'Celtic Phil.', gan dynnu ar *Urkeltischer Sprachschatz* Whitley Stokes. Yn unol ag arfer holl adrannau Cymraeg y Brifysgol y pryd hynny, yn Saesneg y darlithiai. Prif gyfraniad y myfyrwyr oedd cyfieithu darnau gosod ar goedd. Rhoddodd Henry Lewis, a raddiodd yn Gymraeg gyda gradd dosbarth cyntaf yn 1910 ac a ddaeth yn ddarlithydd dan Gruffydd yn 1918, syniad am awyrgylch y dosbarthiadau cynnar hyn yng nghyfrol goffa'r *Llenor*:

Un anhawster a gâi rhai ohonom yn ei ddarlithiau ar y dechrau oedd nad oedd ei barabliad bob amser yn ddigon croyw i ni i'w ddeall. Yr oedd ei feddwl hefyd mor gyflym fel na allem bob amser ei ddilyn. Parai hyn drafferth i ni weithiau, yn enwedig yn y darlithiau ar ieitheg. Byddai'n rhaid treio arafu peth arno weithiau, a gwyddem yn dda mai go fentrus oedd hynny. Ni thalai cwestiwn twp o gwbl – ni allodd Gruffydd erioed oddef ffyliaid.

Ategir sylwadau Henry Lewis gan genedlaethau diweddarach o fyfyrwyr. Rhybuddiwyd Stephen J. Williams yn ei flwyddyn gyntaf yng Nghaerdydd ar ddechrau'r dauddegau, er enghraifft, mai 'gŵr afrywiog'[4] oedd Gruffydd ac mai gwell oedd ei ochel. Cofir bron yn ddieithriad gan gyn-efrydwyr am ei glogyn llaes du a'i esgidiau brown a'i duedd i arddweud ei nodiadau. Yr oedd yn ddarlithydd sych a herciog a hyd y gellir casglu yr oedd darlithio byrfyfyr yn fwgan iddo.

Erbyn haf 1907 yr oedd Gruffydd mewn llety yn Fitzalan Place, o fewn cyrraedd hwylus i'r Coleg. Yr oedd y byw o hyd yn ddigon main a daliodd ar bob cyfle i ychwanegu at ei gyflog. Treuliodd wyliau'r flwyddyn honno yn cywiro papurau arholiad Cymraeg i'r Bwrdd Canol ac yn darlithio mewn ysgol haf yn Aberystwyth. Yn 1908 daeth yn arholwr allanol swyddogol i'r Bwrdd, swydd a ddaliodd hyd 1912. Ar drothwy gwyliau yn Iwerddon y flwyddyn honno ysgrifennodd at Silyn ar 18 Gorffennaf i'w hysbysu ei fod 'yn gweithio'n galed ar feirdd a llên y 13eg, 14eg a'r 15eg ganrif at fy D.Litt., pa bryd bynnag y bydd hynny. Yr wyf yn meddwl y cydnebydd yr ysgolheigion yma yn o gyffredinol fy mod wedi darganfod un neu ddau o bethau yn hanes ein llenyddiaeth'. Go brin y buasai Gruffydd wedi cynnig am 'D.Litt.' – gradd a ddyfernir i ysgolhaig sefydlog am swmp o waith cyhoeddedig – ac nid oes cofnod amdano'n cofrestru teitl traethawd am na Ph.D. gan Brifysgol Cymru na D.Phil. gan Rydychen. Yr unig arwydd o'i weithgarwch yn y maes hwn yw ysgrif yn Nhrafodion Urdd y Graddedigion y flwyddyn honno ar 'The Connection Between Welsh and Continental Literature in the 14th and 15th Centuries'. Ym mis Ebrill 1909 cyhoeddwyd *Y Flodeugerdd Newydd*, llyfr destlus yn cynnwys detholiad o waith pump ar hugain o gywyddwyr o gyfnod Gruffydd Gryg hyd Wiliam Llŷn a Siôn Phylip. Rheidrwydd yr academydd a'i gyrrodd i gyflawni'r dasg; bwriadodd y gyfrol yn fath o atodiad i'r *Gorchestion* a'r casgliadau eraill a oedd erbyn hynny allan o brint. Tamaid i aros pryd ydoedd, meddai, cyflwyniad i gyfrol arfaethedig fwy ar holl lenyddiaeth y cyfnod, ac o'r herwydd ymgadwodd yn fwriadol rhag cynnwys rhagair. Mewn un ystyr bwysig iawn, nid oedd yn llyfr academaidd cyffredin. Yn nodweddiadol, egwyddor Gruffydd wrth ddewis rhwng y gwahanol fersiynau o'r cywyddau oedd 'teilyngdod llenyddol . . . Yr wyf yn cyflwyno'r cywyddau yn arbennig i efrydwyr ac i feirdd Cymru – i'r naill yn faes llafur, ac i'r lleill yn batrwm'. Mae dyled Gruffydd i ddull ac arddull John

Morris-Jones yn y gwaith ysgolheigaidd cyntaf hwn o'i eiddo yn eglur (yn fwyaf arbennig, efallai, yn y defnydd a wneir o Saesneg i oleuo ystyr y testun) a chydnebydd hynny; eto, yma a thraw yn y nodiadau eglurhaol, megis yn y sylw ar ystyr llinell Iolo Goch, 'Llyma fyd rhag sythfryd Sais', ceir fflach o ddireidi iach:

> *Sythfryd* which is the MS reading = 'insolence'. It might almost be translated 'insolent wooden-ness'. All those who have some acquaintance with the English character will appreciate the exactness of the description.

Byrdwn neges Gruffydd at Silyn ar 8 Gorffennaf 1908 oedd ei hysbysu ei fod ar fin priodi Gwenda Evans, merch y Parch. John Evans, gweinidog gyda'r Methodistiaid yn Aber-carn. Yr oedd Gwenda ddwy flynedd yn iau na'i dyweddi ac yn BA mewn Ffrangeg o Gaerdydd. Am nifer o flynyddoedd wedi hynny treuliai Gruffydd wyliau'r haf a'r Nadolig ym 'mhersondy' ei dad-yng-nghyfraith yn Sir Fynwy. 'Y mae'r awen, er hynny, wedi fy ngadael,' meddai wrth Silyn ' – er bod gennyf y testun goreu o'r un i ganu arno, ond dyma un o fy narganfyddiadau diweddaraf – sef yw hynny nad i'r ferch a geri fwyaf y mae Cymro fwyaf parod i ganu. O leiaf, dyna 'mhrofiad i'.

Priododd y ddau yn Aber-carn y flwyddyn ddilynol. Y mae diwrnod eu priodas wedi ei gadw mewn llun ffurfiol Edwardaidd a dynnwyd yn dilyn y gwasanaeth. Yno y ceir Gruffydd a golwg gwbl ddigyffro (bron na ddywedid wedi diflasu) arno, a'r merched – gan gynnwys Gwenda ei hun – dan hetiau silc anferth. Yn ôl i Dongwynlais y symudodd y ddau. Yr oedd yn gyfle i Gruffydd ymuno yng ngwasanaethau R. G. Berry yn Ngwaelodygarth. Cerddai'r ddwy filltir i'r moddion bob Sul.

Blwyddyn ei briodas oedd blwyddyn ei fuddugoliaeth ar y bryddest yn Eisteddfod Llundain, ei unig gamp eisteddfodol. Ar un wedd daeth y gydnabyddiaeth yn rhy hwyr i wneud yn iawn am siom 1902. Ymhell cyn cystadlu ar 'Yr Arglwydd Rhys', fel y gwelwyd, yr oedd Gruffydd wedi ymwrthod ag estheteg gystadleuol yr Ŵyl ac ni chafodd wrth ennill y goron arian a'r ugain punt o wobr ond y pleser gwag a ddaw i ran buddugwr nad yw ei fuddugoliaeth ond yn foddion i'w atgoffa o fethiannau'r gorffennol. Ni buasai wedi cystadlu o gwbl, meddai pan gyhoeddwyd *Ynys yr Hud* yn 1923, 'oni bai fod Prifysgol Cymru yn credu y dylai gadw ei hathrawon ieuengaf mewn dygn dlodi; a'r pryd hynny yr oeddwn innau'n ieuanc'. Mae elfen o wirionedd yn yr haeriad, mae'n debyg; ni ddylid, er hynny, ddiystyru arwyddocâd symbolig y Goron i Gruffydd. Trwyddi enillodd le o fewn y sefydliad yr oedd mor chwannog i'w feirniadu a'i ddiwygio. Ni ellid ei gyhuddo mwyach o ladd ar yr Eisteddfod oherwydd surni ac uchelgais rwystredig.

'Y mae eich eisiau yn Llundain ddydd Iau,' meddai Gruffydd mewn nodyn brysiog diddyddiad at Gwynn Jones ychydig ddyddiau cyn y coroni. Yr oedd ei fuddugoliaeth ar y Goron yn 'sicrwydd'. '. . . Silyn yn mynd i roi'r wobr i mi ond Ben Davies yn methu cytuno – damia'i siwad o.' Yr oedd Ben Davies yn fwy cefnogol nag y tybid. Er gwaethaf collfarnu'r pennill cyntaf ac 'ambell gyffyrddiad anghelfydd' yma a thraw trwy'r gwaith, yr oedd y bardd yn ei farn ef wedi cyfansoddi 'pryddest wir alluog a gwir fawr'. Nid oedd gan Silyn yr un amheuaeth: yr oedd gwersi Bangor 1902 wedi eu dysgu ac yr oedd yr hen oerni rhwng y ddau wedi dadmer. 'Cyfanwaith cywrain yw'r gerdd hon ac nid rhannau anghydnaws ac anghysylltiol; a cheidw yn gywir i hanes heb dreisio, na dyfeisio, na cheisio traddodiadau disail.' Aeth Gruffydd i dderbyn ei wobr oddi ar law ei hen gyfaill yn yr Albert Hall gan edrych, yng ngeiriau llai na charedig Marchant Williams, 'as composed as a corpse and as proud as a pet parrot'. Nododd gohebydd *Y Goleuad* ar 23 Mehefin fawredd yr olygfa: 'Yr oedd yn amlwg fod y dyfarniad yn boblogaidd, gan fod Mr Gruffydd, er mai ieuanc yw, yn adnabyddus fel perchen awen eithriadol o loew. Coronwyd ef mewn llawn rwysg, yng nghanol cymeradwyaeth.'

Yr oedd 'Yr Arglwydd Rhys' yn fwy llwyddiannus na 'Trystan' am ei bod yn fwy disgybledig ac yn llai uchelgeisiol. Sail y rhagoriaeth, yn eironig, oedd fod testun 1909 yn llai cydnaws â'r awen a ystyriai Gruffydd ei hun yn feistr arni. Methodd ar 'Trystan' oherwydd iddo ildio mor barod i'r demtasiwn i ganu'n orawenus – fel myfyriwr goreiddgar a wêl gwestiwn at ei ddant mewn arholiad ac a fwria iddi'n ddibaratoad i ysgrifennu popeth a ŵyr am y pwnc a llawer o ddeunydd di-alw-amdano ar ben hynny. Gyda 'Yr Arglwydd Rhys', testun na ddewisai Gruffydd byth ganu arno'n annibynnol, gellir tybio, bu'n rhaid wrth gynllunio gofalus, rhyddieithol bron. Pryddest gynnil a gochelgar yw, heb ynddi ddim o'r afradlonedd a oedd wedi nodweddu cynnig 1902. Yn 'Yr Arglwydd Rhys' caed ganddo *model answer* i'r cwestiwn eisteddfodol a osodwyd. Ni soniodd Gruffydd yn uniongyrchol am ffeithiau allanol hanes ei wrthrych. Cymerodd wybodaeth ei ddarllenwyr o deyrnasiad dirprwyol Rhys dros y Deheubarth dan y *pax Normana* yn ganiataol. Drama personoliaeth Rhys a ddaliodd ei sylw. Troes ei hanes yn fyfyrdod Corneillaidd ar ystyr anrhydedd.

Rhennir y bryddest yn bedair rhan sy'n cyfateb i bedair golygfa: Y Llannerch, Y Crwsâd, Y Deffro, Yr Haint. Egyr yng ngwersyll Rhys mewn coedwig 'ar lydan fron Deheubarth', encilfa hen ryfelwr ar ddiwedd ei yrfa. Ail Afallon neu ail Froseliawnd yw, cartref anghofrwydd:

> Yno ni ddeuai sŵn o helynt byd
> Na blinder rhyfel; yno 'roedd yr awel
> Yn win ar glwyfau ac atgofion hen;

> Yno nid oedd freuddwydiwr, ond pan fai'n
> Breuddwydio mai llesg freuddwyd oedd y byd
> A'i holl obeithion ond rhyw ledrith gwan
> A'i holl ofalon ond rhyw hunllef haf.

Symudir yn sinematig bron trwy'r wig i'r hafod ddail ac yna canol-
bwyntir ar wyneb Rhys ei hun:

> Dros olau'i lygaid gleision yr oedd cwmwl
> Yn cuddio nwydau poeth y gad, a nerth
> Fel llygaid eryr ar faes camp yr haul.
> A thrwy'r cwmwl, pe cait edrych unwaith,
> Cait weled sychder diddigoni am waed
> A chof am aerweilch beilch y dyddiau fu . . .

'Sychder diddigoni' yw hanfod trasiedi Rhys. Y tyndra rhwng awydd
am hawddfyd ei lys neilltuedig a chwant am unioni cam y gorffennol,
rhwng angof melys ac atgofion dirdynnol, a rydd gyfeiriad i'r bryddest.
Neilltuir corff y caniad cyntaf i ymson ar gyfyng-gyngor y bradwr clyd
ond anfoddog:

> Mor bell oedd cwrs y byd, mor bell y gwaed
> A'r ofn a'r ochain a'r dioddef dwys;
> Mor bell y ffydd a wnâi'r anffawd oer yn ennill,
> A welai'r llawrwydd dros y cynnar fedd.
> Nid oedd pob cais ond rhyfyg, na phob gobaith
> Ond golau annwfn tros beryglus gors,
> Ac yn isalaw i'w feddyliau, lleddf
> Oedd sŵn yr afon dros ei graean mân.

Ar ddiwedd y caniad daw gwŷs oddi wrth yr Archesgob Baldwyn i Rys
ymuno yn y Croesgadau. Temtir Rhys i ildio i'r cais. Cynigia foddion
gwaredigaeth i'w enaid tragwyddol a phosibilrwydd dihangfa i'w
gydwybod:

> 'Ha', meddai wrth ei gleddyf, 'yr wyt flin
> Yn ymladd brwydrau Rhys ar feysydd Cymru,
> Ac nid oedd mwyach a chwenychit ti . . .
> Ond bellach, wele newid, a daeth pen
> I'r hen segurdod a'th fudanrwydd hir.
> Wele'r Ysbryd Glân yn galw arnat
> I ymladd brwydrau gwell na chweryl Rhys.

'Craig foel ddiorchudd' yw lleoliad yr ail ganiad, safle hen gell meudwy
lle y codwyd eglwys:

Yma, yng ngolau newydd wawr y byd,
Pan dorrodd llewych Crist tros wledydd cred,
Daeth rywdro galon drom, a baich y byd,
Ei bechod, a'i ddidostur wayw yn bang,
I dreulio tawel ddiwedd oes, ymhell
O'i rwysg a'i bomp, efallai i anghofio
Rhyw bechod melys bore oes, rhyw gof
Oedd eto'n pigo, pigo yn y fron.

Ail feudwy yw Rhys, yn ceisio bwrw ei faich yntau a thrwy hynny
sicrhau math o anfarwoldeb iddo'i hun. Er mawr siom iddo, sylweddola
nad etyb Crwsâd ei ddibenion.

Daw tröedigaeth Rhys yn y drydedd ran. Sylweddola fod gwadu ei
orffennol yn gyfystyr â gwadu ei fodolaeth ei hun:

A bellach nid oes imi le na rhan
Yng nghymanfaoedd milwyr Cymru: cloff
Yw'r camre mau yn dirwyn at y bedd,
Mewn henaint dianrhydedd a di-serch.

Yr unig waredigaeth iddo yw gweithredu i ddadwneud yr hyn a
barodd iddo golli ei anrhydedd. Cyfyd ac ymarfogi. Ei weithred
hunangyfiawnhaol olaf fydd arwain cyrch gwaedlyd ar gestyll y
Normaniaid. Gwna hynny'n ymddangosiadol dros Gymru; ar lefel
ddyfnach, fe'i symbylir gan yr angen i herio meidroldeb. Gedy i wawl ei
hwyr oleuo diffrwyth wyll ei ganol dydd. Ni lithra'n ddirwgnach i'r bedd.
Benthycir delweddaeth disgrifiad Gruffydd o'r ymgyrch yn syth o waith y
Gogynfeirdd: tonnau'n torri, tywysennau ŷd o flaen y bladur, ffosydd yn
dylifo gwaed, gwawr fflamau, udo bleiddiaid, ysgrech cigfrain. Anadl
einioes iddo yw'r rhaib; trais fel sagrafen:

Ac wedi cyrraedd trothwy'r llys, cyn troi
I eistedd eto'n deyrn dros ffawd y De,
Yn wylaidd cerddodd Rhys i'r man lle'r oedd
Yr eglwys fawr, a diosg yno'i arfau,
Ac o flaen allor sant y Fair Fendigaid,
Anadlodd anadl newydd fry at Dduw,
A gwyddai ddarfod bellach yr hir nos.

Gweithred hunanaberthol yw. Cyrhaedda'r bryddest ei diweddglo yn yr
hydref, mewn 'oerni llaith fel oerni gwyll y bedd' gyda Rhys ar ei wely
angau yn dweud ei gyffes olaf:

'ond dywed im,
A godaist ti dy law dros fedd dy Arglwydd?'

'Na, na', medd Rhys, 'yng nghwmni'r gwadwyr bûm'.
'A wnaethost waith yng Nghymru a roes Duw,
Troi'r gelyn ymaith – yn dy ddyddiau ir?'
'A, na, fy nhad, un o'r bradychwyr fûm'.
'A wnaethost rywbeth cyn i'r Angau glas
Roi terfyn ar dy gyflwr a'th ddyhead?'
'Do, do, fy nhad' a chodi'i ben yn hy,
A bwrw cywilydd ymaith, a rhoi bloedd
Lawn buddugoliaeth, dros bob cwr o'i lys:

'Mi godais yn fy henaint fel hen lew
I ysgwyd ymaith y Normaniaid mân,
Ac mewn un ymgyrch – Duw faddeuo'r oed –
Anghofiais lesgedd a chywilydd oes,
A wele 'ngoror bellach oll yn rhydd!'

Nid yw 'Yr Arglwydd Rhys' yn bryddest ddi-fai o bell ffordd. Amrywiol yw ansawdd ac effeithiolrwydd y trosiadau arwrol a gogwydda'r bardd tuag at eiriogrwydd yn y dweud. Cyfyd hynny o werth sydd ynddi o barch Gruffydd at y fframwaith y dewisodd weithio y tu mewn iddo ac, yn fwy arwyddocaol, o'r syniad canolog sy'n dal y fframwaith hwnnw wrth ei gilydd. Yr oedd Coron Eisteddfod Llundain yn goron ar ei brentisiaeth farddol. Yn y man mwyaf annisgwyl daeth o hyd i'r thema fawr a gynhaliai ei waith o hynny allan: unigolion yn ceisio amodau eu hiechydwriaeth eu hunain yn wyneb angau. Amrywiadau ar y thema honno yw cerddi mor wahanol eu gwedd allanol ag 'Ywen Llanddeiniolen', a gyfansoddwyd yn yr un flwyddyn â'r bryddest, 'Ynys yr Hud' (1913) a 'Gwladus Rhys' (1922). Yn y gyntaf, diriaethir y cyferbyniad rhwng bywyd a marwolaeth yn 'chwerthin melys rhydd' a cariadon yn y fynwent; yn yr ail, dihanga Twm a Roli ar long i chwilio am 'wyrthiau'r Arglwydd' mewn gwledydd pell, gan ddychwelyd i gael bod y bobl a adwaenent ac a garent oll yn farw neu'n hen. Â Gwladus yn ysglyfaeth i'w dyhead am brofiadau amgen na chapel a chwrdd Dorcas. Gellir yn deg gymhwyso geiriau Gruffydd am Thomas Hardy yn Nodiadau gwanwyn 1928 *Y Llenor* at seiliau ei awen ef ei hun wedi 1909 wrth roi llais i feidrolion dilafar:

Yn ei holl weithiau, un trychineb yn unig a geir, un golled. Y trychineb hwnnw yw Angau, am fod Angau yn rhoddi pen ar yr hyn sydd yn ddiddorol, yn garadwy, yn ddealladwy, sef Bywyd. Y mae'n wir y gall bywyd fod mor angerddol nes myned yn ddolurus, ond mae'n anfeidrol bwysig i'w fyw ac i ddywedyd amdano. Ac nid Bywyd gyda B fawr, bywyd y gwyddonwyr a'r athronwyr mohono, ond y bywyd hwnnw sy'n ddealladwy ac yn ddisgrifiadwy i'r awenydd, bywyd y pentref a'r dref fechan, cymundeb pobl gyffredin y gellir plymio i'w meddyliau am fod eu meddyliau'n rhan o sylwedd y byd gwybyddus.

Yr oedd camp Gruffydd ar y bryddest yn 1909 yn gyfryw ag i agor hen friwiau ac ennyn cas cyhoeddus Syr Marchant Williams, golygydd *The Nationalist* o 1907 hyd 1912 ac ysgrifennydd cyntaf Cymdeithas yr Eisteddfod. Daethai Syr Marchant (1845–1914), fel Gruffydd yntau, i gylch Caerdydd yn 1906 wedi cyfnod hir fel arolygwr ysgolion yn Llundain lle y chwaraeai ran flaenllaw yng Nghymdeithas y Cymmrodorion. Yr oedd yn Geidwadwr o argyhoeddiadau dwfn ac yn llafar wrthwynebus i ymreolaeth i Iwerddon, arweinydd 'plaid wresog o Doriaid' ar Gyngor y Coleg yng ngeiriau Gruffydd. Sefydlodd *The Nationalist* i hyrwyddo ceidwadaeth lenyddol a gwleidyddol.

Y mae hanes y cweryla rhwng y Macwyaid ar y naill law a'r sefydliad Eisteddfodol ar y llall yn un tywyll a chymhleth a chwerw ac nid hawdd yw adrodd y stori'n gytbwys, nid yn unig am fod gwreiddiau'r gynnen yn anodd eu holrhain ond hefyd am fod yr ymosodiadau mor bersonol (a phlentynnaidd ar brydiau hefyd) nes peri diflastod. Efallai mai'r casgliad tecaf yw dweud i lawer o inc gael ei dywallt yn mynegi barnau a lleisio cyhuddiadau nad ydynt, a bod yn blaen, yn dwyn unrhyw glod i'w hawduron. Profiad digalon yw troi tudalennau crin *The Nationalist* ac *Y Brython* a chlywed blas yr hen falais a'r siniciaeth a nodweddai'r gwrthdaro.

Yr oedd y Macwyaid – 'ceiliogod y colegau' – yn grŵp llac o academwyr a gweinidogion ifainc, yn eu plith Tegla Davies, Williams Parry, Ifor Williams a Thomas Shankland, a gyhoeddodd ryfel ar safonau beirniadol yr Eisteddfod mewn cyfres o erthyglau yn *Y Brython* yn ystod hydref a gaeaf 1910. Sawra eu holl gyfraniadau'n gryf o hoen a hyder ieuenctid cynllwyngar a chellweirus. Llusgwyd Gruffydd i'r ymrafael yn sgil Eisteddfod Llundain, wedi ei gamgyhuddo o fod yn un o'r garfan. Eithr, wedi ei gael ei hun dan gabl, fe'i hamddiffynnodd ei hun gyda huodledd a chryn hiwmor. Fe ddichon mai un o rinweddau prin y stori drist hon yw'r modd y galluogwyd Gruffydd i roi tragwyddol heol i'w ddawn ddychanol ar lwyfan ehangach.

Dau ben annibynnol oedd i'r anghydwelediad rhwng y Macwyaid a'r awdurdodau Eisteddfodol: amheuon ynghylch hynafiaeth yr Orsedd a goblygiadau'r hynafiaeth amheus honno i safonau barddas ac i hawl aelodau'r Orsedd i'w rhan yn rheolaeth yr Ŵyl. Yr oedd yn wahaniaeth a gymylwyd wrth i'r ddadl fynd yn ei blaen ac wrth i ensyniadau personol ddiorseddu syniadau ym meddyliau'r gwrthwynebwyr.

Yr oedd John Morris-Jones wedi bwrw amheuaeth ar hanes yr Orsedd mor gynnar ag 1896. Yn y gyntaf o bum erthygl i'r *Traethodydd* yn Ionawr y flwyddyn honno ar 'Gorsedd Beirdd Ynys Prydain', disgrifiodd freuddwyd Iolo Morganwg fel 'dim amgen nag Eisteddfod sorri gwrthgilwyr Morgannwg':

> Nid oes neb yn fwy hoff na mi o farddoniaeth Cymru, na neb yn fwy diddan ganddo gwmni beirdd. Ac y mae'n resynnach gennyf o hynny fod y rhai goreu ohonynt yn gyfrannog yn y ffoliineb hwn nad yw ond yn gogoneddu crachfeirdd ac yn gwneud ein cenedl yn destyn gwawd.

Yr oedd Syr John yn gwbl onest ac yn gwbl gywir yn ei ddadansoddiad o'r ffeithiau a oedd i law, ond nid o reidrwydd yn gwbl ddi-fai am effeithiau gwaethaf yr helynt a gododd ar gyfrif ei sylwadau. Er gwaethaf ei addewid i 'ymgyfyngu i sôn am 'yr Orsedd fel sefydliad . . . ac nid am ei haelodau', nis gallai. Canlyniad ei biwritaniaeth lenyddol (na welodd yn athrylith ddychmygus Iolo ond 'eilun crachfeirdd a chrachieithyddion') oedd gosod o flaen ei ddarllenwyr ddewis moel rhwng bod yn deyrngar i draddodiadau'r Eisteddfod neu ymrestru gydag ef yn rhengoedd yr 'ysgol newydd' oleuedig. Amhosibl bron o hynny allan fyddai didoli estheteg oddi wrth foeseg. Daeth 'rhwysg a ffug a thwyll' yr Orsedd yn dri bai cyfochrog a chyfystyr i bob pwrpas ym meddyliau darllenwyr Syr John ni waeth i ba blaid y perthynent. Daliai gwawdio 'ochr bantomeimaidd Cymru', chwedl Gruffydd am yr Orsedd, yn grwsâd hwylus i feirdd y colegau ymhell ar ôl i hoelion wyth *The Nationalist* gydnabod mai ifanc a di-dras oedd y corff a arddelent.

O'r cychwyn Syr John oedd bwgan mawr y cylchgrawn. O fewn llai na blwyddyn wedi iddo gael ei lansio ysgrifennodd Marchant Williams adolygiad damniol o *Caniadau* Syr John yn rhifyn Rhagfyr 1907, yn disgrifio'r cynnwys fel 'machine-made poetry on hand-made paper': 'It lacks spontaneity, passion, imagination, and that indefinable something wherein lies the secret of music and enchantment of words.' Cythruddwyd Gruffydd. Ysgrifennodd at Syr John 28 Tachwedd:

> Annwyl Gyfaill,
>   Dyma fi'r funud yma newydd brynu'r *Nationalist* ac nis gallaf lai nag ysgrifennu atoch. Pe buasai Marchant wedi dweud pethau amdanaf fi fel a ddywedodd am eich llyfr, buasai gennyf gur yn fy mhen am fis. O'r cythraul diegwyddor!
>   . . . Nid wyf yn gwybod paham yr wyf yn ysgrifennu ond rhaid imi wneud rhywbeth i gadw fy nhymer yn oer. O'r cythraul eto.
>   Cofiwch fi'n garedig at Mrs Jones a dywedwch wrthi fy mod yn berffaith barod i roi chwip ar gefn Marchant yn llythrennol ond imi gael y gair.

Erbyn Ionawr 1908 cafodd Gruffydd gyfle i dalu'r pwyth yn ôl ar ran ei gyfaill – dialedd dirprwyol a roddodd gryn bleser iddo ac na allai ymatal rhag sôn amdano wrth Syr John mewn llythyr arall ar y chweched ar hugain o'r mis. Edrydd fel y trefnodd gyda Phrifathro Caerdydd, E. H. Griffiths, i Lloyd George ddweud gair am yr adolygiad yng ngŵydd Marchant. Y canlyniad fu i Ll.G. gynnig adrodd 'penillion o waith cyfaill i Syr M.W.', a mynd rhagddo i roi tri phennill o 'Cân y Bachgen Main'. Brifwyd Marchant yn aruthr, a disgwyliai Gruffydd mai efe a gâi'r bai am y weithred. 'Mi ddaw f'enw i mewn i'r peth wrth gwrs, ond y Prifathro yma sydd yn cael y bai gan Marsiant a'r clod gan eraill. Yr oedd pawb wrth eu bodd.'

Yn 1910 ymdaflodd Gruffydd i'r berw cyhoeddus nid yn gymaint bellach er mwyn amddiffyn enw da Syr John ag oherwydd ei hoffter cynhenid o gythrwfl. Yn *Y Brython* 25 Awst ar drothwy Eisteddfod Bae Colwyn cyfeiriodd at ddylanwad niweidiol arweinwyr yr Orsedd ar yr Ŵyl: 'Y mae gan y groser llwyddiannus a'r dilledydd sydd wedi ymneilltuo ormod i'w ddweyd o lawer ynglŷn â materion yr Eisteddfod Genedlaethol.' Dridiau'n ddiweddarach rhoes wybod i Gwynn Jones am y storm a oedd ar godi:

> Y newydd mwyaf poenus amdanaf fi yw fy mod wedi cablu mawrhydi'r Orsedd a'r Orsedd wedi tynnu melltithion y Wasg Gymreig a chethern yr Eisteddfod am fy mhen, ond ni'm dawr frwynen am hynny. Yr wyf yn teimlo ysfa codi twrw yn fy esgyrn ers tro bellach – rhyw fynd i ben yr Wyddfa a gollwng rhyw reg oernadus glir, yn cyrraedd fel cleddyf daufiniog hyd at wahaniad yr ysbryd, dros ben gwlad Cymru achlân. Hynny ydyw, mewn geiriau eraill, damnio a sincio tipyn ar ein hystad genedlaethol.

Lled-gyfeiriodd Marchant Williams at sylw Gruffydd yn ei araith oddi ar y Maen Llog ddydd Iau cadeirio Robert Williams Parry am awdl 'Yr Haf' ym Mae Colwyn. Soniodd am yr ymgecru rhwng 'yr hen ysgol' a'r 'ysgol newydd', gan grybwyll Elphin, Gwili, John Morris-Jones, T. Gwynn Jones, Silyn a Gruffydd wrth eu henwau. Galwodd ar aelodau'r ysgol newydd i 'roddi eu harfau i lawr'. Os oedd awenau'r Eisteddfod yn nwylo dilledwyr, fel yr awgrymodd Gruffydd, yr oedd y beirdd colegol hyn yn gwisgo '*knicker-bockers* o wneuthuriaid teilwriaid Aberystwyth, Bangor a Chaerdydd'.[5]

Yr oedd gwaeth i ddod. Yn rhifyn Hydref 1910 o'r *Nationalist* cafwyd ymosodiad chwyrn ar 'The New School of Poets' gan un yn ysgrifennu dan yr enw 'A Member of the Gorsedd'. Wedi rhagymadroddi trwy wneud hwyl am ben 'archaic diction' Gwynn Jones, Silyn a Syr John, troes ei olygon at 'Yr Arglwydd Rhys': 'It is a pity that Mr Gruffydd did not present the poem to the adjudicators in the ordinary form of an essay, although even then it could not escape the charge of being extensively padded with wholly irrelevant material.' A chan droi at farw'r Arglwydd yn niwedd y bryddest:

The proud prince is smitten with the plague and he dies. This was really an inspiration on his part, for to die was his only way of escaping from the hands of W. J. Gruffydd. The Prince now rests in peace and will never hear the voice of the cuckoo again, or the voice of W. J. Gruffydd either, I should hope.

Cythruddwyd Gruffydd gan 'ymosodiad gwenwynllyd iawn' awdur 'The New School'. Mewn llythyr at Gwynn Jones dyddiedig 13 Hydref dywedodd mai 'corgwn yn tybio mai llewod ydynt' oedd Marchant a'i griw. 'Wel wrth gwrs, yr wyf wedi gwneud fy hun yn gryg gan aml a dyfnion regfeydd.'

Ni bu'n hir yn ymateb yn gyhoeddus chwaith. Ei fwriad gwreiddiol oedd gyrru erthygl i'r *Brython* dan ffugenw – 'Yr Hwntw Mawr' – ac fe hysbysodd Gwynn Jones o'r cynllun ar 17 Hydref. 'Os na ladd hwnnw'r cythraul,' meddai am y Marsiant, 'y mae naw byw cath ynddo.' Eithr lai nag wythnos wedi iddo ddatgelu ei amcan, ymddangosodd 'Snechian tu ôl i'r Gwrych', sef llythyr hir at olygydd *Y Brython* dan ei enw ei hun. Ni wyddys ai yn ôl cyngor Gwynn Jones y gweithredai, ond yr oedd yn amlwg fod Gruffydd yn ystyried ei benderfyniad i beidio â defnyddio ffugenw ynddo'i hun yn gamp foesol ac efallai'n ystryw i ddenu 'A Member of the Gorsedd' o'i guddfan. 'Nid teg y ddadl,' meddai ar ddechrau'r llythyr, 'pan fo un yn agored i holl gerryg y llwfr a'r llall yn cuddio tu ôl i'r gwrych.' Gorffennodd yn rymus:

Ni byddwn yn ffyddlon i'r addysg a roes Cymru inni, i draddodiadau'r werin na welodd y byd erioed ei chystal, i grefydd ddilychwin y tadau a'r mamau anwyl a'n magodd os na chodwn ein llef yn uchel, ac os na tharawn ambell dro ergydion caled yn erbyn y drindod o ellyllon sy'n bygwth Cymru a'i hawen heddyw – Mamon ac Anwybodaeth ac Anhegwch. A chyn tewi, cywilydd, meddaf, i'r taeog a fyn godi ei law yn erbyn gwyr fel Gwynn Jones a Morris-Jones ac eraill o'n cymheiriaid sy'n cynrychioli bywyd meddyliol a moesol Cymru ar ei orau. Y mae a'u hedwyn ac a'u câr yn ysgrifennu.

Dilynwyd y cyfraniad cyntaf gan 'W. J. Gruffydd a'r Hen Feirdd' ar 3 Tachwedd. Yr oedd yr arddull yn ddigamsyniol:

Pwy, felly, yw gelynion ein hymdrechion? Pwy ond y cwaciaid a'r patrons, nawdd Duw dros eu parchedigaeth, sy'n perthyn i'r dosbarth canol di-ddysg, digrefydd a di-awen. Dyma'r bobl sy'n cashau ac yn dirmygu'r werin â'u holl galon . . . Dyma'r unig rai y mae dychangerdd a gwawd yn gweddu iddynt.

Ychwanegodd nad oedd ganddo gŵyn yn erbyn yr un bardd unigol, boed hwnnw'n hen neu'n newydd ei ogwydd – ond, 'am y cwaciaid a'r crachfoneddigion a enwais, hwi ati holl ddychan gerddwyr y wlad. Nid bychan ac nid dibwys o waith a wnewch os gellwch wneud i'r werin weled nad oes ond chwerthin uchel yn ffitio eu hachos'.

Y mae'r llythyr a'r erthygl yn ddogfennau o bwys: dynodant ddiwedd un cyfnod a dechrau un arall yn hanes ymwneud Gruffydd â'r wasg. Yr oedd dyddiau'r rhwystredigaeth ddig ar ben. Cyn 1910 yr oedd techneg ac arddull Gruffydd yn gras a thywyll. Bod yn 'llidiog wrth wŷr â llediaith' oedd y sbardun i'w weithgarwch o ddyddiau Rhydychen ymlaen, eithr nid oedd ei lidiogrwydd nac effeithiol nac atyniadol. Proffwyd aflonydd yn bugadu yn erbyn dallineb ac anghyfiawnder oedd Gruffydd yr ysgrifau cynnar, ond un a deimlai ing ac anobaith ei dasg hunanapwyntiedig i ddarbwyllo'r byd o'r angen am wrthryfel yn erbyn safonau derbyniol a derbyniedig. Nodyn parhaus y llythyrau at Gwynn Jones o 1905 ymlaen oedd diffyg amynedd gyda'r wasg oherwydd ei hamharodrwydd i roi gwrandawiad iddo. Nid oedd eto wedi dysgu cymedroli ei ddicter er mwyn siarad i bwrpas. Yn 1910 syrthiodd ar ei fai gan addef afreswm ei safiad. Dan ddylanwad anuniongyrchol y Mac-wyaid, yng ngwres yr helfa wrthorseddol, dysgodd Gruffydd werth dychan. Yr arf y cydiodd ynddo i gyflawni ei orchwyl, 'i sincio dipyn ar barchusrwydd y wlad yma', ys dywedodd wrth Gwynn Jones, oedd dirmyg chwareus. Ni fynnai gyhoeddi dim dan ffugenw ac ni fynnai byth fod yn aelod o glíc llenyddol; dewisodd yn hytrach ddilyn trywydd unigolyddol. Yr oedd yr effaith ar ei arddull yn drawiadol. Daeth eglurdeb a hiwmor i'w waith a daeth y bersonoliaeth ffraeth a adwaenai ei gyfeillion yn eiddo cynulleidfa ehangach. Erbyn Mai 1911 gallai hawlio am y flwyddyn a aeth heibio mai hi oedd 'the *annus mirabilis* of modern times', yn arddangos 'a general awakening of the *gwerin* of Wales to the importance of literature in the life of the nation.'

Rheswm pwysig arall am y chwyldro tawel a ddaeth dros berson-oliaeth gyhoeddus Gruffydd rhwng 1910 a 1911 oedd lansio'r *Beirniad* dan olygyddiaeth John Morris-Jones, a *Wales* J. Hugh Edwards. Yr oedd am y tro cyntaf yn ysgrifennu ar wahoddiad golygyddion.

Rhwng 1911 a 1912 cyfrannodd Gruffydd i *Wales* ysgrif deyrnged i John Morris-Jones, naw o nodion llenyddol a dwy erthygl ar yr Eisteddfod yn ei pherthynas â llenyddiaeth. Yn y rhifyn cyntaf mynegodd safbwynt parthed yr Ŵyl a ddeuai'n fyrdwn cyffredin:

The Eisteddfod should be governed entirely by a reformed Gorsedd, freed from the tyranny of the examinations, and not by the local committees who have neither the knowledge nor the time to deal with Eisteddfodic questions. With a few reforms, and a few concessions to the spirit of the age, the Eisteddfod will become one of the most powerful literary organisations of the age.

Croesawodd Gruffydd y ddadl rhwng awdurdodau'r Eisteddfod a'r Brifysgol, 'two more or less mutually hostile powers claiming the field of literature', am na allai hynny yn y pen draw ond arwain at ddiwygiad er lles llenyddiaeth. Ar waethaf ei gwendidau, yr Eisteddfod yng ngolwg Gruffydd oedd 'our grand bulwark against the schoolmaster and the literary philistine'.

Yr oedd tôn ei 'Welsh Literary Notes' i *Wales* yn ysgafnach ond yr un mor optimistaidd. Caed canmol ar yr ysbryd gwerinol a welai'n cyniwair trwy farddoniaeth Gymraeg: ailgyhoeddi *Telynegion Maes a Môr* Eifion Wyn, Williams Parry yn ennill ar yr awdl ym Mae Colwyn a'r felltigedig Gymdeithas yr Eisteddfod 'shyly, as if committing a misdemeanour', yn cytuno i gyhoeddi *Gwlad y Bryniau* Gwynn Jones. Ochr yn ochr â'r Farddoniaeth Newydd yr oedd Beirniadaeth Newydd yn codi ei phen (Gruffydd biau'r priflythrennau). Yn wir, meddai ym Mehefin 1911, yr oedd y feirniadaeth hon, os rhywbeth, yn ddatblygiad pwysicach am ei bod yn addo dwyn i mewn i farddoniaeth 'an enthusiasm for social questions and for the wider problems of human conduct'. Gwelodd *Wales* O. M. Edwards yn yr olyniaeth hon o gyfrifoldeb cymdeithasol. 'It has breathed new life into a study that greatly needed it, and has taught the Welshman to regard his country as a living organism, and not as a sad *corpus vile* on which the ignorant may experiment.' Yr oedd beirniadaeth ar fywyd Cymru bellach yn nwylo'r Cymry hwythau a dyddiau'r 'Celtophile' à la Matthew Arnold ar ben. 'Surely of all horrible intellectual combinations,' meddai Gruffydd am *Celtic Literature* Arnold ym mis Medi 1912, 'the mixture of a desire to please and an inability to comprehend is the worst.'

Gwelir Gruffydd yn ei afiaith yn y cyfraniadau achlysurol hyn; yr academydd yn dod i gyffyrddiad o'r newydd â'r yrfa newyddiadurol a lanwai ei ddychymyg ym mlynyddoedd cynnar y ganrif, yn byw yng nghanol y digwyddiadau a ddisgrifia ond yn sefyll o'r neilltu gan fabwysiadu safiad o anniddordeb Olympaidd. Yn bwysicach na dim, gwelir Gruffydd yn ymlonni yn y darganfyddiad nad oedd condemniad y parchusion yn ddychryn nac yn achos dicllonedd. 'To be humorous, just at present, is to be misunderstood in Wales', oedd ei sylw ar rai o'r cyfranwyr i *The Nationalist* ym Medi 1912. 'We wonder whether our respected critics, anonymous and otherwise, spend their holidays in serious Scotland.'

Tra oedd Gruffydd yn cael hwyl fawr ar ysgrifennu yn Saesneg yr oedd ar yr un pryd yn ennill lle mwy sefydlog a pharhaol iddo'i hun yng ngholofnau'r wasg Gymraeg. Ymddangosodd rhifyn cyntaf *Y Beirniad* ym Mawrth 1911 a gwahoddwyd Gruffydd gan ei olygydd John Morris-Jones i gyfrannu erthygl. Ar yr olwg gyntaf yr oedd 'Drama i Gymru' yn ddewis rhyfedd, ond cymerodd Gruffydd faes y ddrama yn fath o fetaffor estynedig am arbrofion llenyddol o bob math. Dadl Gruffydd oedd fod y cyfle i sefydlu'r ddrama fel ffurf naturiol Gymraeg yn well nag erioed.

Buasai'r theatr yn gasbeth gan Biwritaniaid Cymru erioed, ond erbyn hyn yr oedd y gwŷr 'sy'n anghyfaddas i fod yn arweinwyr crefydd y genedl' wedi troi at ddiddordebau eraill: y Senedd, masnachdai Lerpwl a Llundain ac (mewn cyfeiriad cynnil at Marchant Williams) 'gall y gŵr traws (os oes ganddo ganpunt i dalu am nodyn y dreth) basio'r tipyn arholiad a'i gwna yn gyfreithiwr y bar'. O ganlyniad, crefydd a meddwl Cymru – y byd academaidd a chelfyddydol – bellach sy'n cael 'y rhan oreu o lawer'.

Er gwaethaf y rhagolygon addawol amheuai Gruffydd na allai'r ddrama ffynnu am nad oedd y chwyldro eto wedi dod yn ei lawnder:

Sut y ceir drama i Gymru a'n bywyd cenedlaethol mor bwdr? Sut y gall Cymru ei haeddu tra fo'r byrddau cyhoeddus yn ymdynghedu i wneuthur drwg, tra fo'n Heisteddfod a'n llenyddiaeth yn griddfan o dan draed y cwac a'r anllythrennog, tra fo troed yr anwybodus a'r traws yn damsang ein holl addysg o'r ysgolion elfennol hyd at y Brifysgol? . . . fe ddaw'r ddrama i Gymru, fel y daeth i bob gwlad arall, pan fo Cymru wedi ymlanhau ac wedi ymburo, a phan fo'i meddwl a'i hiaith yn ddigon glân a gofalus i ysgubo ymaith yn dragwyddol fân ganonau y 'pinky-dinkies' neis, neis, sydd mor feirniadol heddyw. Fe gyfyd y ddrama ar fedd y cwac a'r anwybodus, – ardderchog o wrtaith iddi fydd eu llwch.

Erbyn 1913, a'r *Beirniad* yn prifio o rifyn i rifyn ac yn gwerthu allan yn rheolaidd, teimlai Gruffydd yn ddigon gwrol i ddatgan ei gred mai o du'r Brifysgol y deuai ymwared terfynol i lenyddiaeth Cymru. 'The New Wales' oedd teitl hyderus ei druth mwy hyderus fyth yn *Wales* J. Hugh Edwards yn rhifyn Mai-Hydref y flwyddyn honno. Ynddo haerodd Gruffydd fod yr hen 'shentlemen of Wales' i gyd naill ai wedi marw neu wedi ymseisnigo (sy'n gyfystyr â bod yn farw) ac mai o blith y werin addysgedig y cyfodai'r bendefigaeth ddeallusol newydd. Gwelwyd eisoes flaengyrch y garfan newydd hon yng ngwaith Gwynn Jones a Syr John, dau a fynnai gyfoeth diwylliant rhagor cyfoeth materol:

They were quite unknown to the rich and mighty of Wales; they were objects of hatred and suspicion to those dependents of the rich who still control the greater part of the Welsh Press. A study of the vernacular periodicals and newspapers will show the brave fight which the forces of ignorance and obscurantism have made, and are still making, against the new culture.

Dadlennol yw cymharu'r sylwadau gwrthsefydliadol hyn â chasgliad Gruffydd dair blynedd ar hugain yn ddiweddarach, yn 1936, pan oedd *Y Llenor* wedi hen ymsefydlu fel y pennaf o'r 'vernacular periodicals' a'r 'pendefig' mawr hwnnw, John Morris-Jones yn ei fedd:

Ni ellir cael llenyddiaeth fyw heb bendefigaeth . . . Ac wrth bendefigaeth, nid pendefigaeth gwaed yn unig a feddyliaf na phendefigaeth cyfoeth o angenrheidrwydd, ond dosbarth o ddynion mewn cymdeithas sydd yn sicr yn eu meddyliau; yn meddu ar draddodiad o gwrteisi ac ymarweddiad; yn parchu pa addysg bynnag a fo'n dderbyniol yn y wlad y maent yn byw ynddi; ac oherwydd eu hannibyniaeth economaidd, yn gallu ymlacio ac ymlaesu rhag bod bob amser yn gwylio'u cyfle i wella eu byd; mewn gair, pobl sy'n gallu *fforddio*.[6]

Dyma bendefigaeth 'New Wales' Gruffydd 1913 wedi estyn ei therfynau. Lle cynt y bu'n gyfyngedig i feirdd a llenorion a beirniaid, credai golygydd *Y Llenor* fod yn rhaid sicrhau yn ogystal gynulleidfa deilwng i fedru cynnal y fath fenter. Rhed y sylweddoliad cynyddol hwn o werth hanfodol y darllenydd diwylliedig yn gyfochrog â'r cyfnewid graddol a ddechreuodd ddod i'r amlwg yn ei feirniadaeth o tuag 1911 ymlaen. Gyda'r *Beirniad* cychwynnodd Gruffydd ar y broses o ddod i adnabod ac i feithrin ei gynulleidfa yn yr un modd ag y dysgodd ymateb i chwaeth a disgwyliadau Silyn Roberts yn yr ohebiaeth o Rydychen yn 1900. Rhan bwysig arall o'r broses oedd dysgu ymddiried yng ngallu ei ddarllenwyr i ddirnad troeon ei feddwl.

Daliodd Gruffydd yn *Y Llenor* yn 1942 fod optimistiaeth y bedwaredd ganrif ar bymtheg wedi ei seilio i raddau helaeth ar 'nerth y gair': gair y pulpud, gair yr areithfa wleidyddol a gair y wasg Gymraeg. 'Gellid dweud efallai mai wrth newid eu dull y collodd y tri hyn y rhan bwysicaf o'u cadernid, a gellid dal bod eu cyfraniad heddiw, os yn llai mewn swm, yn well mewn ansawdd.'[7] Cyn dechrau'r Rhyfel Byd Cyntaf daliai Gruffydd i fyw ar waddol yr optimistiaeth honno er mor wahanol oedd ei amcan i eiddo'r mwyafrif o'r rheini a oedd yn gysylltiedig â 'vernacular periodicals' y cyfnod. Yr oedd, os rhywbeth, yn rhy ymwybodol o 'nerth y gair'. Er iddo lwyddo i dyneru ei arddull gyda hiwmor, tueddai o hyd i ysgrifennu'n faith ac yn droellog. Nid oedd yn 'rhwyfus' mwyach, chwedl yntau am ddull cyhoeddiadau ei ieuenctid, ond ni ddysgasai eto swyno cynulleidfa gydag awgrymusedd a chynildeb. Daeth hynny yn sgil y Rhyfel Mawr pan oedd Gruffydd wedi byw gydag ef ei hun ac wedi wynebu profiadau newydd. Blynyddoedd o ymguddio ac ymatgyfnerthu oedd 1915 hyd 1918. Pan ddaeth yn ôl i Gaerdydd i lenwi cadair Thomas Powel yr oedd wedi ymroli yn ei feirniadaeth – gwroldeb a ad-lewyrchwyd ar ei eithaf rhwng cloriau'r *Llenor*.

Yn y cyfamser yr oedd 1913 yn flwyddyn o weithgarwch mewn nifer fawr o feysydd. Daeth cais o Aberystwyth yn gofyn iddo ystyried cynnig am gadair Edward Anwyl. Oedwyd y penodiad am flwyddyn gan Gyngor y Coleg 'with a view to a more thorough consideration' a chollwyd y cyfle. Ymgyrchodd yn erbyn Datgysylltiad yr Eglwys oherwydd 'y gwrthuni fod dosbarth y mwyafrif, dynion goleuedig a charedig fel fy nhad ac eraill, yn gwthio lleiafrif y genedl i anialwch a chasineb a chwerwedd'. Cynorthwyodd ei wraig Gwenda yn ei gwaith gyda changen Cymru o Gynhadledd Heddwch Ryngwladol y Merched (yr WICP), ac ysgrifennodd at Gwynn Jones ar yr wythfed o Ragfyr, wedi bwlch o flwyddyn yn eu gohebiaeth, yn addo erthygl ar 'Natur Eglwys' i'r *Drysorfa*, yn 'ceisio dangos beth feddyliai Crist a'r Efengyl o Deyrnas Nefoedd ac Eglwys'. Yr oedd ei olygon ar y mater yn 'heresi wrth gwrs'.

Yr oedd yn amlwg trwy gydol 1913 fod Gruffydd yn ailasesu ei agwedd tuag at grefydd. Yn yr un llythyr cyfaddefodd wrth Gwynn Jones, a oedd yn ystyried troi at Rufain, ei fod yntau 'wedi ymuno bron iawn â'r Crynwyr . . . nid oherwydd eu golygiadau ar ryfel ond am fy mod wedi darganfod er mawr syndod imi nad oes ganddynt gredo ond y Goleu Oddimewn'. Ni welai yn ei benderfyniad 'ddim rhwystr i'n cyfeillgarwch; yr ydym yn deall ein gilydd yn rhy dda'. Yr oedd y llythyr yn ddechreuad cyfnod o hunanymholi dwys a lanwai ei ohebiaeth â'i hen gyfaill trwy flynyddoedd y Rhyfel.

Yr oedd gweithgareddau ysgafnach hefyd. Ym mis Mawrth 1912 cododd Ernest Hughes, darlithydd cynorthwyol yn Adran Hanes Caerdydd, y syniad o berfformio drama Gymraeg mewn cyfarfod o Gymdeithas Gymraeg y Coleg. Sefydlwyd pwyllgor dan gadeiryddiaeth Gilbert Norwood ac aed ati i chwilio am ddrama addas. Yn niffyg darn a apeliai at bawb, cynigiodd Gruffydd ei wasanaeth fel awdur. Cyflwynwyd copïau *cyclostyle* o bedair act y ddrama ddi-enw i'r cast i'w dysgu dan gyfarwyddyd Ernest Hughes. Ar wahân i'r enw ('Y Ddrama Gymraeg' yn unig a gaed ar y sgriptiau a ddosbarthwyd i'r actorion) yr oedd un broblem yn aros, sef dewis rhywun i chwarae rhan Emrys, y prif gymeriad. Yng ngeiriau Henry Lewis, a oedd yn aelod o'r cast gwreiddiol:

> O'r diwedd cawsom ar ddeall fod Gruffydd ei hun yn mynd i gymryd rhan Emrys. Mae'n sicr bod yn rhaid cael dau beth sylfaenol mewn actor – rhaid iddo wybod ei bart air yng ngair, a rhaid iddo ymostwng i ddisgyblaeth. Amheuem yn fawr a oedd y ddau beth anhepgor hyn ymhlith rhinweddau Gruffydd! Sut bynnag, yr oedd y cast bellach yn gyflawn, a chafwyd hwyl fawr drwy'r holl ymbaratoi.[8]

Beddau'r Proffwydi oedd y ddrama Gymraeg gyntaf i gael ei hactio mewn theatr gyhoeddus, y Theatre Royal, Caerdydd, dan nawdd yr Arglwydd Aberdâr, Llywydd y Coleg. Bu dau berfformiad, prynhawn a nos, 12 Mawrth 1913. Canmolwyd y cynhyrchiad yn ddiamod yn y *Western Mail* y diwrnod canlynol: 'Mr Gruffydd threw himself heart and soul into the passionate Emrys. . . Mr Gruffydd was called before the curtain.' Perfformiad y prynhawn a welodd gohebydd y *Western Mail*;

erbyn y nos ildiasai Gruffydd ei le i actor arall. 'Tueddaf i gredu,' meddai Tom Lloyd Roberts wrth gofio'r penderfyniad, 'nad oedd yn teimlo ei fod yn llwyddiant fel actiwr.'[9]

Y mae plot y *Beddau* yn ddigon amrwd: Emrys y bachgen coleg yn cael ei gamgyhuddo o ddwyn ffesant, yn cael ei garcharu o ganlyniad ac yn ennyn llid diaconiaid y capel sy'n ei ddiarddel. Wedi cyfnod yng Nghanada dychwela i roi gwers mewn cyfiawnder i'r pentrefwyr gyda chyfuniad o ddryll a dyfyniadau o waith John Stuart Mill. Cyflawnodd Gruffydd drosedd barod pob dramodydd ifanc: gorlwythodd y llwyfan gyda materion amherthnasol. Y mae, er hynny, flas dramatig arni a chymeriadu sensitif. Mewn darllediad radio yn y pumdegau cyfaddefodd Gruffydd iddo bwyso'n rhy drwm ar gonfensiynau'r sinema ddistaw, gan greu drama 'anfaddeuol o artiffisial ac annidwyll'. Rhoes y bai am ei fethiant ar 'anwybodaeth . . . o ddramâu diwylliant, ac ar y duedd sydd ar bawb dibrofiad wrth ysgrifennu drama i fyned yn felodramatic [sic] a'r hyn a eilw'r Sais yn *stagey*':

> Dyma sy'n od, yr oeddwn yn ddeg ar hugain oed pan ysgrifennais 'Beddau'r Proffwydi' ac wedi gweled rhai o'r dramâu modern gorau yn Saesneg ac wedi darllen llawer mwy na hynny, ond er hynny, rywsut neu'i gilydd, ni fedrais osgoi'r pyllau gwaethaf; syrthiais iddynt yn bendramwnwgl, ac ni welodd y lliaws mawr o feirniaid Cymraeg a ysgrifennodd am y ddrama mor fawr oedd fy nghwymp.[10]

Dilynwyd y *Beddau* flwyddyn yn ddiweddarach gan ddrama arall a oedd, fel ei rhagflaenydd, yn simsanu'n ddychanol rhwng hiwmor iach a moeswers. Ei henw oedd *Dyrchafiad Arall i Gymro*. Perthynai iddi hithau ei gwendidau technegol: gormod o ddeialogau, perthynas cymeriadau â'i gilydd yn aneglur a diweddglo brysiog. Yr oedd, er hynny, yn niwedd 1914 pan oedd y papurau'n llawn sôn am y Rhyfel, yn chwa iach o ddyddiau dedwyddach. Cafodd groeso brwd yn *Y Brython* a chan Gwynn Jones yn *Y Beirniad*. Yn bwysicach na dim, efallai, yr oedd Gruffydd yntau'n fodlon arni. Ni welodd 'ddim oferedd dramatig ynddi fel yn "Y Beddau" . . . Efallai imi fod yn rhy gonfensiynol yn rhoi'r fuddugoliaeth i'r da, ac efallai y beiir fi am wneud i un ymnaid ysmudiadol, un apêl teimladol, droi'r fantol, ond yr wyf yn gofyn i'm gwrandawyr fy nghoelio nad sentimentaliaeth a barodd hynny, ond cred hanfodol fod yn rhaid i'r teimlad ddyfod i achub y rheswm pan ddaw hi'n ddydd o brysur bwyso.'[11]

Yr oedd diwrnod arall o brysur bwyso yn ymagor o flaen llygaid Gruffydd gyda digwyddiadau Awst 1914, ymrafael arall rhwng teimlad a rheswm a oedd i yrru Gruffydd o Gaerdydd i wynebu dyfodol ansicr.

5

'Cynnwrf a Dygyfor', 1914–1919

TREULIODD Gruffydd y flwyddyn academaidd 1914–15 yn dysgu'r Mabinogi a'r chwedlau Arthuraidd i fechgyn a fynychai ei ddarlithoedd yn arfwisg Catrawd y Coleg ac yn cyfieithu pamffledi ar heddwch i Gymdeithas y Cymod. Troeon yr ymladdfa a moesoldeb ymrestru oedd prif bynciau trafod ystafell yr athrawon a'r dref fel ei gilydd. Cofia Stephen J. Williams, a oedd yn fyfyriwr dan Gruffydd am yr ymdeimlad o 'anniddigrwydd' a oedd yn cyniwair trwy'r Coleg erbyn 1915, 'gan fod y Rhyfel wedi parhau gymaint yn fwy nag y proffwydid'. Ni allasai Gruffydd lai nag ymglywed â'r tyndra. Erbyn i'r Rhyfel dorri yr oedd yn dair ar ddeg ar hugain oed ac yn ymwybodol fod dyddiau anghyfrifol ei ieuenctid ar ben. Yn y cyd-destun hwn, yn yr ymrafael rhwng yr hen a'r ieuanc, rhwng pwysau oddi allan a'r llais oddi mewn y dysgasai amdano o ddarllen a thrafod crefydd gyda chyfeillion o Grynwyr, y mae deall penderfyniad Gruffydd i ymuno â'r Llynges yn Nhachwedd 1915 a holl rychwant teimladol ei gyfnod ffrwythlonaf fel bardd.

Derbyniwyd 'William John Gruffyd' yn is-lifftenant yn y Royal Naval Voluntary Reserve ar 22 Tachwedd 1915, fel y dengys y dystysgrif addurnedig a gadwodd ymhlith ei bapurau am weddill ei oes. Y diwrnod wedyn gyrrodd 'air byr ar frys' at Gwynn Jones o Gaerdydd i egluro ei benderfyniad:

Yr wyf yn myned ddydd Llun i ysgubo am *mines* i Southampton. Y mae'r Coleg ar gau, y mae arnaf ofn, ac ar ôl y rhyfel y mae arnaf eisiau codi fy llef rhag digwydd rhyfel eto, ac wedi hir feddwl, yr wyf yn credu y byddaf yn gryfach i wneuthur hynny ar ôl rhedeg i ychydig berigl yn hon. Yr wyf wedi dewis gwaith na all neb wadu ei berigl a gwaith hefyd sydd yn *non-combatant*. Y mae fy syniadau ar y rhyfel melltigedig hwn yr un ag erioed, ac yn gryfach.

Nid y 'Cofion' arferol a roddodd ar waelod y llythyr ond 'Byth hyd fedd a gwedi'. Wedi cwrs o hyfforddiant yn Portsmouth, fe hwyliodd am Fôr y Gogledd. Ymddiriedwyd ei waith ef yn yr adran i W. Llywelyn Davies o ysgol y bechgyn Treganna.

I Gruffydd, nid moesoldeb ymladd yn erbyn yr Almaen a oedd uchaf yn ei feddwl (ni cheir sôn ganddo o gwbl am 'y gelyn' yng ngherddi a llythyrau'r cyfnod), ond yn hytrach foesoldeb yr ymateb i'r rhyfel yng Nghymru. Blas dwys sydd i'w atgofion yn 1934 am y sefyllfa: 'Siglwyd sicrwydd yr ieuanc i'w waelodion, ac nid oedd yr hen a'r canol oed, gyda rhai eithriadau, yn ddigon dewr nac yn meddu ar ddigon o argyhoeddiad i'w gwrthwynebu.' Nid oedd Gruffydd nac ifanc na hen ond annheg fyddai galw ei benderfyniad yn gyfaddawd. Dewisodd y tir canol, gwasanaethu gyda'r lluoedd mewn swydd ddi-drais, oblegid ei gred fod safle'r *jingoist* a safle'r heddychwr ill dau'n sigledig. Dewis dewr oedd yn ddiau, a roddai iddo gyfle yr un pryd i ddianc rhag y gwag siarad o'i gwmpas yng Nghaerdydd. Yr oedd yn gyson hefyd â'i *horror vacui*, yr ymdeimlad cryf na allai aros yn oddefol.

Dathlodd Nadolig 1915 ar fwrdd llong yn hwylio am yr Alban. Manteisiodd Gruffydd ar 'hanner awr o hamdden imi wrth angor yng nghanol y Firth o' Forth' ar 21 Chwefror 1916 i ysgrifennu llythyr hir at Gwynn Jones yn gosod allan ei argraffiadau o'r drin. Ni chaniatawyd iddo gan reolau'r Llynges i ddweud y cyfan am amcanion milwrol y cyrch, ond yr oedd yn rhydd i ddatgelu ei fod bellach 'yn gapten ar fy llong fy hun – llong ager bysgota tua 100 troedfedd tebig i'r hyn a welir yn Milffwrd'. Yr oedd newydd gael ei ddyrchafu'n lifftenant llawn. Y gollyngdod mwyaf oedd nad oedd 'neb i fusnesu dim â mi ond pan fyddaf ar y lan yn y *Base*, a'r pryd hynny yr wyf ar seibiant – mwy neu lai':

Yr wyf mewn lle (diolch i Dduw) nad oes raid imi wrando ar ffyliaid yn siarad am y rhyfel. Yng Nghaerdydd, wrth wrando arnynt bob dydd, mi fethais â rhoi dant i atal tafod unwaith neu ddwy, a phe buaswn wedi aros yno, yr wyf yn hollol sicr y buaswn wedi colli fy lle yn y Coleg. Mewn sobrwydd a gwirionedd, heb air yn ormod, y mae'r gwaith yma yn llai *humiliating* na bod yn gaethwas i siopwyr a thaeogion yng Nghaerdydd.

Yn y llythyrau hyn at Gwynn Jones cawn gipolwg am y tro cyntaf ar Gruffydd yn dechrau dod i delerau â chyd-berthynas moeseg a chelfyddyd. 'Y mae'r rhyfel wedi bod yn lles mewn dau beth i mi,' meddai mewn un llythyr; 'yr wyf wedi dysgu pethau am fywyd na wyddwn o'r blaen ac na ddysgaswn byth onibae am y cynnwrf a'r dygyfor hwn':

Dyma un – y mae greddf unioneb, 'the instinct of justice', – greddf i allu barnu'n deg (ym myd meddwl) yn perthyn yn hollol i'r un dosbarth o bethau â'r reddf farddonol – h.y. i ychydig y rhoddir hi, ac nid byth y gall neb ei dysgu, onid ydyw ynddo o'r groth.

Ym marn Gruffydd yr oedd 95 y cant o ddynion heb y reddf hon ac 'yn hollol analluog i wybod beth sydd union a beth sydd gam, yn hollol megis na wyr 95% beth yw celfyddyd neu farddoniaeth'.

Credai Gruffydd yn gydwybodol ac yn ddiymffrost cyn i'r rhyfel dorri ei fod yn fwy deallus na'r rhelyw o'r ddynoliaeth. Erbyn canol y rhyfel hwnnw hawliai arbenigrwydd arall iddo'i hun, sef y ddawn brin i fod yn fath o broffwyd yn ogystal â bardd. Cynigiodd y rhyfel iddo hamdden i feddwl, peth nas profasai oddi ar ei ddyddiau yn Rhydychen. Yr argraff arhosol a geir yn ei fyfyrdodau yn ystod gwyliadwriaethau'r nos a phyliau o salwch yw'r anesmwythyd a gyfyd o freuddwydion na wyddai a gâi gyfle i'w gwireddu. Cyfnod darganfod cysylltiadau oedd cyfnod y rhyfel iddo, yr ymwybod celfyddydol yn ymdoddi i'r ymwybod moesol a hwnnw yn ei dro i'r ymwybod crefyddol. Yr oedd Gruffydd, ar fyr, yn aeddfedu. Gwingiadau cathartig olaf y gŵr ifanc cyfforddus yw cynnwys y llythyrau a'r sonedau. Prin y gallai Gwyn Jones beidio â synhwyro'r cyfnewid dwfn ym mywyd ei gyfaill, fel y dengys ei sylw wrtho ar 17 Mawrth 1917: 'Oni buom drwy oesau mewn ychydig flynyddoedd?' Yn bendant, yr oedd y Gruffydd a ddychwelodd i Gaerdydd ar derfyn y rhyfel yn llawnach cymeriad na'r darlithydd talog a adawsai dair blynedd cyn hynny, wedi rhoi heibio ei ddiniweidrwydd sentimental a rhan helaeth o'i hen sinigiaeth. Un peth y gellir ei hawlio'n ddigon pendant am yr ysgrifau rhyfedd hynny a ddeilliodd o'i fyfyrdodau ar drefn y greadigaeth ac ar droeon hanes dyn – 'Gwrthryfel ac Adwaith' yn 1922 ac 'Y Proffwyd' flwyddyn wedi hynny; er eu tywylled nid oes gysgod o sinigiaeth ynddynt nac unrhyw gais at glyfrwch rhad.

Yn nechrau haf 1916 anfonwyd Gruffydd i'r Aifft ac unwaith eto fe'i trawyd gan y dolur gwddf a'i poenasai ym Miwmaris ac a fuasai'n fygythiad trwy gydol ei flynyddoedd cyntaf yng Nghaerdydd. Ysgrifennodd lythyr blêr mewn pensel at Gwyn Jones o Ysbyty Swltan ar 8 Awst i'w sicrhau ei fod yn araf wella:

Ond, gyfaill annwyl nid oes iachâd yn dragwyddol i fy hiraeth i; nid oes phisygwr na balm yn Gilead. Hiraethu yr ydwyf i am Gymru fel y gwelais i hi – hen Gymru wledig ddiniwed ddiwair wirion yn y blynyddoedd pell cyn y rhyfel – ond ddaw hynny byth yn ôl i chwi na minnau ac y *mae* yn annodd [sic] i alltud ddygymod â chredu fod y baradwys wedi ei cholli am byth.

Mewn llythyr arall disgrifia ei hun yn ei hiraeth am Gymru fel llanc yn plygu dros gorff celain ei gariad a methu ei gadael 'er ei bod bellach yn drewi'. Unwaith eto, tyngodd lw y byddai'n 'sgrifennu a siarad yn ddidaw ar ôl y rhyfel [a] dywedyd wrth fy nghydgaethion pa bethau a welais yn eithafbwynt gwlad gwae ac anobaith'. Yr un oedd cywair llythyr 11 Rhagfyr: 'A oes Gymru yn aros, a'r haul yn ymachlud dros Sir Fôn, a hen ddynion mwynion yn ymlusgo dan feichiau gwellt at dyddynnod creigiog Eryri?' Y mae'n werth nodi i Gwynn Jones ddefnyddio delwedd y frawddeg hon yn gynsail i'w ysgrif apocalyptig, 'Diwedd', a ysgrifennodd tua'r un pryd. Magwraeth Dafydd, mab pump oed Gruffydd, oedd pwnc 21 Medi 1916: 'Yr wyf finnau am ei ddysgu nad oes dim llais yn werth gwrando arno ond llais Duw yn siarad trwy burdeb ei enaid ei hunan.'

Ni ddylem fod yn rhy barod i drosi'r gogwyddiadau hyn at grefyddolder yn dystiolaeth fod Gruffydd wedi profi tröedigaeth yn yr Aifft. Bu'n chwarae mig â Christnogaeth cyn y rhyfel ac nid oedd ei safbwynt yn sylweddol wahanol wedi hynny. Efallai mai'r ffordd orau o egluro'r ymchwydd ysbrydol hwn yw ei ystyried yn ganlyniad nifer o elfennau a ddeffrowyd yng nghoelcerth y drin: hiraeth ac ofn a'r pleser esthetig a ddaw i ran pob bardd wrth geisio ymgodymu â chwestiynau mawr byw a marw. Nid yw'r syniad o dröedigaeth chwaith yn gyson â theithi unigolyddol ei bersonoliaeth. Hanfod pob tröedigaeth yw derbyn; gwell gan Gruffydd, fel rhyw ail Arglwydd Rhys, oedd creu amodau ei grefydd neilltuol ei hun a'r posibilrwydd o waredigaeth sydd ynghlwm â hi:

Fy anfaddeugar hun, Myfi,
Fydd farnwr troeon fy ffordd gam
Pan lamo ein marwoldeb ni
Yn glir anfarwol fflam.[1]

Crefydd hiraethus bersonol yw ei grefydd; y nef a fu yw ei deyrnas nefol.

Y Rhyfel Mawr a gwblhaodd y brentisiaeth farddonol a gychwynnodd Gruffydd dan ddylanwad Silyn. Cyrhaeddodd yn y llond llaw o gerddi a gyfansoddodd rhwng 1917 a 1918 drobwynt lle y mae elfennau baledol a mwy clasurol yn dod ynghyd dan gysgod teimlad personol dwys. Nid oedd raid mwyach ymbalfalu am destunau; anodd oedd eu hosgoi. Yr hyn sy'n rhoi i'r cerddi rhyfel eu sglein arbennig yw meistrolaeth dawel Gruffydd ar y teimladau sy'n sbarduno'r canu. Y mae lle i ddadlau fod Gruffydd ar ei orau a'i fwyaf didwyll – mewn barddoniaeth a rhyddiaith fel ei gilydd – pan fo'n symud o fewn cwmpas bychan, o'r neilltuol i'r cyffredinol, o brofiad i fyfyrdod. Yn y cerddi gorau mae'r cymhelliad cysefin yn bersonol ond y dull dan reolaeth gadarn. Bwrir llinyn mesur dros effeithiau'r rhyfel heb ildio i'r demtasiwn i ymagweddu. Cymharer cynildeb penillion clo '1914–1918: Yr Ieuainc wrth yr Hen' ag ebychiadau mawreddog 'Mae'r Golau a'r Gwirionedd Wedi Mynd':

Pan gerddoch chwi, hen ddynion blin,
Hyd lwybrau'r wlad, ni'ch poenir fawr
Gan sibrwd isel, fin wrth fin;
Mae cariad wedi peidio'n awr.
Mae melltith ar ein gwefus ni
Yn chwerw, ond wedyn cyfyd gwên,
Wrth gofio nad awn byth fel chwi,
Wrth gofio nad awn byth yn hen.

Cyfetyb y gwahaniaeth i'r trawsnewidiad yn ei ryddiaith a grybwyllwyd eisoes. Anerchiadau yw cerddi rhyfel Gruffydd, boed bregethau fel ag a geir yma neu weddïau megis 'Litani yn Amser Rhyfel', 'Y Farn Fawr' a phenillion clo 'Y Fendith', lle y ceisir gwrandawiad gan Dduw y mae dyrys ffyrdd ei arfaeth o hyd yn annealladwy:

Rhag pob anghariad, rhag y du
Ddigasedd syth sy'n cloi y fron,
Crist, gwrando'n cri,
Duw, gwared ni.
Er mwyn y trist adfydus lu
Sy'n gaethion yn y gadwyn hon,
O gwrando ni.

Ac fe deimlai Gruffydd yn llythrennol gaeth. Ymbiliodd ar Silyn o'r Aifft ar 24 Ionawr 1918 i ofyn a allai 'trwy un o'th niferus gyfeillion sydd mewn awdurdod gael fy ngalw yn ôl i *home station* ar unwaith'. Erbyn diwedd y flwyddyn yr oedd ym Môr y Canoldir, ac oddi yno fe alwyd ef yn ôl i'r Alban. Ar ynys Kerrera, rhwng Mull ac Oban ar y tir mawr, y clywodd Gruffydd gyhoeddi'r cadoediad yn Nhachwedd 1918. Yr oedd swydd newydd yn ei ddisgwyl yng Nghaerdydd pan ddychwelodd.

6

Dyletswyddau Newydd, 1919–1921

D ECHRAU CYFNOD cyffrous anarferol i Gruffydd oedd 1919, 'pan ddaethom yn ôl o'r rhyfel a gweled bod yn rhaid inni fwrw ail olwg dros bopeth a wnaethom erioed ac ail-blanio bron popeth yn ein bywyd yn ein perthynas â'n cyd-ddyn, ie, hyd yn oed ein syniad o lywodraeth y bydysawd'. Cawsai yr hyn a elwir yn 'rhyfel da'. Clwyfwyd Saunders Lewis yn ffosydd Ffrainc a daeth Henry Lewis yn ôl o Fesapotamia a'i iechyd wedi torri, ond arbedwyd Gruffydd rhag effeithiau gwaethaf yr ymladd. Yr oedd hyd yn oed wedi manteisio ar y cyfle ym misoedd olaf y rhyfel i ymweld â John Morris-Jones yn Llanfairpwll tra oedd ei long wrth angor ar ei ffordd o Lerpwl i'r Alban. Yr oedd yr ansicrwydd wrth ddychwelyd i lenwi Cadair Thomas Powel, os rhywbeth, yn dostach profiad na'r tair blynedd a rhagor a dreuliodd oddi cartref. Yn ôl yn Rhiwbina crisialodd y teimlad yn y soned 'Ofn':

Calon na thant i ganu nid oes im,
A Buddugoliaeth ni all gofio salm;
Ni ddeil ffiolau Heddwch yr un balm
All wella'r heilltion fôr-ddoluriau ddim.
I ddyfnaf enaid f'enaid rhywbeth aeth
Sy'n lleisio ofnau'r môr ar drymllyd draeth.

Erbyn 1918 yr oedd Powel yn tynnu am ei bump a thrigain oed ac mor llesg fel y bu'n rhaid iddo ymddeol o'r adran lle y buasai oddi ar agor Coleg Caerdydd yn 1883. Llenwyd ei le fel 'Acting Professor and Head of the Celtic Department' gan John Jenkins (Gwili), ond pan benodwyd hwnnw yn ei dro yn llyfrgellydd cynorthwyol yn y Llyfrgell Genedlaethol ar ôl blwyddyn, aed ati i geisio athro parhaol. Mewn nodyn diddyddiad 'ar frys' at T. Gwynn Jones o Oban tua diwedd haf 1918 yn ôl pob tebyg, mynegodd Gruffydd ei fwriad i 'ymwthio tua sedd y Gadair Gymraeg yma . . . buaswn yn ddiolchgar am unrhyw help a ellwch ei roi'.

Daeth cais ffurfiol am eirda oddi wrtho at Gwynn Jones ar 11 Medi. 'Os caf y gadair hon,' addawodd Gruffydd, 'mi agoraf fy ngheg yn bur llydan ac nid hawdd fydd fy nhewi.' Ni wyddys pa enwau a roddwyd ar y rhestr fer derfynol. Deellir yn ôl llythyr at Gruffydd oddi wrth O. M. Edwards yn dilyn y penodiad mai Timothy Lewis o Aberystwyth oedd yr ymgeisydd cryfaf o blith rhestr wan: 'Deallaf mai efe ddeuai'n agosaf atoch ond o bell.' Yr oedd y pwyllgor penodi yn amlwg yn gytûn ag O.M. mai adnabyddiaeth bersonol ac enw da Gruffydd fel llenor (y ddau amod, fe gofir, a gollodd swydd Saesneg Bangor iddo) a droes y fantol o'i blaid. 'Y mae'n dda gennyf,' meddai O.M., 'oherwydd mai chwi ydych, a hefyd oherwydd eich bod yn llenor yn gyntaf ac yn ieithegydd wedyn. Mae 'Hen Lanc Ty'n y Mynydd' ei hun yn werth hanner cant o ramadegau i mi.' Yr oedd Gruffydd bellach mewn safle i arfer 'nerth y gair', 'yn cael 'rhan o'r cyfle prin a gaiff llenorion Cymreig', ys dywedodd yn 1941, 'o annerch eu cyd-genedl ar lwyfan sydd i ryw raddau yn annibynnol'.[1]

Daeth cyfnewidiadau dros fywyd teyrnas newydd Gruffydd bron ar unwaith. Mewn cydweithrediad â Lleufer Thomas ehangodd Lyfrgell Geltaidd y Coleg i gynnwys llyfrau Gwyddeleg, Gaeleg a Llydaweg a ffurfiwyd craidd y Llyfrgell Arthuraidd. Daeth Henry Lewis o'r ysbyty milwrol at Gruffydd yn ddarlithydd cynorthwyol, ac fe ddechreuwyd darlithio (yn y dosbarthiadau llenyddiaeth i gychwyn ac wedi hynny yn holl ddosbarthiadau'r adran) yn Gymraeg – yr adran gyntaf ym Mhrifysgol Cymru i wneud hynny. Yr oedd yn gam cyrhaeddbell. Dilynodd Bangor ac Aberystwyth y patrwm yng nghwrs y ddegawd ddilynol a Chymraeg oedd y cyfrwng yn Adran Gymraeg Abertawe pan agorodd yn 1921. Disodlwyd y Lladin gan y Gymraeg yn seremonïau graddio'r Brifysgol. Manteisiodd Gruffydd ar ad-drefniant Prifysgol Cymru dan Gomisiwn Haldane yn 1921 (a ganiataodd i'r colegau unigol fesur o annibyniaeth mewn perthynas â'u meysydd llafur) i ddiwygio'r cwrs anrhydedd mewn Celteg er mwyn sicrhau gwell cydbwysedd rhwng iaith a llenyddiaeth. Daeth terfyn ar deyrnasiad 'Celtic Philology' dros y maes llafur. Rhoes Gruffydd bwyslais pendant ar yr elfen lenyddol (gan gynnwys llenyddiaeth diwedd y bedwaredd ganrif ar bymtheg a dechrau'r ugeinfed ganrif) yn y gobaith 'of making the Celtic Course a means of genuine culture and of obtaining a larger knowledge of life and a wider sympathy and humanity'. I Griffith John Williams yr ymddiriedwyd y gwaith ieithegol; cymerai Gruffydd ofal personol am gynnwys y cyrsiau llên. Yn raddol, fel yr 'Adran Gymraeg' y daethpwyd i adnabod yr Adran Gelteg yng nghyhoeddiadau'r Coleg. Yn 1929, am y tro cyntaf, yn Gymraeg y rhoddwyd manylion cyrsiau'r adran yn y prospectws.[2]

Nid oedd Gruffydd yn athro cydwybodol yn yr ystyr gonfensiynol. 'Ni wnaeth fawr sylw ohonom,' oedd argraff E. Lewis Evans a astudiai dan Gruffydd yn ystod ei flynyddoedd cynnar yn y Gadair, 'ac amheuem yn fawr a oedd ef yn ein hadnabod ar ben y flwyddyn.'[3] Tueddai i osod tasgau a thraethodau ar antur gan anghofio eu casglu onid atgoffid ef. Hyd yn oed pan gofiai, anaml y dychwelai'r gwaith. Yn groes i arfer gweddill adrannau'r Coleg, ni osodai brofion pen tymor, esgeulustra a'i gwnaeth yn arwr gan ei ddosbarthiadau. Yr oedd yn bendant yn llawdrwm gyda myfyrwyr dwl. Âi storïau ar led amdano yn rhwygo papurau arholiad pan nad oedd yr ateb cyntaf a ddarllenai yn ei blesio. Rhoddodd Marian Goronwy Roberts, a raddiodd dan Gruffydd yn 1940, ddarlun gweddol gynrychioliadol o'i ddull mewn ysgrif goffa yn *Y Cymro* ar 8 Hydref 1954:

> Deuai'r athro i mewn. Byddai distawrwydd perffaith. Ar ôl holi ynghylch myfyriwr absennol, galwai ar un ohonom i 'gyfieithu' rhai o linellau'r cywydd dyrys. Curai pob calon, ac ochneidiai pawb yn ddistaw dros y cyfieithydd druan. I'r diog a'r digynnig nid oedd trugaredd. I'r cyfryw mynegai'r athro yn groyw nad oedd ei angen yn y dosbarth.

Yr oedd pethau rywfaint yn brafiach ar y dosbarthiadau anrhydedd. Ymgynullai myfyrwyr ar eu blwyddyn olaf yn ystafell breifat Gruffydd. Yn y dosbarthiadau hyn darlithiai Gruffydd yn hamddenol fyrfyfyr gyda chetyn rhwng ei ddannedd a mynych droi oddi ar aelodau'r dosbarth i syllu trwy'r ffenestr, 'yn dihidlo arnom berlau dysg a gwybodaeth', chwedl Alun Llywelyn-Williams wrth ddwyn i gof 'oriau adeiniog' felly yn ei gwmni yn y tridegau, 'ie, a llawer ysgytwad iachaol i'n rhagdybiau'.[4]

Rhan ganolog o'r 'ail-blanio popeth' a lanwai ddyddiau Gruffydd yn ei swydd newydd oedd ailasesiad beirniadol trylwyr o lenyddiaeth Gymraeg o'r Oesoedd Canol i lawr. Ymroes i draddodi cyfres o ddarlithoedd ar sail brasnodiadau y rhoddai ffurf arnynt wrth ddarlithio. Câi fenthyg y nodiadau wedyn gan un neu ddau o'i fyfyrwyr mwyaf dibynadwy fel y gallai ei wraig Gwenda deipio copïau cain ohonynt. Y copïau hyn oedd sail y ddwy gyfrol *Llenyddiaeth Cymru o 1450 hyd 1600* (1921) a *Llenyddiaeth Cymru: Rhyddiaith o 1540 hyd 1660* (1926). Yn y gyntaf o'r ddwy gosododd Gruffydd allan ei gred fod modd trin llenyddiaeth fel peth 'organig . . . rhywbeth sy'n gynnyrch tyfiant, sydd yn ufudd i'r un deddfau datblygiad ag a geir mewn bywyd yn ei fawredd eithaf'. Ymdriniaeth gynhwysfawr ydyw â phob llenor o bwys o Lewis Glyn Cothi a Thudur Aled hyd at Tomas Prys. Er bod arddull y llyfr braidd yn sych a'r diffyg mynegai yn ei gwneud bron yn amhosibl i neb ei ddefnyddio fel llyfr cyfeirio, mae'n llawer mwy na theclyn hwylus at ddibenion myfyrwyr. Mae awdurdod iddo er gwaethaf ambell ddatganiad dadleuol megis yr haeriad mai o'r Gogledd, yng ngwaith Goronwy Owen, Dafydd Edmwnd ac Emrys ap Iwan, y gwelir arwyddion yr 'adfywiad clasurol' ond mai o'r De, gan wŷr fel Dafydd ap Gwilym, Islwyn a Phantycelyn, 'y daw pob adfywiad sy'n anturiaeth newydd neu ymlygiad o ddarn o fywyd na welwyd o'r blaen mewn llên'. (Cred, gyda llaw, a gaed ganddo eto yng Nghofiant Owen Edwards yn 1937.) Yr oedd y cyfan yn fynegiant llawnach a mwy sustemataidd o'r gred a gyhoeddodd Gruffydd ddegawd ynghynt yn ei 'Welsh Literary Notes' yn *Wales*, mai penllanw cyfuno sawl traddodiad llenyddol ymddangosiadol anghydnaws oedd deffroad dechrau'r ugeinfed ganrif.

Yr oedd yn gred nodedig o optimistaidd o ystyried argyfwng 1914–18 a'r ymdeimlad o ofn a oedd wedi bygwth goddiweddyd Gruffydd yn sgil yr heddwch. Neges ddiamwys y ddau lyfr oedd fod seiliau popeth bron wedi eu siglo ond mawredd llenyddiaeth Gymraeg. 'The war came upon us,' meddai yn *The South Wales News* 11 Mai 1935, 'when the literary revival was still in its youth and of such strength that no catasrophe could overwhelm it.'

Taniwyd uchelgais broffesiynol Gruffydd unwaith eto lai na blwyddyn wedi iddo gael ei benodi i'r Gadair Gelteg. Y canlyniad oedd cais cwbl annisgwyl am swydd arall. Yn niwedd Medi 1919 deuai cyfnod A. H. Trow fel Prifathro gweithredol Caerdydd i ben. Hysbysebwyd swydd barhaol gyda chyflog o £1,600 y flwyddyn a derbyniwyd tair ar ddeg o geisiadau gan gynnwys un hir a manwl gan Gruffydd ei hun. Nid oedd ei enw, serch hynny, ymhlith y pump a alwyd i'w gyfweld ar 17 Mehefin 1920. Dewiswyd Trow yn unfrydol i barhau â'r gwaith.

Mae cais Gruffydd, a leinw chwe thudalen ffwlsgap ac na ddaeth i feddiant y Llyfrgell Genedlaethol tan Fedi 1990, yn ddogfen eithriadol. Fe'i hargraffwyd ar bapur cain ynghyd â chopïau o dystlythyrau oddi wrth Ddug Argyll, Syr John Morris-Jones, H. Avray Tipping o'r Ymddiriedolaeth Gynllunio Trefi a Thir Cymru, a D. Morgan Rees, cymydog i Gruffydd yn Rhiwbina a chyfarwyddwr yr *Excelsior Wire and Rope Company* ym Merthyr Tudful, y ddau olaf hyn yn tystio i allu Gruffydd fel pwyllgorwr a chadeirydd.

Er iddo restru ei gyraeddiadau academaidd a llenyddol yn llawn, amcan pennaf Gruffydd oedd argyhoeddi'r panel penodi o'i gymwysterau gweinyddol ac o'i ddawn i ennyn cyhoeddusrwydd (a chefnogaeth ariannol) i'r Coleg. Yr oedd cystwywr y '*grocers* a *drapers* llwyddiannus' am greu'r argraff ei fod wedi ymbarchuso: 'I think that the Principal should be a man who can satisfy the City that the advancement of the College and of the City itself are in his mind definitely connected. He would have to win the rich merchants, shipowners and coalowners of Cardiff and of South Wales to a much greater interest in the College, a task which, I am certain, is a much easier one than has hitherto been imagined.'

Yr oedd yr ensyniad fod y Coleg wedi methu yn y cyswllt hwn yn y gorffennol yn anniplomyddol a dweud y lleiaf, ond un y gallesid ei anwybyddu. Amhosibl hollol i Gyngor y Coleg oedd osgoi datganiad canolog Gruffydd, heb sôn am ei gymeradwyo:

It is with great diffidence and a deep sense of responsibility that I beg to urge upon the Council gravely to consider the present position of the College. For a variety of reasons, none of which it would be expedient for me to mention here, the College has not for many years filled the position to which it is entitled, in the life of the city and the nation. I believe that there is a general agreement that few other University Colleges in the Kingdom are so completely divorced, both in activity and in sentiment, from the life of the industrial as well as of the more leisured classes of the country.

Am 'diffidence'! Aeth rhagddo i gymharu methiant Caerdydd yn hyn o beth â llwyddiant Aberystwyth, a oedd yn ei farn ef yn 'progressing at an amazing rate, both materially in endowments, and in a higher sense in its wider appeal to the intellect and progressive thought of the country', ac â Bangor, 'in attracting to itself the personal affection of the people of North Wales'.

Mewn gwirionedd nid cais am swydd oedd hon yn gymaint ag ymgais Quixotaidd braidd i atgoffa awdurdodau'r Coleg o'u dyletswydd i ofynion cenedlaethol ehangach Prifysgol Cymru, yr unig wrthglawdd, ym marn Gruffydd, rhag unffurfiaeth ddigymeriad *universitas* ar y patrwm Prydeinig, cymuned academaidd bur heb ganddi unrhyw gysylltiad â'r ardal y digwyddai fod ynddi, a phlwyfoldeb coleg bro na fodolai ond fel peiriant cynhyrchu graddau i drigolion Morgannwg a Mynwy. Prin y gellir coelio i'r cais gael ei wneud yn y gobaith y byddai'n llwyddo naill ai i sicrhau'r swydd i'r ymgeisydd nac ychwaith i argyhoeddi'r Coleg o'i ddallineb. Fe'i gwnaed yn hytrach er mwyn i'r awdurdodau gael gwybod fod o leiaf un yn eu mysg na fynnai gyd-ddwyn yn fodlon a dirwgnach â'r drefn. Gwelodd Gruffydd lanw'r bywyd cenedlaethol yn llifo tua'r De a Chaerdydd hithau yn 'fast becoming the metropolis of Welsh intellect and culture'. Yr oedd darbwyllo'r Cyngor o'r sefyllfa yn bwysicach amcan na'r penodiad ei hun: 'some kind of national policy is forced upon the College, and I am but too willing to place my present candidature in jeopardy if I may thereby call the Council's attention to a state of things which does the College little credit'. Cynigiodd Gruffydd ei hun yn broffwyd chwyldro i sefydliad yr oedd yn chwaethach ganddo sefydlogrwydd. Rhoes derfyn effeithiol ar ei obeithion am ddyrchafiad, o fewn y Coleg a'r Brifysgol fel ei gilydd.

Yr oedd yr Athro Gruffydd eisoes wedi ennill safle o ddylanwad cyn llunio'r cais herfeiddiol hwn. Yn rhinwedd ei swydd newydd gwnaed ef yn Gadeirydd Pwyllgor Dewis y Brifysgol ar faterion Cymreig a gwnaeth yn fawr o'r cyfle i gasglu o'i gwmpas yn y colegau eraill academwyr a oedd hefyd yn llenorion. Yn Awst 1919 cafodd gyfle i gydnabod cymwynasgarwch a chefnogaeth Gwynn Jones trwy lunio adroddiad arno ar gyfer y Gadair newydd mewn Llenyddiaeth Gymraeg yn Aberystwyth.

Roedd hyn ar y cyntaf o'r mis. Daeth y Pwyllgor ynghyd eto ar y deunawfed a'i swyddogaeth y tro hwn oedd penodi Athro Iaith yn yr un adran. Cynigiwyd enwau Timothy Lewis, J. Lloyd-Jones a T.H. Parry-Williams ac i Gruffydd eto yr ymddiriedwyd y gwaith o baratoi adroddiad ar ran y Pwyllgor i'w ddosbarthu i bob aelod o Gyngor Aberystwyth. Y mae'n amlwg o ddarllen y rhesymau a rydd dros gais Parry-Williams pa rinweddau a werthfawrogai fwyaf yn ei ddarpar gyd-athro:

The Committee begs to add a few words of explanation on the title of the second Chair. It is true that the Chair to which Mr Gwynn Jones has been recommended is a Chair of literature, but it is impossible, as it is undesirable, to make the two fields of Literature and Language mutually exclusive . . .

We may confidently assert, then, that two qualities are necessary in a Professor of the Welsh Language, – a sound grammatical and philological knowledge of that tongue, and secondly, a full appreciation of its use as a means of culture.[5]

Cyfaddefodd Gruffydd fod cyraeddiadau Parry-Williams ym myd ieitheg yn llai trawiadol nag eiddo Timothy Lewis, ond pwysleisiodd gyfraniad aruthrol bwysicach y cyntaf i ddiwylliant llenyddol, yn enwedig yng nghyswllt yr Eisteddfod. Atgoffodd Gruffydd y panel i Parry-Williams ennill y Gadair a'r Goron gyda'i gilydd ddwywaith, yn Wrecsam yn 1912 ac ym Mangor yn 1915. Er gwaethaf beirniadaeth y wasg ar ei heddychiaeth agored a'i anffyddiaeth dybiedig ac er gwaethaf yr anghydfod rhyngddo ac Adran Gymraeg Aberystwyth a barodd iddo ymddiswyddo o fod yn ddarlithydd yno am flwyddyn, dychwelodd i lenwi'r Gadair yng Ngorffennaf 1920. Erbyn y gaeaf yr oedd Gruffydd yn gohebu'n rheolaidd â Gwynn Jones i'w gynghori ar lunio cyrsiau ac i annog cydweithrediad agos rhwng y ddau athro.

Un o ddyletswyddau olaf Gwynn Jones cyn cymryd ei swydd newydd oedd goruchwylio gwaith ymchwil MA Griffith John Williams ar ffurfiau berfol yn y Mabinogion a'r Brutiau. Cyflwynwyd y traethawd yn 1918 ac wedi ysbaid fel Cymrawd yn Aberystwyth penodwyd Williams, 'Gruff Bach' o'i gyferbynnu â 'Gruff Mawr', yn ddarlithydd yng Nghaerdydd yn

1921. Iddo ef y rhoddwyd y maes llafur iaith tra canolbwyntiodd Gruffydd ar lenyddiaeth. Golygai i Williams bymtheg awr yr wythnos o ddarlithio ar yr elfen Ladin yn y Gymraeg, ieitheg gymharol, gramadeg hanesyddol, Hen Wyddeleg, Gaeleg yr Alban, Llydaweg a Chernyweg. 'Ni wn,' meddai un tro wrth A. O. H. Jarman, 'sut y bûm i byw trwy'r flwyddyn gyntaf.'[6]

Penodwyd Henry Lewis o Gaerdydd i Gadair Gymraeg y Coleg newydd yn Abertawe a dewiswyd i'w gynorthwyo ŵr ifanc heb addysg ffurfiol yn Gymraeg a oedd wedi graddio mewn Saesneg o Brifysgol Lerpwl – Saunders Lewis.

Nid yn yr adrannau Cymraeg yn unig y gwelid yr adfywiad hwn. Yn 1922 cychwynnwyd Urdd Gobaith Cymru, Gwasg y Brifysgol, *Cyfres y Werin* a'r Bwrdd Gwybodau Celtaidd. Ddwy flynedd yn ddiweddarach lansiwyd cyfres newydd *Yr Efrydydd* dan olygyddiaeth Miall Edwards, ac yn 1925 sefydlwyd y Blaid Genedlaethol. I ddechrau'r dauddegau y perthyn sylwedd *Cerddi* ac egin *Ysgrifau* T. H. Parry-Williams, storïau byrion cynnar Kate Roberts, drama Gymraeg gyntaf Saunders Lewis, *Gwaed yr Uchelwyr*, ac *Ynys yr Hud* Gruffydd ei hun. Ymddangosai erbyn dechrau'r dauddegau mai'r cyfan a oedd eisiau oedd llwyfan cyhoeddus i'r doniau newydd hyn. Yn niwedd 1921 cyfarfu nifer o gyfeillion yn nhŷ Gruffydd, 20 Lôn y Dail, Rhiwbina, ac wedi hynny yn ei ystafelloedd yn y Coleg, i geisio ateb yr angen.

7

Y *Golygydd*

Hysbysir ni y bwriedir cyhoeddi cylchgrawn chwarterol o'r enw 'Y Llenor', o dan nawdd Cymdeithasau Cymraeg y Colegau Cenedlaethol, a bod y rhifyn cyntaf ar fin ymddangos. Fel 'Y Beirniad' a drengodd yn 1919, fe fydd yn 'Y Llenor' erthyglau beirniadol ar lenyddiaeth a'r celfyddydau'n gyffredinol, ynghyd â chyfraniadau gwreiddiol mewn rhyddiaith a phrydyddiaeth, o'r radd uchaf yn unig. Ei bris fydd deunaw ceiniog y rhifyn. Y golygyddion yw'r Athro W.J. Gruffydd a'r Athro Henry Lewis.

I genhedlaeth o Gymry daeth Y *Llenor* yn gyfystyr ag enw Gruffydd. O'i eni hyderus yng ngwanwyn 1922 hyd at ei dranc hirddisgwyliedig ac anochel gyda rhifyn gaeaf 1951, Y *Llenor* oedd prif gyfrwng mynegiant llenorion mwyaf blaenllaw a beirniaid disgleiriaf y cyfnod rhwng y ddau ryfel byd. Ymddangosodd yn ddi-dor bob chwarter (er gwaethaf gorfod argraffu rhai rhifynnau dwbl oherwydd prinder papur yn y pedwardegau) dan olygyddiaeth Gruffydd ac ni ellir dirnad hanes cyhoeddus Gruffydd hebddo. O'r ddau gant a rhagor o gerddi, adolygiadau ac erthyglau Cymraeg a gyfansoddodd Gruffydd rhwng 1922 a 1951 nid oes ond rhyw ddeg ar hugain nad oeddent wedi ymddangos gyntaf yn y cylchgrawn.

Y mae adroddiad Y *Faner* 16 Mawrth uchod yn fwy ffyddlon i ysbryd hanes y cylchgrawn nag i'r ffeithiau amdano. Yn 1920 ac nid yn 1919, er enghraifft, y cyhoeddwyd rhifyn olaf Y *Beirniad*. Awgrymir ymhellach mai Henry Lewis fyddai cyd-olygydd neu is-olygydd Gruffydd. Yn y pen draw G. J. Williams a ddewiswyd i gynorthwyo, er na alwyd arno erioed i ysgwyddo cyfrifoldeb. Yr oedd Gruffydd yn eiddigeddus iawn o'i swydd. Edrydd R. T. Jenkins yn Y *Llenor* coffa fel y bu i Gruffydd yn gynnar yn hanes y cylchgrawn gwyno iddo na chaniatâi pwysau'r gwaith iddo roi deunydd y rhifyn nesaf at ei gilydd. Awgrymodd Jenkins y gellid rhoi'r dasg i Griffith John yn ôl y cynllun: 'Ond na, meddai'r golygydd; yr oedd Williams ar y pryd at ei wddf mewn gwaith pwysicach o lawer, a phechod fyddai aflonyddu arno. Felly, nid fel isolygydd ond fel sgrifennwr ac adolygydd mynych yr elwodd Y LLENOR ar Mr G. J. Williams.'[1]

Cyhoeddwyd y saith rhifyn cyntaf, sef o wanwyn 1922 hyd hydref 1923, gan y Cwmni Cyhoeddi Addysgol yng Nghaerdydd, ond trosglwyddwyd y gwaith i Hughes a'i Fab, Wrecsam, gyda rhifyn gaeaf 1923. Ar y cyntaf o Chwefror 1924 arwyddodd Gruffydd a Henry Lewis, 'hereinafter called the owners', gytunteb gyda Minshall, Thomas a'i Gwmni, Croesoswallt, ar ran Hughes a'i Fab i ofalu am argraffu a chyhoeddi'r pum rhifyn nesaf. Parhaodd y trefniant hyd ddiwedd oes y cylchgrawn. Yr oedd telerau'r cytundeb yn ffafriol iawn i'r perchnogion: sicrhaodd Gruffydd a Lewis freindal o 5 y cant ar bob rhifyn a werthwyd a chopïau rhad ac am ddim i bob cyfrannwr ac adolygydd. Yn bwysicaf oll, rhoddwyd i Gruffydd ryddid golygyddol llwyr ac annibyniaeth hollol ar ddylanwad Cymdeithasau Cymreig y Colegau Cenedlaethol y cyhoeddid Y *Llenor* dan eu nawdd.

'Dan Nawdd Cymdeithasau Cymreig y Colegau Cenedlaethol' yw'r geiriad ar glawr pob rhifyn o'r *Llenor*, eithr yn ôl hynny o dystiolaeth ddibynadwy sydd ar gael, swyddogaeth go annelwig oedd i'r Cymdeithasau hyn yn eu perthynas â'r cylchgrawn. Awgrymodd y diweddar Syr Thomas Parry wrthyf un tro mai swm a sylwedd y 'nawdd' oedd bod swyddogion gwahanol ganghennau yn archebu rhifynnau o'r cylchgrawn a'u dosbarthu ar ddiwedd eu cyfarfodydd. Fel y ceir gweld, pan benderfynodd y Cymdeithasau arfer eu grym i bennu cyfeiriad y cylchgrawn yr oedd eisoes yn rhy hwyr.

Y peth sy'n taro un wrth olrhain hanes cynnar Y *Llenor* yw sylweddoli pa mor fuan y rhoes Gruffydd ddelw gyhoeddus ei bersonoliaeth arno. 'We have been slaying one another in Wales for years in the pettiest of warfare over grammar and orthography and other inessential things,' meddai golygydd The *Welsh Outlook* ym Mawrth 1923. 'At last we are invited by him to fight over fundamental issues.' Gwnaeth R. Williams Parry bwynt tebyg yn rhifyn Mehefin 1922 o'r un cylchgrawn pan groesawodd 'bellicose attitude' Y *Llenor* cyntaf, 'the latest addition to the heavy pieces trained upon the sun-proof dugouts of literary isolation and social convention in Wales'. Nid yw metaffor y gynnau mawr yn amhriodol i ddisgrifio agwedd meddwl y cylchgrawn dan olygyddiaeth ymosodol Gruffydd. Lansiwyd ef nid yn unig er mwyn ei ddarllenwyr colegol, ond hefyd er mwyn y bobl hynny oedd debycaf o gael eu cythruddo ganddo. Nid i'w amddiffyn ei hun bob amser y bydd dyn yn hogi arfau. Y *Llenor* a roes i Gruffydd y cyfle i gyfuno awch y newyddiadurwr gyda diddordebau'r bardd a'r beirniad a rhan bwysig o'i swydd olygyddol oedd gwahodd cyfranwyr a darllenwyr i brofi ias yr un cyfuniad. Os ydys am werthfawrogi newydd-deb Y *Llenor*, troer oddi wrtho at rifynnau cyfamserol o'r *Geninen*, dyweder, neu'r *Traethodydd*.

Ceir y teimlad a ddaw wrth fynd o ystafell eang olau i rwydwaith o goridorau troellog a thywyll: cymer y llygaid beth amser i ymgynefino â'r print mân, gwelw ac â'r iaith ystrydebol-drwsgl. Nid cyfrolau i'w bodio'n hamddenol mohonynt, a chabledd bron fyddai gwenu (pe gellid) uwchben eu cynnwys.

Ni hawliodd *Y Llenor* fod yn ddim mwy na chyhoeddiad llenyddol, ond nid y lleiaf o'r 'fundamental issues' a ddorai Gruffydd o'r cychwyn oedd diogelu'r iaith fel cyfrwng teilwng diwylliant. 'Ni bydd y Gymraeg byw,' meddai yn ei 'Nodiadau'r Golygydd' cyntaf yng ngwanwyn 1926, 'ni haedda fyw, os rhywbeth ydyw i'w arfer wrth brynu a gwerthu ac wrth siarad â hen bobl':

> Am hynny, nod ac amcan Y LLENOR ydyw darparu a hyrwyddo'r diwylliant llenyddol uchaf, a rhoddi i lenorion Cymru le y cyhoeddir eu gwaith ar un amod yn unig, sef teilyngdod llenyddol, heb na chred ddiwinyddol na golygiadau politicaidd nac ofn beirniadaeth yn rhwystr ar eu ffordd.

Erbyn gaeaf 1937 yr oedd mor fodlon ar ganlyniadau'r arbrawf fel yr oedd yn barod i ddatgelu agenda addysgol, dyrchafol bron y cylchgrawn:

> Yn *Y Beirniad* ac yn rhifynnau cyntaf *Y Llenor* yn ogystal ag yn y papurau wythnosol, aed ati i ddywedyd wrth Gymru beth oedd beth mewn llenyddiaeth. Mae'n ddigon gwir ein bod yn bendant ac yn awdurdodol dros ben wrth draethu'r ddeddf . . . ond meddyliem fod gennym le i fod yn bendant. Ymdeimlem â ni'n hunain ein bod yn artistiaid, bod peth o ddawn y llenor a'r bardd ynom, a bod gennym, felly hawl i osod y ddeddf i lawr i bobl y gwyddem i sicrwydd amdanynt nad oedd mwy o ddawn artist ynddynt nag mewn olwyn trol.

Mae'n arwyddocaol mai o amser *Y Beirniad* ymlaen y dyddia Gruffydd y 'gwelliant mawr mewn ychydig o amser' a fu yn ansawdd llenyddiaeth a beirniadaeth Gymraeg. Pan gychwynnwyd ef yn 1911 bu Gruffydd am gyfnod yn cynorthwyo Syr John fel math o ysgrifennydd answyddogol, yn ceisio cyfraniadau gan gyfeillion. Wedi i'r cylchgrawn dynnu ei draed ato yn 1920 trefnodd Henry Lewis gydag Ernest Hughes o Hughes a'i Fab, y cyhoeddwyr, i hynny o gyfalaf a oedd yn weddill yng nghyfrif *Y Beirniad* gael ei drosglwyddo i Gruffydd. Bwriedid i'r *Llenor* ddilyn trywydd ei ddiweddar ragflaenydd a disgwylid y buasai'r rhai a gyfranasai i gyfnodolyn Syr John yn dal ati ar dudalennau'r cylchgrawn newyddanedig hyd nes y gallai'r golygydd ddod o hyd i ysgrifenwyr ieuengach.[2] Ystyrid hefyd atgyfodi'r enw *Y Beirniad*, ond o barch i Syr John nis gwnaed. Camgymeriad, serch hynny, yw synio am y naill gylchgrawn fel estyniad o'r llall. Un rheswm am y gwahaniaeth oedd lansio *Bwletin y Bwrdd Gwybodau Celtaidd* yn hydref 1921. Bu cylchgrawn Ifor Williams yn foddion i ysgafnhau peth ar gynnwys *Y Llenor* trwy hel iddo'i hun yr erthyglau ysgolheigaidd a'r nodion ieithegol hynny a gawsai le yn chwarterolyn Syr John. Adlewyrchiad oedd cynnwys y cyhoeddiad newydd hefyd o'r cyfnewidiadau a ddaethai dros adrannau Cymraeg y Brifysgol. Cyfrannodd yr Athrawon Henry Lewis, Gwynn Jones a T. H. Parry-Williams ill tri ddarnau poblogaidd i'r rhifyn cyntaf un a chaed erthyglau gan Saunders Lewis a G. J. Williams. Er i'r *Llenor* dderbyn cyfraniadau achlysurol gan rai o hoelion wyth *Y Beirniad* megis Thomas Shankland, J. Lloyd-Williams a J. T. Jôb, yn y blynyddoedd cynnar, yr oedd blaeniad ac oliad gosgordd yr hen gyfnodolyn – Syr John ac Ifor Williams – bellach wedi cilio o'r golwg. Yn y ddwy flynedd rhwng gwanwyn 1920 pan roddodd heibio'r golygu a gwanwyn 1922 yr oedd iechyd Syr John wedi dirywio i'r fath raddau fel na ellid dim ganddo. 'Onid oes gennych rywbeth ar "Ddiwygio'r Orsedd"?' gofynnodd Gruffydd iddo mewn llythyr ym Mawrth 1923, gan ychwanegu'n ogleisiol, 'Byddant yn gwneuthur "putsch" yn o fuan, chwi gewch weled.'[3] Nid ymatebodd. Am Ifor Williams, gŵr y gwnaeth ei 'Nodiadau Ieithyddol' ar darddiad geiriau gymaint i greu ac i gynnal hinsawdd feddyliol *Y Beirniad*, nid *Y Llenor* oedd ei gynefin. Ymdriniodd yn ddeheuig yn rhifyn gwanwyn 1922 ag awduraeth cywydd gan Lewys Glyn Cothi a gambriodolid i Iolo Goch ac ysgrifennodd adolygiad pwyllog ar *Llenyddiaeth Gymraeg 1450–1600* Gruffydd, ond nid oedd tôn Fangoraidd y ddau ddarn yn cynganeddu â lleisiau ysgafnach Aberystwyth, Abertawe a Chaerdydd. Yr unig un o'r hen do a oroesodd o'r *Beirniad* i'r *Llenor* oedd Gwynn Jones, ond fel llenor creadigol ac nid fel ysgolhaig y dewisodd ddangos ei ddoniau yng nghylchgrawn Gruffydd.

Y *Llenor* oedd maniffesto'r orgraff lân newydd a arddelai Gruffydd, a gwnaeth y cylchgrawn lawer i'w lledaenu. Daeth hefyd yn amlygiad o helaethder ei ddiddordebau. Yr oedd y fflodiardau wedi ymagor. Gwelodd blynyddoedd 1922 i 1926 doreth o gynnyrch ganddo: erthyglau ar feirniadaeth lenyddol, cerddi, stori fer amrwd, ysgrifau dychanol dan y ffugenw Roger Francis, adolygiadau a chyfres o ysgrifau nad ydynt mor hawdd eu categoreiddio.

Ymddangosodd ei ymdriniaeth â *Theomemphus* Pantycelyn yn y rhifyn cyntaf, ysgrif dros chwe mil o eiriau wedi ei chysegru i'r gred fod beirniadaeth yn wyddor ac yn gelfyddyd. Gorganmolwyd a dibrisiwyd Pantycelyn yn y gorffennol, meddai, oherwydd rhagfarnau ei feirniaid yn hytrach nag ar gyfrif rhagoriaethau neu ddiffygion cynhenid yn ei waith:

Y rheswm am y gam farn hon, yn ei dwy eithaf, ydoedd y rheswm cyffredin am bob cam farn wrth feirniadu llenyddiaeth, – ceisio edrych ar waith Pantycelyn fel rhywbeth ar ei ben ei hun, fel rhywbeth ar wahân i'r bywyd organig yr oedd ef yn rhan ohono, y bywyd yr oedd pob prydydd arall yn dibynnu arno am ei gynhaliaeth.[4]

Testun a chyd-destun, y naill yn rhwym wrth y llall: dyna hanfod athrawiaeth feirniadol 'organig' Gruffydd. Aeth yn groes hollol ar y naill law i'r egwyddor eisteddfodol a fynnai farnu pob gwaith llenyddol yn ei rinwedd ei hun ac ar y llall i'r feirniadaeth ysgolheigaidd a ymfodlonai ar olrhain tarddiad geiriau a ffurfiau. Nid y gwaith gorffenedig oedd diddordeb Gruffydd; hoeliai ei sylw ar y man cyfarfod rhwng profiad a mynegiant pan fo llenor yn rhoi pin ar bapur: 'Hanes enaid ydyw *Theomemphus* o dan ddylanwad y Diwygiad, a'r hanes hwnnw wedi ei ganu gan un a fu ei hunan dan y dylanwad.' Yn achos neilltuol Pantycelyn gwnaeth ei ysgrif yn ddrych o'r rhagdybiau am natur epig a ddug y Pêr Ganiedydd i'w gerdd. Â'r ysgrif rhagddi fel deialog rhwng y bardd a'r beirniad. Gedy Gruffydd i Bantycelyn lefaru trwy ei ddyfynnu ac yna geilw'r beirniad ar dystion – Schopenhauer a *Tristram Shandy*, Milton, yr *Aeneid* a Llyfr Job – i gynnal ei ddadl nad epig mo *Theomemphus*. Nid oedd arno ofn arfer geirfa feirniadol draddodiadol mewn ffordd newydd: i briodoli methiant Pantycelyn i fuddugoliaeth 'diwinyddiaeth annynol ac anfywydol' dros ei 'gydwybod artistig'. Amcan Gruffydd yw dangos na weodd Pantycelyn mo'r gerdd fel pryf copyn o'i fola ei hun, fel y dywed yn ei raglith enwog; daeth ati'n hytrach wedi ei lyffetheirio'n barod gan agwedd meddwl a'i gwnâi'n amhosibl iddo lwyddo.

'Islwyn: Y Storm' oedd teitl ei ymdriniaeth nesaf o bwys, yn rhifyn haf 1923, y gyntaf mewn cyfres o astudiaethau o lenorion poblogaidd y bedwaredd ganrif ar bymtheg. Gwnaeth y gyfres hon (yr oedd yn fwriad gan Gruffydd ei chyhoeddi'n gyfrol mor ddiweddar ag 1939) lawer i sefydlu canon llenyddol yr oes, ac os gellir heddiw gymryd llenyddiaeth y bedwaredd ganrif ar bymtheg o ddifrif heb ar yr un pryd golli golwg ar ei mynych ffaeleddau, i Gruffydd y mae'r diolch am hynny. Mae'r syniad o 'gymryd o ddifrif' yn allweddol i'w feirniadaeth. Nid drylliwr delwau oedd Gruffydd, er na flinai yn yr ysgrif hon fel yn y lleill ar dynnu sylw at ddiffygion y ganrif: ei sentimentaliaeth rad a'i hunanfodlonrwydd moesol a materol, culni ei chrefyddolder ac effaith andwyol ei hestheteg eisteddfodol. Yr oedd ei ddiddordeb ynddi yn lletach ac yn fwy adeiladol na hynny. Dymunai wneud dros yr hen ganrif yr hyn na welsai hithau erioed yn dda ei wneud drosti ei hun, sef edrych arni'n feirniadol yn y gobaith y gallai gymell eraill i'w hystyried yn yr un modd. Nid amddiffyn llenyddiaeth y ganrif honno oedd ei amcan eithr amddiffyn hawl y llenyddiaeth honno i gael ei beirniadu. Erbyn dechrau'r dauddegau yr oedd barddoniaeth y ganrif o'r blaen dan gabl yn y colegau: nis ceid ar y maes llafur swyddogol ac yr oedd gwir berygl iddi gael ei diystyru'n gyfangwbl gan y beirniaid. Rhydd Gruffydd yr hanes yn 'Rhagarweiniad i'r Bedwaredd Ganrif ar Bymtheg I' (1934) am gyfres o ddarlithoedd a draddododd i ddosbarthiadau allanol ar lenyddiaeth y ganrif ddiwethaf yn y cyfnod rhwng 1919 a 1922, 'gan geisio dangos mor annheilwng ydoedd o'n hanes fel cenedl'. Y mateb cymysg a geid: 'Gwrandewid gydag wfft gan yr hen bobl, ond yr oedd y bobl ieuanc yn rhy ddidaro am y genhedlaeth o'u blaen i anghredu'r athrawiaeth.' Gan ddechrau gydag Islwyn, dechreuodd ddarbwyllo'r genhedlaeth ifanc fod perffaith hawl ganddi i ddrwgdybio gwerth barddoniaeth y ganrif gynt, ond mai anfaddeuol fuasai ei hanwybyddu.

Yma eto, megis gyda Phantycelyn, cymerodd etifeddiaeth syniadol y bardd yn fan cychwyn. Adweithiodd Islwyn yn erbyn ei gefndir Calfinaidd a thraddodiad pryddestol ei oes, ond ni allodd ddianc yn llwyr oddi wrthynt. Dibynnodd yn ormodol hefyd ar ddynwared canu Saesneg. Deillia anwastadrwydd ei ganu ei hun o'r gybolfa hon o ddylanwadau croes. Yr unig rannau llwyddiannus yw'r rheini lle'r ymddirieda'r bardd yn ei allu ei hun i draethu profiad personol. Gŵr yn cyfansoddi dan bwysau oddi mewn ac oddi allan oedd Islwyn:

> Cyfres o fyfyrdodau ydyw'r *Storm* yn tarddu o feddwl dyn o alluoedd anghyffredin, wedi byw llawer ynddo'i hunan ac iddo'i hunan, ac wedi cadw ei rin rhag pawb. Y mae'n ddigon gwir bod ei feddwl, ysywaeth, wedi ei gyfyngu gan ei gred Galfinaidd, ond yr oedd yn aml yn gallu myned y tu allan i honno, cyhyd ag yr oedd yn ei theimlo'n ddigon diogel rhag heriwr yr heresïau. Dylem ninnau sydd wedi ein rhyddhau o lawer o gadwynau'n tadau fod yn bur llariaidd wrth farnu cyfyngderau eu gwaith hwy; nid hwy a ddifethodd eu gwaith gorau gyda'u hofnau a'u llyfrdra, ond eu cyfoeswyr diawen oedd yn cael y bendro bob tro y gwelent rywbeth oedd yn wahanol i'w syniadau hwy. Bydd y genhedlaeth nesaf hefyd, mi obeithiaf, yn dyner wrth ein hofnau a'n petruster ni lenorion yr oes hon sydd agos bawb ohonom yn dibynnu am ein bara beunyddiol ar ewyllys da trefnwyr y swyddau.

Dim ond yn y dauddegau – a dim ond gan Gruffydd – y ceid brawddegau clo tebyg i'r rhai uchod. Dywedant gyfrolau am ei adnabyddiaeth o'i gynulleidfa. Deuant â ni hefyd at elfen arall yn ei feirniadaeth ar y bedwaredd ganrif ar bymtheg. Egwyddor lywodraethol Gruffydd yn ei ymwneud â'r ganrif ddiwethaf oedd ymbellhau'n fwriadol oddi wrthi er mwyn pwysleisio ei dieithrwch a'i harwahanrwydd. Ei bwrpas oedd osgoi'r difrawder a'r dibrisdod yn ei ddarllenwyr a gyfyd o hir ymgydnabod tybiedig â'r maes. Gwlad estron yw'r gorffennol, medd Gruffydd; troedier trwyddi'n ochelgar.

Yr oedd adegau, serch hynny, pan oedd nodi tebygrwydd rhwng yr ugeinfed ganrif a'r ganrif flaenorol lawn cyn bwysiced â thynnu sylw at wahaniaeth. Swyddogaeth arall beirniadaeth Gruffydd oedd rhoi ambell wers iachaol i'r darllenydd modern ar faint ei ddyled (ddiarwybod gan amlaf) i waddol drychfeddyliau'r ganrif ddiwethaf. Defnyddiodd 'Dewi Wyn o Eifion' (gwanwyn 1925), er enghraifft, i daro ergyd yn erbyn safonau beirniadol dechrau'r bedwaredd ganrif ar bymtheg, yn enwedig y syniad cyfeiliornus o 'anfarwoldeb' bardd. Cyd-destun unwaith yn rhagor yw'r ffon fesur, ac os delir mewn cof gyd-destun Gruffydd ei hun wrth lunio ei sylwadau, efallai y gwerthfawrogir y cysgod o rybudd tadol-athrawol sydd ynddynt i'w gynulleidfa ifanc:

> Y mae un yn anfarwol fel bardd a beirniad am ei fod yn bregethwr adnabyddus, arall am ei fod yn swyddogol yn yr Orsedd neu'n amlwg gyda'r Eisteddfod, arall am ei fod mewn swydd bwysig, ac arall am fod ganddo gyfeillion ymhlith gwŷr y papurau newydd, ac arall eto yn fwy ffodus am fod gwŷr y papurau newydd yn elynion iddo. Achosion tymhorol a damweiniol yw'r rhain, ac oherwydd hynny'n hollol ddiniwed, a phan ddiflanno'r amgylchiadau, fe ddiflanna'r anfarwoldeb hefyd, ac ni bydd yn rhaid i neb lafurio ymhen deng mlynedd ar ôl marw'r anfarwolion, i ddangos mor ddarfodedig ydynt.

Cofier nad oedd Gruffydd wedi cyhoeddi dim y gellir ei alw'n feirniadaeth boblogaidd oddi ar gyfnod ei 'Literary Notes' yn *Wales* J. Hugh Edwards ryw ddegawd ynghynt. Yr oedd ei arddull wedi aeddfedu'n aruthrol yn y cyfamser a hynny'n bennaf am fod ganddo bellach rywbeth amgen i'w ddweud na chyhoeddi'n ddiddiwedd ragoriaeth y presennol ar y gorffennol. Er mor ddifyr a deifiol y nodiadau cynnar hynny, gwaith llanc oeddynt. Ei ddiddordeb erbyn y dauddegau oedd dod i ddeall tirwedd lenyddol Cymru'r gorffennol er mwyn gallu gwerthfawrogi'r presennol yn llawnach. Mae'r ymdriniaethau ag Islwyn a'r lleill, felly, yn fwy na darnau achlysurol a rhaid synio amdanynt fel rhannau o gyfangorff damcaniaethol mwy. Dewisodd yn fwriadol drafod llenorion adnabyddus am mai o'u cwmpas hwy yr oedd y mythau a'r *idées fixes* gwytnaf wedi hel. Mewn cyfnod pan oedd T. S. Eliot wrthi'n ceisio cyflwyno i'r canon Saesneg waith y beirdd metaffisegol a oedd wedi'u hesgeuluso cyn hynny, dadleuai Gruffydd yr un mor daer o blaid trin llenorion y bedwaredd ganrif ar bymtheg fel dynion o gig a gwaed. Bywgraffiadau llenyddol cryno yw'r erthyglau a cheir llawn cymaint o sylwadau ar bersonoliaeth ei wrthrychau ganddo ag o waith testunol pur.

'Eben Fardd' I a II (1926) sy'n arddangos orau y cysylltiad rhwng cymeriad a chyfansoddiad ym meirniadaeth Gruffydd ar lenyddiaeth y bedwaredd ganrif ar bymtheg, hyd yn oed os oedd yr awdur yn hwyrfrydig i gydnabod dilysrwydd dadansoddi o'r fath fel erfyn beirniadol:

Meddwl y rhifyddwr oedd ganddo, a meddwl anesboniadwy i'r dyn cyffredin yw hwnnw . . . Ac o'r meddwl hwnnw y tyfodd ei farddoniaeth; y mae'n fflachio fel diamwnd, ond cyn galeted â diamwnd; y mae'n gallu disgrifio ymddangosiadau gyda hyawdledd [sic] sy weithiau bron yn annynol, ac ar yr un pryd mor fud â'r garreg am y realiti sy odditanodd. Ond nid beirniadaeth lenyddol o unrhyw fath yw dywedyd peth fel yna; ceisio dangos yr wyf, wrth basio, effaith defnydd arbennig ei feddwl a'i gymeriad ar ei waith.

Y gwir amdani, wrth gwrs, yw mai'r cyswllt rhwng barddoniaeth Eben Fardd a'i feddwl – a'r meddwl hwnnw wedi ei ffurfio a'i gyflyru gan amgylchiadau ei fyd – yw calon ddychmygus y ddwy ysgrif. Ymdrinia Gruffydd yn gynhwysfawr berswadiol â'r dirywiad yn ei ganu eisteddfodol; dengys yn eglur fel y coleddodd y bardd ifanc y safonau clasurol a'i galluogodd i ganu awdl aruchel 'Dinistr Jerusalem' yn 1824 ac fel y dioddefodd ei awen mor llwyr dan ddylanwad beirdd Lloegr erbyn 1862 fel na allodd ganu'n llwyddiannus ar destun clasurol 'Y Flwyddyn', ond trwy'r cyfan adrodd stori y mae. Ni all y bywgraffydd ymgadw rhag portreadu'r hen Eben yn troi adref o Eisteddfod Caernarfon a'i grib wedi'i thorri. Ffrwyth ei ddychymyg, debyg, yw'r cyfan:

Yr oedd holl arwyddion lludded a siom yn y cefn crwm a'r pen oedd wedi ymollwng, ac yn gŵyro tua'r llawr. Edrychodd y dynion yn hir arno, oherwydd erbyn hyn yr oeddynt wedi ei adnabod, ac yn synnu gweled golwg hen ŵr wedi torri ei galon ar ddyn nad oedd eto ond prin drigain oed. O dipyn i beth, ymlwybrodd yn araf tua'r wagen olaf, a dringodd iddi. Eisteddodd ar ei hymyl, a chuddiodd ei wyneb â'i ddwylo, a dyna'r olwg olaf a gawsant arno. Nid yw'n debyg y daeth yr hen ŵr byth i Gaernarfon wedi hynny, oherwydd cyn bod gwanwyn arall wedi codi pobl y dref allan o'u tai i roddi tro ar Lôn Bont Saint, yr oedd ef wedi ei gladdu ym mynwent Clynnog. Diwrnod y Cadeirio yn Eisteddfod Caernarfon ydoedd . . . a'r hen ŵr a oedd yn myned adref ar y wagen olaf oedd Eben Fardd.

Mae dyled Gruffydd i ddull sinematig disgrifiadau graddol-ddadlennol Thomas Hardy o'i gymeriadau yntau yn anwadadwy. Ni bu'r storïwr ynddo erioed yn fwy effeithiol nag yn y troednodiadau hyn megis i hanes llenyddiaeth. Crisielir 'diwedd eithaf y ddeunawfed ganrif' yn nelwedd yr henwr cefngrwm gwrthodedig ac erys y ddelwedd hyd yn oed os amheuir y gwirionedd y tu cefn iddi ac os anghofir ei harwyddocâd.

Ategion i'r adeiladwaith beirniadol yw'r ysgrifau 'Gwrthryfel ac Adwaith' (1922) ac 'Y Proffwyd' (1923). Yn wir, un allwedd i ddatgloi meddwl y naill fel y llall yw synio amdanynt fel *glosses* haniaethol ar yr athrawiaethau a gaiff fynegiant diriaethol, unigol yn ei ysgrifau ar lenorion. Yn y gyntaf, traetha Gruffydd ei 'Gyffes Ffydd' bersonol 'mai trefn cynnydd yw Gwrthryfel cynhyddol [sic] yn erbyn awdurdod; neu mewn geiriau eraill, twf personoliaeth a lleihad cyfundrefn'. Haerir yn yr ail mai 'ychydig yw'r proffwydi a thrwy wrando arnynt hwy y mae'r byd yn gwella'. Pair y ddwy ysgrif deimlad o anesmwythyd yn y darllenydd cyfoes ar sawl cyfrif, yn bennaf oherwydd nad hawdd gennym weld dyn yn ei ddinoethi ei hun mor llwyr ag a wna Gruffydd yma. Maent yn peri tramgwydd yn ogystal am fod y gred gyfriniol-Hegelaidd a leisir ynddynt yn rhedeg yn groes i'r gwyleidd-dra pwyllog a ddisgwylir gan academydd, ac am nad yw eu cynnwys yn perthyn yn gyfforddus i na beirniadaeth na llenyddiaeth ond i ryw dir neb lled ddiwinyddol. Rhaid addef hefyd y duedd ynom i amau cywirdeb barn y dynion angerddol eu cred; ac angerdd yn hytrach nag ymresymiad yw nod amgen yr ysgrifau hyn. Rhaid, er hynny, roi annhuedd ac amharodrwydd o'r neilltu a chymryd Gruffydd o ddifrif hyd yn oed pan fo ei ddifrifoldeb anffasiynol ei hun yn gwneud hynny'n anodd.

Gorwedd gwreiddyn yr ysgrif ym mherthynas ymylol Gruffydd â chrefydd gonfensiynol. Yn 1923 cydweithiodd Gruffydd gydag eraill yn Rhiwbina i sefydlu ysgol Sul anenwadol yn y pafiliwn tenis ac aeth yn athro ar ddosbarth o wŷr ifanc. Daliodd wrth y gwaith yn gyson am ragor na degawd. Yr ysgol hon oedd yr unig wedd allanol ar ei deimladau a'i ddiddordebau crefyddol yn y cyfnod ac mae'n arwyddocaol, er yn nodweddiadol ohono, mai fel athro y dymunai weithredu. Bu'r elfen oddefol yn gynneddf brin iawn yn ei gyfansoddiad erioed, ac yn neilltuol felly mewn perthynas â chrefydd. Wedi iddo dychwelyd i Gaernarfon yn 1948 fe'i gwahoddwyd i ymuno â chylch gweinidogion y dref, yr unig leygwr i gael gwahoddiad o'r fath. Derbyniodd, yma eto, ar yr amod mai fel siaradwr achlysurol ac nid fel gwrandawr cyson y disgwylid iddo ymuno yng ngweithgareddau'r cylch. Hawliai Gruffydd gyfran ym materion y gwahanol enwadau ac yr oedd yn hoff ganddo wneud datganiadau ar bwnc crefydd (yn enwedig felly wrth grefyddwyr proffesedig), eithr yr oedd y datganiadau hyn bob amser wedi eu cyfeirio o safle cysgodol, annibynnol sylwedydd ar yr ymylon; safle nid annhebyg yn wir i eiddo'r Athro newydd a ddefnyddiodd ei gais am brifathrawiaeth Caerdydd yn 1919 i ddatgan barn ar gyfrifoldebau swydd nad oedd ganddo yn y bôn ddim gobaith ei chael. Dogfennau therapiwtig oedd y llythyr cais a'r ysgrifau fel ei gilydd, ac am hynny ni ddylid amau didwylledd ei sylwadau rhyfedd braidd arnynt yn 1927:

Nid er mwyn proselytio na dylanwadu ar feddwl neb yr ysgrifennais yr erthyglau ar y *Proffwyd* a *Gwrthryfel ac Adwaith*, ond yn llythrennol, ysgrifennais hwy i'm plesio fy hun, fel y byddaf yn canu cân, ac er mwyn y llonyddwch hwnnw a ddaw i bob artist o gael mynegi ei feddyliau mewn geiriau. Ac ymhellach, nid erthyglau diwinyddol oeddynt, ond mynegiant o ddarn o'r esboniad o'r cydfyd yr wyf yn ymbalfalu ato, heb gyfeiriad at yr un diwinydd byw na marw nac at yr un athronydd, a heb fod dan ddylanwad yr un diwinydd nac athronydd.[5]

A derbyn diffiniad Gruffydd ei hun o nodweddion Ymneilltuaeth, fel y'i ceir yn ei gofiant i Owen Edwards: 'cariad at ryddid crefyddol' yn tarddu o Annibyniaeth a 'pharch at dduwioldeb' yn tarddu o Fethodistiaeth,[6] rhaid ei osod gyda'i dad yng ngharfan yr Annibynwyr. Rhan o waddol magwraeth Gruffydd ym Methel, 'yn gorfod mynd i'r capel tua phum gwaith bob Sul a bron bob nos o'r wythnos', oedd peri iddo ddrwgdybio, nid hanfod crefydd ei hun, ond ansawdd ei ymateb iddi. Mae'r gwahaniaeth yn un pwysig. Gwelodd ddigon ar dduwiolion (gwir a gau) yno i'w berswadio erbyn trothwy'r Ail Ryfel Byd na feddai ar 'y ddawn o dduwioldeb'. Nid cellwair yr oedd; i'w feddwl ef yr oedd gwir ymgydnabod ag arfaeth Duw ac ymostyngiad iddi yn gynhysgaeth na roddwyd ond i ychydig ac ni chyfrifai ef ei hun yn eu plith. 'Beth yw sylfaen y pethau a obeithir gan yr eglwys?' oedd ei gwestiwn ar ddiwedd anerchiad i Undeb yr Annibynwyr ym Machynlleth ym Mai 1928. Prysurodd i'w ateb: 'Ei ffydd, ei chysylltiad anwahanadwy â'r Sylwedd Mawr. Ond nid peth a gollir ydyw'r ffydd hwnnw, ond dawn arbennig Duw i rai dynion er iechydwriaeth y byd?' Yn yr un anerchiad, 'Syniadau Lleygwr am Natur Eglwys', pwysleisiodd y rhaniadaeth foel rhwng byd ac eglwys, nid ar dir moes ac ymarweddiad ond ar dir 'dawn':

> Pwy ydyw'r eglwys? Ychydig bach ym mhob oes o etholedigion wedi eu hethol gan Dduw a'u donio i dderbyn datguddiad ac i'w roddi i'r byd. Y lefain yn y blawd ydyw, yr halen yn y bara. Rhaid bwrw heibio am byth y gred mai moddion i achub unigolion ydyw'r Eglwys; ei gwaith hi yw achub y byd, ond nid trwy ddyfod â'r byd i mewn i'r eglwys . . . Rhaid hefyd fwrw heibio i syniad am y byd fel rhywbeth hanfodol ddrwg a gelyn i'r Eglwys. Yn y byd y mae dynion da a drwg, a rhai dynion yn fwy parod nag eraill i'w hysgogi gan air Duw yn llefaru drwy'r Eglwys.

Nid oedd yn edifar gan Gruffydd nad oedd wedi ei ethol i fod yn berchen ar y ddawn hon, oherwydd rhan anhepgorol ohoni oedd teyrngarwch i awdurdod allanol, anathema ganddo. Arall oedd ei ddawn ef. Ar hyd y trywydd hwn y mae dod at ddadleuon tywyll 'Gwrthryfel ac Adwaith' ac at y geiriau hyn o'r 'Proffwyd':

> Yn awr, y mae'n amlwg i bob sylwedydd fod gan rai ddawn arbennig, anghyffredin, nad yw'n eiddo i'r ddynoliaeth yn gyffredinol i dreiddio weithiau i ganol byd y sylwedd ac, am foment, amgyffred y sylwedd hwnnw. Ni ddylem synnu dim nad ydyw'r ddawn hon gan bawb, mwy nag y synnwn fod rhai'n gerddorion a rhai'n feirdd, a'r mwyafrif mawr heb fod yn

gerddorion nac yn feirdd. Genir y proffwyd fel y genir y bardd; efo o'r groth, ac efallai cyn hynny, yw llys-gennad yr anweledig yn y byd, ac ni ddaeth ei genadwri iddo drwy ddysg na thrwy'i ymdrech ei hunan, ond oherwydd rhyw achosion nad yw'r gallu gennym hyd yn hyn i'w dosbarthu.

Fel rheol cyfetyb hyd brawddegau rhyddiaith Gruffydd yn weddol agos i eglurder ei feddwl. Yma mae'r brawddegau amlgymalog yn bradychu niwlogrwydd. Yr unig sicrwydd yw fod dawn y proffwyd i adnabod ac i amgyffred 'y sylwedd' yn beth i'w gymharu â dawn y bardd i ddatgelu 'sylwedd' yr hyn y cân arno ac â 'dawn' yr eglwys (neu'r 'Eglwys'; pendiliai Gruffydd rhwng y ddwy ffurf) i gyfryngu gair Duw i'r byd. 'Rhith yw pob prydyddiaeth,' meddai Gruffydd yn ei feirniadaeth ar y bryddest yn Eisteddfod Pontypwl yn 1924; 'weithiau fe all drwy ryw foddion anesboniadwy ddatguddio'r sylwedd, ond hyd yn oed pan na wnelo hynny, gall fod yn wir farddoniaeth.'

Awgrymwyd uchod fod yr ysgrifau hyn yn gyfrannog o'r un athrawiaeth ag a geir yn yr erthyglau beirniadol-lenyddol. Craidd yr athrawiaeth honno yw'r ysfa i *ddynoli* ysmudiadau'r bydysawd a'r broses greadigol ill dau, i ddefnyddio rhagfarnau ac ofnau a gobeithion dyn yn llinyn mesur ei feirniadaeth ar lenyddiaeth ac ar ddiwinyddiaeth, 'gan na allwn gredu', fel y dywed yn 'Y Proffwyd', 'bod unrhyw gysylltiad o fwriad goruwchnaturiol rhwng cyfnewidiadau cymdeithas a dyfodiad teyrnas nefoedd'. Hanfod ei gondemniad ar ddiwinyddiaeth Pantycelyn, fe gofir, oedd dweud ei fod yn 'annynol'. Yn yr un modd, gwrthryfel *dynion* ac adwaith *dynion*, ac nid rhyw broses arallfydol, yw 'trefn cynnydd', mewn byd ac eglwys. Ffenomen ynghlwm wrth ffenomen y natur ddynol yw troeon 'organig' hanes. Pleidiau o ddynion ymwybodol ac nid pŵerau dall (na dwyfol) yw gwrthryfel ac adwaith. Yn rhinwedd y rhan sydd gan bob unigolyn yn nrama bywyd, felly, y cyfreithlona Gruffydd bleidgarwch agored ei safle yn yr ysgrifau hyn fel sylwedydd a beirniad. Trwy wrthryfel ac adwaith anorfod yr â'r byd yn ei flaen, bid siŵr; ond bydd y peirianwaith yn cyffio, a gwŷr yr adwaith yn ennill y dydd, oni roddir tro cyson i'r injan: 'Unwaith yn unig y protestiodd y Protestaniaid, ac unwaith yn unig yr ymneilltuodd yr Ymneilltuwyr. Os am fod yn gyson â'u henwau dylent brotestio ac ymneilltuo beunydd.' 'Ymddengys i mi,' meddai ymhellach mewn adolygiad estynedig o *Crefydd a Chymdeithas* Emrys Evans yn 1933, 'nad oes i Brotestant . . . ond un sicrwydd, sef ei adnabyddiaeth ef ei hunan o feddwl yr Arglwydd. Ni ellir rhoddi'r meddwl hwnnw mewn geiriau mwy nag y gellir ei gyfyngu i le, canys ysbryd ydyw, yn tyfu ac yn ymehangu.'[7] Esboniad gwrth-Galfinaidd Gruffydd ar y 'rhaniadaeth foel' rhwng dynion yw 'Gwrthryfel ac Adwaith' a'r 'Proffwyd': *Rhodd Mam* ddyneiddiol a gais ddangos mai yn y tyndra rhwng dwy egwyddor y mae dyn yn deall ei gyd-ddyn a threfn y greadigaeth fel ei gilydd. Daw dwy frawddeg o adolygiad 1937 Kate Roberts o *Hen Atgofion* i'r cof sy'n gweddu'n burion i ddisgrifio meddylfryd Gruffydd yma: 'Yr unig ddyn diddorol yw dyn a gymer ddiddordeb yn ei gyd-ddynion, y dyn sy'n ceisio'u deall, er eu casáu'n aml, ac yn llwyddo'n fynych i faddau i ddynolryw. Dyn felly yw W. J. Gruffydd.'[8]

8

'Every Weapon at my Disposal', 1922–1925

DYLID YMOCHEL rhag synio am Gruffydd fel arweinydd 'ysgol' o feirniaid ac am *Y Llenor* fel organ mudiad. Eto, yn achos yr Eisteddfod Genedlaethol, 'pwnc bytholwyrdd'[1] Gruffydd yn ôl ei gyfaddefiad ei hun, ceid graddau helaeth o unfrydedd ymhlith y cyfranwyr. Yn sicr, ni cheir trwy holl yrfa'r cylchgrawn neb yn amddiffyn rheolaeth yr Orsedd nac yn cadw plaid Cymdeithas yr Eisteddfod nac yn cytuno â chyfundrefn y pwyllgorau lleol, y tri chorff a oedd rhyngddynt yn gyfrifol am drefniant yr Ŵyl hyd at 1937. Daeth pob un o'r sefydliadau hyn, yn unigol gan amlaf, dan fflangell y beirniaid. Tynnodd G. J. Williams sylw at 'gwacyddiaeth' yr Orsedd ('Yr Orsedd a'r Eisteddfod', haf 1922) a Thomas Shankland at 'dwyll' ei hynafiaeth ('Hanes Dechreuad "Gorsedd Beirdd Ynys Prydain",' haf 1924); pwysleisiodd Saunders Lewis ddiffygion yr Eisteddfod fel fforwm beirniadol ('Safonau Beirniadaeth Lenyddol', gaeaf 1922); ac, fel y disgwylid, ymateb amlweddog a geid gan Gruffydd. Maentumiodd mor bell yn ôl ag amser yr ymdaro rhwng Marchant Williams a'r Macwyaid nad oedd yr Eisteddfod yn ddim amgen na magwrfa prentiswaith; yn 'Dewi Wyn o Eifion' dilynodd hynt ei dirywiad wrth symud o ofal ysgolheigaidd Goronwy Owen a'r Morysiaid i ddwylo pwyllgorau diddisgyblaeth a diawen. Ond daliai o hyd yn rhywbeth gwerth ei achub. 'With a few reforms, and a few concessions to the spirit of the age,' meddai yn 1911, 'the Eisteddfod will become one of the most powerful literary organisations of the age.' Y newid mwyaf a ddaeth dros farn Gruffydd am yr Eisteddfod erbyn cychwyn *Y Llenor* oedd edrych arni fel rhywbeth mwy na 'literary organisation'. Yn 1929 rhestrodd hi, ynghyd â'r iaith Gymraeg, a 'chyfundrefn' grefyddol Cymru (Gruffydd biau'r dyfynodau) fel 'tri arbenigrwydd y genedl'.[2] Yr oedd ei agwedd tuag ati rywbeth yn debyg i'w agwedd tuag at lenyddiaeth y bedwaredd ganrif ar bymtheg: yr oedd lle iddi o fewn y gorlan ddiwylliannol er gwaethaf ei ffaeleddau, a lle mwy teilwng byth yn ei disgwyl unwaith y byddai hi wedi ei chneifio'n lân o'r ffaeleddau hynny. Dyna'r unig esboniad dichonadwy paham y treuliodd beirniaid o safon Gruffydd a'r lleill gymaint o amser yn llosgi dynion gwellt. Er na fynner gwadu am eiliad ddilysrwydd y cyrch a ddug Gruffydd ar yr Eisteddfod na diffuantrwydd ei gymhellion, na'r gwir angen am ddiwygiad y tynnodd y cyrch hwnnw sylw ato, eto yr oedd elfen o chwarae yn yr helfa ar brydiau. Bu adeg, fel y gwelwyd, pan oedd yn ddibris iawn o'r Eisteddfod yn ei holl agweddau ac nid ymryddhaodd yn llwyr o'i anghariad ati nes cael llais yn ei rheolaeth. Cyfiawnhad ymgyrch Gruffydd yn y pen draw oedd ei llwyddiant ac mae'n debyg mai diwygio'r Eisteddfod oedd yr unig lwyddiant digymysg a chymharol ddiwenwyn a brofodd fel golygydd Y *Llenor*.

Pan lansiodd Gruffydd ei ymgyrch i achub yr Ŵyl rhag diffrwythdra ac esgeulusdra, wynebai deyrnas a oedd eisoes wedi ymrannu yn ei herbyn ei hun. O 1880 hyd at 1937 bu tri chorff yn cyfranogi yn ei rheolaeth. Y cyntaf oedd Cymdeithas yr Eisteddfod dan ei ysgrifennydd hynod, Syr Vincent Evans (1852–1934). Er mai cymdeithas anrhydeddus a hanfodol anllenyddol oedd hon a reolid o Lundain, ac er i'w haelodaeth ostwng yn sylweddol erbyn marw'r Finsent, ganddi hi yr oedd y coffrau arian. Dywedid fod ganddi erbyn ei thranc yn 1934 fuddsoddiadau gwerth dros £8,000.[3]

Yr ail, a'r lleiaf sefydlog o'r drindod eisteddfodol, oedd y pwyllgor lleol, a ofalai am osod testunau'r gwahanol gystadlaethau llenyddol bob blwyddyn ac am ddewis y beirniaid ym mhob dosbarth. Prif swyddog-aeth arall y pwyllgor oedd trefnu cyngherddau a sicrhau safleoedd addas i'r gweithgareddau ymylol.

Os yn 'y pwrs mawr a warchodwyd mor dynn gan Syr Vincent Evans', chwedl Cynan, yr oedd y grym ariannol, gan Orsedd Beirdd Ynys Prydain yr oedd holl naws ysbrydol yr Ŵyl. Dadleuodd Henry Lewis yn 'Gorsedd Narberth' yn rhifyn haf 1926 fod anwybodaeth ynghylch hynafiaeth yr Orsedd wedi bod yn foddion i'w dyrchafu yng ngolwg y werin i stad uwch o lawer na'i haeddiant a bod hynny yn ei dro wedi arwain at draul afresymol i ba bwyllgor lleol bynnag fyddai'n gyfrifol am drefnu'r Eisteddfod o flwyddyn i flwyddyn. Gyda dyfyniadau mynych o reolau'r Orsedd edliwiodd Lewis i'w haelodau haelaethrwydd eu dylanwad. Datgelodd na ellid cynnal Eisteddfod heb yn gyntaf gael caniatâd yr Orsedd ddwy flynedd ymlaen llaw ac nad ystyrid cais heb i'r pwyllgor lleol addo talu'r costau priodol i'r Orsedd am fynychu'r Cyhoeddi ac am ymddangos ar lwyfan yr Ŵyl ei hun:

> Mae Gorsedd Beirdd Ynys Prydain yn bur debyg o gostio tua £300 i bwyllgor Abertawe eleni, ac ni bydd yr Eisteddfod Genedlaethol ddim elwach o hynny.

Bu'r haeriad hwn am afreoleidd-dra llywodraeth ariannol yr Orsedd dros y pwyllgor lleol yn ddigon i ysgogi 'ymateb swyddogol' gan Gynan yn *Y Geninen* ym mis Medi. Yn 'Yr Orsedd: Ochr Arall y Darian' rhoes Ysgrifennydd yr Orsedd bwys mawr ar werth ysbrydol y corff:

> Heddiw, nid dros ei hannibyniaeth yr ymladd Cymru, ond dros ei hiaith, ei llên, ei diwylliant – dros ei bod fel cenedl . . . Y mae enaid cenedl mewn perigl.
>
> A dyma'r awr o bob adeg a ddewisir gan yr Athro Henry Lewis, Abertawe, i ymosod ar sylfeini sefydliad a fu ac y sydd, er ei holl ffaeleddau, yn gastell amddiffyn i'n llên, i'n Heisteddfod, ac i'n hiaith.[4]

Mae ymateb Cynan yn fwy goleuedig nag yr awgryma'r dyfyniad uchod. Cydnabu, yn un peth, hawl y Brifysgol, 'castell arall yr iaith', i warchod bywyd Cymru. Ei bryder oedd fod academwyr *Y Llenor* yn rhy chwannog i gollfarnu rhan yr Orsedd yn y seremoni gadeirio fel 'syrcas' ac i anwybyddu ei harwyddocâd fel 'arwydd o deyrnged gwerin Cymru i farddoniaeth':

> Ba waeth gen i pa mor newydd yw'r seremoni! Y cwestiwn yw a gyfiawnhaodd ei bod fel seremoni; a chymhwysaf yr un egwyddor at holl ddefodau'r Orsedd.

Rhyfedd meddwl, wedi darllen ysgrif ymbilgar Cynan, mai trwy ei frwdfrydedd diwygiol ef fel Cofiadur yr Orsedd a chynrychiolaeth Gruffydd ar ran hen Gymdeithas yr Eisteddfod yn y cyd-bwyllgor a gyfarfu yn Llundain yn 1935, y cyrhaeddodd yr Ŵyl rywle'n agos i'w ffurf bresennol – y tro cyntaf i'r ddeuddyn siarad â'i gilydd.[5] Gorwedd arwyddocâd ysgrif Cynan yn y cymod yr oedd yn barod i'w ystyried rhwng yr Orsedd ar y naill law a'r Brifysgol – trwy gyfrwng *Y Llenor* – ar y llall.

Yr oedd ymosodiadau'r cylchgrawn i'w cymryd o ddifrif ar gyfrif awdurdod ei awduron ac yr oedd Gruffydd yn amharod i beryglu effeithiolrwydd yr awdurdod hwnnw. Dywed un hanesyn lawer am bolisi golygyddol Gruffydd yn nyddiau cynnar y cylchgrawn. Ymddangosodd yn *Y Faner* 30 Medi ymateb arall i lith Henry Lewis ar ffurf llythyr agored gan un yn dwyn yr enw 'Llai na'r Mwyaf'. Caed gwybod wythnos yn ddiweddarach mai J. Ellis Williams, Blaenau Ffestiniog, oedd ei awdur ac mai ar gyfer *Y Llenor* y'i bwriadwyd yn wreiddiol. Bydd cip ar arddull ffug-rethregol y druth yn ddigon i ddangos paham y gwelodd Gruffydd yn dda ei throsglwyddo i olygydd *Y Faner*, gan egluro wrth ei hawdur 'nad oedd hi'n gymaint o ysgrif i chwarterolyn ag o lith i bapur newydd':

> Gyda gwaed yn berwi y darllenais i ymosodiad chwyrn Mr Henry Lewis ar hen Orsedd y Cymry. Y mae'r wlad yn rhyfeddu atoch, syr – ie yn synnu ac yn rhyfeddu – i chwi gyhoeddi peth mor ffyrnig . . . Yr ydych yn awr ac am byth

wedi eich hamddifadu eich hunan o bob siawns oedd gennych i gael eich derbyn yn Aelod o'r Orsedd. Ydych, Syr! Yr wyf wedi rhybuddio'r Cofiadur y byddaf yn ymddiswyddo y dydd y derbynnir eich enw fel ymgeisydd am Urdd Ofydd.

Difyr ddigon; ond nid o bosibl i golofnau cyfnodolyn y deuid yn gynyddol i wrando arno fel llais dilys y farn golegol.

Afraid ychwanegu mai partneriaeth drwsgl oedd priodas deirplaid y Gymdeithas, yr Orsedd a'r pwyllgorau. Buasai cynlluniau mor gynnar ag 1889 i uno'r Gymdeithas a'r Orsedd trwy wneud pob aelod o'r Orsedd yn rhinwedd ei urddau yn aelod o'r Gymdeithas. Amodwyd yr undod i fod yn 'amicable understanding' rhwng y ddau gorff erbyn 1892 ac yn fuan wedyn diddymwyd yr uniad yn swyddogol. Cyn 1926 rhennid elw'r Eisteddfod yn gyfartal rhwng y Gymdeithas a'r pwyllgorau lleol a gorfodi'r olaf i neilltuo peth o'u cyfran hwy i dalu costau'r Orsedd. Yn 1926 dechreuodd yr Orsedd hawlio cyfran benodol o siâr y Gymdeithas yn ogystal. Daethai'n bryd i Gruffydd daro. Gan mai trefniant dryslyd a phigog ydoedd, ymgorfforai'r tair agwedd ar yr Eisteddfod, yr ariannol, yr ysbrydol (neu'r emosiynol) a'r llenyddol, gyfundrefn mor sigledig nes ei gwneud yn waith hawdd i Gruffydd fwrw arnynt yn unigol, neu annog y naill i ddrwgdybio'r llall.

Fel sefydliad llenyddol yn gyntaf dim y syniai Gruffydd am yr Eisteddfod, eithr sefydliad ac iddo derfynau pendant. Tra'n caniatáu lle i'r Saunders Lewis ifanc, dan ddylanwad I. A. Richards, i fwrw sen ar syniad eisteddfodol 'y barnwr doeth a chyfiawn' yn 'Safonau Beirniadaeth Lenyddol' yn rhifyn gaeaf 1922:

> Yr wyf yn credu bod popeth sy'n gelfyddyd, boed gân neu gerflun, yn beth unig, arbennig a chwbl ddigymar. Yn y pen draw ni ellir dosbarthu hyd yn oed y delyneg leiaf; y mae hi'n beth ar ei ben ei hun. Y rheswm am hyn yw bod celfyddyd yn fynegiant o bersonoliaeth yr awdur, yn gynnyrch ei ysbryd a'i brofiad . . .

dilynodd ef lwybr mwy cymedrol. Yr oedd ei ddiddordeb yn yr Eisteddfod yn fwy cymhleth nag eiddo Lewis a safonau beirniadol yr Ŵyl ar y gorau yn amherthnasol ganddo. Deliodd â'r 'dadlau ar hanfod ein prydyddiaeth a'r ansicrwydd poenus am y gwir a'r gau' mewn byr eiriau yn ei ragymadrodd i *Ynys yr Hud* yn 1923:

> I ddechrau, rhaid gwahaniaethu ar unwaith rhwng pwnc yr Eisteddfod a chwestiwn prydyddiaeth. Nid oes gan hynafiaeth yr Orsedd na defnyddioldeb yr Eisteddfod ond ychydig a wnelont ag ef, a gadawaf y mater ar hynyna gydag un gair o'm cred bersonol. Yr wyf yn credu mai cam â'r Eisteddfod yw disgwyl gwaith meistraidd gan ei buddugwyr prydyddol; cyfle ydyw'r Eisteddfod i fardd ifanc brofi ei fod yn dysgu ei brentisiaeth, – rhywbeth tebyg

i radd golegol, nad yw'n profi bod ei henillydd yn ddyn doeth nac yn ysgolhaig, ond bod ganddo'r defnyddiau moelion i hel doethineb ac i adeiladau ysgolheictod, od yw'r ddawn at y naill neu'r llall ganddo.

Gwelai Gruffydd berygl i'r 'ddadl brydyddol' – sef y ddadl ynghylch safonau llenyddiaeth – gael ei chornelu 'rhwng magwyrydd yr Eisteddfod'. Nid fforwm beirniadol oedd yr Ŵyl 'ac ni ddeuwn byth at y gwir sylweddau oni roddom yr Eisteddfod a'i chyfansoddiadau yn y lle priodol'. Ar un wedd, *cul de sac* ar dragwyddol heol yr awen oedd yr Eisteddfod; yr oedd ei 'lle priodol' ynghlwm wrth ei 'defnyddioldeb' ehangach. Trwy alw sylw at gyfyngderau llenyddol yr Eisteddfod, rhybuddiai feirniaid eraill rhag ymyrryd â hi. Ei amcan oedd nid yn unig gyfeirio'r beirniaid ar hyd ffyrdd rheitiach, ond hefyd gadw'r Eisteddfod o grafangau Saunders Lewis a'i debyg. Sylwyd eisoes fel y bwriodd Gruffydd iddi yn rhifynnau cynnar *Y Llenor* i ailsefydlu'r canon llenyddol Cymraeg, 'i ddywedyd beth oedd beth mewn llenyddiaeth'. Rhan hanfodol o'r broses oedd deall cyd-destun gweithiau llenyddol o fewn traddodiad. O ran ansawdd, gydag ond ychydig eithriadau, perthynai cynnyrch cystadlaethau'r Gadair a'r Goron i ddosbarth hollol ar wahân. Daliai Lewis yn 'Safonau Beirniadaeth Lenyddol' mai unig swydd yr Eisteddfod oedd cadw'r iaith yn fyw; ei amcan anuniongyrchol, fel y gwelai Gruffydd ef, oedd defnyddio safonau amheus yr Eisteddfod i brofi, yng ngeiriau Lewis ei hun, 'na ddichon y werin adnabod llenyddiaeth':

Nid sarhad ar neb yw dywedyd hyn. Ond y mae'n amlwg na all y 'dyn cyffredin' ddeall yr anghyffredin ond ymhen amser maith; a'r anghyffredin yw hanfod llenyddiaeth. Fe gyflwynodd Stendhal ei nofel enwocaf – 'To the happy few'. Y mae'n amheus gennyf ai priodol yr ansoddair, ond yn sicr ddigon yr 'ychydig' yn unig a fedr ddeall llenyddiaeth. Am imi gredu hyn, ni allaf i gydymdeimlo dim â'r rheiny sy'n ymosod ar yr eisteddfodau oblegid na chynhyrchant hwy lenyddiaeth. Gŵyl y bobl yw'r eisteddfod, ac y mae iddi orchwyl arall sy'n llawn mor anrhydeddus, sef yw hynny cadw yn fyw iaith ac asbri bywyd y genedl Gymreig.

Safai'r ddau yn gytûn ar amherthnasedd yr Eisteddfod i ffyniant llên, ond ymglywai Gruffydd â chrechwen yr aristocrat yng nghasgliad Lewis mai 'gŵyl y bobl' yn unig oedd hi ac y dylid gan hynny adael iddi. Unwaith eto, megis gyda beirdd y bedwaredd ganrif ar bymtheg, mynnai i'r Eisteddfod gael ei 'chymryd o ddifrif'.

Blaenoriaeth Gruffydd oedd chwynnu ac nid chwalu. Perthynai i'r Eisteddfod ei 'harbenigrwydd', er mor anniffiniol oedd hynny yn y dauddegau, a rhaid oedd ei hamddiffyn. Dameg bwysig i O. M. Edwards, meddai Gruffydd, oedd dameg y gwenith a'r efrau.[6] Dylid gofalu wrth ddistrywio'r hyn a oedd yn ymddangosiadol ddi-werth na wneid difrod i'r hyn a haeddai oroesi. Yng nghyswllt y Brifwyl yr oedd y ddameg lawn cyn bwysiced iddo yntau. Yr oedd y pwyllgorau lleol gan mwyaf yn anghymwys i wneud y gwaith a ofynnid ganddynt, yr oedd yr Orsedd yn llwgr a'r Gymdeithas yn estrysaidd, – ie, ond i Gruffydd yr oedd yr Eisteddfod yn fwy na chyfanswm ei rhannau. Yr oedd yn llym ei gerydd ar bob un o'r sefydliadau unigol, ond rhoes bryf 'yr Eisteddfod' ar y bach 'fel pe bai'n ei garu', chwedl Isaak Walton.

Ar 26 Ebrill 1923 holwyd barn nifer o lenorion ieuainc yn Y *Faner* ar gyflwr yr Eisteddfod. Yr Orsedd bron yn ddieithriad a ddaeth dan y lach. Yr oedd cyfraniad Saunders Lewis yn nodweddiadol:

> Fy nheimlad i yw bod diwygiad yr Orsedd yn rhy hwyr. Pe gwnelsai hi hyn ugain mlynedd yn ôl, – sef ar ôl Eisteddfod Fangor[sic] – nid hwyrach y byddai ganddi hithau ei lle yn hanes llenyddiaeth heddyw. Ond weithian y mae ein llên yn ffynnu hebddi hi. Nid yw hi ddim yn 'cyfrif'.

Aeth yr Orsedd ati i gyfaddawdu. Ddiwedd yr un mis cyfarfu Pwyllgor yr Eisteddfod yn Amwythig. Honnodd Beriah Gwynfe Evans, y Cofiadur newydd ers mis, nad oedd yn elyniaethus i ddiwylliant y colegau, er iddo gredu'n ddiysgog yn hynafiaeth yr Orsedd. Rhyddhawyd rhestr gyflawn o aelodau'r Orsedd am y tro cyntaf oddi ar ddyddiau Clwydfardd a chafwyd bod nifer o raddedigion Prifysgol Cymru yn eu plith. Cynigiwyd estyn breintiau aelodaeth ddiamod i bob athro ar bynciau Cymreig yn y Colegau Cenedlaethol ac i bob un a oedd wedi graddio mewn Cymraeg neu gerddoriaeth o unrhyw brifysgol arall.

Gellir priodoli'r newid agwedd yn rhannol i'r Cofiadur newydd ei hun. Dywedasai Beriah Gwynfe Evans mor gynnar ag 1921, yn sgil Eisteddfod Caernarfon, y byddai raid arolygu holl fframwaith y Brifwyl er mwyn ei chadw rhag troi'n 'musical orgy'. Ond gorwedd sylfaen y cymod yn ddyfnach na hynny. Ar 3 Mai 1923 gosododd un yn ysgrifennu dan yr enw 'Cysgod y Bera' ei fys ar graidd y mater mewn llythyr at olygydd Y *Faner*:

> Ni bydd yr Orsedd byth yn awdurdod llenyddol Cymru, ond geill wneuthur peth gwasanaeth i lên Cymru, ac ar y cyfrif hwnnw yr wyf yn dymuno'n dda iddi.
>
> Y mae gan fudiad llenyddol y colegau eu cylchgrawn, yn yr hwn yr ymddengys holl ffrwyth aelodau'r mudiad. Yr oedd y *Beirniad* ganddo i ddechrau, ac y mae'r *Llenor* bywiocach a disgleiriach gan y mudiad heddyw. Nid oes gan yr Orsedd yr un cylchgrawn swyddogol, a gofidiaf am hynny.

'Cysfenu i'r wasg', yn ôl y gohebydd, oedd yr unig ffordd i'r Orsedd gael gwireddu ei photensial. Awgrymodd y câi'r mudiad groeso rhwng cloriau Y *Geninen* R. J. Rowlands (Meuryn). Wedi'r cyfan, meddai 'Cysgod y Bera', bu Meuryn yn llawn cefnogaeth i'r Orsedd, a theimlid na byddai ganddo wrthwynebiad i'r cynllun gan mai Y *Geninen* i raddau pell oedd cylchgrawn answyddogol yr Orsedd yn barod gan mai yno y cyhoeddwyd areithiau'r Maen Llog.

Ofer fu'r awgrym; yr oedd yn well gan Meuryn gadw'r *Geninen* yn bapur amhleidiol. Ond dengys y llythyr fel y cyfrifid Y *Llenor*, ychydig dros flwyddyn wedi ei lansio, yn arf 'mudiad llenyddol' a oedd yn prysur ennill tir ar draul yr Orsedd. Gyda'r *Llenor* daethai ei olygydd, yng ngolwg un gwrthwynebydd o leiaf, yn arweinydd meddwl Cymru. Rhoed statws 'cymeriad' cyhoeddus iddo; y cam cyntaf ar daith yr *enfant terrible* i safle'r *grand old man*. Brithir tudalennau Y *Faner* a'r *Brython* trwy'r dauddegau cynnar gyda chyfeiriadau ato. Mwynheid ei ddywediadau a lledaenid mân hanesion amdano. Daeth Gruffydd yn aelod o Fwrdd Gwybodau Celtaidd y Brifysgol yn 1922 ac o Fwrdd y Wasg yn 1923. Gwasanaethai am wahanol gyfnodau ar y Bwrdd Academaidd. Tystia Henry Lewis, cyd-aelod ag ef ar y byrddau hyn, y 'gellid bod yn gwbl sicr pan fyddai ef yn bresennol na byddai'r cwrdd yn farwaidd. Byddai ar brydiau'n ddigon anodd ei drin ac yn ystyfnig'. Aeth i Lundain ar 19 Chwefror 1925 gyda dirprwyaeth o aelodau'r Bwrdd Canol a'r Brifysgol i draddodi araith gerbron y Bwrdd Addysg yn dadlau o blaid sefydlu Pwyllgor Adrannol i ymchwilio i le'r Gymraeg mewn addysg. Canlyniad hyn oedd gwahoddiad gan yr Arglwydd Eustace Percy, Llywydd y Bwrdd, fis yn ddiweddarach i wasanaethu ar y Pwyllgor a luniodd Y *Gymraeg mewn Addysg a Bywyd* yng Ngorffennaf 1927.[7] Mae blas ei arddull ar ran gyntaf yr adroddiad – Cyflwyniad, Hanesyddol a Chyffredinol – yn ddigamsyniol.

Yr oedd y sylw cyhoeddus yn foddion i'w dynnu oddi ar ei hen dylwyth. Ysgrifenodd Gwynn Jones at Silyn ar 30 Rhagfyr 1925 i leisio ei anniddigrwydd gyda'r Gruffydd newydd ac 'uchelgeisiol' hwn:

Fe aeth yn bwysicach a phrysurach gŵr lawer nag y byddai. Mi fyddwn i yn arfer meddwl mai arnaf i fy hun yr oedd y bai na chawn mono mwy fel y byddai gynt, ond gwelaf mai tebyg ych [sic] chwithau yn eich meddwl . . . Wrth gwrs, rhyw anwastad oedd erioed, a rhyw hanner anfonheddig weithiau, ond nid oedd dim i'w wneuthur ond maddeu iddo'n rhwydd am ei dda. Ond erbyn hyn ni wn i ddim beth a ddigwyddodd iddo. Fe aeth bron yn bopeth a ddirmygai gynt, rywsut, ac y mae'n ddrwg gennyf am hynny. Byddaf yn ceisio'i esgusodi. Y mae'n debyg mai uchelgais, fel y dywedwch, yw'r drwg . . .

Yr *oedd* Gruffydd erbyn canol y dauddegau wedi mynd yn ŵr pwysicach a phrysurach, ond, yn anterth ei fywyd cyhoeddus yr oedd yn araf droi hefyd yn ffigwr neilltuedig. 'Nid oes gennyf gyfeillion enaid o gwbl,' meddai wrth Mary Davies ym mis Mawrth 1932, '. . . ac mi garwn i chwi wybod na byddaf yn myned i unman nac yn cael neb i'r tŷ o gwbl ers blynyddoedd.' Golygai ei gyfrifoldebau newydd deithiau mynych oddi cartref, yn Amwythig gyda phwyllgorau'r Brifysgol ac yn Llundain gyda'r Bwrdd Addysg. Teithiai ledled Cymru trwy'r dauddegau i ddarlithio, gan aros mewn gwestai, neu ar yr hen aelwyd ym Methel pan ddôi cyfle. O 1925 ymlaen dechreuodd ddarlithio ar lenyddiaeth y bedwaredd ganrif ar bymtheg mewn cyrsiau haf i athrawon yn ei hen goleg yn Rhydychen dan oruchwyliaeth y Bwrdd Addysg. Yn Gorffwysfa, ar ei ben ei hun, y treuliai'r Nadolig a'r Calan. Aeth gwyliau am beth amser yn amhosibl. Yr oedd ei iechyd yn fregus: anwydau trwm trwy'r gaeaf a chur pen arteithiol yn yr haf a'i cadwai rhag darllen. Cwynai'n gyson am 'bethau o flaen fy llygaid'. Yn waeth na'r cyfan, yr oedd rhwymau ei berthynas â Gwenda yn dechrau ymddatod. Rhydd R. T. Jenkins, a fu'n byw am y pared â Gruffydd yn Lôn y Dail o 1920 hyd 1930, ddarlun awgrymus o gymydog yr oedd y byd yn fwrn arno:

> Bwriais lawer awr hwyrol yn ei ystafell, wedi i bawb arall yn y ddau dŷ fynd i'w gwelâu, yn smocio ac yn gwrando – gwrando, oblegid anaml y gwnawn i ond rhoi ambell broc, megis yn nhân y sgwrs, i'w chadw'n fyw. Weithiau, prin y ceid 'sgwrs' o gwbl, am fod Gruffydd mewn pruddglwyf a mudandod dwfn. Eithr nid yn aml y byddai trallodion *personol* o'i eiddo'n achosi'r caddug hwn. Na – 'consýrn' ynghylch buddiannau ehangach: bywyd y genedl, cyflwr ei llenyddiaeth a'i haddysg, ac yn y blaen, a fyddai wedi ei lethu.[8]

Clywir atsain o'r un neilltuedd tawedog yng ngherddi'r cyfnod: ym mywydau pitw, diddigwyddiad Gwladys Rhys a Thomas Morgan yr Ironmonger, ac yn serennedd chwithig braidd 'Y Tlawd Hwn', ei gerdd fwyaf yn ei farn ef ei hun, lle mae cymeriad y bardd yn ymgolli, fel Myrddin y Dewin, mewn ail Froseliawnd o wneuthuriad ei ddychymyg a'i atgofion:

> Aeth hwn fel mudan i ryw rith dawelwch
> A chiliodd ei gymrodyr un ac un,
> A'i adael yntau yn ei fawr ddirgelwch
> I wrando'r lleisiau dieithr wrtho'i hun.

9

Mentrau Newydd, 1926–1927

Awgrymwyd i mi yn ddiweddar gan amryw o garedigion y LLENOR mai da fuasai cael nodiadau bob chwarter gan y Golygydd ar bynciau'r dydd yng Nghymru ac yn gyffredinol. Bûm yn meddwl droeon fy hunan am yr un peth, ond ni wneuthum ddim i ddyfod â'r bwriad i ben, gan na thybiwn fod y darllenwyr yn galw am hynny . . . Erbyn hyn, yr wyf wedi fy mherswadio fod gofyn ymhlith y darllenwyr am nodiadau golygyddol, a'm dyletswydd innau yw ufuddhau i'r alwad. O hyn allan, felly, gan ddechrau gyda'r rhifyn cyntaf hwn o'r bumed gyfrol, fe geisir bob chwarter fwrw golwg ar faterion y dydd; ac os â'r simdde ar dân, na chwyned neb ei fod yn ddiwrnod golchi arno.

Bu penderfyniad 'ufudd' Gruffydd i blygu i ewyllys ei ddarllenwyr yn rhifyn gwanwyn 1926 Y *Llenor* yn drobwynt yn hanes ei berthynas ef â'r cylchgrawn. Ni chyhoeddwyd Nodiadau'r Golygydd 'bob chwarter' yn ôl yr adduned (o'r cant ac un o rifynnau o'r *Llenor* a ymddangosodd rhwng 1926 a 1951, dim ond hanner cant a dau sydd yn eu cynnwys, ac aethant yn bur fylchog erbyn y diwedd), eto hwynt-hwy i raddau pell a bennodd ddelw boblogaidd y cylchgrawn.

Os oes lle i amau doethineb barn Gruffydd wrth ehangu maes trafod Y *Llenor*, nid felly cywirdeb ei reddf. Er gwaethaf ei fywiogrwydd dechreuai'r cylchgrawn lithro i rigol unfrydedd a gwir berygl iddo fynd yn 'ddiogel'. Yr arwydd allanol amlycaf o hyn oedd pwnc yr Eisteddfod, lle y bu bwganod yr Orsedd a'r pwyllgorau lleol yn foddion i gymylu gwahaniaeth pwyslais ymhlith y cyfranwyr. Yr oedd Gruffydd eisoes wedi ysgrifennu'n awgrymog am yr anghydfod boneddigaidd rhyngddo a Saunders Lewis ar faterion beirniadol a theimlai yn ddiau erbyn 1926 fod gofyn ymhelaethu'n gyhoeddus ar sylfeini'r gagendor a oedd ar fin ymagor. I allu gwneud hynny'n effeithiol rhaid oedd sefydlu arbenigrwydd ei berthynas â'r cylchgrawn a chryfhau ei reolaeth drosto. Ar gais 'caredigion Y *Llenor*' y mentrodd Gruffydd ar y gorchwyl. Efallai fod elfen o ffug wyleidd-dra yn yr haeriad, eithr yr oedd Gruffydd yn bendant yn ymwybodol fod y cylchgrawn wedi denu to o ddarllenwyr a oedd yr un mor uchelgeisiol ag yntau am ei ddyfodol. Yr oedd yr ymdrech i'w porthi weithiau'n drech nag ef: 'Yr wyf yn argyhoeddedig,' meddai yn Nodiadau gwanwyn 1935, '. . . bod y LLENOR bellach wedi magu cynulleidfa lled ddethol, – mor ddethol, yn wir, fel y byddaf yn ofni weithiau ei bod yn brysur mynd y tu hwnt i orwelion y LLENOR ac yn galw am rywbeth mwy blaenllaw nag y baidd y Golygydd ei roddi iddynt.'

Galluogwyd Gruffydd trwy gyfrwng ei Nodiadau i benderfynu cyfeiriad y cylchgrawn, ac y mae'n arwyddocaol mai'r cyntaf o 'bynciau'r dydd' y dewisodd draethu arno oedd 'yr adwaith pendant yn erbyn democratiaeth sydd mor amlwg yng ngwaith rhai fel Mr Saunders Lewis, a Mr Bebb ac eraill'. Wrth edrych yn ôl dros y gwrthdaro rhyngddo a Lewis, a arweiniodd at 'Lythyr ynghylch Catholigiaeth' Lewis yn rhifyn haf 1927, o hynny at chwerwedd is-etholiad y Brifysgol yn 1943 ac yn y diwedd at edwiniad y cylchgrawn ei hun, ni ellir osgoi'r rhan weithredol a chwaraeai'r Nodiadau i hybu'r ddadl. Daethant yn foddion i boblogeiddio mater a fuasai cyn hynny'n beth digon esoterig, a defnyddiodd Gruffydd hwy fel bocs sebon, gan fynnu hawl draddodiadol yr areithiwr bocs sebon i osod gwrthrychedd o'r neilltu. O'r cychwyn dangosodd Gruffydd ei blaid; bedyddiodd syniadau Lewis a Bebb yn gynnyrch 'mudiad' yn null *Action Française*:

Nid dyma'r lle i feirniadu eu syniadau; digon efallai yw dywedyd nad hawdd fydd gan Gymry a anwyd yn y ganrif ddiwethaf lyncu holl syniadau'r adwaith Ffrengig am genedlaetholdeb a chrefydd. Yn sicr, dylid sylwi mai wedi alaru'n hollol ar siarad gwag a hunangais ein gwleidyddwyr Cymreig a'n harweinwyr cenedlaethol y mae'r ieuanc, ac mai elfen bwysicaf ei gred yw sêl angerddol dros yr iaith Gymraeg a'r hen ddiwylliant Cymreig. Ond cynnwys y mudiad newydd elfennau go ddieithr i feddwl Cymru heddiw, – cred mewn pendefigaeth gymdeithasol, ac ewyllys da (a dywedyd y lleiaf) tuag at Eglwys Rufain.

Anghydwelai Gruffydd â Saunders Lewis a'i gymheiriaid tybiedig am gyfuniad cymhleth o resymau; yr oedd rhagor na'u 'syniadau gwleidyddol' yn achos digofaint iddo. Amheuai eu gogwydd tuag at Gatholigiaeth a'u gwrthwerinoldeb, bid siŵr; eithr yr hyn a barai'r anesmwythyd mwyaf iddo oedd parodrwydd digwestiwn eu hadwaith: 'Nid wyf yn hoffi ffolineb y Sais; ond nid wyf yn hoffi ychwaith ffolineb Ffrainc, ac ni all haeriadau Ffrainc fod ddim mymryn mwy deniadol i'm twyllo na haeriadau Lloegr.'[1] Yn ei hanfod, ymryson oedd dadl Gruffydd a Lewis ynghylch pwy oedd gwir gynheiliad 'yr hen ddiwylliant Cymreig'. Yr oedd diffiniadau ehangach o'r cychwyn yn iswasanaethgar i Gymreigrwydd y ddwy estheteg a bleidiwyd.

Tynnodd Gruffydd ei Nodiadau cyntaf i ben gan broffwydo y byddai'r mater yn cael sylw llawnach maes o law a chyfeiriodd y darllenydd at erthygl R. T. Jenkins ar 'Yr Adwaith yn Llenyddiaeth Ffrainc yn yr Oes Bresennol'. Fel yr awgryma teitl ysgrif Jenkins, a gyhoeddwyd yn rhifyn cyntaf *Y Llenor* yng ngwanwyn 1922, arolwg ydyw ar weithgarwch llenorion yr adain dde yn Ffrainc o amser Dreyfus yn nawdegau'r bedwaredd ganrif ar bymtheg ymlaen. Mae'r ysgrif drwyddi'n enghraifft odidog o'r tyndra a geir yn aml yng ngwaith R.T., pan fo'n ymdrin â phwnc aflednais, rhwng awydd yr hanesydd cydwybodol am gywirdeb ac annhuedd y gŵr bonheddig. Rhydd restr foel o ddaliadau gwŷr yr adwaith: eu hatgasedd tuag at y Drydedd Weriniaeth; eu dyhead am weld ailorseddu yr hen frenhiniaeth wedi 'trychineb alaethus' Chwyldro 1789; eu sêl dros Eglwys Rufain; eu gwrthwynebiad i addysgu'r werin, a'u hawydd i drosglwyddo mwy o ymreolaeth i'r *régions* trwy ad-drefnu llywodraeth leol. Wedi rhagymadroddi'n gyffredinol, try Jenkins ei olygon at lenorion unigol. Gresyna fod y rhan fwyaf o waith Charles Maurras, arweinydd answyddogol *Action Française* a golygydd cylchgrawn o'r un enw, ond ar gael mewn cylchgronau, 'ac felly allan o gyrraedd tramorwyr'. Wfftia (yn gwrtais iawn) Paul Bourget, 'un a gododd o'r werin, yn ceisio cyfyngu hawliau'r bobl, ac yn lladd ar y gyfundrefn addysg a'i manteision a fu'n achos mawr o'u llwyddiant eu hunain'. Cyfeddyf, er hynny, fod athrawiaeth Maurice Barrès nad yw llawn dwf yn bosibl i'r unigolyn heb ymgymysgu â chymdeithas, 'yn deilwng o astudiaeth fanwl yn enwedig i ni genedlaetholwyr. A wna un o'n hathronwyr ymchwiliad iddi, a chymhwysiad ohoni at ein problemau ni yng Nghymru?'

Yn ddiarwybod i Jenkins, efallai, yr oedd y gwaith hwnnw eisoes ar droed. Yn yr un flwyddyn ag y tynnwyd sylw darllenwyr *Y Llenor* at beryglon a phosibiliadau'r mudiad adweithiol yn Ffrainc, cyhoeddwyd drama Gymraeg gyntaf Saunders Lewis, *Gwaed yr Uchelwyr*. Addefodd Lewis ddwy flynedd yn ddiweddarach yn *Y Faner*, 24 Ionawr 1924, nad oedd ei ddrama 'ond ymdrech i droi *Colette Baudoche* [Maurice Barrès] yn Gymraeg a Chymreig'. I lygaid disgwylgar o ddrwgdybus Gruffydd, dyna brofi nid yn unig ddylanwad uniongyrchol Barrès ar Lewis ond hefyd ymwybyddiaeth gref Lewis o'r cyfeiriad y dymunai i lenyddiaeth Gymraeg ei ddilyn. Nofel yw *Colette Baudoche* sy'n rhoi hanes Ffrances ifanc o Metz, ar y ffin rhwng Ffrainc a'r Almaen. Syrth mewn cariad ag ysgolfeistr o Almaenwr, ond gwrthyd ei briodi, 'gan ddewis yn hytrach ddioddef'. Yn nrama Lewis nid cenedl yw'r gwahanfur rhwng y ddau gariad ond amrywiad diddorol ar ddosbarth cymdeithasol. Dewisa Luned – a gyfetyb i Colette Barrès – beidio â phriodi Arthur, mab y sgweier. Troir teulu Luned o'r stad y buont unwaith yn berchnogion cyfreithlon arni, a phenderfyna hi hwylio i America gyda hwy. Trwy wneud hynny cyll ei chartref, ond ceidw urddas ei llinach. Dyma'i geiriau wrth ymadael:

> Dyma'r gwahaniaeth rhyngom ni, Arthur. Pobl newydd ydych chwi, yn edrych ymlaen o hyd, yn gobeithio. Ond yr wyf i yn perthyn i bobl hen iawn; mae fy ngwreiddiau i yn ôl yn y gorffennol . . .'Dwyf i ddim yn ofni nac yn gobeithio bellach. Mi fyddaf i'n grwydryn fel meibion Gruffydd ap Rolant. Mi wnaf fy mywyd yn allor i atgofion fy nghenedl.[2]

Fel y nododd Gruffydd wrth adolygu'r ddrama yn *Llenor* yr haf hwnnw, ffurf newydd ydoedd na châi'r clod a haeddai er ei bod yn 'ymgais onest i dorri llwybr newydd'. Llwybr ydoedd a ŵyrai oddi ar gonfensiwn drama'r Gegin Gymreig yn null *Beddau'r Proffwydi*, o ran plot a hefyd o ran syniadaeth gynhaliol. Ym marn yr adolygydd, gwendid dramatig oedd diriaethu syniadau o'r fath ar lwyfan yng Nghymru: 'Y mae eisiau llawer mwy o berswâd nag a geir yma ar unrhyw gynulleidfa o wrandawyr fod rhinwedd yn y balchder aristocrataidd.' Proffwydodd, er hynny, fod y ddrama yn dynodi 'cam yn nhyfiant meddwl anghyffredin iawn, fel y caiff Cymru weled eto'.

Yr oedd y pegynnu rhwng Gruffydd a Lewis yn amlwg. Calon y drasiedi yn *Gwaed yr Uchelwyr* yw fod penderfyniad Luned yn adwaith hunanaberthol. Yn y gorffennol yn unig y mae rhinwedd iddi: llwm a threuliedig yw'r presennol a brad yw 'edrych ymlaen'. Diddyma ei phersonoliaeth unigol er diwallu gofynion ei chydwybod deuluaidd. Nid oedd yn anodd i'r darllenydd craff gyferbynnu'r estheteg a barodd dramgwydd i Gruffydd yn ei adolygiad â 'Gwrthryfel ac Adwaith' yn yr un rhifyn o'r *Llenor*, lle y traethwyd y gred mewn 'Gwrthryfel cynhyddol yn erbyn awdurdod . . . twf personoliaeth a lleihad cyfundrefn':

> Nid wyf yn ddigon ffôl i gredu mai drygioni sydd wrth wraidd y syniadau eraill, daliadau'r Adwaith, ond yr wyf yn hollol sicr yn fy meddwl fod y rhai sy'n synio felly yn camgymryd yn ddifrifol. A phroblem i mi yw dychmygu pa fodd y gallant ysgwario eu cred â hanes y byd; ac am hynny hefyd yr ydwyf yn credu bod pob ymgais i addysgu'r bobl yn gam pwysig ar y briffordd sy'n arwain at iechydwriaeth yr hil ddynol.[3]

Y sylw clo sy'n allweddol. Dwg i gof yn un peth amheuon Gruffydd am agwedd dybiedig ddilornus Lewis at yr Eisteddfod fel dim namyn 'gŵyl y bobl'. Dengys hefyd fel y syniai Gruffydd am y gwahaniaeth barn o'r cychwyn fel dadl foesol yn ogystal â dadl esthetig, fel ymladdfa gwerthoedd. Tra oedd y ddeuddyn yr un mor eiddgar â'i gilydd i begynnu'r sefyllfa, seilient y pegynnau hynny ar werthoedd anghymarus. Canai Lewis utgorn llenyddol a rhygnai Gruffydd ar dannau moeseg. Anghytgord cras, aflafar fu'r canlyniad.

Erbyn i Gruffydd gyhoeddi 'Y Proffwyd' yn 1923, daethai'n amlwg na ellid byth ddisgwyl cynghanedd. 'Balchder aristocrataidd' awdur *Gwaed yr Uchelwyr* yw gwir wrthrych sylw Gruffydd, ni waeth pa mor amhersonol y cais fod. Mae'r dyfyniad yn llawn mân ffrwydron cudd, megis y cyfeiriad cynnil at 'yr ychydig', diffiniad Lewis, fe gofir, o nifer y rhai a all werthfawrogi llenyddiaeth. Ychwanegwyd yr italeiddio:

Y mae aristocratiaeth neu oligarchiaeth, ag arfer y gair sy'n well gwrthwyneb i ddemocratiaeth, yn meddwl rheolaeth yr ychydig dros y llawer, yn rhinwedd yr afael gadarnach sydd gan yr ychydig ar bethau materol y byd, ac wrth y *pethau materol* meddyliaf *ei gyfoeth, ei allu cymdeithasol, ei allu politicaidd, ei ddysg*, – popeth sydd gyda'i gilydd *yn ffurfio'r rhith yr ydym yn byw yn ei ganol*. Ond rheola'r proffwydi yn rhinwedd yr afael gadarnach sydd ganddynt ar y sylweddau, yn rhinwedd eu gallu i dreiddio i mewn i'r sylwedd a'i amgyffred.

Yr oedd sylwadau Gruffydd yn ddigon i ysgogi ymateb. Gyda rhifyn hydref 1925 *Y Llenor* ymddangosodd ymgais gyntaf Lewis i gymhwyso ei syniadau at lenor unigol. Dewisodd Ddafydd Nanmor yn destun, er bod lle i ddal y gallasai'n hawdd fod wedi impio'r un damcaniaethau ar unrhyw un o gywyddwyr y 'Ganrif Fawr'. Defnyddio Dafydd Nanmor a wnaeth i egluro'r hyn a alwodd 'yr Estheteg Gymreig, y peth sylfaenol yn hanes ein llenyddiaeth'. Gresynodd Lewis at agwedd unllygeidiog a chyfyngus beirniaid mewn perthynas â'r hen feirdd: 'Dywedir mai seiri campus oeddynt ar syniadau traddodiadol. Oblegid bod ganddynt draddodiad a hwnnw'n amlwg yn eu gwaith, gwedir eu hawl i weledigaeth.' Un rheswm am y dibrisio hwn, meddai, oedd y modd y dysgid Cymraeg yn y colegau: rhoddid pwyslais ar eirfa a chystrawen yr hen gywyddwyr, ond anwybyddid eu myfyrdodau ar y byd. Gorweddai'r prif reswm am y camfarnu, er hynny, ychydig yn ddyfnach:

Rhaid cyfaddef bod yn haws i Gymro cyffredin heddiw gydymdeimlo â hen farddoniaeth Saesneg nag â hen farddoniaeth Gymraeg. Oblegid ni bu erioed draddodiad llenyddol Seisnig, ac fe ymddengys na all neb Cymro o'n hoes ni ddygymod o lwyrfryd calon â barddoniaeth draddodiadol. Catholig hefyd i'r gwraidd, ac i'r ddaear oddi tanodd oedd holl hen fywyd a diwylliant Cymru, a dyna fur uchel iawn rhyngom a hwy. At hynny, ffurf aristocrataidd a fu erioed ar gymdeithas yng Nghymru Gymreig, ond fe gred y Cymry heddiw mai gormes ar werin a thlawd yw pendefigaeth, a'r ychydig uchelwyr yn byw yn fras. A heb ddwfn werthfawrogi'r pethau hyn, sef traddodiad mewn meddwl a chelfyddyd, Cristnogaeth Gatholig, a chymdeithas aristocrataidd, a phethau eraill hefyd, ni ellir caru llenyddiaeth Gymraeg y cyfnodau Cymreig yn ddigon llwyr i fyw arni a'i derbyn yn dref tâd ac yn faeth i'r ysbryd.

Ni ellid mynegiant llawnach o undod llenyddol, crefyddol a gwleidydd 'Estheteg Gymreig' Lewis, na dim mwy pryfoclyd o wrthun i gredoau'r golygydd a'i cyhoeddodd.

Yr oedd ffrwgwd agored bron yn anochel, ond pan dorrodd fe'i hysgogwyd gan ond odid un o'r pethau lleiaf dadleuol, ar yr wyneb, a ysgrifennodd Lewis erioed, sef *An Introduction to Contemporary Welsh Literature*, llyfryn un tudalen ar bymtheg a gyhoeddwyd gan Hughes a'i Fab yn 1926. Troes Gruffydd Nodiadau'r gaeaf hwnnw yn fath o adolygiad arno. Cydnabu (nid am y tro cyntaf) 'graffter meddwl anghyffredin' yr awdur . . . 'Ond'

> y mae ganddo un ysmotyn tywyll, fel y dywedir, ar ei lygaid, ac nid dyma'r tro cyntaf imi sylwi arno. Y mae'r llecyn tywyll hwnnw ar y rhan honno o'i olygon sydd yn edrych ar y blynyddoedd yn union cyn ei gof ef, deng mlynedd olaf y bedwaredd ganrif ar bymtheg, a phopeth yn llenyddiaeth heddiw sydd ynghlwm wrth y deng mlynedd hynny.

Yr hyn a gododd wrychyn Gruffydd oedd y ganmoliaeth anghymedrol a roesai Lewis i Emrys ap Iwan, a hynny ar draul O. M. Edwards. Yr oedd Lewis wedi cyfyngu ei drafodaeth o 'arwr' Gruffydd yn llythrennol i droednodyn: 'I cannot think that he has any place in a history of Welsh literature. His travel books seem provincial after the essays of Emrys ap Iwan . . .'

Y gymhariaeth ag Emrys ap Iwan yn gymaint â'r feirniadaeth foel nad oedd lle i O. M. Edwards yn hanes llenyddiaeth Gymraeg oedd y tramgwydd yng ngolwg Gruffydd. Ni allai Gruffydd ganiatáu'r feirniadaeth oherwydd, ar wahân i bob ystyriaeth o werth llenyddol ysgrifau O.M., byddai diystyru arwyddocâd eu cyfraniad yn gyfystyr bron â'i ddiystyru ef ei hun, Gruffydd, fel llenor yn yr un olyniaeth. Trwy gadw plaid Owen Edwards, felly, yr oedd Gruffydd, 'perhaps the last Nonconformist of consequence in Welsh literature', chwedl Lewis amdano yn ei *Introduction* nid yn unig yn amddiffyn unigolyn, na hyd yn oed egwyddor: ymladd yr oedd dros ei safle ef ei hun. I Lewis, yr oedd y ddadl yn gyfle i'r darlithydd ifanc arddangos ei ddoniau ac ennill enw iddo'i hun. Arall hollol oedd teimlad Gruffydd: nid hawdd oedd maddau i'r *arriviste*, efallai am iddo weld ynddo gysgod o'r hunanhyder a'i nodweddai yntau yn nyddiau 'The New Wales' a 'Drama i Gymru'. Daeth Gruffydd mor agos ag y meiddiai i dderbyn cyhuddiad Lewis o 'provincialism' Edwards, ond yr oedd yn amharod gadael i'w waith gael ei gollfarnu ar y cyfrif hwnnw: ' "O.M." oedd ein harwr i gyd, ac os oes lle o gwbl yn llên Cymru i W.J.G. a'i gyfoeswyr, i Owen Edwards, *yn fwy na neb arall yn y byd*, y mae iddynt ddiolch am hynny.'[4] Gallai Lewis fod yn oddefgar gyda'r meddwyn a'r lleidr, meddai, ond nid oedd yn fodlon arfer yr un goddefgarwch gyda'r Methodist a'r Protestant. Ni all na ragwelodd Gruffydd y buasai cwestiynu blaenoriaethau Lewis ar rinweddau meddwdod a Methodistiaeth yn arwain, rywfodd neu'i gilydd, at ymateb tebyg i'r hyn a gaed yn y 'Llythyr'. 'Ofn' mawr Lewis yr haf dilynol oedd 'gwybod pa mor anewropeaidd y gall hyd yn oed arweinwyr meddwl Cymru heddiw fod.' I fod yn Ewropeaidd, yn yr ystyr a roddai Lewis i'r gair yn y 'Llythyr', rhaid oedd cydnabod dyled Cymru i'w gorffennol Catholig a phwysigrwydd canolog egwyddorion Catholigiaeth, megis pechod gwreiddiol, i barhad ei llenyddiaeth. I Gruffydd, a gredai mewn cynnydd trwy broses gwrthryfel ac adwaith, yr oedd cyflwr dyn yn araf wella ac, yn ddamcaniaethol o leiaf, yn berffeithiadwy. Credai Lewis yntau yr un mor angerddol mewn cynnydd: ei neges ef oedd fod y gred fodernaidd a dibechod hon yn atal twf gwareiddiad a bod cynnydd llenyddol Cymru yn yr ugeinfed ganrif ac yng nghanol ei nerth yn dibynnu, yn baradocsaidd, ar estheteg cyn hyned ag Ewrop ei hun. Tra edrychai Lewis yn hiraethus naill ai tua'r gorffennol pell neu tua'r datblygiadau a oedd ar droed yn Ffrainc, chwiliai Gruffydd am achosion yr adfywiad diweddar ac am ddefnydd crai ei ffyniant yn y dyfodol yng nghymunedau Llanuwchllyn a Llanddeiniolen a'r llannau eraill hynny a fuasai'n noddfa i'r Gymru a adwaenai'n blentyn.

Ofn Catholigiaeth Ewrop yn ogystal ag atyniad naturiol at y dylanwadau y tyfodd yn eu plith a gadwodd Gruffydd yn ffyddlon i draddodiadau'r tadau. Yr oedd y plentyn a dreuliai brynhawniau Sul blinderus Bethel yn darllen stori 'Rose a Blanche neu Ystrywiau'r Jewitiaid' yn hen gyfrolau *Trysorfa'r Plant* yn arddangos nodau ei fagwraeth.[5] Er iddo ddatgan mewn taflen a yrrodd at ddarpar-gyfranwyr i'r *Llenor* yn niwedd 1921 mai un o amcanion y cylchgrawn fyddai 'cryfhau'r cysylltiadau llenyddol rhwng Cymru a chyfandir Ewrop',[6] ni olygai hynny fawr mwy iddo na chyhoeddi ambell gyfieithiad o stori fer gan Maupassant yn y rhifynnau cynnar. Drwgdybiai Gruffydd Ewropeaeth yn reddfol, ac ategwyd ei ddrwgdybiaeth ymhellach gan yr ystyr arbennig a roddodd Lewis i Ewrop yn ei ddatganiadau gwleidyddol. Mewn darlith i ysgol haf y Blaid Genedlaethol yn 1926 (a gyhoeddwyd yn yr un flwyddyn dan y teitl *Egwyddorion Cenedlaetholdeb*) daliodd Lewis mai gwanc materol 'cenedlaetholdeb' – sef yr ysfa am 'ryddid' ac 'annibyniaeth' a 'llywodraeth' a brofwyd yng Nghymru yn sgil esgyniad Harri Tudur – oedd yn gyfrifol am gyflwr darostyngedig y wlad heddiw gan mai gyda Harri y daeth Oesoedd Canol 'Ewropeaidd' Cymru i ben:

Yn yr Oesoedd Canol yn Ewrop, nid oedd unrhyw wlad yn rhydd, nac yn annibynnol, nac yn hawlio mai ei llywodraeth hi o fewn ei therfynau ei hun oedd yn ben ac yn unig awdurdod. Fe gydnabyddai pob cenedl a phob brenin fod awdurdod uwch nag awdurdod gwlad, bod deddf goruwch deddf y brenin a bod llys y gellid apelio ati oddi wrth bob llys wladol. Yr awdurdod hwnnw oedd awdurdod moesol, awdurdod Crist. Yr Eglwys Gristnogol oedd pennaeth Ewrop, a deddf yr eglwys oedd yr unig ddeddf derfynol.[7]

Awdurdod moesol, sylwer. Nod Lewis oedd ceisio dehongliad ar ddyn mewn gwareiddiad a gollasai'r canllawiau ysbrydol a'i cynhaliai yn oesoedd cred. Ei dasg fel gwleidydd ac fel beirniad oedd galw sylw at y canllawiau yr oedd gofyn amdanynt ac ymgymryd â'u traddodi i'r gymdeithas honno. Y gwerthoedd a ddewisodd oedd rhai wedi'u sylfaenu ar ufudd-dod i awdurdod allanol 'traddodiad'. Ofnai y buasai gadael i bob un ddilyn ei drywydd ei hun yn diweddu mewn anarchiaeth hedonistaidd. Unffurfiaeth oedd yr unig wir drefn. Ymgais onest, ond anghytbwys, i fynegi'r gred honno a gaed yn y 'Llythyr'.

Yn y cyfamser yr oedd eraill yn ymfyddino y tu ôl i'r naill feirniad a'r llall. Canmolodd Percy Mansell Jones *Introduction* Lewis mewn nodyn ato ym Medi 1926: 'the sort of thing I would have liked to have done – not all that grubbing for facts.'[8] Dridiau cyn y Nadolig pwysodd ar Lewis i geisio cynulleidfa ehangach i'w syniadau ar ddudalennau'r *Criterion*, cylchgrawn yr archglasurydd hwnnw, T. S. Eliot. 'It would appeal to them,' meddai am addasiad o'r pamffledyn. 'Off with it as a first New Year's Resolution.'[9]

Ni wyddys a yrrwyd yr ysgrif at Eliot; yn sicr, nid ymddangosodd dim dan enw Lewis yn *The Criterion*. Pe buasai, y mae'n bosib y cadwesid y ddadl hyd fraich ac na chawsid y 'Llythyr' ar ddudalennau'r *Llenor*. Yn y cyfamser manteisiodd Gruffydd ar wahoddiad a estynnwyd iddo i drafod 'My Literary Indiscretions' yn y cylchgrawn poblogaidd *T.P.'s and Cassell's Weekly* 16 Mawrth 1927 i gyfeirio'n frathog at ddaliadau Lewis. Fel arfer, yr oedd arddull Saesneg Gruffydd yn llawer mwy diflewyn-ar-dafod na dim a geid ganddo yn Gymraeg:

> During the last twenty-five years I have seen Welsh literature, inspired and instigated by the new learning, rise from its ashes and take to itself wings with which it has soared to unimagined heights. Though outwardly religious life in Wales is fast disintegrating, and though, *to my extreme disgust*, the only active religious movement is a kind of crude neo-Catholicism, copied rather unintelligently from the *Action française*, the study of theology and the study of religion have made a prodigious advance, only comparable with the advance in literature.

Mae'n werth cyfeirio wrth basio at ddamwain arall a effeithiodd ar gwrs y ddadl. Ar y chweched o Fawrth 1927, ddeng niwrnod cyn i erthygl dyngedfennol Gruffydd ymddangos yn *T.P.'s*, derbyniodd Lewis lythyr oddi wrth Mansell Jones, ar ei wyliau ym Mharis, yn ei wahodd i ddod draw ato: 'I have done some reading & – better still – some writing on the Anti-Romantic theme. How delightful it would be to discuss that with you at a café table before the month is out.' Fel y mynnodd pethau fod, a Lewis ar fin cychwyn, trawyd Mansell Jones yn wael. Fe'i cynghorwyd gan feddyg i adael Paris am y De. Gohiriwyd y trefniadau ac nid aeth Lewis tan yr haf. Erbyn hynny yr oedd y 'Llythyr' wedi ei ysgrifennu.[10]

Egyr ysgrif Lewis fel apologia ffug betrus; gorffenna fel her agored. Dehonglodd Lewis ymosodiad Gruffydd arno ef ac ar y mudiad neo-gatholig fel arwydd 'fod yr hen ysbryd a nodweddai awduron y ganrif ddiwethaf pan sonient am "babyddiaeth" yn aros mor hoyw ag erioed'. Ei amcan o'r dechrau oedd troi'r cyhuddiad o 'gulni Pabyddol' a ganfuasai Gruffydd yn ei feirniadaeth ar O. M. Edwards yn arwydd o gulni Ymneilltuol y sylwedydd.

Ar yr wyneb, er hynny, maentumiodd Lewis mai awydd i 'egluro pethau' oedd y cymhelliad. Cyfaddefodd fod Gruffydd yn llawer mwy cyfarwydd nag ef â llenyddiaeth Saesneg (siwgr ar y bilsen), ond credai fod ei gyfaill yn tueddu i ddibynnu – yn ormodol ac yn ddi-sail hyd y gwelai ef – ar ysgrifau Ambrose Bebb am gyfarwyddyd ym maes llenyddiaeth yr adwaith yn Ffrainc. Yr oedd y dylanwadau arno ef, meddai, yn amgen ac aeth rhagddo i restru'r awduron a'r cyhoeddiadau a gyfrifai ef o bwys, gan adael Gruffydd fel Manawydan gynt na allai gadw ei olwg ar y llygod a ddaethai i ddifetha ei ŷd, mwy na'r gwybed a'r adar yn yr awyr, gan eu lluosoced. Trwy ddwyn enwau dieithr Jacques Bainville a'r *Révue Universelle* a'r lleill gerbron defnyddiodd Lewis ei gyfrwystra fel bwyell ddeufin i'w dorri ei hun yn rhydd oddi wrth Bebb ac i wneud ymateb llawn o du Gruffydd yn amhosibl.

Mae'r 'Llythyr' drwyddo yn orchestwaith o ddryswch bwriadol yn gymysg â dognau helaeth o ddiniweidrwydd cellweirus a'r awydd i ddweud yr annisgwyl. Er enghraifft, geilw ar dystion i ategu ei haeriadau gan wybod o'r gorau na fyddai eu henwau'n golygu dim i Gruffydd; gresyna nad oes yng Nghymru ysgrifenwyr gwrth-Gristnogol megis André Gide; canmola Gide am ymwadu â Christnogaeth ac am fod mor ddewr ag ymuno â'r garfan 'sy'n gwadu Crist, yn gwrthod hawl Crist, yn deall yn bendant yr hyn a gynhwysir yng ngalwad Cristnogaeth, ac yn dweud "Na" wrtho'. Yn ei *Introduction* y flwyddyn gynt yr oedd Lewis wedi nodi'r tebygrwydd a welai rhwng Gide a Gruffydd – 'Both are profoundly Protestant, metaphysically minded and anarchical' – ond erbyn 1927 yr oedd wedi amodi ei gasgliad. Yr oedd Gruffydd wedi ei siomi gan na fynnai ymdebygu i'r delfryd: yr oedd y Protestant modernaidd ynddo wedi mynd yn drech na'r anarchydd. Fel pob Protestant arall yng Nghymru, collasai ef olwg ar rinweddau 'gonestrwydd' a 'chryfder' yr athrawiaeth wrth-Gristnogol:

Nid oes gennym ni ond heretigiaid. Ymffrostia ein llenorion ni oll oblegid mai 'Anghydffurfwyr' ydynt, a phob un yn anghydffurfio â phob un arall. Ond haerant oll eu bod yn Gristnogion. Ni wrthodant Grist fel y dylai gŵr bonheddig.

Ysgafnder yn y dweud, ie; ond beirniadaeth gynnil a chwbl o ddifrif serch hynny ar resymeg gosodiad Gruffydd yn 'Gwrthryfel ac Adwaith' mai 'unwaith yn unig y protestiodd y Protestaniaid, ac unwaith yn unig yr ymneilltuodd yr Ymneilltuwyr'. Pen draw gwrthryfel parhaus, fel y deallai Lewis ef, oedd mympwyaeth, neu'n waeth fyth anarchiaeth: tir rhy fas i lenyddiaeth o safon ymwreiddio ynddo. Yr unig waredigaeth oedd gwasgu ar lenyddiaeth ryw drefn o'r tu allan. Yr hyn a'i poenai fwyaf oedd y portread amlochrog, anghyson o Grist a gynigid gan lenorion yr Ysgol Fodernaidd; *reductio ad absurdum* cysurus, diddrwg didda, sentimental heb ynddo le i beth mor anghynnes â realiti pechod. (Ofnai Lewis fod Crist yn prysur fynd yn 'Fodryb Sali Ffair y Beirdd').

Gyda hyn mewn golwg troes Lewis at 'Theomemphus' Pantycelyn, cerdd, fel y cofir, y bu Gruffydd yn llym ei gondemniad ar ei 'diwinyddiaeth annynol ac anfywydol' yn rhifyn cyntaf *Y Llenor* yng ngwanwyn 1922. Cyfrifodd Lewis feirniadaeth Gruffydd yn enghraifft o anystyriaeth fodernaidd, ac ymateb uniongyrchol iddo ar lawer gwedd oedd ei *Williams Pantycelyn* yntau a gyhoeddwyd yn 1927, ffrwyth dros ddwy flynedd a hanner o waith. Os oedd Gruffydd am bwysleisio dieithrwch anhydraidd athrawiaeth Galfinaidd y Pêr Ganiedydd, amcan Lewis oedd galw sylw at ei pherthnasedd. 'Bu'r ddisgyblaeth honno'n werthfawr imi,' meddai am ei lafur, 'ac yn agoriad llygad ar broblemau fy mywyd a'm hoes i fy hun.' Yr oedd dewis clir a diymwad cyfoes, yn ôl Lewis, rhwng 'gwael syrthiedig ddyn' Pantycelyn a dysgeidiaeth Rousseau ar ei ddaioni cynhenid:

> Tua'r un adeg ag y darganfu Theomemphus ei fod yn bechadur, fe ddarganfu Rousseau ei fod yn fab Duw; a Rousseau yn hytrach na Phantycelyn yw ffynhonnell y meddwl diweddaraf yng Nghymru . . . O ganlyniad, gwan iawn a disylwedd yw'r syniad o 'bechod' yng Nghymru heddiw.

Pan ymddangosodd *Williams Pantycelyn* nis adolygwyd yn *Y Llenor*. Wrth groesawu gwaith Lewis ar Geiriog, *Yr Artist yn Philistia*, ddwy flynedd yn ddiweddarach yn 1929, diolchodd Gruffydd fod yr awdur 'erbyn hyn wedi dyfod o hyd i'w ddawn arbennig ei hunan':

> Er cymaint f'edmygedd o'i Bantycelyn, ni theimlais ei fod yn gwneuthur cyfiawnder ag ef ei hun ynddo . . . [Gyda Cheiriog] gall sefyll y tu allan i'r credoau a'r amheuon, i'r rhagfarnau a'r brwdsyniadau, i'r ofnau a'r gobeithion sydd eto'n rhwymo'r rhan fwyaf ohonom yn dynn wrth ein cyfnod yng Nghymru. Wrth farnu Pantycelyn gyda'r rhyddid hwn, credaf iddo

ddewis ei safle yn rhy fympwyol; wrth adael Cymru rhoes ei hunan yn rhy gaeth i'r syniadau sy'n ffasiynol yn Lloegr a Ffrainc.[11]

Yr oedd Lewis yn methu pan ddywedodd na chredai Gruffydd mewn pechod, Y pechod mwyaf yng ngolwg golygydd Y *Llenor* oedd bod yn ffasiynol. Dychwelodd Gruffydd at Lewis ar Bantycelyn mewn adolygiad o'i *Braslun o Hanes Llenyddiaeth Gymraeg* yn 1932. Yr oedd y teimlad o rwystredigaeth yn ddigamsyniol:

Ymgymerais â'i adolygu fy hunan (ar ôl cael nacâd gan un o neu ddau o adolygwyr cyfaddas), ond yr oeddwn yn oedi o rifyn i rifyn yn y gobaith y deuwn rywdro i amgen cydymdeimlad â'r hyn a oedd yn amlwg yn waith gorchestol. Yn y diwedd, rhoddais ef heibio am fy mod yn anghydweled yn hollol â'r holl ddamcaniaethau drwy'r llyfr, ac am fy mod yn tybio hefyd nad oedd gennyf i ddigon o wybodaeth o'r feddyleg ddiweddaraf i'w wrthddywedyd yn effeithiol.[12]

Yr oedd sôn Lewis am Rousseau'n bwrpasol. Crybwyllodd Gruffydd ei ddylanwad ar syniadau rhyddfrydig Gorllewin Ewrop yn fwy nag unwaith yn Y *Llenor*. Mewn adolygiad o *Tradition and Barbarism* Mansell Jones yn 1940, priodolodd i Rousseau y cysylltiad a dyfodd o ddiwedd y ddeunawfed ganrif ymlaen rhwng llenyddiaeth Ffrainc a llenyddiaethau eraill Ewrop, ac yn 'Mae'r Gwylliaid ar y Ffordd', yr ysgrif ryfeddol a ailagorodd y gynnen rhyngddo a Lewis, eto yn 1940, i bwyslais Rousseau a Voltaire ar benarglwyddiaeth rheswm dyn y diolchodd am y 'cyfnod newydd' a wawriodd ar lenyddiaeth Gymraeg ym mlynyddoedd cynnar y ganrif:

Nid oedd y fath beth â newid er gwaeth, nid oedd le i'r syniad o waethygu yng nghyfansoddiad ein meddwl, ond yn unig fel rhyw fflwch dyryslyd ac anesboniadwy o flaen gwyntoedd mawr y cread.

Ni allai Lewis gyd-fynd ag optimistiaeth ddigwestiwn Gruffydd, a hynny uwchlaw dim am resymau llenyddol. 'Colled i lenyddiaeth yw colli pechod' yw arwyddair y 'Llythyr'. I'r graddau hyn, golygai'r ddadl lai iddo nag a olygai i'w wrthwynebydd. Dioddefai llenyddiaeth fawr ac iawn werthfawrogiad o'r llenyddiaeth honno dan ddylanwad crefydd ddŵr-a-llaeth 'Y Proffwyd' – yr oedd Lewis cyn hapused â Gruffydd i arfer y term, er rhwng dyfynodau – am na chaniatâi crefydd o'r fath le i bechod yn ei diwinyddiaeth. I wrthweithio effeithiau crebachol moderniaeth, pleidiai 'lenyddiaeth eneidegol' (un o themâu canolog ei ddisgrifiad o 'Theomemphus' fel 'hanes enaid' yn *Pantycelyn* a chalon y diddordeb yn ei nofel *Monica* yn 1930). Anhepgorol i lenyddiaeth o'r fath oedd cydnabod pechod fel 'y peth mwyaf *dynol* mewn bod', chwedl y

'Llythyr'. I Lewis, 'dynol', ac nid 'annynol' fel y mynnai Gruffydd, oedd diwinyddiaeth Pantycelyn.

Ni allai moderniaeth, meddai Lewis, ond cynhyrchu telynegion tlws; i Gruffydd yr oedd yn wrthglawdd yn erbyn bygythiad mwy. Gwelai fwy o wir ddyneiddiaeth a dyngarwch ym mhaganiaeth Groeg a Rhufain nag yng Nghristnogaeth gaethiwus Eglwys Rufain. Petrusai Gruffydd ildio ar gwestiwn pechod mewn llên gan ofn goblygiadau'r cam i fframwaith ei gred mewn cynnydd. Rhoes lais i'r ofn hwnnw yn ei adolygiad o *Ysgubau'r Awen* yng ngwanwyn 1941, pan gyfeiriodd at dair cerdd o waith Gwenallt, 'Y Twrch Trwyth', 'Myfyrdod' a'r 'Ffwlbart' y gwelodd ynddynt 'yr ymdeimlad o bechod' yn cael ei gyflwyno 'fel y dylai bardd ei gyflwyno, heb dorri i diriogaeth diwinyddiaeth na seicoleg'.

Cofleidiai Gruffydd ddelfryd o farddoniaeth fel maes diderfyn, y tu hwnt i gyrraedd 'syniadau tymhorol a diflanedig dynion diddychymyg am ddrwg a da', chwedl yntau yn y rhagymadrodd i *Ynys yr Hud*, a chyda therfynau pendant iawn rhyngddi a meysydd diwinyddiaeth a seicoleg. I'r gwrthwyneb y syniai Lewis: meysydd cyffiniol a chydlynol oeddynt. 'Nid dadlau yr ydwyf yn awr dros gael llenyddiaeth grefyddol, eithr dros gadw mewn llenyddiaeth y syniadau mawr cyfoethog sydd mewn Cristnogaeth.' Yr ensyniad clir yw na ddichon y naill ddisgyblaeth heb y llall. Tynnodd Lewis ei lythyr i ben gan ddisgwyl y byddai ei ddaliadau'n codi gwrychyn ei gyd-genedl. Er na chododd Gruffydd gri o 'Babydd' yn ei erbyn mor blaen ag y proffwydodd Lewis, nid oedd ei 'Atebiad y Golygydd i Mr Saunders Lewis' yn gwbl ddiniwed chwaith.

Deisyfodd Gruffydd ganiatâd ei ddarllenwyr ar ddechrau ei 'Atebiad' yn yr un rhifyn i 'ymeneinio am unwaith ag olew poblogrwydd'. Adwaenai Gruffydd ei gynulleidfa ac ni phetrusodd foesymgrymu er mwyn atgyfnerthu 'poblogrwydd' ei safle. Gallai fforddio syrthio ar ei fai felly ar gwestiwn y dylanwadau Ffrengig a chyfaddefodd iddo gamddeall perthynas Lewis a Bebb. Eithr cyn terfynu, tarodd y post i'r pared glywed:

> Cymhellion crefyddol yn unig sydd yn eich gogwyddo chwi tuag at Babyddiaeth. Maddeuwch i mi fel Protestant am ddywedyd Pabyddiaeth yn hytrach na Chatholigiaeth, oherwydd ni allaf ganiatáu bod pobl yn gatholig am eu bod yn eu galw eu hunain felly.

Cysgod oedd y llif geiriol hwn o gyfarchiadau ac ymddiheuriadau a diffiniadau i guddio camddehongli bwriadol Gruffydd ar safle Lewis. Trwy ddal mai 'cymhellion crefyddol yn unig' a'i denai i fabwysiadu egwyddorion Catholigiaeth, dymunai herio diffuantrwydd datganiad allweddol y 'Llythyr' nad dros 'lenyddiaeth grefyddol' y dadleuid, 'eithr dros gadw mewn llenyddiaeth y syniadau mawr cyfoethog sydd mewn Cristnogaeth'. Yr oedd agwedd bolisïol o'r fath tuag at grefydd fel moddion i greu 'llenyddiaeth eneidegol' yr un mor ddieithr i Gruffydd ag yr oedd yn wrthun. Syniai Gruffydd am gydymdeimlad Lewis â Chatholigiaeth fel diben ynddo'i hun, ac nid fel ffordd y mae'n rhaid ei thramwyo er mwyn cyfoethogi llên.

Ystryw amlycach ar ran Gruffydd oedd gwahaniaethu rhwng Catholigiaeth a Phabyddiaeth. Trwy ddrysu 'Catholig' Catholigiaeth â 'chatholig' catholigrwydd, ceisiai sicrhau cyhuddo Lewis o'r naill bechod neu'r llall. Os nad 'culni Pabyddol', meddai, gan ddyfynnu geiriau Lewis ei hun, a oedd wedi rhwystro ei gyd-ddadleuydd rhag gwneud cyfiawnder ag O.M. yn ei *Introduction*, yna 'anghatholigrwydd' syml oedd y bai. Yr oedd 'egwyddorion beirniadol' Lewis yn ŵyrgam, diffyg absoliwt, dallineb rhagfarnllyd, 'ysmotyn tywyll', nad oedd gwella arno. Yr oedd Gruffydd, ar y llaw arall, wedi ei ddonio â'r 'fantais bersonol ddamweiniol' o fod wedi adnabod Owen Edwards:

> Y mae'n hawdd i mi, meddaf, ei werthfawrogi fel dyn ac fel llenor, a chymerwn fy llw y buasech chwithau o'r un farn â mi, oherwydd gwn eich bod yn gallu, ar bob achlysur arall, gymryd golwg organig gynhwysfawr ar lenyddiaeth.

Beirniadaeth gyfrwys ond diegwyddor braidd. Soniodd Gruffydd yn 'Gwrthryfel ac Adwaith' am ddadleuon *'plausible'* gwŷr yr adwaith yn eu hymdrech i danseilio gwrthryfel. Y gyntaf o'r dadleuon hyn oedd honno a alwodd Gruffydd 'Ddadl yr Arch': croesewir y gwrthryfelwr o'r tu allan i'r sefydliad i ddadlau y tu mewn iddo gan gymryd yn ganiataol fod y rhai nad ydynt yn barod i ddadlau dan amodau felly eisoes yn golledig. Addefodd Gruffydd ar ddechrau ei 'Atebiad' ei fod yn sefyll gyda'r 'ochr boblogaidd' a bod ei wrthwynebydd yn dadlau yn nannedd ei gydwladwyr. Ni allai, yn enw tegwch, ddisgwyl i Lewis ymuno ag ef, ac fe wyddai hynny. Er mai adweithiwr hunangyffesedig oedd Lewis yn ei ddyhead am weld ailorseddu safonau esthetig y cyfnod Catholig yng Nghymru, fe'i gorfodwyd i ymddwyn fel gwrthryfelwr er mwyn herio egwyddorion 'poblogaidd' cydnabyddedig yr ymwybod Ymneilltuol fel y'i cynrychiolid gan olygydd *Y Llenor*. Yn yr un modd, cafodd Gruffydd – a ddaliodd yn 1922 mai 'enw arall ar farwolaeth yw awdurdod ac uniongrededd' – ei hun yn ceisio perswadio Lewis o awdurdod ei adnabyddiaeth bersonol o O.M. ac yn cymeradwyo portread uniongred o'i arwr. Y ddyfais a ddefnyddiodd at y gorchwyl oedd y modd dibynnol: 'a chymerwn fy llw y buasech chwi o'r un farn â mi'. Ni pherthyn y gair 'pe' i eirfa'r beirniad llenyddol dan amgylchiadau felly. Dibynna beirniadaeth ar yr hyn sydd yn bod neu sydd wedi bod, ac nid ar yr hyn a allai neu a allasai. Gweithgarwch hanfodol fynegol ydyw.

'Gamesmanship' ar ran Lewis, yn ddiau, oedd codi rhesi o enwau i ddrysu Gruffydd ar ddechrau ei 'Lythyr', ond ni chyfiawnha hynny ystryw Gruffydd yntau ynghylch Edwards: 'y ffaith seml fy mod i (oherwydd fy ngeni ychydig o'ch blaen) . . . pan oedd O. M. Edwards yn ei anterth.' Ni welodd ddim o'i le mewn troi mantais bersonol dybiedig yn fantais feirniadol.

O gofio'r pwyslais taer a roes Lewis ar ymwybod â phechod fel 'y peth mwyaf dynol mewn bod' yn ei 'Lythyr', siomedig o lugoer yw ymateb Gruffydd. Mae'n amlwg na ddymunai drafod pechod mewn perthynas â llenyddiaeth. Ffenomen credoaidd ydoedd a dim mwy: 'athrawiaeth ddogmatic [sic] bendant nad oes yr un rhithyn o braw iddi.' Yr oedd ei gasgliad ar y pen hwn yn drawiadol o wachul:

> Wrth gwrs, fel pob dyn sy'n gwneuthur haeriad cyffredinol o'r fath, gallech ddyfod â channoedd o enghreifftiau i brofi eich pwnc. Gallech, ond gall y dyn sy'n credu'n hollol groes i chwi gael cannoedd o enghreifftiau hefyd i brofi ei bwnc yntau.

Nid yn unig yr oedd Gruffydd yn hwyrfrydig i ystyried lle pechod yng nghyd-destun llenyddiaeth, nogiodd rhag ystyried y mater fel cwestiwn dilys o gwbl am nad oedd ateb gwrthrychol iddo'n bod.

Pwnc clo'r 'Atebiad' oedd y syniad o draddodiad. Cydnabyddai Gruffydd ei fodolaeth, ond anghydwelai â diffiniad Lewis ohono:

> Yr ydych yn tybio mai traddodiad Cymru yw'r grefydd Gatholig, am mai hi oedd ein crefydd pan oedd ein llenyddiaeth a'n diwylliant ar ei orau; felly am eich bod yn gwybod gwerth traddodiad yr ydych yn tueddu (a siarad yn gynnil) i dddywedyd mai ennill fyddai i Gymru fyned yn Babyddol. Pe bai'r gosodiadau'n gywir, anodd fyddai i neb ddwyedyd i'ch erbyn, ond camsyniad sylfaenol eich dadl ydyw anwybyddu'r gwahaniaeth hanfodol rhwng traddodiad byw a thraddodiad marw, a marw hollol ydyw'r traddodiad Pabyddol yng Nghymru. Pa draddodiad a all fod pan na fo neb yn traddodi?

Nid oedd gwadu symlrwydd nac uniongyrchedd gwrth-ddadl Gruffydd nad yw traddodiad yn teilyngu'r enw oni thraddodir ef; eithr rhaid gofyn beth a olygai Gruffydd wrth draddodiad byw. Ceir myrdd o gyfeiriadau trwy ei waith at ei syniad amdano'i hun fel cynheiliad gwerthoedd gwerinol a godwyd o'r llwch megis ar ddechrau'r ganrif. Po hynaf yr aeth Gruffydd a pho fwyaf yr ymbellhaodd oddi wrth y traddodiadau y magwyd ef ynddynt, mwyaf oll yr ymddangosai ei gred mewn cynnydd, yn baradocsaidd, yn arwydd o geidwadaeth hiraethus.

> Cawsom i gyd goleg gan ein tadau, ac aethom ati, y rhan fwyaf ohonom, i dynnu i lawr yr hen geyrydd a fuasai'n gysgod i'n haddysg. Y mae'n wir y

dysgasom werthfawrogi o'r newydd rai pethau a oedd yn hyn ac yn fwy traddodiadol na hyd yn oed syniadau ein tadau; ond ni wyddent hwy ddim am y rheini, ac nis dorai chwaith.[13]

Hen Atgofion yw'r ffynhonnell a dadlennol yw cyferbynnu'r ddwy frawddeg. Ar yr olwg gyntaf, maent bron iawn yn gwrthddweud ei gilydd. Sŵn gwrthryfel a glywir yn y gyntaf; dymchweler yr hen geyrydd tywyll. Cyffyrddiad adwaith a synhwyrir yn yr ail; rhaid canfod o'r newydd yr hen bethau a gollwyd, y pethau 'traddodiadol'. Y gwir yw fod Gruffydd yr un mor deyrngar i draddodiad fel haniaeth â Saunders Lewis. Syniai amdano'i hun fel 'un a faged yn nhraddodiadau'r hen Radicaliaeth Gymreig', chwedl yntau yn 1933. Ond nid yr un peth yn union oedd ei radicaliaeth ef â radicaliaeth ei dad. Erbyn ail ddegawd yr ugeinfed ganrif yr oedd brwydr y tadau am hawliau gwleidyddol ac addysg gyffredinol wedi ei hennill. Consárn Gruffydd oedd tynged y werin yn y frwydr ddiwylliannol, y wir 'frwydr genedlaethol'. Nid oedd yr arwyddion yn obeithiol erbyn 1934:

> Byddaf yn meddwl weithiau fod y frwydr genedlaethol wedi ei cholli, bod tynged yr iaith wedi ei selio, ac y bydd Cymru cyn diwedd y ganrif yn rhan ddistadl a dilafar o Loegr. Eisoes yr wyf yn gweld arwyddion bod gweithwyr y Gogledd, yn enwedig, yn colli eu hen ddiddordeb mewn meddwl a chelfyddyd.[14]

Ac arwyddion y dirywiad mewn 'meddwl' (gair a fenthyciodd yn yr ystyr arbennig hon gan O. M. Edwards)? Betio ar geffylau, gwrando ar y radio a darllen y *Daily Express*; mewn gair, y pethau hynny a ddysgasai'r werin wledig gan weision cyflog Seisnigedig y trefi diwydiannol. 'Sonnid gynt gan areithwyr', ebe Gruffydd wrth derfynu ei adroddiad digalon ar lygredd y bobl, 'am "gaethweision economaidd"; y mae llawer iawn mwy o "gaethweision meddyliol".' Canlyniad yr agwedd ddrwgdybus hon tuag at effeithiau niweidiol ar ddiwylliant cynhenid y bröydd Cymraeg oedd i Gruffydd wrthsefyll cynlluniau i sefydlu diwydiannau yn 'rhannau anghennus' cefn gwlad yn ei anerchiad i etholwyr Prifysgol Cymru yn 1945:

> Nid wyf o gwbl yn cydweld â'r polisi bratiog a geir yn yr hyn a elwir yn 'lleoliad diwydiannau i'r rhannau anghennus' ac a gymhellir gan rai gwleidyddion, am na wna hynny ddim ond creu rhannau anghennus eraill a pheryglu'r hyn sydd bob amser agosaf at fy nghalon, sef cadwraeth y diwylliant Cymreig, ac ni ellir ysgar hwnnw oddi wrth fywyd y rhannau gwledig.

Safai Gruffydd yn hyn o beth yn gadarn yn olyniaeth O. M. Edwards, golygydd 'plwyfol a llydan' y *Cymru* coch y talodd Gruffydd deyrnged iddo yn 1929:

> Gwyddai Owen Edwards cystal â'r un ohonom am wendidau'r hen ramadegwyr a'r hen feirdd gwlad, am lawer o ochrau duon i Ymneilltuaeth, am lawer bychander a thaeogrwydd yn ei bywyd beunyddiol, ond ni fynnai eu condemnio, rhag iddo, os llwyddai i'w lladd, ladd hefyd yr hen ragoriaeth. Dameg bwysig iddo ef oedd dameg y gwenith a'r efrau.[15]

Enw arall ar yr haelfrydigrwydd hollgynhwysol hwn a fynn arbed yr efrau rhag peryglu'r gwenith yw ceidwadaeth. Yn ei ffordd ei hun, gwnaeth Gruffydd fel golygydd lawn cymaint ag a wnaeth O.M. i weithredu arwyddair *Cymru* 'i godi'r hen wlad yn ei hôl'. Nid ymhonnai Edwards erioed yn feirniad llenyddol; swyddogaeth ei ddisgybl oedd gwahaniaethu rhwng y gwych a'r gweddol a'r gwachul mewn llên. Eto i gyd, tystia holl hanes *Y Llenor* i ddylanwad yr un egwyddor geidwadol, adferol, 'draddodiadol'. I Gruffydd, cynnyrch ei gyfnod oedd *Cymru*, 'a godwyd ac a gadwyd gan werin Cymru tra fu'r werin honno'n ddarllengar'.[16] Bellach rhaid oedd diwygio'r safonau ar gyfer cenhedlaeth newydd o ddarllenwyr, pobl debyg iddo ef ei hun, a oedd trwy eu haddysg wedi 'gwella'u stad'. Bu ymdrech ymwybodol ar ran prif awduron *Y Llenor* i atgyfodi personoliaethau a gweithiau llenyddol a aethai'n angof neu a gawsai eu camddeall a'u camddehongli yn y gorffennol. Ni bu erioed gylchgrawn mwy chwannog i ddwyn seiliau'r traddodiad llenyddol o ebargofiant i oleuni. Ystyrier ymchwiliadau G. J. Williams a Thomas Shankland ar hanes yr Eisteddfod, erthygl Saunders Lewis ar John Morgan, 'llenor a anghofiwyd',[17] a chyfraniadau lluosog Gruffydd ei hun ar lenorion y bedwaredd ganrif ar bymtheg, a haeddent bob un sylw onid canmoliaeth.

Mae a wnelo'r newid agwedd ag effeithiau'r Rhyfel Byd Cyntaf ar Gruffydd. Yn ei waith cynnar hyderus, yn 'The New Wales' yn 1913, er enghraifft, ni faliai Gruffydd fotwm corn am y tir gwerinol a oedd ar ddiflannu. Pan edliwiodd Morgan Humphreys i Gruffydd ei ddihidrwydd ynghylch tynged yr iaith yn y De, gwell ganddo oedd pwysleisio'r llwyddiannau:

> If that is so, *tant pis* for South Wales. This much is certain – no country, in the history of the world, lost its language when its literature was growing definitely toward perfection.[18]

Bedair blynedd ar ddeg yn ddiweddarach, yr oedd 'Llythyr' Lewis yn fwy o ysgytwad i'w ffydd nag yr oedd am gyfaddef ar y pryd. Agorodd lygaid Gruffydd i fygythiadau nas rhagwelsai. Erbyn 1927 ni wnâi *tant pis* mo'r tro. Yr unig amddiffyniad y gallai ei gynnig i'r ymosodiadau ar y traddodiad Ymneilltuol bellach oedd 'mantais bersonol' ei adnabyddiaeth o O. M. Edwards.

Elwodd darllenwyr *Y Llenor* ar ymryson Gruffydd a Lewis yn fwy na'r ddau ddadleuydd, efallai. Buasai'n ddadl egnïol ac yn sicr fe gliriodd yr awyr, eithr ni lwyddodd y naill i ddarbwyllo'r llall. Nid oedd dim arall i'w ddisgwyl. Perthynai'r gwerthoedd y dadleuid yn eu cylch i fyd annelwig myth a chwaeth bersonol. Arddelai'r ddau wahanol ddelfrydau am yr hyn y dylai Cymru fod. Myth synthetig oedd eiddo Lewis ac yr oedd yn ddigon o realydd i wybod na choleddid ei freuddwyd yn gyffredinol. Ymgysurai yn y gred mai 'yr ychydig' ym mhob oes a ddeallai gelfyddyd. Un cam pwysig ar y daith a'i dug i Eglwys Rufain yn 1932 oedd y 'Llythyr' iddo. Cafodd gêm gyfartal oddi cartref yn erbyn gwrthwynebydd cryf, megis, a gallai fforddio bod yn hael wrtho. 'Ni allaf lai na barnu bod ateb W. J. Gruffydd yn hynaws, yn ddiddichell ac yn bur gryf', meddai wrth Gwynn Jones ar 21 Gorffennaf 1927. 'Yr hyn a hoffaf yn fawr yn holl athrawon Cymraeg a llenorion y Brifysgol heddiw yw y gellir dadlau ac anghytuno ond yn ddifalais. Dyna'r hyn sydd yn codi fy nghalon yn fawr.' Am Gruffydd, ysigwyd ei gredoau. Nis argyhoeddwyd gan Lewis, bid siŵr, ond gellir ymglywed o hynny allan yn ei waith â rhyw nodyn lleddf wrth sôn am ragoriaethau'r gorffennol. Mae'n werth nodi mai yn 1927 y dechreuodd hel deunydd ar gyfer ei *Hen Atgofion*. Yr oedd yn chwech a deugain oed. Ym mis Awst, ar drothwy Eisteddfod Caergybi, bu farw ei fam: 'Collais hi pan oedd arnaf fwyaf o'i heisiau.'[19] Aeth i'r Almaen ar wyliau rhwng Coblentz a Main yn niwedd Awst ar ei ben ei hun, gan ddychwelyd ar 1 Medi. Yn niwedd 1927 cynigiodd (yn aflwyddiannus) am Brifathrawiaeth Aberystwyth. Cais ydoedd a symbylwyd gan gyfuniad o anniddigrwydd gartref ac awydd am ailgynnau'r hen berthynas rhyngddo a Gwynn Jones. Y siom fwyaf oedd na chafodd y gefnogaeth a ddisgwyliai gan ei hen gyfaill. Rhoddwyd y swydd i Henry Stuart Jones, eglwyswr a aned yn Leeds.

10

Yr Ymgyrchwr, 1928–1936

OS RHYWBETH, yr oedd yr Eglwys Gatholig yn fwy o fwgan i Gruffydd yn sgil y 'Llythyr' na chynt. Yn Nodiadau haf 1928 torrodd ei adduned i beidio â sôn am faterion crefyddol a gwleidyddol pan ymosododd yn niwrotig bron ar 'gyflwr blodeuog Pabyddiaeth' trwy Gymru a'r tu hwnt:

> Y mae gallu Eglwys Rufain wedi cynyddu'n fwy yn ystod y deng mlynedd diwethaf nag a wnaeth ers canrif, ac yr wyf yn beiddio dywedyd mai perygl a thrychineb sydd yn y cynnydd hwnnw.

Nododd fel prif achos y cynnydd waharddiad yr Eglwys ar atal cenhedlu gyda'r canlyniad fod 'ar gyfartaledd (a barnu ar antur) o leiaf bedwar o Babyddion newydd yn cael eu geni am un Protestant'. Yr oedd gallu bydol y Babaeth yn tyfu hefyd. Gwelai Gruffydd Babyddion yn 'ymwthio' i swyddi 'dylanwadol' o fewn y Swyddfa Dramor. Ffroenai gynllwyn yn y gwynt:

> Y mae cyfartaledd y Pabyddion ym mhlith ein llysgenhadon yn Ewrop ac America yn tyfu o flwyddyn i flwyddyn, a deallaf mai Pabydd yw'r swyddog sydd a chyfrifoldeb arno i benodi consuliaid. Yr wyf yn deall yn awr am y tro cyntaf paham yr oedd ein tadau mor chwerw benderfynol o gadw Pabyddion allan o swyddi'r wladwriaeth, a phaham y gwnaethant ddeddf i sicrhau na allai Pabydd fod yn frenin nac yn Arglwydd Ganghellor.

Yr oedd ceyrydd Anghydffurfiaeth a phopeth a gynrychiolid ganddi dan warchae:

> Ac yn wyneb yr holl ffeithiau damniol hyn, yn enwedig yn wyneb twf Pabyddiaeth yn y wlad a dirywiad diymwad Ymneilltuaeth Brotestannaidd, y peth pwysicaf a allwn ni ei wneuthur yw bwrw allan Tom Nefyn! 'Ni,'

meddaf, oherwydd er mai pwnc i'r Methodistiaid yn unig ydyw ar yr olwg gyntaf, rhaid bod pawb yn gweld y bydd hyn yn effeithio ar holl fywyd crefyddol Cymru; os cyll y Methodistiaid gydymdeimlad yr aelodau a'r gweinidogion ieuainc, bydd hanner bywyd crefyddol y wlad wedi mynd ar goll.

O Awst 1928 ymlaen daeth achos Tom Nefyn, gweinidog ifanc gyda'r Methodistiaid a ddiarddelwyd o'i eglwys yn y Tymbl ar gyfrif ei ddaliadau modernaidd a sosialaidd, yn *cause célèbre* ar dudalennau'r *Llenor*. Ni wadodd Gruffydd hawl y Cyfundeb i'w benderfyniad ar dir cyfansoddiadol, neu'r 'cwestiwn cyfreithiol', fel y'i galwodd; yr *oedd* Tom Nefyn wedi tynnu'n groes i'r Gyffes Ffydd. Sêl Gruffydd dros y gwerthoedd a gynrychiolai Methodistiaeth a'i gas amlwg at Rufain a'i cymhellodd. Er iddo ddweud mai 'bywyd crefyddol Cymru' a ddioddefai o ganlyniad i weithred Sasiwn Treherbert, yr oedd ei ddiddordeb yn yr enwad yn fwy cyrhaeddbell na hynny. Poenai Gruffydd am oblygiadau diwylliannol y penderfyniad i atal Tom Nefyn rhag pregethu yng nghapeli'r enwad. Ofnai y llurgunnid yr etifeddiaeth werinol Gymreig yn nyddiau ei hangen dycnaf gan yr union sefydliad a'i creodd: 'Nid oes neb, mewn gair,' meddai yn 'Yr Anianol a'r Ysbrydol' yn rhifyn haf 1929, 'sy'n dychryn mwy wrth feddwl am werin Cymru heb y grefydd a'i gwnaeth i fod yr hyn ydyw, er gwell neu er gwaeth.'

Yn *Hen Atgofion*, dywedodd Gruffydd fod dwy elfen ynghlwm wrth yr Annibyniaeth a adwaenai'n fachgen: 'Radicaliaeth enwadol a pholiticaidd.' Erbyn 1932 yr oedd dan orfod i gyfaddef fod radicaliaeth wedi colli peth o'i harwyddocâd yn y meysydd neilltuol hyn, ond mynnodd ei bod o hyd yn sefyll ei thir fel egwyddor gyffredinol:

> Erys yr agwedd meddwl Radicalaidd yn dragywydd oherwydd y mae'n rhan hanfodol o'r natur ddynol, ac mor angenrheidiol i enaid y ddynoliaeth ag yw'r fitaminau i fywyd ei chorff.[1]

I Gruffydd, golygai radicaliaeth ddadlgarwch parhaus a phwrpasol. Cododd achos Tom Nefyn y cwestiwn athronyddol a moesegol a oes gan neb awdurdod terfynol i ladd ar yr unigolyn am ymarddelwi â barn groes i eiddo'r sefydliad. Ar adeg pan oedd gofynion y gydwybod unigol o hyd yn fater mor fyw gan Gruffydd, gwasanaethodd yr achos fel enghraifft ddiriaethol neilltuol o gyfleus. Cafodd Gruffydd ei hun yn ymosod ar Gyffes Ffydd y Methodistiaid yn rhifyn haf 1928 *Y Llenor* yr un mor ffyrnig ag fel pe bai'n ddatganiad *ex cathedra* o enau'r Pab ei hun:

> Nid yw ond rhwyd a magl, nid yw ond ffon at gefn y rheini o'i gweinidogion sydd yn cyhoeddi eu cred yn onest ac yn agored, ac yn esgus ac yn gysgod i'r

rhai nad oes ganddynt ddigon o ddewrder i ddywedyd yr hyn y maent yn ei feddwl. Her y dewr a'r ffyddiog a ddylai Cyffes Ffydd fod, ac nid clawdd i'r llwfr a'r enaid taeog i ymochel y tu ôl iddo.

Ar wahoddiad Gruffydd, ymgymerodd R. T. Jenkins â thraethu ar yr achos yn yr un rhifyn, dan y teitl 'Beth yw Union Gred?' a daeth Jenkins i'r casgliad am yr Eglwys Fethodistaidd mai '*unig* amod aelodaeth a gweithgarwch yn y fath gymdeithas ydyw *dymuno cael byw ynddi*'. Ategwyd ei eiriau gan Jenkyn James, ysgrifennydd Cyngor y Brifysgol a'r unig Fethodist i gyfrannu i'r drafodaeth. Apologia oedd ei ysgrif ar 'Foderniaeth' yn rhifyn gaeaf yr un flwyddyn dros 'onestrwydd' hanfodol yr agwedd fodernaidd ymchwilgar:

> Yn y pen draw y mae moderniaeth i'w chyfiawnhau yn unig i'r graddau y mae'n ymdrech deg a gonest i wneuthur Cristnogaeth yn fwy dealladwy i feddwl, ac yn fwy dylanwadol ym mywyd y cyfnod yr ydym yn byw ynddo, fel mewn canlyniad y gallo'r genhedlaeth hon, neu o leiaf y genhedlaeth a ddaw ar ei hôl lefaru yn ei hiaith ei hun ac yn nhermau ei meddwl ei hun, fawrion weithredoedd Duw.

Ni bu ymgyrch benodol debyg i hon yn hanes y cylchgrawn. Arwydd ydoedd o'r anesmwythyd a ddaliai i gnoi Gruffydd yn sgil y 'Llythyr'. Yr oedd arno eisiau o hyd ei gyfiawnhau ei hun. Rywle yng nghanol y sôn am degwch a gonestrwydd a chydwybod anghofiwyd Tom Nefyn druan.

Yn y cyfamser yr oedd galwadau eraill ar sylw Gruffydd. Yn 1928 cyhoeddwyd *Math vab Mathonwy* a diwygiwyd ei erthygl ar lenyddiaeth Gymraeg i'r *Encyclopaedia Britannica* ar ôl bwlch o ddeunaw mlynedd. Cyfrol fanwl a dyfeisgar yw *Math*, cymhwysiad argyhoeddiadol o egwyddorion *Redaktionkritik* diwinyddion yr Almaen at y chwedl fel y mae yn *Y Llyfr Coch* a'r *Llyfr Gwyn*. Dadleuir mai olion mabinogi, neu stori, Pryderi (ei eni, ei gampau, ei garchariad a'i farw) ar batrwm chwedlau Gwyddeleg cyfoes a geir yn y Pedair Cainc ac mai llygriadau ac ychwanegiadau o ffynonellau eraill sydd i gyfrif am gyfoeth dryslyd y testun a gadwyd.

Yn 1928 hefyd, am y tro cyntaf ers rhai blynyddoedd, ni chynhwyswyd ei enw ar restr beirniaid yr Eisteddfod, a manteisiodd ar y rhyddid hwn i gystwyo safonau'r feirniadaeth yn Nhreorci a'r cyfansoddiadau buddugol eu hunain mewn adolygiad yn rhifyn hydref *Y Llenor*. Un ai yr oedd safon llên Cymru'n 'arwydus o isel', meddai, neu 'prentiswaith ar ei orau' yn unig a yrrid i'r cystadlaethau. 'Y mae'r gosodiad cyntaf yn wir os ydyw'r cyfansoddiadau hyn yn samplau teg o ffrwyth awen Cymru. Y mae'r ail yn wir os gwedir y cyntaf.' Ymylai safon cynnyrch Treorci ar gywilydd:

Canys sylwer: nid oes yma ond ychydig iawn yn yr holl lyfr sydd yn deilwng o'u gosod gyda gwaith canolig beirdd Ewrop yn ôl y safonau a gydnabyddir gan y gwledydd eraill. Yr wyf yn dywedyd hyn o gaswir wrth Gymry Cymreig yn yr iaith Gymraeg, ac ni ellir fy nghyhuddo o ymosod ar fy nghenedl fy hunan wrth bobl eraill. Ni hoffwn weled cyfieithu'r ychydig nodiadau hyn; os gwneir boed y bai ar y 'Cymro' a'u cyfieitho. Mater i ni ein hunain ydyw beirniadaeth ar ein llenyddiaeth, boed ganmol neu gondemniad. Os oes ar rywun o genedl arall chwant gwybod beth a ddywed beirniaid Cymru, dysgent Gymraeg.

Yr oedd amddiffyniad Gruffydd o O. M. Edwards yr haf cynt wedi plesio'i fab, Ifan ab Owen. Ar 12 Ionawr cynigiodd iddo'r gwaith o ysgrifennu cofiant awdurdodedig ei arwr. Gyrrodd Ifan ab Owen Edwards barseli ato yn cynnwys dyddiaduron ei dad ac achau'r teulu. Yn ôl ei arfer, gwelodd Gruffydd ddihangfa rhag anesmwythyd meddwl mewn gwaith. Atebodd gyda'r troad yn addo dwy gyfrol bedwar can tudalen yr un. Byddai ei barodrwydd yn achos edifeirwch iddo sawl tro rhwng hynny ac ymddangosiad y gyfrol gyntaf yn 1936.

Ymosodiad Timothy Lewis ar ysgolheictod ei arwr mawr arall, John Morris-Jones, mewn cyfres o erthyglau i *The South Wales News* a enynnodd ei lid yng Ngorffennaf 1928. Nid anodd, er hynny, ddyfalu prif gymhelliad yr ymgeisydd aflwyddiannus am Brifathrawiaeth Aberystwyth y flwyddyn gynt yn ei nodyn at Henry Stuart Jones ar y degfed o'r mis i'w hysbysu:

The substance of Mr Lewis' articles are the laughing-stock of Wales. It would be difficult for me to explain how *inane* they are. A large part of them consists of absurd etymologies which the undergraduates of the university much appreciate for their unconscious humour . . . The Welsh Department at Aberystwyth has to bear the disgrace of this, and indirectly all the Welsh scholars in the university.

. . . Mr Lewis earns around £500 a year from the university and does absolutely nothing for it except to attack other members of the university.

Ddeuddydd yn ddiweddarach cysylltodd â Henry Stuart Jones eto i awgrymu y dylai'r Prifathro ysgrifennu'n bersonol at olygydd y papur i'w ddatgysylltu ei hun yn gyhoeddus oddi wrth ddatganiadau penwan Lewis.

Yn yr un modd ag yr oedd wedi talu'r pwyth yn ôl i Marchant Williams ugain mlynedd a rhagor ynghynt am ei ymosodiad yntau ar *Caniadau* John Morris-Jones, gwyliodd Gruffydd ei gyfle i wneud yr un peth yn achos Timothy Lewis. Daeth y cyfle hwnnw gyda chyhoeddi *Mabinogi Cymru* Lewis yn 1931, yn arwyddocaol ddigon, fel y ceir gweld, yn y cyfnod yn union wedi marw Syr John. Ymateb Gruffydd oedd ond odid yr erthygl fwyaf crafog o'i eiddo a fu erioed yn *Y Llenor*:

adolygiad estynedig tri thudalen ar hugain dan yr enw 'Mabinogion Mr Timothy Lewis' yn rhifyn gwanwyn 1932. Mae blas dirmyg hyd yn oed ar y teitl.

Nid oedd Timothy Lewis yn academydd yn yr ystyr gonfensiynol, a themtir dyn i dybio mai dyna sydd i gyfrif am ambell awgrym o snobyddiaeth yn sylwadau Gruffydd. Ganed Lewis yn Yr Efail Wen wrth y ffin rhwng hen siroedd Caerfyrddin a Phenfro yn 1877. Gadawodd yr ysgol yn dair ar ddeg oed a gweithio dan ddaear yn un o byllau glo Cwmaman am naw mlynedd cyn mynd yn fyfyriwr i Academi Pontypridd yn 1899. Aeth oddi yno i Goleg y Brifysgol, Caerdydd, a graddio ag anrhydedd ail ddosbarth mewn Celteg yn 1904, ddwy flynedd cyn i Gruffydd gyrraedd yno'n ddarlithydd. Gan ei fod â'i fryd ar weinidogaeth yr Annibynwyr, aeth Lewis rhagddo i'r Coleg Coffa yn Aberhonddu ym mis Hydref 1904 i ddilyn cyrsiau mewn diwinyddiaeth gyda'r bwriad o wneud BD. Prin flwyddyn wedi iddo gychwyn yno, serch hynny, penderfynodd roi'r gorau i'w astudiaethau diwinyddol er mwyn parhau â'i ddiddordeb mewn Celteg. Enillodd ysgoloriaeth i Brifysgol Lerpwl am flwyddyn ac fe'i gwahoddwyd i Ddulyn yn niwedd 1906 gan Kuno Meyer i ddilyn cyrsiau pellach a darlithio ar ieitheg Gymraeg. Yn Nulyn, yn haf 1907, y cyfarfu am y tro cyntaf â Gruffydd yn nosbarthiadau'r Athro John Strachan. Wedi cyfnod ym Manceinion fe'i penodwyd yn ddarlithydd cynorthwyol dan Edward Anwyl yn Adran Gymraeg Aberystwyth ym mis Ionawr 1910. Cystadleuodd yn aflwyddiannus yn erbyn T. H. Parry-Williams am Gadair Anwyl yn dilyn ymadawiad hwnnw i Gaerlleon a hysbysebu'r Gadair yn 1920, a'r diwedd fu ei ddyrchafu'n ddarllenydd mewn palaeograffeg Gelteg. Yn *The Western Mail* ac yn ddiweddarach yn y gyfrol *Beirdd a Bardd-rin Cymru Fu* (1929) (o Wasg y Fwynant, gwasg Lewis ei hun) tynnodd yn groes i syniadau John Morris-Jones ar bwnc hynafiaeth yr Orsedd a beirniadodd ei safbwyntiau ef a rhai Gruffydd ar safoni'r orgraff. Erbyn dechrau'r tridegau daethai'n ffefryn gan Syr Vincent Evans a phwysigion yr Orsedd ac yn fwgan i'r mwyafrif llethol o ysgolheigion Prifysgol Cymru, gan gynnwys aelodau'r Adran Gymraeg yn Aberystwyth ei hun. Nid oedd palaeograffeg yn rhan gydnabyddedig o'r cwrs gradd mewn Celteg ac nid oedd arholiadau ynddi. Gan nad oedd disgwyl (na gofyn) iddo ddysgu cyrsiau o fewn yr adran, cyfyngid ei waith i ddarlithoedd ar gyfer graddedigion. Esgorodd alltudiaeth ar ail William Owen-Pughe, cymeriad a anwybyddid i bob pwrpas gan ei gydweithwyr ac y gwrthodid ei ddehongliadau gan Wasg y Brifysgol, cymeriad yn byw llawer gydag ef ei hun ac yn consurio pob math o ryfeddodau o gonglau tywyll ei ddychymyg.[2]

Yn 'Mabinogion Mr Timothy Lewis', felly, amcan Gruffydd oedd amddiffyn caer dysg yn erbyn bygythiad y tu mewn i'w muriau ei hun:

Nid bob amser y mentra adolygydd hawlio ei fod yn llefaru nid yn unig trosto'i hun ond dros bob ysgolhaig yng Nghymru, Lloegr, ac Ewrop yn ddi-wahaniaeth; ond gallaf hawlio hynny'n eofn, am y tro cyntaf ac efallai am y tro olaf, – hyd nes y cyhoeddir llyfr nesaf Mr Lewis.

Neilltua Gruffydd ran gyntaf yr adolygiad i ddiffinio'r hyn a olygir gan 'ysgolheictod' – 'cyfraniad at y swm gwybyddus o *ffeithiau*' – ac â i gryn drafferth (prin y gwelwyd Gruffydd erioed mor athrawol yn *Y Llenor*) i ddangos mor ddi-sail yw'r damcaniaethau a rydd Lewis gerbron, nid yn gymaint trwy alw sylw at ddatganiadau unigol, eithr trwy bwysleisio'r *suggestio falsi* sydd ynddynt fod y ddadl rhwng Lewis a gweddill ysgolheigion Cymru yn ddadl ddilys o gwbl:

Nid yn unig y mae'r awdur yn torri pob deddf wybyddus sy'n rheoli tarddiadau'r iaith Gymraeg ac ieithoedd eraill, ond nid yw byth, *hyd yn oed ar ddamwain* yn dywedyd dim y gellir ei dderbyn fel tebygrwydd. I ddyfynnu yr Athro Ifor Williams yn y *Cymmrodor*, ffordd Mr Lewis o ymresymu yw mai yr un peth yw 12 a 21, am fod yr un ffigurau ynddynt. Gallai'r Athro fod wedi myned ymhellach a dywedyd mai'r un yw 12 a 37, am fod 1 yn *debyg* i 7 a 2 yn *debyg* i 3!

Os pair yr adolygiad gofio erthyglau mwyaf deifiol Gruffydd i *Wales* a'r *Beirniad*, datgelir y rheswm paham yn y paragraff olaf. Hiraeth am hen athrawon yw'r prif ysgogiad. Ar ddiwedd y rhyferthwy, clywir llais lleddf, diamddiffyn bron yn y geiriau clo:

A ellir esbonio cyflwr meddwl Mr Timothy Lewis? Nis gwn, ac nid fy ngwaith i ydyw hynny. Ond gallaf ddywedyd hyn, – nid yw ymdriniaeth debyg i'r llyfr hwn yn beth newydd ym Mhrydain nac yng Nghymru. Yr oedd digon a gormod o'r fath beth hanner can mlynedd yn ôl pan fyddai Myfyr Morganwg a Morien yn ysgrifennu i'r wasg, ond trwy ddylanwad Syr John Rhŷs a Syr John Morris-Jones yn bennaf, cawsom ryw chwarter canrif yn rhydd oddi wrtho. Ar ôl marw Syr John, y mae'n dechrau codi ei ben eto, nid yn unig mewn llyfrau fel hwn, ond mewn cofnodolion a gyfrifid gynt yn weddol ysgolheigaidd. Ac nid rhaid i neb ymddiheuro am ofidio bod y tywyllwch yn dyfod yn ôl.

Ni all dyn lai na chasglu mai anffawd fwyaf Timothy Lewis oedd cyhoeddi ei *Fabinogi* yn 1931 rhagor 1921.

Erbyn Hydref 1928 yr oedd Gruffydd eto â'i fryd ar swydd Prifathro. Ar ymddeoliad A. H. Trow o Gaerdydd yn niwedd 1927 cynigiwyd y swydd, heb restr fer na chyfweliadau, i'r Dr Thomas Jones, Llundain. Gwrthododd Jones hi. Wedi hir oedi hysbysebwyd hi yn gyhoeddus. Cynigiodd Gruffydd, ond nid cyn ceisio barn William Bruce, Canghellor

Gweithredol y Coleg ar debygolrwydd ei siawns yn dilyn cyflafan 1919. Adwaenai'r ddau ei gilydd yn dda: buasent yn gydaelodau o'r Pwyllgor Adrannol a luniodd *Y Gymraeg Mewn Addysg a Bywyd*. Er hynny, yr oedd ateb Bruce yn ymatalgar; i'w dyb ef, ffiniai ymholiad Gruffydd ar ganfasio:

> Being on the committee I cheerfully undertake to see that your claims are fully and fairly considered. You will not of course expect me to give any indication of my final attitude to your candidature. I should have been surprised and disappointed if your name had not been put forward, but I do not yet know what other names we shall have to consider alongside of it.[3]

Yr oedd dau ar bymtheg ar hugain o geisiadau o flaen y pwyllgor pan gyfarfu i dynnu rhestr fer ym mis Mawrth 1929. Rhagwelodd Gruffydd ail fethiant. 'Y mae arnaf ofn na ddaw dim o'r busnes dydd Llun', oedd ei sylw prudd wrth Mary Davies ar drothwy'r cyfweliad. 'Yr wyf yn dechrau ymdawelu'n awr ac yn berffaith barod i golli'r cyfle.' O'r tri ar ddeg a gyfwelwyd rhwng dydd Llun y chweched a dydd Gwener y degfed o Ebrill, gan gynnwys Gruffydd y tro hwn, James Frederick Rees a argymhellwyd yn unfrydol. Cadarnhawyd ei benodiad yn swyddogol ar 22 Ebrill.

Nodwedd amlycaf y llythyrau cydymdeimlad oedd eu hunfrydedd barn. Mynnodd Ifor Williams ar 25 Ebrill nad 'tywyllwch i gyd' oedd cais aflwyddiannus Gruffydd; colled i'r *Llenor* ac i ymchwil fuasai ei benodi. Ysgrifennodd Stephen J. Williams a Henry Lewis lythyrau od o debyg ar 2 Mai yn rhegi dallineb y Coleg ond yn llawenhau fod ysgolheictod a llenyddiaeth ar eu hennill. Yr oedd Gruffydd newydd ddygymod â'r siom pan ddaeth gair o Fethel am farw ei dad. Fe'i claddwyd yn ymyl ei wraig ym mynwent Llanddeiniolen ar 25 Ebrill yn dilyn 'cynhebrwng bach a dim fuss', chwedl y mab. Ar 5 Mai ysgrifennodd ei gyfaill ysgol a choleg H. Parry Jones ato o Lanrwst, lle'r oedd bellach yn brifathro ar Ysgol y Bechgyn, 'Wel, dyma'r tadau a'r mamau wedi myned o Gorffwysfa a Benhafodlas, – a ninnau wedi hen gymeryd eu lle ac yn gallu dyfalu ryw ychydig o'r pryder a'r cariad a'r aberth a roddwyd ganddynt erom.'

Yr hoelen olaf yn arch ei optimistiaeth oedd marw John Morris-Jones yn yr un mis. Cysegrodd Nodiadau haf 1929 i goffadwriaeth ei hen gyfaill ac er cof hefyd am yr ysbryd a gynrychiolai Syr John fel 'crëwr y cyfnod sydd yn awr wedi dyfod i ben':

> Sonia'r Ffrancwyr am y teimlad sy'n perthyn i'r *fin de siècle*, y teimlad anhapus hwnnw pan wêl dyn gyfnod yn dyfod i ben yr oedd ei holl ddiddordebau a'i obeithion wedi eu canoli ynddo, ac yntau heb wybod beth a gynnwys y dyfodol; hanfod y teimlad yw ofn mai ofer fu pob ymdrech, ac nid

oes gan fywyd ddim y gall ef gymryd ei ran ynddo. Y mae'r nodiadau hyn ers tro yn awgrymu fy mod innau a rhai eraill, wrth edrych ar Gymru a gweled y llwybrau y myn hi heddiw eu cerdded, yn drwm dan bruddglwyf y *fin de siècle*. A phan oedd dostaf yr ofn, clywsom am farw Syr John Morris-Jones.

Ar 24 Gorffennaf 1933 gwahoddwyd Gruffydd i Fangor i ddadorch-uddio'r cerflun efydd o Syr John o waith R. L. Gapper a saif o hyd yn Llyfrgell y Coleg. Mentrodd awgrymu yn ei anerchiad nad fel athro Cymraeg nac ychwaith fel bardd y'i dewiswyd, eithr fel cyfaill personol a ddeallai deithi ei feddwl yn well na neb arall: 'Ac fe ganiateir imi, heb i neb dybio tra hyfrdra na chysêt, hawlio un arbenigrwydd o leiaf, – nid oedd neb drwy'r byd yn llwyrach edmygydd ohono pan oedd yn ein plith, na heddiw yn teimlo mwy o'i eisiau a mwy o hiraeth ar ei ôl.'

Hiraeth am berson a hiraeth am ddylanwad gwastrodol ei bersonoliaeth. Dychwelodd at farw Syr John yn rhifyn gaeaf 1929: 'Y mae canlyniadau colli Syr John Morris-Jones o fywyd Cymru yn dechrau dyfod i'r golwg . . . Y mae'r adwaith wedi dechrau'n barod. Y mae mwy o lyfrau ac o erthyglau anysgolheigaidd wedi ymddangos yn ystod yr ychydig fisoedd diwethaf nag a welwyd ers deng mlynedd, ac y mae'r cwaciaid yn uwch ac yn fwy hyderus eu cloch nag erioed.'

Trwy 1929 gweithiai Gruffydd yn ysbeidiol ar gofiant O. M. Edwards. Hysbysodd Ifan ab Owen 28 Ionawr 1930 fod braslun y cofiant cyfan yn barod a thua chwarter y gwaith wedi ei ysgrifennu'n llawn. Amcangyfrifai y cymerai'r gweddill ryw dri mis eto i'w baratoi ar gyfer y wasg. Yr oedd am adael i Ifan ab Owen lunio'r llyfryddiaeth a chwilio am gyhoeddwr. Argymhellodd Wasg Hughes a'i Fab, Gwasg Aberystwyth a Gwasg y Brifysgol.

Llawenhaodd Ifan ab Owen yn ei ateb 1 Chwefror. Yr oedd popeth yn amlwg yn dyfod ymlaen yn rhagorol ac yntau'n ffyddiog mai'r cofiant fyddai 'prif lyfr hanner cyntaf y ganrif'. Yr oedd wedi dechrau ceisio amcangyfrifon gan y gwahanol gyhoeddwyr a enwodd Gruffydd. Tybiai mai Hughes a'i Fab a gâi'r gwaith, ond pwysai am well telerau. Fis Mawrth gyrrodd lyfryddiaeth fras at Gruffydd gan hyderu y byddai'r ddwy gyfrol i law erbyn diwedd y gwanwyn. Ni chafodd ateb nac awgrym am hynt y gwaith tan 1935. Buasai addewidion Gruffydd yn ddi-sail.

Yr oedd Gruffydd wedi ymgolli mewn gwaith arall. Cyfrol ddestlus ond byrhoedlog oedd ei lyfryn dwyieithog o Fwrdd y Wasg i ddathlu chweched canmlwyddiant Dafydd ap Gwilym yn 1931, ond golygai gryn lafur. Yn niwedd yr un flwyddyn ymddangosodd *Y Flodeugerdd Gymraeg* ac yn 1932 *Caniadau* Gruffydd ei hun.

Detholiad unigolyddol, idiosyncratig bron, o 162 o delynegion oedd *Y Flodeugerdd*, y ceisodd Gruffydd ei chyfiawnhau trwy apelio at hyblygrwydd annibynnol 'chwaeth bersonol' o'i chyferbynnu ag achosion tymhorol 'chwaeth gyhoeddus'. Cyfrol ydoedd, fel *Y Llenor*, a amcanai ddweud wrth bobl 'beth oedd beth' mewn barddoniaeth ac a gyflawnai'r un swyddogaeth adferol. Yn ôl safonau heddiw, ymddengys yn ddetholiad diogel, ac fe'i rhoddwyd wrth ei gilydd, yn ddiau, gydag un llygad ar y farchnad ysgolion; eto rhaid cofio mai'r *Flodeugerdd* a fu'n gyfrifol am ddwyn 'Dysgub y Dail' a 'Melin Trefîn' Crwys, er enghraifft, i'r canon poblogaidd. Gorweddai rhan fawr o arbenigrwydd y dethol yn y dosbarthu a'r cyfosod: 'Eirlysiau' Cynan ochr-yn-ochr â chân Emrys i'r 'Blodeuyn Olaf'; 'Tylluanod' Williams Parry'n nythu ar yr un tudalen â 'Gwylanod' Morris-Jones. Os na roddir i'r casgliad heddiw y sylw a haedda, canlyniad cenedlaethau o blant yn ysgrifennu traethodau cymharu-a-chyferbynnu a chenedlaethau o israddedigion yn aralleirio datganiadau rhagymadroddol Gruffydd ar hiraeth fel hanfod prydyddiaeth yw hynny.

Gini oedd pris *Caniadau* mewn argraffiad hardd darluniadol o Wasg Gregynog, cyfrol 101 o dudalennau yn cynnwys popeth a gyfansoddodd y bardd cyn 1931 'y carwn weled fy enw wrtho' – un a deugain o gerddi i gyd. Ni chaed dim, yn arwyddocaol iawn, o *Telynegion*. Yr oedd y casgliad, er hynny, yn drawsdoriad gweddol gynrychioliadol o'i weithgarwch yn rhychwantu'r pum mlynedd ar hugain oddi ar 'Gwerfyl Fychan' yn 1905. Gwelai Gruffydd werth o hyd yn y 'Cerddi Cymru' o *Caneuon a Cherddi*, er mai saith yn unig a oroesodd o'r naill gyfrol i'r llall. Dim ond pum cerdd o *Ynys yr Hud* a hepgorwyd. Y gerdd ddiweddar fwyaf trawiadol oedd 'Y Tlawd Hwn' (1930).

Nid anghofiasai Gruffydd yr Eisteddfod. Trwy gydol diwedd y dauddegau daliai i gystwyo'r Ŵyl yn ei holl agweddau, gan ddefnyddio 'every weapon at my disposal, whether of invective or satire or irony', ys dywedodd yn *The Western Mail* 2 Medi 1930. Awgrymai teitl ei lith, 'Let the Gorsedd Dictate its Terms', er hynny, fod cymod bellach yn bosibl. Addawodd nad ymosodai ar yr Orsedd eto os cytunai hithau i arfer ychydig hunanfeirniadaeth. Yn Nodiadau hydref yr un flwyddyn pwysleisiodd y rheidrwydd o rwygo'r awenau o ddwylo anystwyth ac anghymwys y pwyllgorau lleol. Buasai Eisteddfod Llanelli'n 'drychineb'; ymddiswyddodd Gruffydd o fod yn feirniad ar y ddrama, gan beri diddymu'r gystadleuaeth. Ataliwyd gwobrau yng nghystadlaethau'r cywydd, dwy gerdd goffa, y faled a'r soned. Ar anogaeth Gruffydd ei hun yr oedd yr Orsedd wedi trefnu cynhadledd i drafod dyfodol y Brifwyl ac wedi gwahodd Gruffydd i gymryd rhan. Collodd Gruffydd y cyfle trwy amryfusedd ynghylch y dyddiad. Aeth am wythnos o wyliau o Gymru yn niwedd mis Gorffennaf a dychwelodd adref i ganfod y gwahoddiad yn ei ddisgwyl a'r cynulliad eisoes wedi bod.

Er gwaethaf yr anffawd hwnnw, daliai telerau'r cadoediad rhwng Gruffydd a'r Orsedd mewn grym. Yn y cyfnod argyfyngus hwn dechreuodd Gruffydd synio am werth yr Ŵyl o safbwynt newydd. Lle y bu gynt yn bytheirio yn erbyn 'piwritaniaeth lenyddol' ei beirniadaeth a llygredd ei chyfansoddiad, daeth yn raddol i'w thrysori am y gwerthoedd Cymreig a gynrychiolai, yn yr un modd ag yr amddiffynnodd yr etifeddiaeth Fethodistaidd ddwy flynedd ynghynt pan oedd Tom Nefyn o flaen ei well. Yr oedd y traddodiad radicalaidd Ymneilltuol ar ddarfod o'r tir fel grym gweithredol ac yn ddim mwy nag 'agwedd meddwl' gan ychydig ffyddloniaid; John Morris-Jones yn ei fedd ac obsciwrantiaeth anysgolheigaidd ar gerdded; adwaith yn cael y llaw uchaf ar wrthryfel. Ni buasai erioed adeg waeth i ildio'r gaer olaf hon o Gymreictod. 'Yr Eisteddfod,' meddai yn Nodiadau hydref 1941, 'ydyw'r *unig* sefydliad sydd gennym ni Gymry Cymreig yn aros o'r holl gyfanswm mawr o sefydliadau a gasglasom ynghyd trwy fawr lafur ac aberth yn y ddwy ganrif ddiwethaf.' Sylw a oedd yn wir mewn egwyddor ddeng mlynedd cyn hynny, ond yn llawer llai sicr mewn ffaith.

Yn 1926 gwyntyllai Gruffydd y syniad o gynnal eisteddfodau ymylol i gystadlu'n agored yn erbyn y Genedlaethol. Dyfynnodd eiriau cyfaill iddo'n frwdfrydig: 'Onid gwych fyddai cael beirdd a llenorion a cherddorion Cymru i gydgyfarfod am dridiau yn Llansannan neu Lanilltyd Fawr neu Glynnog? . . . Byddai peth fel hyn yn Eisteddfod mewn gwirionedd, yn uchel lys i drafod materion llên a cherdd, ac yn ysbrydiaeth ar gyfer blwyddyn o waith.'[4] Erbyn 1931 fe'i hargyhoeddwyd fod rhaid ailfeddiannu'r gwersyll er mwyn ei amgeleddu rhag bygythiad mwy. Seisnigrwydd, 'yn ymddolennu i mewn yn ddirgel ac yn ddistaw megis sarff i dŷ', a'i poenai yn sgil Eisteddfod Bangor y flwyddyn honno:

> Y mae rhan helaeth o'r genedl Gymreig wedi colli ei Chymraeg, a chyn belled ag y gellir barnu yn annhebyg o'i hadennill, ac yn awr fe haerir yn dalgryf fod gan yr adran hon o'r genedl hefyd ei hawl i'r Eisteddfod.[5]

Ar bob cyfrif arall buasai Eisteddfod Bangor yn llwyddiant. Gwnaeth elw sylweddol ac yr oedd y testunau at ei gilydd yn rhai ffres a herfeiddiol: T. H. Parry-Williams yn brif feirniad ar yr awdl a Gruffydd ei hun ar y bryddest. Ond tynnodd y gwahaniaeth ansawdd rhwng Bangor a Llanelli'r flwyddyn gynt sylw at fympwyaeth y trefniant. 'Yr wyf wedi awgrymu ers blynyddoedd mai'r unig warant sydd gennym ar achlysuron felly yw rhoi awdurdod yn llaw Pwyllgor Canolog i dderbyn a gwrthod testunau a beirniaid,' meddai Gruffydd yn Nodiadau'r hydref. Yr oedd yn anochel bron y buasai Gruffydd, 'Sergeant-Major y cythreuliaid, fyth ar flaen pob gwyllt ymryson', yn ôl bardd dienw yn *Y Ford Gron* wythnos Eisteddfod Bangor, yn hwyr neu'n hwyrach dan orfod i enwi unigolion.[6]

Yn ystod Eisteddfod Bangor helpodd Gruffydd i sefydlu pwyllgor canolog i ymchwilio i'w argymhellion â'r Orsedd yn rhan ohono. Cafodd bob cefnogaeth gan Gwili, yr Archdderwydd newydd, ond ni phenderfynwyd dim yn derfynol. 'Y gwir yw,' meddai yn Nodiadau haf 1932, 'fod llawer mwy o allu i hyrwyddo neu i ladd yr Eisteddfod yn llaw'r Cofiadur na'r Archdderwydd ac un o amryw ddiffygion yr Orsedd yw ei hanallu i gadw'r swydd hon o ddwylo pobl a chasineb ganddynt at bob diwygiad ac at y rhai sy'n ceisio diwygiad – dynion fel Beriah Evans a Mr Gwylfa Roberts.'

Annibynnwr oedd Beriah a fuasai'n Gofiadur o 1922 hyd ei farw yn 1927. Olynwyd ef gan Annibynnwr arall, Gwylfa, golygydd Y *Dysgedydd* rhwng 1931 a 1933. Swm a sylwedd ei sylwadau ar Eisteddfod 1932 yn y cylchgrawn oedd 150 o eiriau brysiog yn rhifyn hydref yn ymddiheuro ei bod 'braidd yn ddiweddar i alw sylw ati bellach', yn llongyfarch y buddugwyr hynny a oedd o'r un enwad ag ef ac yn cyhoeddi mai yng Nghastell-nedd y cynhelid Eisteddfod 1934. Gellid maddau iddo fyrred ei adroddiad: buasai ar fordaith wythnos yr Ŵyl ei hun.

Er gwaethaf ymdrechion glew aelodau mwyaf cymodlon yr Orsedd, gan gynnwys Meuryn a Gwili a Chynan, felly, ni ellid diwygiad tra parhâi Gwylfa yn ei swydd a Chymdeithas yr Eisteddfod dan lywodraeth Vincent Evans, 'a'r hen giang yn llywodraethu',[7] chwedl Ernest Roberts. 'Yr Oruchwyliaeth Angau', fel y disgrifiodd Gruffydd hi, a gynigiodd y cyfle. Bu farw'r Finsent ym mis Tachwedd 1934, wedi hanner cant a thair o flynyddoedd fel ysgrifennydd y Gymdeithas a golygydd ei chyhoeddiadau, – sef er blwyddyn geni Gruffydd yn 1881. Talodd Gruffydd deyrnged grintach iddo yn Nodiadau haf 1935:

Nid dyma'r lle i ysgrifennu am Syr Vincent, ac nid myfi yw'r dyn i ddangos mor rhyfedd o debyg i wladgarwr oedd ef; yr wyf yn un o'r ychydig Gymry hynny na welodd erioed ei gyfle i foli Syr Vincent pan oedd yn fyw, a gweddus felly ymddwyn yn debyg ar ôl ei farw.

Lai na blwyddyn yn ddiweddarach, ym mis Gorffennaf 1935, collwyd Gwylfa. Yn eironig ddigon, nododd Gruffydd ychydig wythnosau ynghynt yn yr un Nodiadau uchod mai 'un o nodweddion pwysicaf yr Eisteddfod yw ei bod yn dibynnu cymaint ar Angau'. Edrychodd Gruffydd ymlaen at Eisteddfod Caernarfon 1935 gydag awch newydd. Yr oedd yn y gorffennol wedi gwrthod beirniadu mewn eisteddfodau wedi cael gwybod fod Gwylfa ar y bwrdd. Yr oedd y ffordd bellach yn glir ac fe aeth ati yn ddiymdroi wythnos yr Eisteddfod i drefnu cydgyfarfod rhwng y Gymdeithas dan D. R. Hughes a'r Orsedd dan ei Chofiadur newydd, Cynan.

Daeth aelodau'r ddau fudiad ynghyd ym mis Medi yn 11 Mecklenburgh Square yn Llundain. Ar y naill ochr i'r bwrdd eisteddai cynrychiolwyr y Gymdeithas: D. O. Evans, David Hughes-Parry, D. S

Owen, J. Cecil Williams, Llywelyn Wyn Griffith, D. R. Hughes a Gruffydd. A chyferbyn â hwy gynrychiolwyr Bwrdd yr Orsedd: Gwili'r Archdderwydd, J. J. Williams, Caerwyn, William George (Llysor), Maurice Jones, Ernest Hughes a Chynan. Yn y gadair, yn rhinwedd ei aelodaeth o'r ddau gorff, caed Lloyd George. 'A'r hyn ydoedd yn fater o argyhoeddiad gan bob aelod o'r pwyllgor unedig hwnnw,' meddai Cynan yn ei ysgrif goffa i Gruffydd ugain mlynedd wedi hynny, 'oedd bod Eisteddfod Genedlaethol Cymru ar ddadfeilio gan Philistiaeth a Phlwyfoliaeth, a'i bod yn hwyr glas ceisio ei hail-adeiladu ar sylfaen cenedlaethol cadarn, cywir.'

Cytunodd y cyd-bwyllgor fod cyfrifoldeb rhanedig y pwyllgorau lleol i ddwy gymdeithas 'heb fawr o gariad rhyngddynt, a llai na hynny o gydweithrediad', yng ngeiriau Cynan, yn foddion i'r pwyllgorau fanteisio ar y sefyllfa i ddod â thestunau amhriodol a beirniaid anghymwys i mewn i'w rhaglenni ac i ganiatáu mwy a mwy o Saesneg ar y llwyfan. Ar ddiwedd y cyfarfod cynigiodd Lloyd George i Gynan a D. R. Hughes ymneilltuo o'r ystafell i lunio penderfyniad unedig. Dychwelodd y ddau ymhen ychydig funudau gyda thri chynnig i'r perwyl 'mai un awdurdod llywodraethol a ddylai fod i'r Eisteddfod Genedlaethol' ac y dylid penodi pwyllgor o'r ddwy gymdeithas i lunio adroddiad ar y ffordd orau o ddwyn y maen i'r wal gyda'r bwriad o ymdoddi'n un awdurdod pes derbynnid. Cynigiwyd y penderfyniadau'n ffurfiol gan Gwili a'u heilio gan Hughes-Parry ac fe'u pasiwyd yn unfrydol. Ffrwyth y trafodaethau a ddilynodd y cydgyfarfod cyntaf hwnnw oedd sefydlu Cyngor yr Eisteddfod a'r cyfansoddiad newydd a ddaeth i rym gydag Eisteddfod Machynlleth 1937.

Yr oedd Cofiant O. M. Edwards yn cael ei esgeuluso. Cyhoeddodd Gruffydd bennod gyntaf ei ymdriniaeth yn *Y Llenor* mor gynnar â rhifyn gwanwyn 1929, gan addo y byddai'r gweddill yn dilyn 'cyn hir'. Erbyn 15 Mai 1931 yr oedd yn darllen proflenni'r rhan gyntaf er iddo gyfaddef wrth Mary Davies mai 'gwaith caled a blinderus iawn' ydoedd. Cododd am 7.30 y bore ar y pedwerydd ar hugain o'r mis i roi trefn arnynt, 'ond yr wyf yn gweled pethau o'u lle o'r newydd o hyd ynddynt'. Digalonnodd, ond nid hysbysodd y cyhoeddwyr. Ysgrifennodd Ifan ab Owen at Gruffydd ar 30 Ionawr 1935 yn cwyno am arafwch 'torcalonnus' yr awdur; yr oedd y gwaith 'fel petai rhyw falltod arno'. Mynegodd wrth Gruffydd ei demtasiwn i'w roi i rywun arall i'w ddechrau o newydd. Ysgrifennodd eto ar 15 Chwefror. Yr oedd, meddai, yn ymwybodol o brysurdeb Gruffydd ond rhaid rhoi wltimatwm. Os na allai Gruffydd gwblhau'r cofiant cyn pen dwy flynedd byddai rhaid cael rhywun arall, R. T. Jenkins o bosibl.

Ni allai Gruffydd addo dim. Ar 23 Chwefror daeth gair oddi wrth R.T. o Fangor. Pan oedd yn Llundain gyda'r Cymmrodorion yr wythnos gynt, daethai David Hughes-Parry ato 'yn brudd iawn ei olwg' i'w hysbysu fod Gruffydd wedi ymwrthod â'r cofiant. 'Yn wir, cymerai olwg mor ddifrifol ar bethau fel y gofynnodd i mi a gymrwn i'r job yn eich lle. Wrth gwrs, fe atebais nad oeddwn yn credu na ellid eich darbwyllo i ailfeddwl, ac fe addewais yn rhydd yr erfyniwn arnoch i fynd ymlaen. Da chwi, peidiwch â'i roi i fyny.'

Ni wnaed dim ynghylch y Cofiant trwy weddill 1935: Gruffydd yn methu ymrwymo a Jenkins yn amharod i goelio na ellid dwyn perswâd arno. Yr oedd amynedd Ifan ab Owen yn pallu. Ysgrifennodd nodyn swta at Gruffydd 8 Rhagfyr i roi gwybod iddo ei fod bellach 'wedi colli pob diddordeb' yn y fenter. Gofynnodd am gael y defnyddiau'n ôl. Ni ddaeth ateb. Ceisiodd Ifan ab Owen gysylltu â Gruffydd eto droeon trwy Ragfyr ac Ionawr. Erbyn 21 Chwefror 1936 yr oedd yn gynddeiriog. Bygythiodd ddod i Gaerdydd yn bersonol i nôl y papurau o'r Coleg, a gofynnodd i Gruffydd wneud y trefniadau. Synnai at 'y tro gwael' a wnaethai Gruffydd ag ef. Y diwrnod wedyn daeth awgrym oddi wrth Gruffydd y gellid efallai ymddiried y gwaith i un o'i efrydwyr yn gweithio dan ei gyfarwyddyd. Wfftiodd Ifan ab Owen y syniad. Yr oedd, meddai ar 25 Chwefror, yn benderfynol o gasglu'r defnyddiau a'u rhoi i awdur arall.

Cyfarfu'r ddau yng Nghaerdydd ar yr wythfed ar hugain. Yn rhyfeddol, fe'u cymodwyd gan addewid Gruffydd i gwblhau rhan gyntaf y cofiant am y blynyddoedd 1858 i 1883 ar unwaith, a rhoi'r ail gyfrol i ofal R.T. Yn y rhagair i'r gwaith gorffenedig nid oes arlliw o'r chwerwedd a'r digofaint a ragflaenodd y cytundeb ymddangosiadol foneddigaidd hwn:

> Rhag i neb dybio bod rhyw achos cudd i'r rhaniad hwn ar y cofiant, dylwn esbonio mai myfi fy hunan ac nid neb arall sy'n gyfrifol amdano. Ar ôl gweled maint aruthr y gwaith ar yr ail ran, gofynnais i Mr Ifan ab Owen Edwards awgrymu rhywun arall i ymgymryd ag ef, am fy mod wedi dychryn ac yn ofni na chawn byth hamdden i'w wneuthur fy hunan. Cytunodd yntau yn siriol, a bu'n ddigon ffodus i gael Mr Jenkins i gytsynio.

Yr oedd naws yr ohebiaeth yn ysgafnach o lawer o hynny allan. Erbyn Mai yr oedd Ifan ab Owen yn cynnig y llawysgrif i wahanol argraffwyr am y pris isaf. Cwmni William Lewis, Caerdydd, dewis cyntaf Ifan ab Owen, a gafodd y gwaith. Archebwyd 3,000 o gopïau, 1,000 wedi'u rhwymo am y tro. Dan enw 'Ab Owen, Aberystwyth' yr ymddangosodd ym Mehefin 1937. Plesiwyd y mab gan ei ddiwyg: 'Campwaith o argraffu, llyfr buddiol a thlws,' meddai wrth Gruffydd ar y trydydd ar ddeg o'r mis. Yr oedd 300 o archebion eisoes i law. Erbyn canol mis Mehefin yr oedd 550 o gopïau wedi eu gwerthu ac ailrwymiad arall o fil wedi'i archebu.

Gwerthwyd 1,600 erbyn diwedd mis Awst, digon i dalu treuliau rhwymo'r argraffiad cyntaf o 3,000 yn llwyr. Byddai rhaid ystyried ail argraffiad.

Gwnaeth Gruffydd dros Owen Edwards yn y cofiant – ar raddfa helaethach, wrth gwrs – yr hyn a wnaethai dros Islwyn ac Eben Fardd a'r lleill ar dudalennau'r *Llenor* trwy'r dauddegau, sef chwalu'r mythau a oedd wedi ymgasglu o'i gwmpas. A'r mythau y cafodd Gruffydd ei hun dan orfod eu hoelio yn achos O.M. pan ddaeth y defnyddiau i law oedd rhediad llyfn ei yrfa a serennedd ei gymeriad. Canolbwyntiodd adolygiadau cyfoes yn y wasg ar yr hyn a wnaeth Gruffydd i ddryllio delw gyhoeddus y dyn, ond aeth yr ymdriniaeth yn ddyfnach na hynny hyd yn oed. Dehonglodd Gruffydd ei wrthrych yn y fath fodd ag i'w ail-greu. Ar ei waethaf, rhydd Gruffydd ddarlun o lanc obsesiynol o uchelgeisiol ac ansicr o'i ddoniau; gweithiwr diymarbed nad oedd byth yn fodlon ar ei ymdrechion; gŵr ifanc pruddglwyfus, ofnus yn byw llawer ynddo'i hun. I esgusodi'r dadfythu, i esbonio'r ddolen gydiol rhwng hanes yr O.M. ifanc fel y'i ceir yn ei ddyddiaduron a'r gŵr arianwallt, hunanfeddiannol a adwaenai ef fel myfyriwr yn Rhydychen, creodd Gruffydd fyth arall: myth 'y weledigaeth'. Pennod fwyaf darllenadwy – a mwyaf anghydnaws – y cofiant yw'r gyntaf; creadigaeth cydwybod anesmwyth Gruffydd ei hun yw, ymgais i gyfiawnhau'r dadleniadau sy'n dilyn:

> Bu'n byw yng nghanol ei fro, yn wlad ac yn bobl, am fwy nag ugain mlynedd, ond pan adawodd hwy a myned i Rydychen y gwelodd Lanuwchllyn; gwelodd hi fel y gwêl rhai dynion anghyffredin ffeithiau mawrion eu bod mewn fflachiad clir a sydyn o ddealltwriaeth; gwelodd y Llan fel pentref, gwelodd hi hefyd fel arwydd o holl werin Cymru. Pobl Llanuwchllyn, tir Llanuwchllyn, hanes Llanuwchllyn, dyma Gymru . . . Bellach, ar ôl y weledigaeth, ni bydd ei fywyd ond un amod, un ymhoniad, un ymdrech, – cadw Llanuwchllyn y weledigaeth drwy wneuthur y gwrthrych ynddo'i hun yn gyfystyr â'r symbol. Yr oedd cadernid yn Owen Edwards, a gwendid. Chwilier am y ddau yng ngolau ei weledigaeth.

Ysgrifennwyd y geiriau uchod yn 1928 neu 1929, cofier; ymhell cyn i Gruffydd benderfynu rhoi heibio ail ran y cofiant. Safant yn gyflwyniad llawn addewid i waith na allai ei gyflawni. Gedy Gruffydd ei wrthrych yn bedair ar hugain oed, ar fin camu dros ddibyn y weledigaeth gyfannol a roddai ystyr a chyfeiriad i'w fywyd a themtir dyn yn ddigon rhesymol i holi paham. Ceir cred, sydd bellach wedi caledu'n draddodiad, i Gruffydd ddod ar draws ffeithiau yn hanes ei wrthrych na fynnai neu na feiddiai eu datgelu. Ond mae modd dadlau fod rheswm llenyddol llawn cyn bwysiced a gadwai Gruffydd rhag cwblhau'r gwaith. Creodd Gruffydd un amod allweddol i fawredd O. M. Edwards ym mhennod gyntaf ei gofiant a sylweddoli pan oedd eisoes yn rhy hwyr nad oedd yr amod hwnnw yn ddigon cydnerth i ddal pwysau'r hanes. Oherwydd nid gweledigaeth yn unig a roes Gruffydd i O.M. yn Rhydychen ond moddion gras hefyd – cyfiawnhad *post hoc* dros ffaeleddau ei ieuenctid. Ac i ffrâm barod y weledigaeth achubol ond anniffiniol honno y ceisiodd ffitio'r darlun. Seilir y gyfrol gyntaf drwyddi ar yr estheteg Ymneilltuol am natur tröedigaeth: po fwyaf y pechadur, mwyaf oll gogoniant y grym a'i hachubo, a'r grym gweithredol hwnnw – Llanuwchllyn – ac nid cymeriad goddefol O.M. yw arwr anfwriadol yr hanes. Trawodd Gruffydd ar offeryn hwylus, eneiniedig i ateb ei ddibenion, ond aeth yr offeryn yn bwysicach na'r gorchwyl a ddewiswyd ar ei gyfer. O ganlyniad, rhoes Gruffydd ddelw ei ddamcaniaeth mor ddwfn ar y rhan gyntaf fel ag i'w gwneud yn amhosibl i R. T. Jenkins yntau obeithio gafael yn y gwaith yn llwyddiannus. Ail ran y cofiant yw llyfr pwysicaf y ganrif na welodd erioed olau dydd.

Yn Nhachwedd 1936 cyhoeddwyd *Hen Atgofion* yn gyfrol gan Wasg Aberystwyth. Yr oedd Gruffydd wedi diwygio ychydig ar y tair ar ddeg o ysgrifau gwreiddiol a ymddangosodd yn *Y Llenor* rhwng 1930 a 1935 ac wedi ychwanegu atynt. Bu toriadau hefyd, er mwyn cynulleidfa Bethel, gellir bwrw. Hepgorodd Gruffydd o'r bennod ar ei daid, er enghraifft, hanes ei ddagrau wrth glywed nad perthynas waed oedd William Parry a hanes y ferch un-ar-bymtheg oed o'r cylch a redodd i ffwrdd o'i chartref pan gafodd wybod nad oedd ei rhieni'n briod pan aned hi. Tynerodd ychydig hefyd ar ei sylwadau ar aneffeithiolrwydd ei dad fel cynghorwr. Croesawyd y llyfr yn *Y Llenor* yn rhifyn gwanwyn 1937 gan Kate Roberts fel 'un o'r rhai pwysicaf a ddaeth allan o'r wasg yn y ganrif hon'.[8] Hwn, yn sicr, oedd ei lyfr mwyaf poblogaidd. Aeth trwy bedwar argraffiad: yr ail yn Ionawr 1949, y trydydd ym Mehefin 1956 a'r pedwerydd yng Ngorffennaf 1964. Deil o hyd yn un o'r dyrnaid o hunangofiannau i'w trosi i'r Saesneg. Ymddangosodd *The Years of the Locust*, cyfieithiad D. Myrddin Lloyd, yn 1964.

Gwelodd 1936 ac 1937 uchafbwynt gyrfa gyhoeddi Gruffydd. Gwelsant hefyd ddechrau cyfnod mwyaf stormus ei fywyd cyhoeddus, cyfnod a'i dyrchafodd yn arwr cenedlaethol, ond a barodd yn y pen draw i'r rhai a'i canmolodd yn fwyaf hyglyw ei drin fel adyn.

11

Penyberth a'i Ganlyniadau, 1936–1938

YMESTYN ARWYDDOCÂD ymwneud Gruffydd â'r Ysgol Fomio ymhell y tu hwnt i ddigwyddiadau adnabyddus 1936 ac 1937. Gwnaeth helynt Penyberth ef yn ffigwr cyhoeddus mewn ystyr ehangach, ond datgelodd ddiniweidrwydd a hyd yn oed naïfrwydd cynhenid ei safle gwleidyddol. Denwyd ef o'r stydi i ganol y llwyfan gwleidyddol, ac er iddo ymhyfrydu yn y sylw poblogaidd a ddug hynny iddo, camddehonglodd yn ddybryd ymhlygiadau'r penderfyniad hwnnw. Erbyn 1939, daethai i gredu ei fod trwy ei weithredoedd wedi bradychu'r gwlatgarwch diwylliannol a ddysgasai gan O. M. Edwards a'i roi ei hun yn wystl i'r union garfan o bobl y drwgdybiai eu cymhellion fwyaf.

Pan gyhoeddodd Gruffydd ei hun yn aelod o'r Blaid am y tro cyntaf ar dudalennau'r *Llenor* yn Nodiadau gwanwyn 1935, yr oedd ei ddealltwriaeth o'i blaenoriaethau eisoes yn glir. Nid fel plaid wleidyddol y syniai amdani; i'r gwrthwyneb os rhywbeth. Gallai weithredu orau trwy gefnu ar 'gyffrau yr hen wleidyddiaeth'. Yr oedd yn ddigon cartrefol, meddai, cyhyd ag yr arhosai'n fudiad hanfodol ddiwylliannol a ystyriai ymreolaeth yn foddion ac nid yn ddiben ynddo'i hun:

> Yr ydym ni i gyd yn cydweithio – rhai yn egnïol iawn, a rhai fel minnau heb wneud llawer mwy na dweud 'ie' wrth yr arweinwyr – er mwyn cael llywodraeth wladol ganolog Gymreig i Gymru. Pan ofynner i ni paham y mae arnom eisiau Ymreolaeth y mae'n amhosibl inni ateb heb grybwyll cadwraeth y traddodiadau Cymreig a'r iaith Gymraeg. Yn awr, hyd yn hyn, y mae'r Blaid Genedlaethol yn hollol iach (ag arfer gair digon gwan yn y cysylltiadau) ar y pwnc hwn, ac am ei bod yn iach ar yr hanfodion, nid yw materion personol fel crefydd neu estheteg yr aelodau yn rhwystro fawr arni, er y buasai hynny'n holl-bwysig ddeugain mlynedd yn ôl. Ac am ei bod yn iach arnynt, nid ymunir â hi am lawer blwyddyn ond gan y rhai sydd, a siarad yn gyffredinol, yn wlatgar ac ieithgar yn yr hen ystyr.

Gwelodd berygl, er hynny, y gallai'r iechyd ballu ped âi 'hanfodion' traddodiad ac iaith yn iswasanaethgar i chwant 'gwleidyddion proffesedig' wedi eu hargyhoeddi 'o bwysigrwydd Ymreolaeth am eu bod yn credu y buasai hynny'n amlhau ac yn cadarnhau eu gallu hwy eu hunain a'u gafael ar gymdeithas':

> Pan ddigwydd hynny gallant yn hawdd gael holl beirianwaith y mudiad i'w dwylo eu hunain, ac os digwydd hynny, onid wyf yn camfarnu tuedd y gwleidyddion Cymreig o bob gradd, nid ar ein hiaith a'n traddodiadau y bydd y pwys mwyach.

A phe digwyddai hynny, afraid ychwanegu, ni byddai Gruffydd mwyach yn aelod. Yn ei olwg ef nid yn unig na allai gwladgarwch diwylliannol a gwleidyddiaeth plaid gyd-fyw'n gyfforddus; yr oeddynt yn dueddiadau gelyniaethus. Pan honnodd Gruffydd yn 1943 iddo adael y Blaid am iddi ddechrau gwawdio rhyddid a rheswm, is-destun ei haeriad oedd iddo ei gadael am iddi droi oddi wrth wladgarwch at wleidyddiaeth blaid. Ymwneud y mae gwleidyddiaeth â gallu ac y ofnai Gruffydd weld y gallu hwnnw'n mynd i ddwylo academwyr ac athrawon a gweinidogion a'u gweddnewid yn 'wleidyddion proffesedig'. Anodd dianc rhag y casgliad fod a wnelo penderfyniad Gruffydd i ymuno â'r Blaid Genedlaethol fwy â'r awydd i weled atgyfodi ysbryd gwladgarol Cymru Fydd (breuddwyd O.M. a ddrylliwyd gan ymraniadau enwadol 'ddeugain mlynedd yn ôl') nag ag unrhyw ddymuniad i sicrhau ymreolaeth fel y cyfryw. O ystyried hanes Penyberth yn y goleuni hwn, gwelir mor amodol oedd aelodaeth Gruffydd o'r Blaid o'r cychwyn ac mor amheus yr oedd o unrhyw ddatblygiad a wnâi ymgyrch dros Gymreictod Llŷn ac Eifionydd yn ymgyrch wleidyddol ehangach. 'Hanfodion' y Blaid oedd cadwraeth traddodiadau Cymru a'r iaith Gymraeg, ac y mae'n werth sylwi iddo ddefnyddio'r un ymadrodd yn Y *Cymro* ar 12 Chwefror 1938 pan gadarnhaodd ei gefnogaeth iddi: 'Yr wyf yn credu yn naliadau hanfodol y Blaid Genedlaethol ac yn aelod ohoni.' Ei hiechyd ar yr hanfodion hyn ac nid ei pholisïau a'i dorai:

> Nid ei phrogram a'm denodd ati, ond yn hytrach yr ysbryd newydd sydd yn ei haelodau. Hyd yn oed os yw ei holl gynlluniau'n anymarferol, eto ynddi hi y gwelaf yr unig obaith am wellâd i hir gystudd Cymru, oherwydd ymddengys i mi mai dyma'r un undeb o ddynion sy'n edrych ar eu mater o ddifrif.

Ystyriaethau diwylliannol penodol oedd wrth wraidd gwrthwynebiad cysefin Gruffydd i gynlluniau'r Weinyddiaeth Awyr ym Mhenyberth. Mynnai gredu ar y cychwyn, fel llawer un arall yng Nghymru ar y pryd, fod modd atal yr adeiladu trwy ddulliau nad oedd a wnelent â gwleidyddiaeth blaid o gwbl. Yn wir, y gred mai mater moesol, trawsbleidiol neu ddi-blaid ydoedd a'i perswadiodd i ddatgan barn yn y lle cyntaf. Pan feirniadwyd y Blaid Genedlaethol yng ngolygyddol *The Western Mail* ar 28 Mawrth 1936 am grybwyll merthyrdod fel arf i gyflawni ei hamcanion, gwahaniaethodd Gruffydd yn ofalus iawn yn ei atebiad dridiau'n ddiweddarach rhwng amheuaeth gyffredinol o amcanion y Blaid a'i safbwyntiau ar y pwnc hwn. Atgoffodd ddarllenwyr y papur nad aelodau'r Blaid yn unig a oedd yn gwrthdystio:

> The common ground was their belief that the establishment of the bombing school would be a crushing blow to all that we value in Welsh Wales. This particular corner of Caernarvonshire has been from time immemorial the home of what we consider to be the typical culture of Wales at its very best; we had all come to regard Lleyn as a kind of Welsh reservation, where the Welsh language and the old Welsh life would find sanctuary, if such a need should ever arise.

Yn ogystal tynnodd ffin rhyngddo'i hun a Saunders Lewis: 'Though I differ from him fundementally on many matters and I think that he often takes a wrong-headed view of Welsh affairs, I am absolutely convinced of his sincerity. I will go so far as to say that he is one of the few in Wales who have the makings of a saint; he is – if I may use the expression – pathetically disinterested and single-minded in all his motives.' Pe buasai Gruffydd wedi gosod prif gymal ei osodiad ar ddechrau'r frawddeg gyntaf yn hytrach nag ar ei diwedd, efallai y byddai wedi osgoi'r enw a enillodd fel cefnogwr diamod a digwestiwn i'r Blaid Genedlaethol. Yr oedd y ffin denau academaidd a dynnodd rhwng cytuno ag amcanion penodol Lewis yn yr achos hwn tra'n anghydweld ar yr un pryd â doethineb ei ddulliau ac â'i ddysgeidiaeth wleidyddol ddyfnach yn rhy annelwig i ddarllenwyr papur poblogaidd. Ni allai'r sawl na wyddai am ei farnau ar 'y ddawn o dduwioldeb' werthfawrogi chwaith ergyd 'the makings of a saint'. Nid oedd saint i Gruffydd yn bobl hawdd byw gyda hwy. Aeth Gruffydd yn apolegydd dros berson Lewis ac nid dros ei syniadau. Ei amcan oedd gwneud yr academydd tawel o Abertawe yn ddealladwy i'w gyd-Gymry, er iddo gyfaddef na allai byth obeithio ei wneud yn dderbyniol ganddynt. Rhoes gynnig arall ar y dasg yn yr un papur ar 31 Mai:

> He has become a Roman Catholic and by doing so has shaken the Welsh Nationalist Party to its very foundations. But that it was necessary in the strictest sense I have no doubt; I only pray that he will not find it equally necessary to sacrifice his life, as he threatens to do, in a cause which seems to concern his fellow-Welshmen so little.

Eithr erbyn diwedd Mai yr oedd Gruffydd a Lewis wedi rhannu llwyfan ar y Maes ym Mhwllheli. Nid oedd na darllenwyr *The Western Mail* nac aelodau'r Blaid, o ran hynny, yn barod i goelio bellach fod Gruffydd yn siarad yn annibynnol.

Yn wir, ystyriai'r Blaid ef yn gaffaeliad gwerthfawr i'r ymgyrch. Yn dilyn cyfarfod aflwyddiannus ym Mhwllheli yn Chwefror i wrthwynebu sefydlu'r Ysgol Fomio na ddenodd ond rhyw 500 o wrandawyr ac a ddifethwyd gan gynhyrfwyr, cynhaliwyd ail un ar 23 Mai. Yr oedd cadeiryddiaeth Gruffydd yn atyniad, a daeth rhwng chwech a saith mil ynghyd i wrando arno. 'Bedydd Tân y Blaid Genedlaethol' oedd y teitl a roes Lewis Valentine i'w adroddiad ar ddigwyddiadau'r 'cyfarfod aruthrol' yn rhifyn Mehefin *Y Ddraig Goch*. 'Dywedodd Mr Gruffydd ei fod am fynnu dywedyd beth oedd ganddo i'w ddywedyd – twrw neu beidio, a llwyddodd yn rhyfeddol.' Er i Saunders Lewis, D. J. Williams, Ambrose Bebb ac eraill o hoelion wyth y Blaid gyfrannu, i Gruffydd y rhoddwyd y sylw mwyaf:

> Mae'n debyg gennym mai efo o'r holl siaradwyr yno a gawsai leiaf o brofiad yn ei oes o annerch tyrfa enfawr yn yr awyr agored, a hynny ar draws twrw a therfysg trefnedig a hir-barhaus. Llyfrau a chylchgrawn a 'stafelloedd darlithio yw cyfryngau mynegiant cyffredin yr Athro Gruffydd . . . ond nid digon gan yr Athro oedd rhoi ei bin i ysgrifennu i brotestio yn erbyn y gwersyll bomio yn Llŷn, – rhaid oedd iddo ddyfod i Bwllheli a llywyddu'r cyfarfod ac annerch y terfysgwyr eu hunain oni chywilyddasant a thewi dro. Gwnaeth yr Athro Gruffydd ym Mhwllheli gymwynas fawr â Phrifysgol Cymru, a chododd ei hanrhydedd hi a dangosodd y gellir bod yn athro cadeiriog ym Mhrifysgol Cymru a bod, er hynny, yn ddyn.

Ni werthfawrogwyd araith Gruffydd gan ei holl wrandawyr. 'An ugly situation' oedd disgrifiad Caradog Prichard o'r cyfarfod mewn adroddiad dryslyd ond bywiog i *The News Chronicle* ar 23 Mai. Ymosodwyd ar Bebb gan chwech o ddynion: 'A number of college students rushed to rescue him, but not before he had been roughly handled.' Llusgwyd D. J. Williams trwy'r dorf, 'with the head of one burly interrupter tightly locking in his arms'. Collodd W. J. Davies, Talysarn, nifer o ddannedd. Ceisiodd Tom Nefyn 'white-haired and pale', arwain y dorf i ganu 'Wele'r dydd yn gwawrio draw', ond boddwyd ei lais. Am Gruffydd, rhegwyd ef yn ei wyneb gan rai o lanciau'r dref. Dygwyd ei ffon oddi wrtho a'i rhoi yn ôl iddo wedi ei thorri. I Caradog Prichard yr ydym yn ddyledus am yr ychydig o eiriau Gruffydd sydd wedi goroesi, er mewn cyfieithiad. Mynnodd Gruffydd yn ei araith fod dau ben i bolisi'r Llywodraeth wrth godi'r gwersyll: bygwth Iwerddon a chreu swyddi i Saeson di-waith. 'What has happened here today is what will become a commonplace if this bombing school is allowed. It will anglicize, vulgarize and degenerate this part of the country . . . Where are all the college professors apart from Saunders Lewis and myself? They have all kept away . . .This bombing school is not being put up against France or Germany, but against Ireland, a nation that once spoke the same language as yourselves.'

Erbyn Awst hawliai ysgrifennydd y Blaid, J. E. Jones, fod mudiadau'n cynrychioli 500,000 o bobl wedi mynegi eu gwrthwynebiad i'r cynllun ac ar 8 Medi rhoddwyd rhai o adeiladau'r ysgol arfaethedig ar dân gan Saunders Lewis, D. J. Williams a Lewis Valentine gyda chymorth eraill. Aethant ar eu hunion i orsaf yr heddlu ym Mhwllheli i gyfaddef eu rhan yn y weithred. Yng ngolwg Gruffydd, yr oedd Lewis wedi ei ddyrchafu i statws 'tragic figure'. Fis yn ddiweddarach safodd y tri eu prawf o flaen rheithgor ym Mrawdlys Caernarfon. 'DYDD DU' oedd brawddeg agoriadol Nodiadau hydref 1936 ar drothwy'r gwrandawiad:

> Nid hawdd yw ysgrifennu ar ddigwyddiadau cyfamserol yng Nghymru ar y diwrnod y clywais fod tri o'm cyfeillion ar eu prawf ym Mhwllheli [sic]. Nid wyf yn sicr beth yw'r gyfraith ar y pwnc, ond gwn ei bod yn beryglus i neb roddi barn gyhoeddus ar fater sydd *sub judice*, ac felly rhaid ymatal ar ôl mynegi ein cydymdeimlad llwyraf â hwynt a'n gofid eu bod mewn enbydrwydd.

Gwelodd yn dda, er hynny, gyhoeddi apêl gan J. E. Jones i sefydlu cronfa i ymladd achos 'y tri gwron'. 'Sut bobl yw darllenwyr *Y Llenor* pan ddaw hi'n ddydd o brysur bwyso fel hwn?'

Amddiffyniad Lewis a'r lleill yng Nghaernarfon oedd iddynt ymddwyn yn unol â gofynion eu cydwybod ac â'r ddeddf foesol. Methodd y rheithgor â chytuno ar ddedfryd ac fe'u gollyngwyd dros dro. Di-sail a byrhoedlog, er hynny, oedd gorfoledd y dorf a'u croesawodd. Ar gais yr Arglwydd Brif Ustus trosglwyddwyd yr achos i'r Old Bailey.

At Gruffydd y trowyd am ddylanwad ac arweiniad. 'Ymhlith y Cymry sy'n arwain ac sy'n ddewr mewn tymhestl yr ydych chwi' oedd geiriau calonogol Ambrose Bebb mewn llythyr ato ar 16 Hydref. Ym mis Ionawr penodwyd Gruffydd yn is-lywydd gweithredol y Blaid a J. E. Daniel yn llywydd. Yn y cyfamser, ac yntau yn ôl cyfraith gwlad o hyd yn ddieuog, yr oedd swydd Lewis fel darlithydd yn Abertawe yn y fantol. Bu pwysau o du nifer o aelodau o Gyngor y Coleg i'w ddiswyddo. Derbyniodd Gruffydd nodyn diddyddiad anhysbys yn rhoi manylion y cyfarfod tyngedfennol. Yr oedd un ar ddeg dros ddiswyddo Lewis a deg yn erbyn, a chan fod dau o gefnogwyr Lewis yn absennol, galwyd am ohirio'r cyfarfod. Cariodd Lewis Jones, AS Abertawe, y dydd pan fygythiodd droi'r Coleg yn fethdalwr o fewn chwe mis pe cedwid Lewis yn ei swydd. Yn niwedd Hydref llofnododd naw o'r tri ar ddeg o aelodau adrannau

Cymraeg y Brifysgol, gan gynnwys Gruffydd, ddeiseb o blaid Lewis. Llawenhaodd trefnydd y ddeiseb, R. Williams Parry, mewn llythyr at Gruffydd ar yr wythfed ar hugain fod yr ymateb wedi bod cystal, ac 'mai pobl ddiawen fel Ifor [Williams], R.T. Jenkins a Harry Lewis sydd wedi nogio rhag mynd i'r gad dros gymrodor . . . Nid oes un ohonynt wedi gweled *magnitude* Saunders'.[1]

Yr oedd D. J. Williams, athro Saesneg ar y pryd yn Abergwaun, mewn helbul gyda'r Bwrdd Addysg. Ataliwyd ei gyflog yn sgil y gwrandawiad gwreiddiol. Ysgrifennodd at Gruffydd yng nghanol Hydref yn gofyn iddo wneud hynny a allai i symud y rhwystrau iddo gael cymorth ariannol, ac ar y chweched ar hugain cyd-arwyddodd Gruffydd a Ben Bowen Thomas apêl at Wynn Wheldon.

Teimlai Gruffydd gyda symud prawf y tri i'r Old Bailey fod ei awr wedi dod. Safai bellach gyda'r ochr boblogaidd a chyfiawn. Yn *Y Ddraig Goch* yn Nhachwedd 1936 yr oedd yn ei afiaith:

> Mae'r llanw wedi troi. Mae'r weithred wedi ei choroni. A'r hyn a barodd y cyfnewid yw bod tri Chymro wedi meddwl am rywbeth heblaw eu llesâd eu hunain. Wedi gwrthod cyfrif y gost . . . Am ychydig bach, cyn troi'n ôl i'r frwydr, lle mae'r fuddugoliaeth bellach yn sicr, yr ydym yn teimlo mai gweiddi a gorfoleddu sy'n addas. Awr y Jiwbili a ddaeth! . . . Heddiw, *mae'r wyrth wedi digwydd*.

Llanwyd misoedd cynnar Gruffydd yn 1937 gan gyfarfodydd a llythyrau i'r wasg. Byrdwn y llythyrau Saesneg oedd protestio yn erbyn hawl foesol yr awdurdodau i symud y prawf o Gymru i Loegr. Yr oedd y penderfyniad, meddai yn *The Manchester Guardian* ar 7 Chwefror, yn 'unprecedented departure from the one basic condition that underlies not only the theory of trial by jury but also all popular acquiescence in the law – namely the right to be tried by one's own peers'. Newidiodd y pwyslais rywfaint wrth annerch darllenwyr *Western Mail* 23 Ionawr:

> That portion of Britain called England has singled out another portion as inferior in rights and status. At last England has treated Wales as a nation, but as a hostile one . . . At last, I regret to say, all Englishmen in Wales will be treated as enemies.

Yr oedd arddull cyfraniadau Cymraeg Gruffydd ar y pwnc, os rhywbeth, yn fwy deifiol byth. Ar 12 Ionawr 1937, a thrindod Penyberth yn dal i ddisgwyl cael gwrando eu hachos yn yr Old Bailey, derbyniodd Gruffydd wahoddiad oddi wrth Mai Roberts, ysgrifennydd Cangen Caernarfon, i annerch cynhadledd yn y dref. Oedodd Gruffydd am bron i dair wythnos cyn ymateb. 'Yr wyf yn methu gwybod beth i'w ddywedyd yn iawn am Chwefror 27,' meddai ar yr unfed ar ddeg ar hugain:

Cofiwch mai siaradwr eithriadol o sâl a nerfus ydwyf; gallaf ddarlithio'n weddol, a gallwn bregethu pe bawn yn dduwiol, ond y mae annerch cynhadledd yn fwgan i mi.

Ychwanegodd, er hynny, na allai wrthod pe na lwyddid i gael rhywun cymhwysach.

Ufuddhaoodd Gruffydd a mynd. Fe'i cyflwynwyd i'r gynulleidfa gan Ambrose Bebb mewn geiriau sy'n adleisio'r disgrifiad ohono yn *Y Ddraig Goch* yr haf cynt: 'gŵr sydd wedi gadael esmwythyd cadair y Brifysgol gan ddod i weithio gyda a thros y tlawd yn y Blaid Genedlaethol'. Cafodd groeso'r Mab Afradlon yn ei hen fro.

Araith gwladgarwr ac nid anerchiad cenedlatholwr a gaed ganddo. Dechreuodd trwy ganmol diwylliant gwerinol Cymru. Anogodd ei wrandawyr i sicrhau nad âi Caernarfon yn debyg i Wigan neu Birmingham na Bethel a Llanystumdwy yn debyg i Churt, cartref Lloyd George yn Surrey. Dadleuodd fod Llywodraeth Lloegr, yn ei 'hanwybodaeth ddifrifol' o anghenion a chymeriad Cymru, wedi helpu i atgyfodi'r Blaid trwy symud y prawf i Lundain. Gorffennodd yn hwyliog:

O bopeth a wnaeth Dewi Sant, byddai wedi llosgi Ysgol Fomio Penyberth. Ni byddai Dewi angen petrol at y gwaith fel y Tri Chymro, oblegid deuai tân o'r nef i'w helpu.[2]

Yr oedd yn anochel y taflai carchariad y tri ei gysgod dros yr Eisteddfod Genedlaethol ym Machynlleth. Er bod dyfodol y Brifwyl yn ddiogel bellach o safbwynt rheolaeth a'r taeru ynghylch cyllid wedi distewi, daliai'r wedd ddiwylliannol yn faich ar gydwybod Gruffydd. Ar drothwy'r Ŵyl mynegodd ei anghymeradwyaeth o'r modd y dewiswyd yr Arglwydd Londonderry, Ysgrifennydd Awyr y Llywodraeth a pherchen y plas lle'r oedd yr Eisteddfod i'w chynnal, yn Llywydd y Dydd. Ymwrthododd Gruffydd a rhai beirniaid adnabyddus eraill, gan gynnwys Iorwerth Peate, Meuryn, Thomas Parry, Cassie Davies a Prosser Rhys, â beirniadu ynddi. Yn Nodiadau haf y flwyddyn honno, a phan dybiai fod yr helynt drosodd, esboniodd Gruffydd iddynt ymddiswyddo er mwyn tynnu sylw at 'snobyddiaeth gynhenid' rhai Cymry yn eu hymwneud â phwysigion Lloegr:

Ein sefydliad ni, Gymry Cymreig, ydyw, sefydliad yn perthyn yn arbennig i'r dosbarth o bobl y mae'r beirniaid a ymddiswyddodd yn rhan ohono. Ac ymddengys i mi fod ein gwrthwynebwyr nid yn unig am gipio oddi arnom y gaer fechan olaf sydd gennym, ond yn ffyrnig wrthym am geisio ei hamddiffyn, – peth newydd hyd yn oed mewn rhyfel.

Mynnai Gruffydd nad fel gweithred wleidyddol y dylid dehongli'r ymddiswyddiadau ac aeth i gryn drafferth i bwysleisio hynny: 'Nid oedd dim cysylltiad o gwbl rhwng y Blaid Genedlaethol a hi, mwy nag unrhyw blaid arall', meddai am benderfyniad 31 Ionawr. Cymhellwyd ef, meddai, gan ystyriaethau diwylliannol pur yn codi o 'sgwrs breifat' rhyngddo ef a Peate a Cassie Davies. Ei ddadl trwy 1936 ac 1937 oedd fod daliadau unigolion o Gymry yn digwydd cyd-daro â pholisïau'r Blaid. Y mae'n ddiau y dymunai ddangos mor gyson oedd y Blaid ag agwedd meddwl Cymry cydwybodol o bob tuedd; eithr gwelai berygl hefyd mai fel 'dyn plaid' yn unig yr edrychid arno. Nid fel dyn yn gweithredu yn enw plaid, efallai, yr ystyrid Gruffydd yn bennaf; ond yn sicr edrychai ei gefnogwyr arno fel arweinydd a chydgysylltwr answyddogol protest Machynlleth. At Gruffydd yr ysgrifennodd Thomas Parry ar 10 Ionawr i'w hysbysu o'i fwriad i ymddiswyddo o fod yn feirniad ar yr awdl a chan Gruffydd y ceisiodd Meuryn wybodaeth am hynt y brotest.

Yr oedd, er hynny, wrthdystiad yn enw'r Blaid. Mewn seiat fyrfyfyr dan lywyddiaeth D. R. Hughes mewn tŷ bwyta yn y Strand ar 12 Ionawr 1937 tra oedd Saunders Lewis, D. J. Williams a Lewis Valentine yn disgwyl cael gwybod eu tynged yn yr Old Bailey, cyfeiriodd y Parch. Ben Owen, Llanberis, at benderfyniad awdurdodau Machynlleth i wahodd Winston Churchill a'r Arglwydd Londonderry i draddodi araith oddi ar y llwyfan. Cynigiodd y dylid troi'r achlysur yn wrthdystiad cyhoeddus:

> Y mae'n rhaid i'r Blaid Genedlaethol ofalu na chaiff yr un o'r ddau ŵr bonheddig hyn ddweud gair ar lwyfan yr Eisteddfod. Bydd rhaid inni drefnu ymlaen llaw i'w rhwystro – a phan fyddant wedi blino ar geisio annerch y dorf, fe ofalwn ninnau ddistewi a chaniatáu i weithgareddau'r eisteddfod fyned ymlaen yn dawel.

Oherwydd gorfod gohirio'r achos am wythnos, ni chyhoeddwyd yr uchod yn *Y Brython* tan 21 Ionawr, sef ddeuddydd ar ôl y dyfarniad a yrrodd Lewis a'r lleill i Wormwood Scrubs am naw mis yr un. Wythnos yn ddiweddarach, ar yr wythfed ar hugain, dan y teitl 'Trin Cymru fel Ci', lleisiodd Gruffydd yn yr un papur ei fwriad i gynnal protest gyfochrog:

> Am y tro cyntaf mewn hanes mae awdurdodau Lloegr wedi dewis trin Cymru fel cenedl israddol, fel pe baem yn Indiaid neu yn un o'r amryw bobloedd sydd wedi bod dan eu sawdl er pan ddaeth yr Ymerodraeth Brydeinig i fod. Tra oeddem yn waraidd ac yn ddistaw, cawsom driniaeth ci ganddynt, – ein canmol ychydig, llaw ar ein pennau ambell dro, ambell gosiad ar ein clustiau, ambell asgwrn o'r wledd; y funud y meiddiasom ddangos fod gennym, hawliau cystal â hwythau, cawsom driniaeth ci drachefn, ond triniaeth ci drwg y tro hwn.

Ni fynnai fynegi ei anfodlonrwydd mewn ffordd 'anfoesgar' na fyddai ddim gwell nag ymddygiad hwliganiaid Pwllheli. Am y tro, meddai, gwell ganddo dacteg arall: anufudd-dod di-drais:

> Cawsom ddigon o ymladd ac o golli gwaed i'n digoni am weddill ein gyrfa genedlaethol; rhaid rhoi prawf ar rywbeth arall, hyd nes ein gyrru i gongl y bydd yn rhaid inni ymladd i ddyfod allan ohoni am na bydd ond dewis rhwng marw ar ein heistedd a marw ar ein traed. Ond ni ddaeth i hynny eto.

Yn yr un anerchiad galwodd ar gynghorau Cymru i 'ymwrthod â phob seremoni a dathliad ynglyn â'r coroniad [Siôr VI] . . . Af mor bell â dywedyd y dylem ei gwneud yn anodd i Sais fyw yn gysurus yn ei swydd yng Nghymru'. Eithr er yr holl danbeidrwydd arwynebol, cynghori pwyll yr oedd Gruffydd ac nid cyhoeddi rhyfel agored: 'Ni ddaeth i hynny eto'. Ni ddywedai Gruffydd yn *Y Brython* ar 28 Chwefror 1937 fawr mwy nag a ddywedodd ym mhennod olaf ei *Hen Atgofion* ddwy flynedd ynghynt pan soniodd am ddylanwad andwyol gwasg boblogaidd Lloegr 'yn prysuro'r dydd pan fydd yn rhaid i ni Gymry ymladd hyd y ffos olaf dros ein hen iaith a'n hen ddiwylliant'.[3] Ysgarmes wleidyddol bwysig ond ymylol yn y frwydr ddiwylliannol fwy oedd carcharu'r 'tri chyfaill'.

Ni chaed Nodiadau gan Gruffydd yn rhifyn gwanwyn 1937 *Y Llenor* – y tro cyntaf iddo eu hepgor. Rhoes yn eu lle ar y tudalen blaen 'Cymru 1937' Williams Parry dan y ffugenw Brynfardd. Cyfansoddiad dirprwyol ydoedd i'r graddau ei fod yn ddrych o feddylfryd y golygydd ar y pryd, yn enwedig felly yn yr ail bedwarawd. Wedi gorchfygu'r bwganod trefniadol a dagasai'r Eisteddfod cyhyd, rhaid oedd gadael i'r awen oglais cydwybod laodiceaidd y doethion hynny na thybient fod dim o'i le mwyach ar yr Eisteddfod fel sefydliad cenedlaethol:

> Dyneiddia drachefn y cnawd a wnaethpwyd yn ddur,
> Bedyddia'r di-hiraeth â'th ddagrau, a'r doeth ailgrista;
> Rho awr o wallgofrwydd i'r llugoer tu ôl i'w fur,
> Gwna ddaeargrynfeydd dan gadarn goncrît Philistia.

Gydag ailymddangosiad y Nodiadau yn rhifyn yr haf, fel y nodwyd eisoes, pwysleisiodd Gruffydd mai protest bersonol ac amhleidiol oedd ei ymddiswyddiad. Gadawsai i Williams Parry alw am ddeffroad cydwybod, ond honnai nad dyna a'i gyrrodd yntau i weithredu: 'Nid wyf yn sicr a oes gennyf "gydwybod" gwerth sôn amdani, ac yn sicr nid o'i herwydd hi y gwneuthum fel y gwneuthum.' Pigo cydwybod eraill oedd ei amcan. Cofleidiai Gruffydd yr Eisteddfod fel 'y gaer fechan olaf' a oedd yn weddill o'r holl sefydliadau a fu'n eiddo i'r Gymraeg yn y gorffennol, ac er iddo arfer barn a deall, 'ac nid un o'm cynheddfau moesol, os oes gennyf rai', gan fynnu cael ei farnu ar y tir hwnnw, erfyniad ar deimlad ei gyd-genedl ac nid apêl at ei deall ydoedd. Nid amheuai nad oedd mwyafrif ei gydeisteddfodwyr yn cydweld ag ef ar bwnc yr iaith, eithr gwelai angen diriaethu'r hollt rhwng y sefydliad fel delfryd a'r 'Cymry Sais-addolgar hynny a fynn eu cyfrif eu hunain yn iaithgarwyr [sic]'. Creu 'anniddigrwydd', chwedl Williams Parry, oedd y nod, a hynny er mwyn yr hyn a gynrychiolai'r Eisteddfod:

> Nid fel beirniaid, o angenrheidrwydd, yr ymddiswyddodd yr un ohonom, ond fel rhai a oedd yn fath o swyddogion mewn sefydliad a oedd yn gweithredu yn y fath fodd ag i ddinistrio'r sefydliad hwnnw mewn amser.[4]

Cafodd y fenter effaith. Cadarnhawyd y Rheol Gymraeg ar 30 Ebrill 1937, sef tri mis ar ôl yr ymddiswyddiadau.

Nid gweithred y beirniaid yn unig a droes y llif. Gwnaeth Nodiadau Gruffydd lawn gymaint i ddwyn y maen i'r wal. Yn Nodiadau hydref 1938, ar ôl Eisteddfod Caerdydd lle y bu Gruffydd yn cadeirio'r Pwyllgor Llenyddiaeth, cydnabu ei ran yn yr ymgyrch. Gellir, efallai, faddau iddo ei ormodiaith: ffrwyth *deuddeng* mlynedd o lafur oedd y cyfansoddiad newydd:

> Wrth edrych yn ôl dros agos ugain mlynedd o awgrymiadau yn y Nodiadau, ni welaf fod ond un ohonynt wedi dwyn ffrwyth, a rhaid imi ddywedyd fy mod yn falch eithriadol o hwnnw. O'r diwedd mae Cyngor yr Eisteddfod wedi ei sefydlu, ac a barnu wrth y profiad ohono eisoes, mae'n llwyddiant eithriadol.

Sicrhau un awdurdod canolog i'r Eisteddfod oedd yr unig deimlad o lwyddiant pur a brofodd Gruffydd mewn blwyddyn ddigalon. Ar ddechrau'r un Nodiadau lle y croesawodd y drefn newydd, ymholodd ynghylch ei ddigonolrwydd i aros yn olygydd *Y Llenor*. Bwriodd olwg yn ôl dros yr amryw ymgyrchoedd a arweiniodd o blaid yr iaith a hel bwganod mai arno ef yr oedd y bai am fychaned y cynnydd a wnaed. Casglodd mai 'hoffter o fusnesu' yn hytrach nag 'awydd am fwy o addasrwydd a chyfiawnder ym mywyd cyhoeddus Cymru' a oedd wedi ei gadw wrth y gorchwyl cyhyd:

> Os oes sylwedd yn yr hyn a ofnaf, mae'n amlwg ei bod yn bryd i rywun arall gael cyfle. Nid wyf am gymryd arnaf y buaswn yn gorfoleddu wrth roddi'r *Llenor* i ofal un arall, ond buaswn o leiaf yn ymfodloni, fel yr ymfodlona pawb, i droeon anochel bywyd. Y cwbl y dymunwn ei sicrhau yw na throir *Y Llenor* yn gyfrwng i ymosod ar yr hyn y sefydlwyd ef i'w hyrwyddo; gwell fuasai gennyf roi diwedd arno, yng nghanol ei nerth a'i fywiogrwydd.

Yr oedd yr ymateb yn ddisgwyliadwy ond nid yn llai trawiadol oherwydd hynny. Ysgrifennodd Iorwerth Peate ato ar 3 Hydref i fynegi ei siom. *Y Llenor* oedd 'halen y ddaear Gymreig' a gwaith ei olygydd yn 'un o bethau arhosol y cyfnod'. O fewn y bythefnos nesaf daeth llythyrau oddi wrth Gynan ac R. T. Jenkins a Gwynn Jones yn galw ar Gruffydd i ailystyried. Mynegodd J. Morgan Jones, Prifathro Coleg Bala-Bangor, ei ofid o glywed 'tinc mor ddigalon yn cael ei daro' a holodd paham. Yn arwyddocaol, daeth yr apêl daeraf oddi wrth Bebb ar 29 Tachwedd. Pwysodd ar Gruffydd i ailfeddwl 'gan nad oes yng Nghymru neb arall a fedrai olygu'r "Llenor" fel y golygwyd ef gennych chwi, ac fel mae'n rhaid ei olygu, er mwyn iddo ef, y "Llenor", a adwaenom oll aros yr hyn ydyw, a chyfrannu'r hyn a wnaeth ac a wna, i lenyddiaeth a bywyd Cymru'. Yr oedd y cylchgrawn a'i olygydd wedi mynd yn sefydliadau cenedlaethol. Daeth cyngor chwaerol oddi wrth Geridwen o Rosllanerchrugog. Gofynnodd i ble'r aethai 'hen hyder' ei brawd mawr. 'Os paid *Y Llenor* â dweud y gwir pan fo angen, er iddo fod yn gaswir, pwy arall a feiddia i'w ddweud?' Awgrymodd y dylai dreulio mwy o amser ym Methel a gresynodd nad oedd cartref yno bellach iddo 'ddisgyn iddo pan wedi blino ar bawb a phopeth'.

Yr oedd Ceridwen yn llygad ei lle: diffyg hyder oedd wrth wraidd yr iselder ysbryd a drawodd Gruffydd yn 1938. Bu newidiadau personol a mwy cyffredinol yn sgil brwdfrydedd cyffredinol 1936 a 1937. Daeth helynt Penyberth mewn cyfnod o heddychiaeth boblogaidd – ac yn y broydd Cymraeg y caed y gyfartaledd uchaf o bobl yn cefnogi'r Bleidlais Heddwch, ymgyrch drawsbleidiol a thrawsenwadol, yn 1935. Nid cynt y diflannodd achosion sylweddol yr Ysgol Fomio a Machynlleth nag y dychwelodd Gruffydd at yr hen amheuon ynghylch Ffasgiaeth dybiedig y Blaid.

Effaith uniongyrchol fwyaf trawiadol digwyddiadau'r cyfnod oedd troi'r Blaid yn fudiad gwleidyddol o ddifrif. Daliai gobeithion am seddi seneddol yn freuddwyd, wrth gwrs, ond yr oedd o'r diwedd wedi mynnu sylw'r pleidiau eraill, 'yn gwthio'i phen', yng ngeiriau Gruffydd yn *Y Ddraig Goch* ym mis Tachwedd 1936, 'yn wannaidd i'r golwg mewn un gongl fechan o'n bywyd cenedlaethol', gan ddenu iddi ei hun 'yr ychydig hynny yng Nghymru [sydd] eto heb flino'. Nid mor 'ychydig' oedd y Blaid erbyn diwedd y ddegawd chwaith. Bu bron i'w haelodaeth ddyblu o ganlyniad i'r achosion llys ac yn y ddwy flynedd rhwng 1937 ac 1939 cododd nifer ei changhennau o 77 i 111. Cynyddodd cylchrediad *Y Ddraig Goch* o 2,000 yn yr un cyfnod. Dadleuodd Gruffydd yn Nodiadau gaeaf 1938 mai datblygiad y Blaid oedd yr unig ddatblygiad 'o bwys' ym mywyd cyhoeddus Cymru er 1928. Iddo ef, er hynny, yr oedd ei ffyniant yn bygwth ei gwneud yn debyg i bob plaid arall a lladd cryfder ei harwahanrwydd. Nid cacynen i bigo cydwybodau oedd hi mwyach, nid lefain yn y blawd, ond plaid ac iddi ei rhaglen a'i chyfansoddiad ei hun. Yr oedd dadrithiad Gruffydd gyda hi yn debyg i'w ddadrithiad gyda'r Eglwys Fethodistaidd adeg achos Tom Nefyn ddeng mlynedd cyn hynny: ofnai iddi lithro i rigol uniongrededd gan anghofio ei dechreuadau fel mudiad a grewyd i hyrwyddo a gwarchod buddiannau'r iaith. A benthyg ymadrodd gan O. M. Edwards yr oedd Gruffydd yn hoff o'i ddefnyddio, yr oedd y Blaid wedi colli ei henaid. Aeth anghysur Gruffydd yn ddwysach byth pan ddaethpwyd i synio am y Blaid yn boblogaidd hefyd fel mudiad gwrthfilitaraidd; ofn a gadarnhawyd gan y cynnig a basiwyd yn ei chynhadledd yn Abertawe ym Mai 1938 yn argymell amcanion di-drais i gyflawni ei dibenion. Cyfuniad o hyn a sïon anhyfryd am ogwydd y Blaid tua'r Dde, a yrrodd Gruffydd o'i rhengoedd pan droes tebygolrwyddd rhyfel yn sicrwydd.

Yr oedd un rheswm mawr arall am ddiymadferthedd ac anobaith Gruffydd erbyn 1938. Fe'i datgelwyd i'r sawl a chanddo lygaid i weld mewn ysgrif goffa yn rhifyn haf *Y Llenor* i un na bu sôn o gwbl amdani yng ngwaith Gruffydd cyn hynny. Dyfynnir y paragraff agoriadol yn llawn: 'Bu farw Mary Davies yn Harlech ar y dydd olaf o Fai, yn wyth a deugain oed.'

12

'Mary Fach Anwylaf'

O cariad annwyl yr wyf yn hapus i fod gyda chwi y dyddiau hyn, ac yn anhapus iawn pan fyddaf oddi wrthych. Nid anhapus *fy mod* oddi wrthych yn gymaint a feddyliaf, ond dyna mi gredaf fy nghyflwr normal i y dyddiau hyn ac a fydd byth bellach hyd fy medd. Y gwir am dani yw fy mod wedi myned i gasáu bywyd bron (y mae'n gywilydd gennyf ddywedyd) a fy nghyd-ddynion, ond pan fyddaf gyda chwi byddaf yn gallu anghofio'r cwbl. Gobeithio eich bod yn barod i fod yn fath o drug fel yna . . . Y mae'n sicr y buaswn wedi myned tros y llestri, bwrw'r cylchau, torri'r tresi, a phob metafforr gwyllt arall yn ystod y ddwy flynedd diwethaf onibae am danoch chwi. Felly pan fydd rhywun greadur yn ysgrifennu fy nghhofiant fel yr wyf yn awr yn ysgrifennu cofiant O.M., dylai ddywedyd hynny. Efallai y bydd y byd y pryd hynny yn barotach i'r gwir.

Geiriau Gruffydd mewn llythyr at Mary Davies yn niwedd 1930: hyn o gyflwyniad i'r bennod hon ac o gyfiawnhad drosti mewn bywgraffiad beirniadol-lenyddol. Wrth adolygu trydedd gyfrol *Atgofion Tri Chwarter Canrif* J. Lloyd Williams a *Hynt Gwerinwr* John Williams yn *Y Llenor* yn 1944, nododd Gruffydd newid graddol nid yn gymaint yng ngonestrwydd cofianwyr a hunagofianwyr ag yn chwaeth a goddefgarwch eu cynulleidfa: 'Heddiw fe ganiatéir, ac fe ddisgwylir efallai, blaender ymadrodd am fwy o bethau na chynt; symudwyd y tabŵ oddi ar lawer o faterion, gellir beirniadu dynion a syniadau a chorfforaethau a oedd yn goel-gysegredig i'n tadau, – ond y mae eto'n aros fydoedd o weithredoedd a theimladau a phersonoliaeth na faidd neb gyffwrdd â hwy ac a fydd, mi dybiaf, yn gyfrinach am byth.' 'Ond gyda'r holl newid hwn,' meddai yn ddiweddarach yn yr un adolygiad, '*detholiad* bychan a gofalus yw pob cofiant a hunangofiant, a'r hyn sydd yn mesur gonestrwydd yr awdur yw ei barodrwydd i gydnabod hynny.'[1] A'r byd bellach 'yn barotach i'r gwir' nag a freuddwydiodd Gruffydd erioed y buasai, gellir yn awr gyd-fynd â'i ddymuniad a gwneud drosto yr hyn na feiddiodd ef ei wneud drosto'i hun, nid o ddiffyg gonestrwydd ond o ddiffyg cyfle.

Mary Davies oedd angor Gruffydd ar hyd cyfnod mwyaf stormus a chynhyrchiol ei yrfa a cheir hanes y berthynas a dyfodd rhyngddynt mewn casgliad o dros 500 o lythyrau a ysgrifennodd ef ati rhwng 30 Rhagfyr 1926 a 17 Mai 1938. Fe'u cyflwynwyd i archifau Coleg Bangor gan Katie, chwaer Mary, yn 1960 i gwrdd â'r dymuniad a fynegodd yn ei hewyllys: 'My letters from Gruffydd have been kept and should go after his death to the College Library at Bangor. They too will be valuable in time.' Ymddengys fod y penderfyniad hwn yn rhan o drefniant a wnaed rhyngddynt o'r cychwyn. Er gwaethaf ei ddymuniad i hanes eu carwriaeth fod yn rhan o'i gofiant, ni feiddiodd Gruffydd gadw ei llythyrau hi ato ef. Llosgai hwy'n fuan wedi eu derbyn er mwyn diogelu'r gyfrinach rhag Gwenda – am resymau personol ar y cychwyn ac wedi hynny am resymau cyfreithiol.

Ganed Mary yn y Maelgwyn, Harlech, ar 15 Mawrth 1890 ac wrth enw ei thref enedigol y'i hadwaenid yn boblogaidd. Yr oedd ei thad, David Davies (Dewi Edern), yn weinidog gyda'r Bedyddwyr yn y dref. 'Magwyd ef yn nhraddodiadau puraf a mwyaf digymrodedd J. R. Jones, Ramoth,' meddai Gruffydd amdano yn yr ysgrif goffa i Mary yn 1938, gan arddangos eto'r duedd i ddiffinio ac i ddosbarthu cymeriad a oedd yn nodwedd mor amlwg yn ei waith erbyn y tridegau; 'credai heb gysgod amheuaeth fod dyfodol y byd a datblygiad ei ddaioni cynhenid a greddfol yn dibynnu yn y lle cyntaf ar ddewrder pobl ddigymrodedd yn ymladd, hyd farw pe bai raid, dros eu hargyhoeddiadau':

Nid oedd David Davies . . . yn edrych ar ei grefydd fel paratöad ofnus at fyd arall, nac fel siambr sorri wrth y byd, nac fel achos dagrau a meddalwch sentimental, ac (os cofiwn y gwahaniaeth rhwng swydd gweinidog a swydd Arolygydd) yr oedd Mary Davies yn hollol yr un fath. Darparu pethau'n onest i bob dyn, dilyn y gwir i ba le bynnag yr arweiniai, a chadw cyn belled ag a oedd bosibl oddi wrth y 'dynion sâl' a'u gweithredoedd, gwneuthur yn fawr o'i chymrodyr yn y frwydr a'u hamgeleddu a'u hamddiffyn, – yn yr ymarweddiad hwn y bu Mary Davies fyw a marw, a'i di-ysgogedd a'i di-anwadalwch wrth ddilyn ei hegwyddorion a'i gwnaeth, yng ngolwg pawb a'i hadwaenai, yn gymeriad anghyffredin ac arbennig yn ei chenhedlaeth.

Brwydr ac ymgeledd, 'dynion sâl' a dewrder; rhed yr un themâu hyn trwy'r llythyrau. Daeth Mary i Gruffydd yn gynrychiolydd eithaf y rhinweddau y dechreuai deimlo o ganol y dauddegau mai ofer oedd iddo geisio ymgyrraedd atynt. Yr oedd hi'n ddewrach nag ef, meddai, wedi ei hamlygu ei hun, yn ôl tystiolaeth *Magazine* Coleg Bangor lle'r aeth o Ysgol y Sir, y Bermo, yn 1909, fel dadleuwraig huawdl yng nghyfarfodydd y Gymdeithas Gymraeg. Graddiodd, fel yntau, gyda gradd ail ddosbarth mewn Saesneg a hynny yn 1912 a chael ei derbyn yn athrawes gynradd drwyddedig yr un flwyddyn. Bu'n athrawes yn ei hen ysgol am nifer o flynyddoedd cyn ymddiswyddo i wneud gwaith ymchwil. O'r Adran Addysg y cyflwynodd ei thraethawd MA yn 1923: 'A comparison of the phonetic systems of English and Welsh and the application of such comparative study in the practical teaching of English in Welsh schools.' Meddai hefyd ar raddau o annibyniaeth a nacawyd iddo ef gan ei swydd a'i ddyletswyddau cyhoeddus: gwraig ddibriod broffesiynol heb ofalon teulu nac aelwyd i gyfyngu ar ei hysbryd nac iddi enw ond yn ei phriod faes ei hun; Cymraes a safai uwchlaw'r mân ysgarmesau a'r gwrthdrawiadau personol a aethai'n fwrn ar Gruffydd. Yr oedd, fel y byddai'n ei hatgoffa droeon, yn ei 'ddeall' am nad oedd yn perthyn i'r un byd.

Cyfarfu'r ddau am y tro cyntaf yn Llundain yng ngaeaf 1926 tra oedd Gruffydd yn gwasanaethu ar Bwyllgor Adrannol Y *Gymraeg mewn Addysg a Bywyd* a hithau'n arolygydd ysgolion dan Adran Gymreig y Bwrdd Addysg yn Whitehall. Ceir ei henw ar restr y rhai a roes dystiolaeth lafar neu ysgrifenedig i'r Pwyllgor mewn atodiad i'r Adroddiad. Derbyniodd Gruffydd wahoddiad i ginio i'r tŷ a rannai Mary gyda'i chwaer, Katie, yn Regents Park Road ar 30 Rhagfyr. Dechreuasant ohebu'n rheolaidd ym mis Ionawr ac erbyn dechrau Chwefror yr oeddynt yn gariadon, yn cwrdd dan gochl gofynion proffesiynol. Aeth Gruffydd gyda'r trên i Lundain bedair gwaith i gyd ym misoedd Chwefror a Mawrth. Ar y cychwyn gwelir amrywiaeth yn y mannau cyfarfod: 'wrth y Piccadilly Tube' ar 4 Chwefror; yn Leicester Square pan alwyd cynulliad brys o'r Pwyllgor ('Haleliwia!') ar ben-blwydd Gruffydd ddeng niwrnod wedi hynny; wrth y stondin llyfrau ar orsaf Paddington ar 14 Mawrth (gyrrodd Gruffydd fap a chyfarwyddiadau manwl); ac yn y tŷ yn Regents Park Road ar yr unfed ar hugain.

Ym mis Ebrill symudodd Mary i lety newydd, 21 Belsize Park Road, ardal sydêt ar gyrion Hampstead – cyfeiriad gweddus i HMI. 'Dyna'r peth tebycaf i wir hafan a welais ers blynyddoedd ... y lle gogoneddus a hyfryd hwnnw' oedd barn Gruffydd ar y lle yn dilyn ei ymweliad cyntaf ar y seithfed ar hugain. Yr oedd y rhyddid a'r preifatrwydd cymharol a brofodd Mary yn ei chartref newydd (gallent lythyru'n ddirwystr bellach) a'r hamdden a olygai hynny i'r berthynas yn ddatblygiad tyngedfennol.

Nodwedd fwyaf trawiadol y llythyrau cynnar, er hynny, yw cyffredinedd eu cynnwys a'u mynegiant. Dechreua pob un o'r oddeutu cant a yrrodd Gruffydd ati rhwng 1927 ac 1929 gyda'r un fformiwlâu: 'Mary fach anwylaf' neu 'Cariad fach anwylaf yn y byd'. Ceir yr un duedd at ystrydeb yng nghorff yr ohebiaeth: 'Yr wyf yn eich caru ac yn eich gwerthfawrogi', 'yr wyf yn eich edmygu', 'yr wyf yn eich caru'n fwy bob dydd'. 'Byth bythol, W.', 'Yr eiddoch byth, Wil'. Defnyddir pob un o'r uchod air am air yn llythrennol ddegau o weithiau o'r naill lythyr i'r llall. Weithiau pump neu chwech o frawddegau o'r fath wedi'u rheffynnu wrth ei gilydd mewn llaw fras anllythrennog bron yw swm a sylwedd yr hyn a ddywedir. Oni bai i Mary Davies gadw'r llythyrau mor gydwybodol yn eu hamlenni gwreiddiol (pur anaml y rhoddai Gruffydd ddyddiad mwy penodol arnynt na diwrnod yr wythnos) amhosibl fyddai eu rhoi mewn trefn gronolegol. Cyfyngir y teimladau a fynegir ynddynt i bleser wrth gofio'r tro diwethaf iddynt weld ei gilydd a gobeithion am lwyddiant y nesaf. Ni bu Gruffydd erioed mor dafotglwm ar bapur. Mae'r gystrawen weithiau'n anystwyth, defnyddir benthyciadau o'r Saesneg nas addefid byth yn ei waith cyhoeddedig ac â'r orgraff ('croesaw', 'tebig', 'am danaf', 'o honoch') a'r acennu'n groes hollol i'r safonau a argymhellid ac a arferid ganddo yn *Y Llenor*. Mae'r cynigiadau prin ar wreiddioldeb meddwl yn llancaidd o anghelfydd. 'Mi wn i a chwi wyddoch chwithau', meddai 18 Awst 1927, 'na *fedrai* [sic] *ddim* ysgrifennu llythyr.' Rhoddir ychydig enghreifftiau yma er ystyriaeth:

Cafodd Columbus glod am ddarganfod America; dylwn i gael clod am eich darganfod chwi i mi fy hunan. Yr wyf yn meddwl am danoch *bob dydd* a *nos*; ac y mae'r meddyliau'n felys iawn a'r atgofion llawn mor felys a hynny.

'Peth rhyfedd yw serch' chwedl un o gocosfeirdd Cymru; ond peth rhyfedd *yw*. Wn i ddim a gaf i dafod i ddywedyd wrthych pan welaf chwi beth mor rhyfedd yw, ond cawn weled.

Yr wyf wedi dysgu mwy gennych chwi yn ystod yr ychydig fisoedd diwethaf nag a ddysgais o lyfrau ers blynyddoedd. Yr wyf yn meddwl am danoch bob dydd ac yn dywedyd fy mhader wrthych bob nos.

Ie, peth anesboniadwy yw'r bywyd dynol onidê? a'r trwbl ydyw fod dynion mewn dau ddosbarth – y rhai *na* all dysg na gwareiddiad byth ddylanwadu arnynt; dynion sy'n aros yn *cavemen* a'r ail ddosbarth, y rhai hynny sydd wedi dysgu digon i wybod bod pethau dyrys a chymhleth yn y natur ddynol, a bod rhaid eu cydnabod a'u parchu.

Dim ond pan edrychir ar y llythyrau hyn yng nghyd-destun cymeriad cyhoeddus Gruffydd y gellir amgyffred gwir arwyddocâd eu hanhuodledd. Ni raid atgoffa'r darllenydd fod Gruffydd erbyn diwedd y dauddegau yn ŵr y daethai gwreiddioldeb barn ac ymadrodd yn nod amgen arno, yn olygydd ac enw iddo am fod yn ddyfynadwy. Ymfalchïai yn ei fynegiant caboledig a chyhoeddai sanctaidd fraw uwchben diffygion chwaeth a chreadigrwydd a dychymyg. Yr oedd, wrth gwrs, wedi bwrw prentisiaeth drylwyr wrth draed Silyn a Gwynn Jones. Yn ei ohebiaeth â'r cyntaf o Rydychen ac yn y llythyrau rhyfel at yr ail (ac yn ei holl gyfathrach ysgrifenedig â chyd-lenorion o hynny allan) ymglywir â'r dyhead cyson i ddiddanu a synnu, yr awydd i estyn adnoddau'r iaith. Dogfennau lled-lenyddol ydynt: rhan, ni waeth pa mor ymylol, o'i ganon. Fe'u cyfansoddwyd, temtir dyn i gredu, gydag un llygad ar archifau'r dyfodol. Perthyn y llythyrau cynnar hyn at Mary i gategori gwahanol. Gellir eu dehongli orau, efallai, trwy synio amdanynt fel adwaith yn erbyn y disgwyl cyhoeddus am newydd-deb a chywreinrwydd ac fel enciliad ymwybodol oddi wrtho. Yng ngŵydd Mary gwelir Gruffydd yn ddiaddurn. Dengys gymaint ei gariad ati a llwyred ei ymddiriedaeth ynddi trwy ymddieithrio oddi wrth bopeth a gysylltir â'i ddelwedd boblogaidd. Nid Gruffydd yr athro, bardd a llenor mo Wil ac mae am i Mary wybod hynny. Deil hyn yr un mor wir am lythyrau mwy sylweddol yr ail gyfnod o ddechrau'r tridegau ymlaen. Ceir mwy o amrywiaeth a rhwyddineb yn y dweud, ond er mor ddadlennol a dyfynadwy ydynt, daliant yn gyndyn o wrthlenyddol. Eu hunig ddatguddiad o bwys i'w feddwl ef yw datguddiad mawr ei gariad at Mary ac ar y tir hwnnw yr haeddant le yn ei gofiant ac y dylid eu cadw. Ar 12 Mai 1938, lai na thair wythnos cyn iddi farw, ysgrifennodd Gruffydd at Mary am y darllediad radio 'Fy Mlwyddyn Arbennig I'. Dewisodd 1899, blwyddyn ei gyfarfyddiad cyntaf â Silyn, ond:

> Pe buaswn yn meiddio dweud y gwir, buaswn yn dweud mai'r flwyddyn arbennig yn fy hanes i yw'r un y cyfarfûm â chwi yn Llundain . . . Yr wyf yn gobeithio weithiau y daw oes ar ôl i ni i gyd gilio pan fydd pethau fel hyn yn rhan o'r pethau y gall dyn ymffrostio ynddynt yn gyhoeddus!

Yng nghanol y sôn am Benyberth a'r BBC, y Rhyfel Cartref yn Sbaen a'r rhyfeloedd llenyddol yng Nghymru, felly, gofala Gruffydd neilltuo lle er mwyn crybwyll ei bryder tadol am ei hiechyd (y mae'r duedd ynddo at hypocondria, ar ei ran ef a'i rhan hithau, yn elfen gyson: 'Gofalwch, wir, rhag ofn mai'r *flu* ydyw'), manion am y tywydd a'r ardd, troeon trwstan gyda'i gar, hanesion am Rachel (ci Mary) a Violet y forwyn. Sonnir am gyfarfodydd Bwrdd Academaidd y Brifysgol yn Amwythig a 'circus' blynyddol ei deithiau arholi i'r Colegau Hyfforddi Athrawon. Bron na ellid, ar sail y llythrau hyn, roi cyfrif am weithredoedd Gruffydd am bob dydd bron ar hyd y tridegau. Yn yr un modd ag y buasai gynt yn ysgrifennu at Silyn 'ynghanol darlith' yn Rhydychen er mwyn pwysleisio rhagoriaeth eu cyfeillgarwch ar ddyletswyddau diflas ei fywyd beunyddiol, ysgrifennai Gruffydd at Mary dan y ddesg mewn cyfarfodydd pwyllgor neu tra'n goruchwylio arholiadau gradd. Camp Gruffydd yn ei gofiant i O. M. Edwards oedd nithio bywyd mewnol neu 'answyddogol' ei wrthrych, fel y galwai ef, oddi wrth ei fywyd 'swyddogol' hysbys a dangos y gwrthgyferbyniad rhyngddynt. Yr ohebiaeth â Mary yw wyneb answyddogol Gruffydd yntau. Y mae tynerwch yr wyneb hwnnw'n ddadleniad.

Ysgrifennodd Gruffydd at Mary hanner cant ac un o weithiau yn 1929. Ar 18 Mawrth pan drawyd ei thad yn wael gyrrodd air ati 'i geisio cysuro tipyn arnoch'. Derbyniodd Mary ef ddiwrnod ei farw. 'Buasai'n dda gennyf fod wedi gweled llawer mwy arno, hoffais ef yn fwy na neb arall o'i oed pan welais ef,' meddai Gruffydd drennydd. 'Trueni mawr! – ond fel yna y mae. Gallai'r wlad yn hawdd spario llawer o'i flaen ef; y mae'n golled i lendid a gonestrwydd a hygaredd bywyd.' Fis yn ddiweddarach tro Mary oedd hi i gynnig cysur a chydymdeimlad pan gladdwyd ei dad yntau. Postiodd Gruffydd nodyn ati o Fethel noson yr angladd ar 25 Ebrill: 'Yr oeddwn yn teimlo'n unig iawn yn y fynwent, ond o hyd yr oeddwn yn cofio am danoch, ac am eich cariad rhyfeddol a dihunan ataf.' Caent lai o gyfle i weld ei gilydd ar ôl haf 1929 hyd yn oed wedi i Mary symud i fyw i Radyr o fewn ychydig filltiroedd i Riwbina. Datblygodd rhwydwaith cymhleth o lythyru rhwng gwahanol westai: Gruffydd yn y Raven a'r Lion yn Amwythig neu'r Regents Palace a'r Great Western Royal yn Paddington a hithau'n teithio ledled Cymru. Collodd Mary'r Eisteddfod yn Lerpwl (lle y rhannodd Gruffydd ystafell gyda Miall Edwards a Caradog Prichard) er mwyn trefnu mynd i Lossiemouth i gynhadledd ar ddysgu'r ieithoedd Celtaidd. 'Cofiwch am danaf pan fyddwch yna', hyn ar 18 Awst; 'onid oes eisiau dau yna yn experts ar Gymraeg[?] Os digwydd ddyfod awgrym fod eisiau un arall, dywedwch wrth y P. M. "Of course you know Gruffydd. I believe he could come just now." '

Nid coegni i gyd oedd yr awgrym chwaith. Yr oedd siom ei gais am Brifathrawiaeth Caerdydd ym mis Ebrill ('Yr wyf yn disgwyl y bydd gwaith mawr i chwi arnaf pan ddeuwch yn ôl i fy nghadw yn weddol fodlon') ac anghydfod ar yr aelwyd gyda Gwenda ei wraig yn gwneud bywyd Caerdydd yn annioddefol. Ysgrifennodd at Mary i Lossiemouth i roi hanes 'coblyn o row gyda G.' (ei sôn cyntaf amdani) ar 23 Awst, '. . . am ei bod yn jealous fod gennyf gyfeillion a hithau'n methu cadw yr un; dywedodd hynny'n blaen wrthyf'. Er hynny, gwrthododd ei adael. 'O gan Dduw na buasai'n cael rhywun yn rhywle!' Ymgollodd Gruffydd mewn gwaith: o'r awyrgylch hwn y deilliodd *Hen Atgofion* ac egin *Cofiant Owen Morgan Edwards*.

Troes ei law at orchwylion llai academaidd hefyd. Treuliodd ddiwedd Awst rhwng Lôn y Dail a Thŷ Rhos, Radyr, cartref newydd Mary yn disgwyl iddi ddychwelyd. Mae llythyr 3 Medi yn nodweddiadol: 'Yr wyf wedi cael screwdriver a morthwyl i chwi ac wedi gosod ychydig fachau, a phan ddowch yn ôl gwnaf eto beth bynnag a fyddo'n angenrhaid.' Erbyn 31 Hydref yr oedd Mary gartref a dibyniaeth Gruffydd arni'n llwyr:

Hyd yn oed pe na baech chwi yn gwbl ac yn fyd i mi, buaswn . . . yn gorfod gwadu fy hunan o bob math o gymdeithas am y rheswm na allaf rannu hynny â G[wenda] – ni all hi dderbyn na boddhau y bobl a ddewisaf i.

Treuliodd Gruffydd Nadolig a Chalan 1930 ar ei ben ei hun ym Methel yn cywiro proflenni'r *Llenor* a heb fentro allan, meddai, ond i bostio llythyrau at Mary. Erbyn 24 Ionawr yr oedd gartref eto – 'yn ôl yn fy ngweddwdod yng Nghaerdydd'. Ddeuddydd wedyn trefnodd dreulio noson gyda Mary mewn gwesty yn Church Stretton cyn cyfarfod o'r Bwrdd Academaidd. 'Mr & Mrs John Morris' a roddwyd yn y gofrestr – enwau a ddefnyddiodd Gruffydd a Mary yn rheolaidd yn eu hanturiaethau o hynny allan. Yr oedd yn drefniant hwylus yn Lloegr, ond yr oedd ymddwyn fel gŵr a gwraig yng Nghymru yn fater gwahanol. 'Nid wyf yn meddwl yr arhoswn ni yng Nghymru eto,' oedd penderfyniad Gruffydd ar 14 Ionawr 1931, 'y mae'r orfodaeth o geisio ymddangos i bobl yr hotel yn Saeson yn ormod o dreth arnaf.' Mae'n rhaid bod cryn drafod wedi bod ynghylch doethineb y berthynas erbyn 14 Mawrth. Gyrrodd Gruffydd gyfarchion pen-blwydd deugain oed (a cherdyn o'i waith ei hun) ati o'r 1917 Club yn Gerrard Street yn cydymdeimlo â hi ar 'y toriad *olaf* rhyngoch chwi a'r hen fyd', ond yr oedd ganddo neges arall yn ogystal: 'Nid wyf yn gweled gwahaniaeth hanfodol rhwng *barn* a *sentiment* canys y mae'r ddau yn dibynnu ar yr un peth, sef y gragen a dyf dyn am dano i'w gadw rhag cael ei frifo ormod gan y byd oddiallan.' Y tro cyntaf, ond nid yr olaf, i Gruffydd synio am serch, fel y gwnaeth yn ei gerddi, fel dihangfa rhag y byd.

A oedd cais Mary am swydd yn East Anglia wedi arwain Gruffydd i gyffelybu'r ddeubeth? Ysgrifennodd ati i'r Maelgwyn ar 23 Ebrill (gan ddefnyddio llawysgrifen o oes Victoria ar yr amlen a'r sillafiad 'Meirionethshire' i gelu awduraeth) er mwyn pwyso arni i ailfeddwl: 'Yng Nghymru y mae eich setting chwi . . . yn Ardudwy eich pobl a'ch gwlad.' Aeth y perygl heibio, ond yr oedd peryglon eraill trwy gydol ail hanner 1930 bob tro y cyfarfyddent. Nid oedd gan Gwenda'r un amheuaeth erbyn 2 Hydref: 'Cefais amser go arw neithiwr ar ôl myned yn ôl – yr oedd rhyw gythraul wedi fy ngweled yng Nghaerdydd nos Sul – sut wn i ar y ddaear – ac wedi myned i'r drafferth i ddywedyd. Os â pethau ymlaen fel hyn bydd yn rhaid imi fyw i lodgings.' Yn y cyfamser gwnâi ymweliadau mynych â Gorffwysfa y tro. 'Nid oes gennyf ddim llyfrau yma,' meddai ar 26 Tachwedd. 'Y mae hynny efallai'n llawn cystal. Ond yr wyf yn arswydo rhag ofn y gwaith sydd yn dyfod – papurau'r coleg, y Brifysgol a'r Training Colleges.' Mewn llythyr arall tua'r un pryd sonia'n ddigalon am y cofiant: 'Yr wyf yn teimlo fy mod wedi gweithio gormod ar O.M. – methu cysgu yn y nos, pethau'n troi yn fy mhen. Y mae'n hwyr glas imi gael holiday.'

Aeth Mary ar wyliau i Tangier ym mis Mawrth 1931 er mwyn ei hiechyd. Yr oedd ceiniog yn ychwanegol i'w thalu ar y llythyrau: 'Yr wyf yn deisyfu ar i bob duw a phwerau a thywosogaethau warchod trosoch a rhoi i chwi orffwys a llawn adferiad o bob anhwyldeb o bob math.' Ddeufis yn ddiweddarach, a Mary'n ôl yn Radyr, aeth Gruffydd yntau i Tangier. Addawodd yrru ati dudalennau o'i ddyddiadur ym mhob llythyr: 'Yr wyf wedi byw bywyd llawnach, ac wedi dysgu mwy, wedi dyfod i adnabod fy hun yn well, ac i ddibynnu mwy arnaf fy hun er pan ddechreuais eich caru,' meddai mewn nodyn o Dover ar 21 Mai. 'Dyma bedair blynedd hapusaf f'oes – yr *unig* bedair blynedd hapus.' Hwyliodd drannoeth; yr oedd ganddo boen ar y stumog 'a'r môr yn dal yn ddigon uchel'. Yr oedd ei gyd-deithwyr 'i gyd yn ymddangos yn anniddorol iawn'. 'Aeth y peilot am Dover am 10,' meddai yn ei ddyddiadur, 'a dyma'r siawns olaf i yrru dim at M. Yr wyf yn teimlo wrth adael y cyfle i ohebu â hi fel pe bawn yn llong yn drifftio.' Llanwodd ei ddiwrnod cyntaf ar y bwrdd yn darllen nofel gan Edgar Wallace a sgwrsio gyda'i gyd-deithwyr. Er mor anghydnaws oedd eu cwmni rhydd ei ddyddiadur pob manylyn amdanynt. Cafodd ginio canol dydd wrth fwrdd y capten ac yna 'te ofnadwy o sâl – y te yn rhy gryf . . . a theisennau o Lyons wedi sychu'n grimpyn!' Teimlai'n oer. Penderfynodd 'ofyn am china tea' i frecwast. Chwiliodd yn ofer am gwmni difyr. 'Y mae'r bobl wrth fy mwrdd i yn ofnadwy' yw cŵyn y dyddiadur ar y pedwerydd ar hugain. 'Wedi eu geni yn Surbiton (neu rywle tebyg i gyd) ac heb feddwl unwaith erioed. Ni welais eto neb y buaswn yn cael eiliad o gyffro wrth eistedd gyda hi! Y mae arnaf ofn mai diary anniddorol fydd hwn ar fy ngwaetha.' Y Sulgwyn oedd hi: dychmygai Gruffydd blant yn eu dillad gorau ym Methel ac yntau yng nghanol estroniaid. 'Wedi clywed y bobl yma'n siarad,' medd cofnod Llun y Sulgwyn, 'yn enwedig y Major (y mae'n waeth o lawer nag y tybiais), yr wyf yn gwerthfawrogi pobl fel fy nhad – dynion addfwyn, gwâr, a llawer mwy o "ddiwylliant" ganddynt na'r barbariaid hyn.' Er mor ddiflas oedd y daith, yr oedd adloniant annisgwyl i'w gael, fel y tystia'r llythyr hwn ar y chweched ar hugain: 'Yr Arglwydd Mawr! dyma fi'n dechrau i gweld nhw [sic]. Ci ar y bridge heb ddim ond dwy goes ar un ochr ac yn cerdded drwy bwyso'r ochr arall ar y rail!! Ie, wir Dduw! Wel, i feddwl y bu raid imi ddod yr holl ffordd yma i weled rhyfeddodau'r greadigaeth!' Cyrhaeddodd y llong Gibraltar y bore wedyn. 'Yr oedd yr agent yn Gib yn bur neis, a chofiais M. ato,' meddai yn y darn o ddyddiadur a yrrodd gyda'i lythyr nesaf. 'Yr oedd yn ei chofio'n dda. Pwy na fuasai! Ond wn i ddim beth i feddwl ohoni fel "charming English lady!" ' Nid oedd cywair y llythyr ynghlwm mor ysgafn. Sonia am 'natur ddwbl' ei hiraeth amdani:

Hynny yw, y mae hiraeth *teuluol* serchiadol am danoch fel fy nynes i fy hun, yr un y byddaf ar ei haelwyd bob nos o'm bywyd o bump neu bedwar ymhen, a'r un sy'n gallu rhannu â mi bob llawenydd a gofid, pob gobaith a chas a serch a meddwl, yn gweled harddwch gyda mi pan welaf innau harddwch, yn cyd-wneuthur â mi y pethau bychain distadl sy'n rhan mor fawr o fywyd pob dyn; dyna un hanner fy hiraeth. Yr hanner arall yw fy nwyd am danoch, ac ni fu hwnnw erioed yn gryfach na chyn gryfed.

Mae'n werth nodi mai i 'hiraeth teuluol' yn hytrach nag i hiraeth nwydus y rhydd Gruffydd flaenoriaeth ac ymhelaethiad, ac mae'r gair 'teuluol' ynddo'i hun yn arwyddocaol, yn enwedig o gofio 'gweddwdod' hunangyffesedig ei gyflwr gyda Gwenda. Nid *mistress* seml oedd Mary iddo: yr oedd ganddi ormod o annibyniaeth feddyliol a phroffesiynol i hynny, ac yn bendant nid dyna a ddymunai Gruffydd iddi fod erbyn 1931. Mynnai hi'n wraig answyddogol iddo a disgrifia ef ei hunan fwy nag unwaith fel 'gŵr' iddi. Troes eu perthynas yn fywyd priodasol cogio am ychydig oriau bob noson drwy'r wythnos waith ac aml i brynhawn Sul ar aelwyd Tŷ Rhos. Ni cheir sôn o gwbl trwy'r llythyrau am ysgaru oddi wrth Gwenda (yn wir, prin hanner dwsin o weithiau y crybwyllir ei henw o gwbl) er mwyn ailbriodi. Ar wahân i oblygiadau cymdeithasol y fath gam yng Nghymru'r tridegau, gwnâi statws Mary hynny'n amhosibl. Golygai iddi aberthu ei swydd. Yr oedd atyniad rhywiol o hyd yn elfen bwysig yn y berthynas: ('Yn ôl M[arie] Stopes ac eraill dylem fod wedi llonyddu ers talwm,' meddai Gruffydd ym Mai 1932; 'ond yn wir nid wyf i . . .'), ond eilbeth ydoedd wrth rannu 'pob llawenydd a gofid, pob gobaith a chas a serch a meddwl'. Erbyn 1933 yr elfen gwmnïol hon oedd nod amgen y berthynas. 'Fel y dywedwch,' meddai Gruffydd wrthi ar 4 Ebrill y flwyddyn honno, 'yr ydym wedi myned yn deuluol ofnadwy; ar y dechrau yr oeddwn yn gweled hynny dipyn yn rhy ddof, ond gwn nad oes *neb* teulu (h.y. gŵr a gwraig) a all gael cymaint o hwyl gyda'i gilydd ymhob man â ni.'

Ar 28 Mai mentrodd Gruffydd ar ei ben ei hun i'r Kasbah yn Tangier. Yr oedd gwerin y wlad, meddai, yn ei atgoffa o drigolion Môn dan eu beichiau ar ddiwrnod ffair. Hwyliodd yn ôl i Dover ar y degfed ar hugain yn gaeth i'w gaban gyda salwch môr.

Bwriodd y ddau wyliau yng nghanol Awst 1931 mewn bwthyn yn East Harptree, ger Bryste, gan deithio i lawr yn unigol. Mary a adawodd gyntaf ar y deuddegfed ac aeth Gruffydd â hi i'r orsaf: 'Yr oedd yn anodd *ofnadwy* adael i chwi fyned heddiw, a bûm yn gwylio eich het goch yng nghanol y dorf nes aeth o'r golwg, a daeth lwmp mawr i'm gwddw ar ôl i chwi fynd.' Dilynodd ef hi yno union wythnos yn ddiweddarach. Pan oedd Gruffydd unwaith eto yn ôl 'yng nghanol holl drafferthion a diawledigrwydd bywyd' yng Nghaerdydd ar y trydydd ar hugain, mae'n cofio am eu gwyliau: 'A wyddoch chwi am gân Gwynn Jones, "Rhos y

Pererinion"? Ni allwn lai na meddwl amdani wrth gofio rhostir y Mendip[s] a'r amser digyffelyb a gefais yno.' Nid gwaith anodd dyfalu paham y daeth penillion dihangol Gwynn Jones i'w feddwl:

> Pe medrwn ado'r byd a'i bwys,
> Gofidiau dwys a blinion,
> Ba le y cawn i noddfa dlos? -
> Yn Rhos y Pererinion.

Erbyn 9 Medi yr oedd yn ôl ym Methel ac unwaith eto'n ceisio dadansoddi ei deimladau tuag ati:

> Ni wn i sut i osod y mater yn ddigon cryf – dim ond trwy ddywedyd hyn, nad oes *dim* yn blino arnaf ac na fu dim erioed yn ein cysylltiad ond yn unig nad ydyw'n gyhoeddus ac yn agored. A pheidiwch byth â meddwl yn amgen; fedrwn i ddim cuddio rhagoch pe bai'n amgen . . .

> Fel y gwyddoch, debyg, un o'r pethau rhyfeddaf ynof ydyw na ellais erioed gyfarfod ag *un* ferch wir *intellectual* ond chwi, – h.y., nid 'merch alluog' na chlyfar na diwylliedig wyf yn ei feddwl, ond un yn arfer barn a rheswm diragfarn a chanddi ffydd yn y peth *iawn* am fod yr iawnder hwnnw yn reddfol ynddi.

Nid adwaenodd Gruffydd ei hen gartref pan ddychwelodd yno i dreulio'r Nadolig: 'Y mae cyfnewidiadau mawr wedi bod yma; tu allan maent wedi cael golau i'r ystrydoedd ar ôl ymladd yn hir am dano, ac yn y tŷ y maent wedi tynnu'r hen grât welsoch chwi yn yr ystafell lle buoch, ac wedi cael saer maen (uffernol o anghelfydd) i roi arch o frics plaen.' Yr oedd Gruffydd a Mary wedi'u tynghedu i fwrw pob Nadolig ar wahân.

Erbyn gwanwyn 1932 yr oedd bywyd Gruffydd gartref yn annioddefol; Y mae llythyr 22 Mawrth yn nodweddiadol: 'Nid oes gennyf gyfeillion enaid o gwbl, fel y rhai sydd yn gyffredin i ni'n dau . . . ac mi garwn i chwi wybod *na* byddaf yn myned i unman nac yn cael neb i'r tŷ *o gwbl* ers blynyddoedd . . . Nid oes arnaf eisiau neb yn ffrindiau os na allwch chwithau hefyd fod yn y cwmni.' Buasai yn y Theatre Royal yng Nghaerdydd y noson cynt yn gweld Gwenda a Dafydd ei fab mewn drama, 'ac mi eisteddais fy hunan fel adyn yn y circle'. Daliai i ymweld â Thŷ Rhos ac yn niwedd Medi ystyriai'r lle'n gartref: '*Pwysig iawn* . . . A wnewch chwi (fel ffafr i mi) gadw syniad am un mis o'ch treuliau domestic, er mwyn i minnau wedyn allu talu cyfran ohonynt[?] Yr wyf yn meddwl tentatively y buasai'n *weddol* deg (ond yn ffafriol iawn i mi) pe bawn yn talu hannner eich bil grocery a butcher . . . bob wythnos. Wedyn gallwn gael te a thamaid tua 7 gyda chwi bob dydd a lunch dydd Sul &c.' Ni olygai Gwenda ddim iddo mwyach ac yr oedd yn awyddus iawn i

Mary ddirnad hynny. 'Am G,' meddai ar 28 Hydref, 'efallai eich bod yn ei chymryd yn fwy difrifol na myfi. Pe buasai gennyf ryw rithyn o deimlad ati o *unrhyw* fath, y mae'n debyg y buaswn yn llawer casach wrthi; ond yn wir nid yw hi na'i syniadau a'i bychander ond mân lwch y cloriannau yn fy ngolwg.' Ar y cyntaf o Ragfyr 1932 gadawodd Gruffydd Lôn y Dail a symud i fflat ar rent ym Mhenarth – 20 Victoria Square.

O Lundain yr ysgrifennodd Gruffydd ar y cyntaf o Ionawr 1933, wedi trefnu lle iddo ef a Mary mewn gwesty yn Norfolk Square. '[£]2–15–6 ein dau yw'r lle yma am wythnos yn cynnwys brecwast a phopeth ond swllt yn y slot am gas.' Yr oedd Mary wedi bod yn anghofio mai 'Mrs Morris' oedd hi i fod yng ngolwg y byd, mae'n rhaid; yn enw 'Mr Davies' y penderfynasai Gruffydd rentu'r lle. Yr arhosiad yn Llundain oedd un o'r cyfleoedd prin a gawsant i fod gyda'i gilydd y flwyddyn honno – ffaith a adlewyrchir yn yr hanner cant ac wyth o lythyrau a yrrodd Gruffydd.

Rhannai Gruffydd hynny o amser hamdden a gâi rhwng Tŷ Rhos a'i fflat ym Mhenarth. Yr oedd wedi etifeddu rhai o ddodrefn ei dad (cist a chadair dderw) i'w hychwanegu at yr ychydig bethau o'i eiddo a ddaethai gydag ef o Lôn y Dail, gan gynnwys ei gasgliad o wydr glas, casgliad y manteisiai ar bob cyfle i ychwanegu ato o'r siopau ail-law yn Praed Street yn Soho. 'Yr wyf wedi gosod dau rowlin pin i fyny,' meddai ar 20 Ebrill, '– Mrs Rees Jones yn curo'r pared arnaf am wneud twrw wrth gnocio'r hoelion yn y nos!' Yr oedd Penarth yn prysur fynd yn fwy o gartref iddo na Gorffwysfa. Buasai ym Methel yr wythnos gynt, ond nid oedd arno eisiau dal pen rheswm â hen gymdogion. Ar y pymthegfed aeth am dro i Gaernarfon 'am y tro cyntaf ers blynyddoedd':

> Yr hyn oedd yn anodd oedd bod llawer o bobl ar y ffordd, a rhai o'r rheiny eisiau cydgerdded â mi, ac nid oedd dim amdani ond myned fel y cythraul a dweud wrthynt na allant fy nghanlyn.

O hynny allan tyngodd lw mai 'fel pelican' yr ymddygai yn ei hen fro.

Yr oedd wythnos ganol mis Mehefin 1933 yn eithriadol o brysur. Ar y trydydd ar ddeg ymwelodd â Choleg Hyfforddi'r Barri i arholi'r myfyrwyr: 'Yr oedd y students yma o'm blaen heddiw mewn gym costumes brown, a welais i erioed y fath gasgliad diawledig o bethau hyllion; ond erbyn iddynt guddio'u coesau yn y pnawn yr oeddynt yn edrych yn well o lawer iawn.' Y diwrnod wedyn myfyrwyr Coleg Caerfyrddin oedd dan sylw, 'Dyma'r set fwyaf truenus o'r un ond bai y staff a gânt yw hynny, gwehilion pawb arall.' Un peth yn unig a greodd argraff ffafriol arno: 'Y mae yma weithfeydd coed a metal dan gamp sy'n tynnu dŵr o'm llygaid, – gwyn fyd na buasai gennyf weithdy fel hyn. Mi wnawn fy holl waith fy hunan ar y dodrefn &c.' Oddi yno'n syth i Lanbedr Pont Steffan: 'Yr wyf wedi diflasu'n ofnadwy ar siarad Cymraeg "exams" gyda'r hogiau a'r genethod yma; y maent ar y cyfan mor affwysol o bell o unrhyw fath o ddiwylliant. Wn i ar y ddaear sut na fuasai'r B[oard] of E[ducation] yn treio cael rhyw well ffordd o bigo athrawon i'w hyfforddi. Yn sicr mi fuasai unrhyw fasnach a redir ar linellau fel hyn yn myn'd i'r gwellt.' Daeth yr ymweliadau i ben ym Mangor ar yr unfed ar bymtheg yng ngholegau'r Normal a'r Santes Fair. Gellir tybio fod Gruffydd yn weddol fodlon ar ansawdd colegau'r Gogledd gan na sonia air am yr un ohonynt. Yr oedd yn fwriad ganddo gael 'holidays bach' gyda Mary yn Ffrainc ar ddiwedd y mis ond yr oedd y bunt mor isel wrth y ffranc fel y penderfynwyd peidio.

I Neuadd Pedr Sant yn Rhydychen yr aeth Mary ym mis Gorffennaf i fynychu cynhadledd yr Arolygaeth (rhan sefydlog o'i ddyddiadur proffesiynol bob haf o hynny allan). Unwaith eto, yr oedd cywair 'teuluol' yng ngohebiaeth Gruffydd: 'Drwg gennyf eich bod yn teimlo'n unig yno; ond nid oedd dim arall i'w ddisgwyl,' meddai Gruffydd ar y pedwerydd ar bymtheg. 'Wedi'r cwbl (er saled gŵr i chwi wyf) yr ydym wedi bod gyda'n gilydd bron yn ddidor am dros chwe blynedd, bellach i mi y mae bywyd yn beth nas gallaf feddwl am dano heboch.' Yr oedd yn ymdopi'n weddol gyda'i orchwylion domestig, meddai dridiau wedi hynny: 'Dyma fi ar ganol cwcio fy nghinio yn ysgrifennu hyn yn y gegin. Y mae'r ffa a'r tatws yn berwi fel y cythraul, a'r chops yn rhostio; wn i ddim sut lun fydd arnynt.' Ac ar ganol geiriau cariadus, '(Damia, dyma'r ffa a'r tatws wedi berwi ymhell cyn i'r cig fod yn barod).' Natur eu perthynas, er hynny, oedd prif bwnc ei lythyrau ati i Rydychen. Anfonodd chwe thudalen o lawysgrifen fân ar yr unfed ar hugain yn cyfaddef ei feiau:

Ond dylech wybod (ac mi wn yn iawn!) na wnaed mohonof i (na neb arall, a dweyd y gwir) yn ddigon difrycheulyd i allu llenwi pob syniad ynoch a chyflenwi pob chwant ac eisiau. Dyna paham efallai y mae rhai yn cael cyfiawnhad i *polygamy* neu *polyandry*. Un o nwydau mwyaf effeithiol y byd yw'r nwyd o gywreinrwydd – nid yw ond enw arall ar 'adventure', ac ysywaeth ni all fod dim cywreinrwydd ynoch erbyn hyn tuag ataf i. Yr ydych wedi gweled drwof a throsof ac odanaf a phob modd arall bellach. Ond wir ionedd i [sic] y mae canol oed yn amser cas a phoenus, a gwn innau hynny cystal â neb. Y pethau a feddyliasom eu gwneud, – a ninnau'n *gwrthod* cydnabod na wnawn mohonynt byth.

Yr oedd, meddai, wedi meithrin gallu i'w charu y tu hwnt i ddim a ddisgwyliai:

Yn wir, y mae'r Tad Greadwr [sic] (os oes gennyf un) wedi dweud llawer tro wrth yr Ysbryd Glân wrth fynd i'w gwlâu. 'Wyddost ti beth, dyna'r peth rhyfedda o'r pethau a wneis i gyd. *Rois* i mo'r gallu ynddo, ond rywsut y mae *yn* gallu; wyt ti['n] meddwl y gallwn i fod wedi ei gymysgu â rhywun?' 'Ie,' meddai'r Ysbryd Glân gan wthio'r pot o dan y gwely a rhoi'r matsus yn handi rhag ofn y bydd yn rhaid codi yn y nos, 'pethau rhyfedd yw dynion'.

Gwelai ei heisiau, ac yr oedd yn '*gwyniasu*' amdani, er y gwyddai na allai hi ymateb yn yr un ffordd:

Yr ydych yn llawer mwy *oriog* na mi mewn rhai pethau; (nid beio, ond dweud ffaith yr wyf yn awr, ac ni feddyliais am eiliad am eich beio am hynny). Y mae gennych efallai fwy o *temperament*; neu o leiaf, gallaf ddweud yn hollol gadarn, fod fy nghariad i atoch chwi wedi fy angori gymaint yn fy nheimladau fel y mae'r *temperament* oedd gennyf wedi ei lyfnhau.

Teithiodd i Rydychen i'w nôl ar ddiwedd y mis a threuliasant wythnos gyda'i gilydd yn Llundain. Erbyn 8 Awst yr oedd Gruffydd yn Eisteddfod Wrecsam, yn aros ar ei ben ei hun yn Salisbury Road ond yn treulio amser fel gwestai ym mhabell *Y Cymro*, 'ac yng nghanol sŵn a siarad holl ffyliaid Cymru, mi fuaswn yn meddwl':

Mi gyrhaeddais yma erbyn tua 6 neithiwr; cefais brofiad go gas ar y ffordd, dod ar draws bachgen yn ymyl Pontypool wedi ei daflu oddiar ei fotor beic, a bûm am tua awr a hanner gydag ef yn ceisio ei ddadebru cyn i gar fyned ag ef adref. Nid oedd wedi torri dim asgwrn, ond yr oedd ei wyneb a'i ben yn ofnadwy ac wedi cael concussion yr wyf yn meddwl.

Aeth i weld *Pobun*, Cymreigiad Gwynn Jones o ddrama Hugo von Hofmannsthal yn ystod ei noson gyntaf yn Wrecsam, 'y production yn rhyfeddol ac yn effeithiol iawn ond prin y clywais yr un frawddeg gyfan o gwbl'. Cawsai syniad am ddrama o'i waith ei hun tra'n gwylio, meddai, 'ac yr wyf yn credu fod yr hwyl greadigol arnaf'.

Ar 8 Rhagfyr, er gwaethaf anawsterau'r berthynas, yr oedd Gruffydd yn barod i ddarogan tynged y ddau: 'Cariad fach anwylaf, a ydych chwi wedi sylweddoli mai gyda'n gilydd y byddwn am ein hoes bellach?' Yr oedd ei ddibyniaeth arni'n llwyr, ffaith a roddai gysur a gofid iddo bob yn ail. O Fethel yr ysgrifennodd ati ar y trydydd ar hugain: 'Wn i ddim beth a fuasai wedi digwydd i mi yn fy ymneilltuaeth oddi wrth fy nghenedl onibai amdanoch chwi yn fy ngharu ac yn gofalu amdanaf a gadael i minnau eich caru chwithau.' Anfonodd watsh ati'n anrheg Nadolig y drennydd gydag awgrym y gallai hi bellach gyfrif eu horiau ar wahân.

Gormes llif amser yw nodwedd amlycaf llythyrau dechrau 1934. 'Ie,' meddai Gruffydd ar 14 Chwefror, ei ben-blwydd yn hanner cant a thair, 'y mae'n saith mlynedd er pan ddaethom ynghyd ar yr amser bythgofiadwy hwnnw, ac y mae llawer o ddŵr wedi rhedeg dan y pontydd er hynny; ond y mae un peth sydd yn aros o hyd yn ddigyfnewid, sef fy nghariad i atoch a'm gwerthfawrogiad mwyfwy ohonoch.' 'Y mae meddwl am yr amser pan fyddwch chwi a minnau wedi peidio â bod, yn *ddychrynllyd* i mi'r dyddiau yma,' meddai'r diwrnod wedyn. 'Yn naturiol myfi fydd yn rhaid myned gyntaf, ond mae'r syniad y bydd ein cymdeithas ni wedi darfod o fywyd y pethau yn y byd yn fy nghadw yn effro yn y nos.'

Yr oedd pethau eraill i'w gadw'n effro ym mis Chwefror: paratoadau ar gyfer ymweliad Pwyllgor Grantiau'r Brifysgol a'i gyfrifoldeb newydd fel aelod o Bwyllgor Ymgynghorol Prifysgol Cymru i'r BBC. Cyfarfu â Syr John Reith ar y nawfed i gyflwyno memorandwm ar ddarlledu yn Gymraeg: 'Saunders Lewis yn reit dda, ac y mae'r ffeithiau ganddo. (Ll. G. pan oedd ei eisiau fwyaf heb fod yno).' Daethai'r radio yn rhan o'i fywyd; cafodd help gan ei fab Dafydd i osod polyn ar y pymthegfed o Chwefror a dechreuodd fritho ei lythyrau â beirniadaeth ar safon y rhaglenni a'r cyflwynwyr. Yr oedd hefyd wedi dechrau ymddiddori yn y sinema. Ar yr ail o Awst gwyliodd *Christina* Greta Garbo a'i mwynhau, ond nid felly *The Admiral's Secret* pan aeth i'w gweld i'r New Theatre ar 24 Gorffennaf: 'Siomantus iawn oedd, a fi oedd yr *unig un* yn yr holl upper circle a'r dress circle gyda'i gilydd! Ac mae'n debyg nad oedd fawr o bobl i lawr chwaith. Eitha gwaith i'r diawliaid am droi theatr barchus yn ogof lladron.' Nid oedd Gruffydd mewn hwyliau da y Gorffennaf hwnnw; Mary yn ôl yn Neuadd Pedr Sant, Rhydychen, ac yntau wedi clywed ar yr ail ar hugain fod athro ysgol yn y Rhiwlas wedi bod yn darllen penodau o'r *Hen Atgofion* i'w blant: 'Wrth gwrs yr oedd yn dda gennyf glywed fod rhywun yn cael hwyl gyda hwy, ond ar y llaw arall yr oeddwn yn teimlo'n reit filain hefo fi fy hun [ei] bod yn bosibl imi greu gwaith sy'n ffit i blant, ac yn fwy na hynny, sy'n plesio plant!' Troes yr hanes yn fyfyrdod ar rinweddau R. Williams Parry, T. H. Parry-Williams a'i le yntau ym mywyd barddonol y ganrif. Yr oedd ei gasgliad yn ddigalon;

Y mae bron yn amhosibl fel y gwyddoch greu gwaith 'artistig' yng Nghymru, – yr unig ffordd yw bod yn 'drawiadol' fel gwaith RWP neu fod yn drwm introspective fel THPW. Wrth gwrs yr wyf yn marcio RWP yn uchel iawn yng ngraddfa beirdd unrhyw wlad (ond nid THPW – y mae gormod o bwys ganddo arno'i hun, nid yw personau eraill yn bwysig o gwbl yn ei olwg). A gwn i am fy mhethau gorau megis Y *Tlawd Hwn* a *Chapten Huws* na chytuna neb arnynt am flynyddoedd lawer eto. Yn wir yr wyf wedi bod yn gofyn i mi fy hunan *paham* yr wyf yn dal i sgrifennu i genhedlaeth fyddar o Gymry sy'n addoli popeth yr wyf yn ei gasáu.

Ei brif gasbeth, meddai ar 25 Gorffennaf, oedd ysgrifau Saunders Lewis ar genedlaetholdeb i'r *Ddraig Goch*: 'Y mae *poses* S.L. wedi myned

tu hwnt i joke, a bydd yn rhaid ei gymryd mewn llaw. Ond y mae'n rhy
gomic i fod yn Public Enemy No. 1!' Ddiwrnod yn ddiweddarach ceir y
cyfeiriad cyntaf gan Gruffydd at fygythiad Natsïaeth pan gyhoeddwyd yr
Anschluss rhwng Awstria a'r Almaen: 'Newyddion ofnadwy o Awstria
yntê? Nid oedd gennyf fawr o gydymdeimlad â Dolfuss ond yr oedd yn
llawn plwc. Choelia i ddim na thry hyn Ewrop i gyd yn erbyn y Nazis a
phawb tebyg iddynt.' Mewn llythyr diddyddiad yn y cyfnod yn dilyn yr
Anschluss rhoes Gruffydd y bai am Hitleriaeth ar wyrni cynhenid yn y
gyfundrefn ddemocrataidd ac yn y natur ddynol; yr oedd erbyn hynny'n
dechrau troi o fod yn ffenomen ddiddorol i fod yn gysgod bygythiad:

> Yr wyf yn deall yn eithaf raison d'être y bobl hitleraidd [sic] yna; y mae
> democratiaeth boliticaidd *bob amser* yn arwain i beth fel yna; i Gaesarïaeth
> yn Rhufain, ond yr un rheswm sydd o hyd; ni all pobl gyffredin ddal gallu heb
> ei gamdrin; y mae'r aristocratiaid yn debyg wrth gwrs, ond *ychydig* ydynt.
> Ond y mae holl farciau Caesarïaeth ar y busnes yn yr Almaen – y lladd a'r
> saethu a'r erlid a'r siarad 'mawr' a'r bostio a llosgi llyfrau &c., &c..

'Clywais Goebbels heno (neu Göring) – Goebbels debyg,' hyn ar 18
Awst, 'yn siarad am y lecsiwn ddydd Sul yn rhywle – ni chlywsoch erioed
y fath rantio a'r fath *cheers* byddarol!'

Teithiodd Mary i Frankfurt-am-Main yng nghanolbarth yr Almaen
ddiwedd Awst 1934 ac aeth Gruffydd ar wibdaith trwy drefi Caint:
Margate, Sandwich, Dover, Deal, Hastings a Tunbridge Wells.
Anfonodd nodyn hunandosturiol ati o'r olaf ar y pedwerydd ar hugain:
'Wyddoch chwi beth – yr wyf wedi myned yn rhy hen i fwynhau holidays
o grwydro fel hyn ar fy mhen fy hun; ni bûm *erioed* yn teimlo mor unig ag
y bûm ar ôl i chwi fyned i ffwrdd – gweled fy hun heb neb o gwbl a phawb
am wn i a'i lach arnaf.' Erbyn yr ail o Fedi yr oedd yn ôl ym Mhenarth ac
yn holi am ddatblygiadau yn yr Almaen. Mynnai wybod gan Mary hanes
y Liwtheriaid 'sy'n gwrthryfela yn erbyn yr Arweinydd yna' – awgrym yn
ategu ei ddadl yn *Y Llenor* fod dimensiwn crefyddol i Hitleriaeth ac egin
y cyswllt a honnai erbyn 1940 rhwng 'yr adwaith Catholig' a'r 'adwaith
gwladol'.[2] Ymholiad 2 Medi yw'r sôn olaf ganddo am wleidyddiaeth yn
1934.

Ddeuddydd yn ddiweddarach yr oedd ar fin mudo. Buasai'n chwilio
am fyngalo ar rent a gweld dau, y naill ym Mhen-tyrch a'r llall yn Sili,
ond yr oeddynt yn rhy fach a heb nwy. Clywodd trwy gyfaill ar y
pedwerydd o Fedi am fflat wag, yr uchaf o dair mewn tŷ yn Plymouth
Road ym Mhenarth, ac fe'i cymerodd. Ysgrifennodd ei lythyr olaf ati o
Victoria Square:

> Bydd yn costio 22/6 yr wythnos, hanner coron yn fwy na hon, yr un faint ag a
> delid am blentyn siawns gynt! Yn 45 Plymouth Road y mae; nid yw'r cwbl a

ddymunaswn o bell ffordd ond mae tair ystafell ynddi, un fawr iawn, a dwy ychydig yn llai a chegin a bathroom wir dda.

Erbyn y degfed yr oedd 'yn styrio o gwmpas y tŷ newydd' yn gosod plygiau ac yn cael blas amlwg ar ei amgylchfyd.

Treuliodd Gruffydd weddill 1934 a dechrau 1935 yn gweithio i'r BBC, yn darparu memorandwm i'r Pwyllgor Seneddol a wyliai dros y Gorfforaeth ac yn nithio'r tua 700 o geisiadau a ddaeth i law oddi wrth aelodau o'r cyhoedd am le ar ei Chyngor Cymreig. Yr oedd, meddai, wedi methu â dewis dwsin o rai addas o'u plith. Yr oedd Mary yn y cyfamser wedi ailafael mewn gyrru ac yn berchen ar Ford 10 – datblygiad, fel y gellid disgwyl, a barai i Gruffydd boeni am ei diogelwch. Yng ngwanwyn 1935 mentrodd cyn-fyfyriwr i Gruffydd, Alun Llywelyn-Williams, i'r byd cyhoeddi:

> Mae rhai o'r hogiau a'r merched yma yn y coleg wedi dyfod â rhifyn allan o gylchgrawn newydd 'Tir Newydd' – y syniad yw math o wrthryfel yn erbyn yr hen safonau. Ond y mae bron i gyd dros ei ben ynghanol yr hen *clichés* gwaethaf . . . Ond gwell i mi roi gair caredig i'r cylchgrawn yn y *Llenor* a pheidio â sôn am ei thruth hi. Petai llygedyn o wreiddioldeb yn ebychiadau'r bobl yma – gan gynnwys Saunders Lewis – buasai'n bosibl eu dioddef, ond nid oes ganddynt ond ailddweud T.S. Eliot a phobl Ffrainc heb eu deall yn iawn. Os darllener Pantycelyn Saunders yna Freud yw ei sant; yn ei bethau eraill St Thomas Aquinas – piti na buasent yn dweud wrthym prun.

Yr oedd anallu (neu amharodrwydd) Gruffydd i wahaniaethu rhwng clasuroldeb Lewis ar y naill law ac awen fodernaidd Llywelyn-Williams ar y llall yn dweud llawer am gyflwr ei feddwl yng nghanol y tridegau. Ni chroesawodd *Tir Newydd* i'r gorlan yn gyhoeddus fel y dywedodd y byddai; bodlonodd yn hytrach ar gyhoeddi 'Barddoniaeth mewn Oes Ddiwydiannol' Alun Llywelyn-Williams yn Y *Llenor* yng ngwanwyn 1935. Gyda holl afiaith llanc dwy ar hugain oed, manteisiodd Llywelyn-Williams ar y cyfle i ganu cnul barddoniaeth ramantaidd 'Ysgol Rhydychen' Williams Parry, Gwynn Jones a Gruffydd ei hun: 'Bellach fe ddarfu nerth yr ysgol hon, er bod llawer o'i phrif aelodau gyda ni o hyd, ac fe ymddengys fod y mudiad rhamantus ar ben.' Fel Tom Sawyer gynt, gwyliai Gruffydd orymdaith ei gynhebrwng ei hun.

Symudodd Mary yn haf 1935 o Radyr i dŷ newydd mewn ardal gyfagos, Tresissillt, The Close, Llanisien. Yr oedd Gruffydd newydd gwblhau pennod olaf *Hen Atgofion* ac yn anfodlon arni: 'Nid nad oedd gennyf ddigon i'w ddweud, ond ymddengys i mi fy mod gymaint allan o diwn â phobl yng Nghymru heddiw fel nad ydynt hwy a minnau yn siarad yr un iaith, ac y mae bron yn amhosibl gallu dweud dim a allant ei *ddeall.*' Gadawodd y bennod ac aeth am wythnos o wyliau i Yarmouth ar 17 Awst. Yr oedd y llong a huriodd yn ormod o waith iddo; fe wyddai sut i'w thrafod, meddai, ond ni allai. Yr oedd y methiant yn ddrych o'i anallu i reoli'r pethau y cyfrifai ef ei hun cynt yn feistr arnynt. Dychwelodd i Benarth ar y pumed ar hugain a bwriodd iddi i ddiwygio'r bennod goll. Cyflwynodd y deipysgrif (yn dal yn anhapus â hi) bum niwrnod yn ddiweddarach wedi ymlâdd yn llwyr. 'Yr oedd yn rhaid imi wneud rhyw fath o ragarweiniad i'm hanes llenyddol, a dyma yw hwn gan mwyaf. Ond yr wyf wedi colli'r ddawn o weithio'n ddi-dor, ydwyf wir.'

Yr oedd wedi colli pob uchelgais hefyd. Cynigiwyd swydd weinyddol barhaol iddo gyda'r BBC ond fe'i gwrthododd ac ar 27 Gorffennaf derbyniodd wahoddiad i ginio i'r Athenaeum lle y cafodd 'hanner cynnig' cadair mewn llenyddiaeth Gelteg. Mae'r manylion yn brin ac amhosibl dweud pa mor o ddifrif yr oedd y cynnig, ond ymddengys fod miliwnydd o Gymro alltud yn America yn barod i noddi cadair a thalu £1,200 y flwyddyn o gyflog. Temtiwyd Gruffydd, meddai'r diwrnod wedyn, ond 'pan ddeellais mai yn Llundain neu Rydychen neu Gaer-grawnt y byddai'r gadair, mi ddywedais yn hollol blaen "na", ond pan ofynnwyd i mi pwy arall, bu rhaid i mi ddywedyd na wyddwn am neb a wnâi *lenyddiaeth*'.

Mentrodd i Fethel i fwrw Nadolig 1935 yn Gorffwysfa ond nid arhosodd yno dros y Calan fel arfer. 'Am wn i,' meddai mewn llythyr o Benarth ar ddiwrnod olaf y flwyddyn, 'dyma'r Flwyddyn Newydd gyntaf i mi fod ar fy mhen fy hun.' Yr oedd ffigwr Mussolini eisoes yn taflu ei gysgod drosti, ond ofnai hygrededd ei edmygwyr yn fwy. 'Yr wyf yn dechrau meddwl mai'r prif wahaniaeth rhwng dyn ac anifail yw bod yr anifail yn dysgu trwy brofiad, a dyn wedi myned yn gymaint o hen lanc nes y mae'n tybio y gall ddiystyrru profiad.' Ac mewn ôl-nodyn awgrymog: 'Wedi bod yn darllen T.S. Eliot, – ac yn gweled nad oes gan Saunders gymaint *ag un* idea o'i eiddo'i hun.'

Gogwyddai Gruffydd rhwng digalondid a difaterwch ym misoedd cynnar 1936: 'Yr wyf y dyddiau hyn fel chwithau yn teimlo'n hollol *oer* at bawb yng Nghymru,' meddai 29 Ionawr, 'ac nid oes dim a wna neb yn rhoi dim shock imi. Efallai yn y pen draw fy mod yn lled-ymwybodol fod y frwydr wedi ei cholli, ac nad oes dim reality mewn dim a wnawn bellach.' Nid am y tro cyntaf mynegodd wrth Mary y gred 'onibai am danoch buaswn wedi rhoi'r *Llenor* i fyny ers talwm'. Ym mis Mawrth daeth *Hen Atgofion* o Wasg Aberystwyth; 'ofnadwy o sych' oedd unig sylw Gruffydd arni. Ni allai feddwl am neb yn y Gymru Gyfoes a drafferthai i'w darllen. Ychwanegodd problemau ariannol at y pruddglwyf. 'Un o'r diwrnodau duon' oedd 30 Ebrill pan gyrhaeddodd llythyr oddi wrth y Swyddfa'r Dreth yn ei hysbysu nad oedd wedi talu trethi llawn er chwe blynedd – 'rhyw arian y dylai G[wenda] fod wedi eu talu; difethodd y cwbl fy mrecwast yn lân'. Yr oedd amser, ac efallai angen, er hynny, i ddarllen y tu allan i feysydd gweinyddol ac academaidd. Gorffennodd *Traed Mewn Cyffion* ar y pumed o Fai: 'Cododd llyfr Kate Roberts . . . dipyn o hiraeth arnaf; mae'n formless braidd ac yn hollol ddi-blot, ond mae darnau campus ynddo, a'r disgrifiadau yn cyrraedd i'r byw.' Daeth criw o Almaenwyr ifainc i Benarth yn nechrau Awst: ''Rwyf yn eu gweled o'r ffenestr drwy'r dydd, mewn trowsusau suède a'r merched mewn barclodiau . . . Mae rhywbeth yn *self-conscious* ofnadwy ynddynt fel cenedl.'

Llenwir llythyrau gweddill haf 1936 â manion tebyg: cyfarfodydd Pwyllgor BBC y Brifysgol a'r Bwrdd Academaidd, ymosodiadau personol ar 'wyddoch chwi pwy'(Gwenda, debyg). Ar yr wythfed o Fedi swm a sylwedd newyddion Gruffydd oedd pwdin reis i ginio a hanes coeden y drws nesaf a chwythwyd i lawr mewn storm. Yr oedd cywair llythyr y diwrnod wedyn yn drawiadol o wahanol:

> Wel wrth gwrs y newydd mawr yw hanes Valentine, a Saunders a D.J. Williams yn rhoi'r aerodrome ar dân, – wrth gwrs yr ydych wedi clywed erbyn hyn. Ni welais i neb i roi mwy o wybodaeth i mi nag a gaed yn y papurau. Mae'n ddrwg iawn gennyf drostynt; cânt eu camdrin a'u camliwio, a phobl ddistadl a diwerth yn siarad yn *superior* amdanynt. Ac nid wyf yn siŵr nad wyf yn meddwl iddynt wneud y peth gorau posibl, – er mwyn ceisio deffro dipyn ar Gymru sydd wedi disgyn yn is yn gyhoeddus nag y bu ers cant o flynyddoedd. Wn i ddim a oes iachawdwriaeth i'n gwlad ai peidio; mae'n anodd gennyf feddwl fod, ac yr wyf yn ofni y bydd y cyfnewidiadau mawr wedi dyfod dros Ewrop cyn inni ddeffro dim ac yn ysgubo ni i ba lanw bynnag a fydd yn llifo.

Yr oedd ei edmygedd greddfol o Saunders Lewis yn y ddeuddydd yn union wedi'r Tân yn Llŷn yn gryfach nag unrhyw amheuaeth fwy sylfaenol o'i gymhellion. Yr oedd y weithred wedi rhoi hwb iddo. Gallai faddau iddo ei wleidyddiaeth fel pe bai'n chwiw ddiniwed. Eironig meddwl wedi darllen geiriau 10 Medi am y cefnogaeth a gâi o du Jenkins a Henry Lewis yn ei ymgyrch dros 'Ryddid a Rheswm' yn is-etholiad y Brifysgol chwe blynedd a hanner yn ddiweddarach:

> Ni chlywais neb yn sôn fawr am helynt Lleyn, ond mae'n debyg fod digon o *superiority* mewn pobl fel R.T. Jenkins a Henry Lewis a rhai gofalus eraill. Trueni na bai pobl yn ymfoddloni ar anghydwel yn lle ceisio hel rhesymau 'superior' i guddio llyfrdra. A dweud y gwir i chwi yr wyf wedi cael llond fy mol ar bobl 'gall' a mentality'r Cyfarfod Misol, a phe buaswn yn ieuengach buasai'n dda gennyf fod yn yr helynt fy hun. Ond yr wyf yn cydweled â chwi ar bwnc Ffascistaeth [sic] – ond nid oes neb ond Saunders Lewis a Bebb drwy holl Gymru yn meddwl amdano. Ond efallai y bydd yn rhaid tynnu'r ewinedd

o'r blew pan ddaw Ffasciaeth [sic] i Loegr – yr wyf yn siwr y daw er nad dan adain Moseley. Mae agwedd pobl at Sbaen yn dangos hynny. Ac yn y pen draw y bobl 'gall' ofalus fydd y *very* pobl a'i derbyn, am fod arnynt ofn.

Un o agweddau mwyaf diddorol sylwadau Gruffydd ar argyfwng Ewrop (a Chymru) ar ganol y tridegau yw'r pwyslais cyson ar bwysigrwydd rhyfel cartref Sbaen, yn enwedig o sylwi nad oes sôn am y mater o gwbl ganddo yn *Y Llenor*. Yn Sbaen Franco, yn enwedig wedi i'r Eidal yrru milwyr yno i ymuno â lluoedd y Cenedlaetholwyr, y gwelodd y cyswllt rhwng Eglwys Rufain ac eithafiaeth y Dde yn ei holl hagrwch. Ar y nawfed o Ragfyr, yn dilyn *putsch* yn erbyn y Gweriniaethwyr, daeth newyddion o Majorca am 1,500 o'i thrigolion wedi'u lladd gan fyddinoedd Mussolini. Nid oedd y fath gigeidd-dra yng ngolwg Gruffydd ond yn esboniadwy yn nhermau crefydd. Yr oedd Saunders Lewis a'i gymheiriaid newydd glywed y byddai raid iddynt wynebu gwrandawiad arall yn Llundain wedi i reithgor Caernarfon fethu â chytuno ar ddedfryd. Cyplysodd Gruffydd y ddeubeth mewn paragraff dadlennol ar ddiwedd y llythyr:

Nid oedd y Rhufeiniaid na'r Groegiaid erioed wedi disgyn mor isel â hyn; yr wyf yn dechrau myned i feddwl mewn gwirionedd mai'r Eglwys Babaidd yw *yr* Anghrist mewn gwirionedd, ac y dylem i gyd fod yn effro iawn yn ei herbyn hyd yn oed pe bai hynny yn golygu ail ddechrau [sic] mynd yn ôl i'r capeli. Ar ôl i fusnes S.L. gael ei setlo, yr wyf am ddyfod allan yn gyhoeddus ar y pwnc onidê fe â'r Blaid Genedlaethol yn Ffascist a Phabyddol.

Yn rhyfedd iawn, yng ngolwg Gruffydd perthynai'r sïon cyntaf am ddiorseddiad tebygol y Brenin Edward VIII ym mis Tachwedd i'r un patrwm o ddirywiad dynol. 'Os gwnaiff, fe fydd y frenhiniaeth wedi cael clwy marwol – mae'n barod wedi ei gael. Ni feddyliais erioed y buasai pobl yn troi fel hyn yn erbyn y brenin am beth mor fychan; ond wrth gwrs, plant yw tua 95% o'r boblogaeth.' Yr un 95 y cant o'r boblogaeth y cyfeiriodd Gruffydd atynt wrth Gwynn Jones ugain mlynedd ynghynt, rhaid casglu, nas cynysgaeddwyd â 'greddf uniondeb'. Dadleuwyd dyfodol y Brenin yn y Senedd ar 3 Rhagfyr:

Ymddengys i mi y caiff yr *hounding instinct* ei siawns, ac ar waethaf y 'Public School Spirit' a'r cwbl o'r teyrngarwch cogio, bydd y diawliaid wrth eu bodd i gael aberth mor urddasol i'w cynddaredd. Pe bawn 1) yn iau 2) yn Sais 3) yn gallu siarad yn gyhoeddus, buasai siawns iawn gennyf i ddyfod yn Brif Weinidog. Os ymddiswydda B[aldwin] ac Attlee yn gwrthod gwneud gwleidyddiaeth, dyna siawns i ddyn hollol o'r tu allan i ddyfod i'r golwg. A[c] 'rwy'n credu yr enillai!

Erbyn 10 Rhagfyr yr oedd tynged y Brenin wedi'i selio:

> Wel, mae'r brenin am roi'r gorau iddi. Choelia i ddim nag [sic] ydyw Baldwin
> a'i griw hefyd yn ceisio fforsio ei law neu pam yr oedd sôn am y peth yn y
> papur cyn iddo wneud hynny'n swyddogol[?] Wel, dyma ddiwedd ar holl
> *prestige* y frenhiniaeth, a cham aruthrol yng nghyfeiriad Fascism. Fe fydd
> datblygiadau diddorol, ond peryglus iawn, yn ystod y dyddiau nesaf.

Ymhelaethodd ar natur y peryglon y diwrnod wedyn. Yr oedd y teulu
brenhinol dan y lach gan y cyhoedd ac 'yn y cyfamser, mae Italy a
Germany yn cael gwneud beth a fynnont'. Treuliodd y Nadolig yn Nulyn
a'r flwyddyn newydd ym Methel. Canmolodd chwaeth bensaernïol yr
eglwys gadeiriol Brotestannaidd newydd yn Nulyn, 'ond cefais fwy na
llond fy mol ar y catholics [sic] a'u lol a'u twrw a'u budreddi a'u
hanwybodaeth'. Dengys llythyrau'r tridegau'n glir, yn groes i haeriad Syr
Rhys Hopkin Morris yn *Y Llenor* Coffa, mai fel math o sosialydd o leiaf y
syniodd Gruffydd amdano'i hun.[3] Pleidleisiodd i'r Blaid Lafur yn
Etholiadau Cyffredinol 1931 ac 1935 a gwelodd fai ar ferched am
fuddugoliaeth y Torïaid yn yr ail. 'Braidd yn siomantus i mi yw'r
canlyniadau' oedd ei ddyfarniad ar 15 Tachwedd y flwyddyn honno. Ei
weithred brotest olaf bron yn 1936 oedd ymuno â'r Left Book Club.

Mae'n anos dilyn gohebiaeth 1937 gan fod cynifer o amlenni ar goll a
Gruffydd mor esgeulus ag erioed wrth ddyddio ei lythyrau. Rhaid
dibynnu ar gyfuniad o dystiolaeth allanol a greddf. Yn Ionawr yr oedd
Gruffydd gyda'r Blaid yn Aberystwyth a newydd dderbyn swydd is-
lywydd: 'Ni fedrwn yn hawdd wrthod, ond bydd yn dipyn o dreth arnaf
yn enwedig yn ystod y mis nesaf.' Daliai i boeni, meddai mewn man arall,
ynghylch 'yr hogiau druain sydd yn y carchar', ond dengys llythyr
diddyddiad o tua'r un cyfnod duedd naturiol ddrwgdybus ei feddwl. Yr
oedd wedi mynegi pryderon am ddylanwad Catholigion yn y Swyddfa
Dramor ar goedd mor bell yn ôl ag 1928. Naw mlynedd yn ddiweddarach
poenai fod sail i'w ofnau yng nghyswllt penodol rhyfel cartref Sbaen:
'Wel yn wir, mae pethau anhygoel ym mholisi dramor [sic] y llywodraeth
yma; y peth yr wyf yn fethu [sic] ei ddeall yw fod pawb mor ddistaw, a
chofio cymaint o dwrw a wnaed amser Abyssinia. Tybed fod Franco
wedi addo rhywbeth iddynt yn erbyn Italy? Neu yn erbyn Germany? Neu
a ydyw'r chwiw am y Catholics sydd yn fy mhen yn iawn, ac mai'r llaw
gudd yn y Swyddfa Dramor sy'n cyfrif am y peth[?]' Galwadau
academaidd a'i cadwai rhag meddwl gormod am lanw a thrai'r rhyfel yn
Sbaen. Pan aeth Bwrdd y Wasg yn gyfrifol am gyhoeddiadau'r
Cymmrodorion yn Chwefror cynyddodd baich Gruffydd. Dechreuodd
lunio'r gyfrol ar y Bardd Cwsc ar gyfer y wasg ym mis Mawrth a cheisio
darllen Quevedo yn y gwreiddiol. Bu cyfarfodydd o'r Blaid i'w mynychu

yn Aberystwyth hefyd, un ar Lun y Pasg, a'r rhagymadrodd i destunau
Eisteddfod Machynlleth i'w gwblhau ym mis Mai er nad oedd Gruffydd
mwyach yn feirniad: 'Wn i ar y ddaear beth a ellir ei ddweud am le mor
ofnadwy o anrhamantus [sic] a *stodgy*, a lle sy'n llawn o gymaint o
bethau sydd yn gas gan fy enaid.' Dihangai mor aml ag a allai i'r sinema.
'Wyddoch chi beth,' meddai yn sgil gweld *San Francisco* a *Hollywood
Boulevard*, 'mi fuaswn yn mynd i'r pictures bob nos fel pobl y Rhondda
onibae amdanoch chwi. Felly gwelwch yr hyn yr achubasoch fi ohono.'
Un thema a geir yn amlach nag erioed yn llythyrau diwedd y flwyddyn
yw'r siars ar Mary i beidio â gweithio gormod ac i orffwys. Nid
gorymateb yr oedd Gruffydd y tro hwn. Yn niwedd mis Tachwedd aeth
Mary'n sâl a chafodd wythnos i ffwrdd o'r gwaith. Aeth Gruffydd i'w
gweld gartref ar y cyntaf o Ragfyr ac ysgrifennodd ati wedi iddo gyrraedd
adref: 'Mae'n syndod gennyf eich bod cystal a chwithau wedi gorweithio
am gyhyd o amser. Yn wir, yr wyf yn meddwl ei bod yn rhaid i chwi
ddweud wrth y Bwrdd Addysg na ellwch fynd ymlaen fel hyn.' Cyfeiriad
Mary erbyn 21 Ionawr 1938, dyddiad llythyr cyntaf Gruffydd ati yn y
flwyddyn newydd, oedd The New Lodge Clinic, Windsor Forest, Swydd
Berkshire. Er na sonnir byth am ei salwch wrth ei enw, yr oedd yn marw o
gancr.

Nodweddir llythyrau 1938 gan ysgafnder jocôs ebychnodol yn deillio
o anobaith. Poenai ar 21 Ionawr amdani 'yn nwylo estroniaid': 'Yr wyf
yn gobeithio y byddant yn ffeind wrthych; os na fyddant, mi ddof yna ar
drawiad i setlo'ch tynged!' Yr oedd ei gast Rachel, meddai, yn hiraethu
amdani. Ysgrifennodd ati bedwar diwrnod yn ddiweddarach i roi ei farn
ef a barn ei mam (wedi symud dros dro o Harlech i dŷ Mary yn Llanisien)
ar ei hiechyd. Yr oedd y ddau newydd ddychwelyd o Windsor yn dilyn
ymweliad: 'Yn ôl a welwn ni yma, yr ydym wedi dod i'r penderfyniad y
byddwch yn ôl yn fuan iawn.' Buasai Gruffydd wrthi'n llunio papurau
arholiad i'r Gwasanaeth Sifil: 'O'r diwedd ar ôl llawer o ymbalfalu mi
wnes gwestiynau na allwn eu hateb fy hunan, ac felly maent yn siŵr o fod
yn iawn!' Cadarhawyd ar 28 Ionawr y byddai'n rhaid i Mary wrth
driniaeth lawfeddygol o fewn pythefnos:

> Yr oedd eich mam a minnau wedi bod yn dweud wrth ein gilydd bob dydd
> mai gwella yr oeddych yna heb eisiau *operation*, ond yr oeddwn yn teimlo'n
> bur siŵr yn fy meddwl mai fel yna y byddai'n rhaid iddi fod. Wel, cariad aur
> *an[n]wyl annwyl*, yr ydych yn cael digon o helbul a mwy na'ch siâr, ond
> teimlaf yn sicr rhywsut y cewch wared o'r cwbl yn awr ac y byddwch yn well
> am y gweddill o'ch oes.

Trefnodd Gruffydd a'i mam i ddod i'w gweld ar yr ail o Chwefror.
Arhosai'r ddau dros nos yn Bray gyda pherthynas i Mary a theithio draw.

Bu Gruffydd, meddai 31 Ionawr, wrth gadarnhau'r trefniadau, yn siarad gyda'i meddyg yng Nghaerdydd ac wedi cael gwybod fod ganddi 'galon o'r radd flaenaf'. Nid oedd dim i'w ofni. Amdano ef, yr oedd arholiadau llafar y Bwrdd Celtaidd yn ei wynebu a 'pethau o flaen fy llygaid yn y bore nes oeddwn yn ddall bost'.

Rhoddwyd profion gwaed i Mary ar drothwy'r driniaeth. 'Yr wyf yn teimlo fel pe bai maen melin o gylch fy ngwddf,' meddai Gruffydd, yn ôl ym Mhenarth ar 4 Chwefror. 'Nid fy mod yn pryderu am y canlyniadau, oherwydd gwn na buasai [enw'r meddyg] yn gwneud dim onibai ei fod yn gwybod bron i sicrwydd y buasai'n llwyddiannus . . . ond meddwl yr ydwyf am y boen a'r gofal a gewch yn y cyfamser. Yr wyf wedi bod yn rhoi fy hunan yn eich lle nes imi berswadio fy hunan bron mai fi yw'r patient.'

Symudwyd Mary i Ysbyty'r Brenin Edward VII ddydd Mawrth 8 Chwefror. 'Tebyg na chaiff neb eich gweled am beth amser,' meddai Gruffydd mewn nodyn y Sul cynt. Ni chadwyd ond amlen ei lythyr cyntaf ati i'w chyfeiriad newydd; ar y cefn, yn ei llaw ysgolfeistresaidd, ceir nodion ar gyfer ei llythyr nesaf ato ef: *The Rains Came* gan Louis Bromfield, Jack Jones, 'cotton wool', 'pen refill' a rhif ffôn yr ysbyty. Ysgrifennwyd llythyr nesaf Gruffydd, 10 Chwefror, ar y trên rhwng Caerdydd a Chaerfyrddin ar ei ffordd i Aberystwyth lle'r oedd i ddarlithio. Canmolodd ddewrder Mary a chadernid ei ffydd Gristnogol: 'Dyma, fy nghariad i, yw bod gan un egwyddor i fyw wrthi fel y bu gennych erioed ar hyd eich bywyd, ac yr ydych yn awr yn cael yr elw o hynny. Mae'n ddigon tebyg eich bod yn poeni ac yn pryderu llai nag yr ydym ni!' Derbyniodd Mary driniaeth y diwrnod canlynol.

Ar ganol hyn, gofynnwyd i Gruffydd gan Y *Cymro* roi sylwadau ar ei obeithion am ddyfodol Cymru. Oedodd yn hir cyn ysgrifennu dim; yr oedd, meddai, yn methu gwybod beth i'w ddweud. Caed ganddo ar 12 Chwefror gyffes wedi ei hysbrydoli gan deimladau cymhleth a chroes:

Os gofyn am fy *ffydd* yr ydys, gallaf ateb yn bendant ac yn groyw fy mod yn credu bod diben i'r cread a bod gennyf grap hyd yn oed ar amgyffred y diben hwnnw.

. . . a pha mor gryf bynnag oedd cred fy nhad a'm taid ar y llaw sy'n goruwchlywodraethu, nid yw fy nghred i ronyn yn llai. Yn wir, byddaf yn fy mherswadio fy hun ei bod yn fwy, am nad wyf yn gallu derbyn llawer o'r hen seiliau sy'n ymddangos i mi yn ansicr.

. . . Yr wyf yn credu bod y daioni yn araf gael y gorau ar y drwg, ar waethaf pob llithriad yn ôl sy'n digwydd mor aml mewn hanes; yr wyf yn credu bod cyfnod o lithriad mawr fu'r ychydig flynyddoedd diwethaf, – ond nad ydynt (yr wyf yn sicr o hyn) ond mân lwch y cloriannau; pethau sy'n edrych yn anfeidrol fawr i ni am mai mân lwch ydym ein hunain.

Ie, yn y niwl yr ydym, yn crwydro ar ddisberod dibwrpas, i bob ymddangos. Ond weithiau bydd y niwl yn teneuo, ac weithiau, fel y dywedodd rhyw awdur yn ddiweddar, o ganol ei drwch trymaf fe seinia utgorn asbri ar gaerau Dinas Duw. Ni all y neb a'i clywodd unwaith amau nad yw Seion rywle yng nghanol y tawch.

Cyfyngodd ing ei anobaith personol i ychydig baragraffau ar gyflwr Cymru. Ni welai 'ddim pwrpas o werth' yn ei bywyd: 'Gwn y buasai iddi bwrpas pe bai'n genedl unedig, yn ymwybodol o'i chenedligrwydd, ac yn llywio ei gwleidyddiaeth ei hun.' Yr oedd Cymru heb yr iaith Gymraeg yn gwbl ddiystyr.

Symudwyd Mary i ward breifat ar 13 Chwefror a gyrrodd delegram pen-blwydd ato oddi yno'r diwrnod wedyn. Trefnodd Gruffydd ymweliad erbyn y deunawfed: 'Ac ni bu neb erioed yn edrych ymlaen yn fwy am ddim *treat*'. Yr oedd sôn erbyn yr ail ar hugain y gallai Mary ddod adref 'tua dechrau'r wythnos nesaf' a throes Gruffydd oddi wrth ei waith ('yr wyf yn gweithio ar Ellis Wynne, ond anodd iawn yw trin Harlech a chwithau yn eich gwely yna!') i wneud paratoadau. Taclusodd yr ardd yn Llanisien a huriodd 'forwyn' – Cymraes – i ofalu amdani. Daeth hon â'i chap a'i ffedog ei hun, meddai Gruffydd wrth Mary ar y chweched ar hugain. 'Ni fyddwch yn 'nabod eich hun pan ddowch yn ôl a gweled rhywun fel parlourmaid Reichel yn agor y drws!'

Cyrhaeddodd Mary yn ôl i Lanisien ddydd Mercher 2 Mawrth ac yn Nhŷ Rhos y bu hyd ddiwedd y mis nes mynd i Harlech yng nghwmni ei mam. Yr oedd yn chwith gan Gruffydd adael iddi fynd. At y Maelgwyn y cyfeiriodd ei lythyr nesaf ar 31 Mawrth: 'Wel, gorau po gyntaf, mi gredaf, i ddyfod i'r Gogledd nid yn unig i'ch gweled chwi, ond i ddianc rhag ffordd y rhyfel a fydd. Yr wyf yn teimlo fel pe na bai unrhyw fudd mewn gwneud dim paratoadau at y dyfodol, canys bydd popeth wedi mynd i fyny'n fwg cyn bo hir!' Ysgrifennodd eto'r diwrnod canlynol:

Yr oeddwn yn falch arbennig o glywed eich bod yn teimlo'n hapus i gael bod gartref ymhlith eich pobl ac o fewn cyrraedd, beth bynnag, y golygfeydd a'r lleoedd a garwch gymaint . . . Mae'n siŵr bod Harlech i gyd wedi bod yn holi amdanoch, y person mwyaf *distinguished* a gododd oddi yna er amser Ellis Wynn[e]. (Ond gwell efallai imi beidio â dywedyd hyn yn y llyfr.)

Mentrodd Mary allan mewn car yng nghanol Ebrill trwy Landwrog a'r Rhyd-ddu i ganol Eryri. Mae bwlch yn yr ohebiaeth rhwng 27 Ebrill a 12 Mai tra oedd Gruffydd yn y Gogledd. Dychwelodd i Gaerdydd i recordio 'Fy Mlwyddyn Arbennig i' – hanes ei gyfarfyddiad cyntaf â Silyn yn 1899. Mae'r llythyrau rhwng hynny a'r ail ar bymtheg yn ddi-fwlch; cymysgedd rhyfedd o ofal amdani a phryder am y rhyfel. Ar bapur glas yr ysgrifennodd lythyr y pymthegfed: 'Prynasoch chwi ef – peth i chwi a pheth i minnau – yn Bridgewater ar ein ffordd rywdro i Cornwall mae'n debyg. Yr oedd yn ddiwrnod braf, yr wyf yn cofio, a minnau'n disgwyl amdanoch yn y car i chwi stopio.' Clywodd ar yr unfed ar bymtheg fod Bertrand Russell yng Nghaerdydd i siarad ar heddychiaeth: 'Ni wn pa les a wna yn wyneb pethau fel y maent.'

Yr ail ar bymtheg o Fai yw'r dyddiad ar amlen y llythyr olaf a gadwyd – union bythefnos cyn i Mary farw. Yr oedd Gruffydd mewn hwyliau da ar ôl 'rhyw ffit o weithio' ar Ellis Wynne. Yr oedd am ddyfod i Harlech i'w gweled eto pan ddeuai cyfle:

Fy nghariad fach i, gobeithio eich bod yn weddol gysurus. Mae'n chwythu'n ofnadwy yma heddiw, ac yn bwrw yn gawodydd.

Hyd byth bythol

Wil

Bu farw Mary ar 31 Mai 1938 a'i chladdu yn Harlech ddydd Sadwrn yr ail o Fehefin yn dilyn gwasanaeth yng nghapel y Bedyddwyr dan arweiniad y Parch. Maelor Jones, olynydd ei thad. Yr oedd Gruffydd ymhlith y galarwyr. Ni chrybwyllodd ei henw eto ar dudalennau Y Llenor wedi ysgrif yr haf hwnnw, eithr yn rhifyn yr hydref caed pedwar pennill o waith J. D. Powell, yntau'n gydweithiwr gyda Mary, i 'M.D.':

Aeth heibio holl brysurdeb byd,
Pob harddwch gwedd, pob dawn, pob bri;
Ni ddaw na phoen na chwerthin mwy
I'w newydd gartref hi . . .

Ond tybed, ar ryw noson wen,
Na thry'n ei thrwmgwsg dan y lloer,
Wrth deimlo troed rhyw ffrind uwchben
Ei newydd aelwyd oer.

13

Rheswm, Rhyddid a Rhyfel, 1939–1942

Y MBARATOADAU ar gyfer y rhyfel ar ffurf yr Ysgol Fomio a ddug
Gruffydd i chwarae rhan fwy gweithredol o fewn y Blaid
Genedlaethol; y rhyfel ei hun a'i gyrrodd ohoni. Ergyd ddwbl
iddo oedd y drin: siglodd ar yr un pryd ei hyder am ddyfodol Cymru ac yn
bwysicach, ei ffydd yn naioni cynhenid dyn. Rhoes y rhyfel bin yn swigen
frau ei ddelfrydau.

Soniodd gyntaf am nodweddion Ffasgiaeth yr Eidal a'r Almaen mewn
adolygiad o *Crefydd a Chymdeithas* D. Emrys Evans mor bell yn ôl ag
1933. Ei agwedd y pryd hynny oedd ei chyplysu â'r adwaith cyffredinol a
welai mewn diwinyddiaeth a llên. Ffenomen ydoedd, rhan o drefn y
ddynoliaeth. Ffitiai'n dwt i'r fframwaith o wrthryfel ac adwaith a
gynlluniasai un mlynedd ar ddeg ynghynt i esbonio gweithredoedd dyn
ac ymfodlonai Gruffydd ar geisio deall cymhellion Ffasgiaeth trwy
olrhain ei thras. Nis edmygodd, nis cymeradwyodd yn sicr; ond nis
ofnodd chwaith:

> Mae'n ffasiwn ymhlith rhai o'r bobl ieuainc yn y blynyddoedd hyn i gymryd
> dynoleiddiaeth y Brotestaniaeth eithafol yn ysgafn, a chwerthin am ben yr
> hyn a elwir yn sentimentaliaeth mewn dynoleiddiaeth ryddfrydig – 'the
> sentimentality of liberal humanitarianism,' ac nid cywilydd gan rai Ymneill-
> tuwyr bellach ddewis safbwynt obsciwrantaidd sy mor Gatholig â'r Pab ei
> hun. Dyma adwaith naturiol yr oes, ac nid yw Ffascistiaeth ond yr agwedd
> boliticaidd arno . . .[1]

Yr oedd ganddo hyder disigl ym mha beirianwaith goruwchnaturiol
bynnag a yrrai bendil gwrthryfel ac adwaith:

> Ond beth bynnag a ddyweder i esbonio a chyfiawnhau'r syniadau diweddar
> hyn mewn diwinyddiaeth a gwleidyddiaeth, fe saif y gwirionedd mai adwaith
> ydynt ac nid tyfiant; nodi un o gyfnodau dirywiad yr hil ddynol y maent,

arwyddion o gam-dreuliad mewn ysbryd a meddwl a gododd o fyw'n rhy fras yn yr oes a aeth heibio. Fe wella'r ddynoliaeth maes o law, a daw Protestaniaeth a Rhyddfrydiaeth yn ôl i lawnach bywyd, canys ein grym ni fel Protestaniaid yw credu mewn datguddiad cynhyddol; nid oes gennym ddim arall i bwyso arno.

Gyda chychwyn y rhyfel ym Medi 1939 daeth yn eglur i Gruffydd mor ddinistriol y gallai trefn 'naturiol' pethau fod a pha mor oddefol ddibwrpas oedd cred haniaethol mewn cynnydd.

Ni chaed Nodiadau yn rhifyn gaeaf 1939 *Y Llenor* – mudandod a oedd yn arwydd llafar o'i anniddigrwydd (bron na ddywedid euogrwydd) ynghylch heddychiaeth. Er iddo chwarae rhan ymylol gyda Fenner Brockway a Bertrand Russell trwy'r tridegau yn yr ymgyrch yn erbyn gorfodaeth filwrol yn amser heddwch ac er ei fod yn parchu eu didwylledd, ni allai mwyach dderbyn credo'r heddychwyr, neu'r 'heddgarwyr'. Yr oedd ymddieithrio oddi wrthynt yn gyhoeddus yn Nodiadau hydref 1940 yn rhwyg poenus: 'Dyma'r bobl y bûm y rhan fwyaf o'm hoes yn eu plith, a dyma'r bobl y carwn eu gweled yn meddiannu llywodraethau holl wledydd y byd.' Ni allai lai na barnu, er hynny, fod eu rhesymeg, er gwyched ei seiliau egwyddorol, yn gyfeiliornus. Yr oedd yr ymwybod heddychol, fel yr ymwybod Cristnogol y deilliai'n rhannol ohono, yn 'ddawn' ar lun 'y ddawn o dduwioldeb', fe gofir, na chynysgaeddwyd ef â hi, 'ac nid oes mwy o reswm dros wrthod cydnabod hynny na thros beidio â chydnabod nad oes gan ddyn ddawn gerddorol neu ddawn fathemategol'. Daeth misoedd o hunanymholi i ben mewn datganiad gwantan a swniai, hyd yn oed i glustiau Gruffydd, yn debycach i esgus nag i ddadl. Pan ymroes i gyfiawnhau iawnder y rhyfel, cydnabod yn drist ac yn anarwrol ddigon ei annigonolrwydd ef ei hun yr oedd. Dewisodd y gorau o ddau ddrwg.

Daethai Gruffydd i'r casgliad ym misoedd cynnar 1940 fod y rhyfel hwn o natur gwbl wahanol i bob un a'i rhagflaenodd. Nid pleidio'r ymladd nac ychwaith ymuno o lwyrfryd calon yn 'rhyfel Lloegr' oedd y rhai hynny na allent eu galw eu hunain yn heddychwyr, eithr cydnabod diymadferthedd eu safle. Nid oedd dewis arall yn agored ond ceisio gwrthsefyll yr Almaen. Er mai fel ymosodiad ar werthoedd cysegredig, wedi ei ysbrydoli gan werthoedd gwrthnaws y syniai am yr ymladd, brwydr am 'benarglwyddiaeth ar ysbryd dyn' yn hytrach nag am dir ac eiddo, ni welai rwymedi oddieithr nerth bôn braich. Yr oedd yr hamdden a ganiatâi le i'r egwyddorion puraf ar ben; rhaid oedd plygu i'r anochel a gosod gwerthoedd megis rhyddid a chyfiawnder o'r neilltu, am y tro o leiaf, gan eu bod wedi colli pob ystyr. Seilir safbwynt Gruffydd ar y rhyfel ar baradocs, a fynegodd mewn dyfyniad o waith Juvenal: '*Et propter vitam vivendi perdere causas*' – 'a cholli rhesymau byw er mwyn bywyd'.[2] Mae'n bosibl olrhain y newid meddwl trwy edrych ar ddau ddarllediad radio a gyflwynodd Gruffydd, y naill ar drothwy'r rhyfel, a'r llall ar ôl iddo gychwyn.

Yr oedd ei safbwynt ar resymau Cymru dros fyw pan ddarlledodd 'A All Cenedl Fechan Gadw ei Hiaith?' ym mis Mawrth 1939 ynghlwm wrth ddadl dros fesur o hunanlywodraeth. I Gruffydd, gwedd wleidyddol oedd hunanlywodraeth ar gyneddfau pwysicach hunan-barch a hunan-fynegiant. Dibynnai ffyniant y Gymraeg, meddai y pryd hwnnw, ar ei statws cymdeithasol; yr oedd iaith yn 'un o'r pethau hynny mewn bywyd sydd fel drych yn adlewyrchu ynddo'i hunan ddelweddau'r byd cymdeithasol, megis ymarweddiad gwareiddiedig rhwng dyn a dyn, cwrteisi yn yr ymarweddiad hwnnw, ac yn fwy na dim yr awydd sydd ym mhob dyn a merch i ymddangos o leiaf fel pe bai ganddynt gyfran o'r diwylliant uchaf sydd yn y wlad':

> Pan fo cenedl fechan yn byw dan gysgod cenedl fawr ac yn ddibynnol arni am ei threfniadau gwladol, y mae tuedd naturiol yn y genedl fechan i edmygu ac i efelychu'r agweddau hynny ym mywyd cenedlaethol y genedl fawr sydd yn rhan hefyd o'i bywyd hithau, er enghraifft, crefydd, addysg, diwylliant, a moesau cymdeithas. Yn awr, gwisg allanol y pethau hyn i gyd yw'r iaith; ac fel y mae gwisg yn ymgafaddasu i ffurf y corff, y mae'r iaith hithau yn cymryd arni ei hun arbenigrwydd y grefydd neu'r addysg neu'r diwylliant y mae yn ei fynegi.

Pan ddychwelodd at bwnc yr iaith yn 'Prysur Bwyso', darllediad Gŵyl Dewi 1940, trowyd y blaenoriaethau hyn ben i waered. Yn 'A All Cenedl Fechan . . . ?' flwyddyn ynghynt daliodd Gruffydd fod yr iaith yn ddibynnol ar ymdeimlad o hunaniaeth wedi ei fynegi mewn ymreolaeth; gyda 'Prysur Bwyso' awgrymu'r oedd fod hunaniaeth yn ddiwerth heb yn gyntaf sicrhau safle'r iaith. O'i ystyried ochr yn ochr â chenadwri 1939, y mae 'Prysur Bwyso' yn ddarllediad nodedig am yr hyn na ddywedir ynddo. Erbyn hynny yr oedd diffiniad Gruffydd o ddiwylliant Cymru yn llawer mwy rhyddieithol: 'Nid rhywbeth llenyddol ac addysgol nac artistig chwaith a olygir wrth y gair "diwylliant", ond ffordd o fyw . . . ein dull traddodiadol ni o gadw'n gymdeithas gyda'n gilydd, y ffasiwn sydd gennym ar gymundeb rhwng dyn a dyn yn y wlad hon, pa un bynnag ai ym mywyd dynion diwylliedig ai ym mywyd dynion anniwylliedig y gwelir y cymundeb hwnnw.' Gallai fod wedi ychwanegu nad peth yn dibynnu ar gyflwr gwleidyddol oedd diwylliant chwaith. Peth mor amheuthun nes ymylu ar ffolineb erbyn 1940 oedd ieuo'r diwylliant hwnnw wrth gerbyd ymreolaeth; cadwraeth oedd y nod. Gallai Cymru – yn ddiwylliannol o leiaf – ymddwyn fel pe bai'n genedl rydd er mwyn gwarchod rhesymau ei bywyd:

Y mae gan bob cenedl, wrth gwrs ei ffordd o fyw, ac nid wyf am funud yn haeru, nid oes angen haeru, – bod ein ffordd o fyw yng Nghymru yn rhagorach na ffordd un genedl arall. Y cwbl a ddywedaf yw mai hon yw ein ffordd *ni*, a'n bod *ni*, neu rai ohonom o leiaf, yn benderfynol o wneud popeth a allwn i'w chadw rhag ei dinistrio. Un peth a wyddom amdani, ei bod bron yn gwbl ddibynnol ar y mynegiant ohoni sydd i'w gael mewn iaith, ac mae'n digwydd mai'r iaith honno yn ein plith ni yw'r Gymraeg ac nid Saesneg, Almaeneg, Hebraeg na'r unrhyw [sic] iaith arall . . .

Neges wedi'i hysbrydoli gan ddiymadferthedd oedd neges Gŵyl Dewi Gruffydd yn 1940; cyfaddawd ag amgylchiadau. Dwysawyd y diymadferthedd hwn gan y teimlad na ellid cynnig meddyginiaeth derfynol i'r clefyd. Ni chaed trwy holl ddatganiadau cyhoeddus Gruffydd ar bwnc y rhyfel yr un rhithyn o amheuaeth y trechid Hitler a'i gymheiriaid yn y pen draw. Ei argyhoeddiad trist, er hynny, oedd y gallai buddugoliaeth Lloegr fod yn gyflafan lawn cyn waethed i Gymru, y gallai Lloegr ennill y rhyfel a Chymru ei golli yn yr ystyr ddiwylliannol, gan droi'n 'rhan ddistadl a dilafar' o'i chymdoges. Yn Nodiadau gwanwyn 1940 trawodd nodyn na wnaeth ddim i godi calonnau ei ddarllenwyr:

Beth ar wyneb y ddaear sydd gan ddyn fel myfi i'w ddwedud sydd yn werth i neb ei ddarllen, a phŵerau Byd ac Uffern, y Galluoedd a'r Tywysogaethau, a'r holl *Archontes*, ar eu heithaf yn llunio fy nhynged a thynged fy mrodyr? Ar waethaf yr holl unigoliaeth ddeallus a dyfodd ym Mhrydain ac mewn gwledydd eraill yn ystod y bedwaredd ganrif ar bymtheg, mae gallu'r dyn unigol i drefnu ei fywyd ei hun wedi disgyn at ei bwynt isaf. A hynny nid yn yr Almaen a Rwsia yn unig, lle mae sarnu ar yr unigolyn yn ddelfryd ac yn falchder, ond ym Mhrydain ac yng Nghymru. Mae rhai o'm cyfeillion yn dal i glochdar yn fy nghlyw – 'Yr wyt yn rhydd, cei ddweud yr hyn a fynni, cei ysgrifennu'r hyn a fynni, cei wneud a fynnych â'th fywyd dy hun.' Pa werth sydd erbyn hyn mewn dweud yr hyn a fynnaf? Onid dangosiad yw fod yr hyn a ddywedaf a'r hyn a ddywed rhai tebyg imi mor amhwysig a distadl â disgyniad diferyn o law i'r eigion? Mae'n bywyd wedi ei gymryd i ddwylo'r Mawrion; nid ŷm ni ond cyrff i weithio, i dalu, ac i farw, – er mwyn . . . beth?

Ym marn Gruffydd yr oedd y rhyfel wedi gwneud mwy na thanseilio cred ei fagwraeth mewn unigolyddiaeth; yr oedd wedi ei hamddifadu o'i hystyr ymarferol:

Mae'n dechrau gwawrio arnom erbyn hyn ein bod wedi arfer y geiriau mawr – Rhyddid a Chyfiawnder, – fel pe baent yn sylweddau yn bod ar eu pennau eu hunain ar wahân i bob amgylchfyd o ddynion a gweithredoedd. Yr wyf yn rhydd, ond beth heddiw yng Nghymru ac ym Mhrydain a allaf ei wneud â'm rhyddid? Mae Cyfiawnder yn egwyddor a gydnabyddir yn llywodraeth y wlad, ond pa les yw Cyfiawnder os ystyr y gair yw ein bod yn dioddef i'r un graddau â'n gilydd?

Yn ei oriau duaf gallai Gruffydd ei berswadio ei hun nad achosion y rhyfel oedd Hitler a Mussolini a Stalin ond symptomau rhyw ddirywiad dynol helaethach, adwaith ewyllysgar a pharhaol yn erbyn rheswm. Daeth golygydd *Y Llenor* yn bur agos at gredu mewn pechod gwreiddiol.

O gofio'i haeriad hyderus yn 1933 y 'gwella'r ddynoliaeth maes o law', nid syndod deall mai ar ei waethaf bron y mentrodd Gruffydd grybwyll y rhyfel yn Nodiadau *Y Llenor*. 'Pan dorrodd y rhyfel allan yr haf diwethaf,' meddai yn rhifyn yr haf, 'meddyliodd llawer ohonom mai ein lle, y tro yma, fyddai "uwchlaw'r frwydr" mewn rhyw anniddordeb Olympaidd a fyddai'n dangos y gwahaniaeth rhyngom ni a'r dorf sy'n crochlefain yn yr heolydd.' Ni chaniatâi'r rhyfel hamdden i hynny:

> Erbyn hyn yr ydym yn araf sylweddoli mor fychan fu ein gwybodaeth, mor ddiddefnydd ein beirniadaeth, mor dywyll ein golau. Nid storm o fellt a tharanau yw hon wedi torri'n sydyn ar dawelwch diwrnod haf i glirio'r awyr, ond diwedd pendant ar bopeth ym mywyd cymdeithasol a gwleidyddol ac economaidd yr hen fyd – ai gormod fyddai ychwanegu'r gair 'crefyddol' at y rhestr?

Y rhyfel oedd y lefelwr mawr, nid yn unig yn yr ystyr fod pawb yn gyfrannog o dynged gyffredin – 'nid oes wahaniaeth rhwng deallus ac anneallus, rhwng goleuedig ac anoleuedig, rhwng caeth a rhydd. Yr ydym i gyd gyda'n gilydd yn y cawl' – ond hefyd am i Gruffydd ganfod ynddo ganlyniad anorfod proses yr oedd wedi tynnu sylw ati mor gynnar â chanol y dauddegau ac yr helaethwyd arni yn y llythyrau at Mary Davies o 1936 ymlaen. Gwelodd fai, megis yn 1933, ar y genhedlaeth ieuengaf:

> Gallaf ddarogan y bydd haneswyr y byd newydd – os yn wir y caniateir i haneswyr fyw ynddo – yn gweled yn yr Armageddon echrydus hon ganlyniad y gwrthdaro terfynol rhwng dau allu a fu'n ymlad ar hyd y canrifoedd – yr Eglwys Gatholig a'r Wladwriaeth Eithafol, rhwng dau allu yn ymlad am arglwyddiaeth ar ddyn a'i weithredoedd a'i feddyliau a'i fuddiannau. Ynddo'i hun, nid hyn yw'r trychineb, ond ffaith nad oes (ym marn y rhai sy'n tybio fel myfi) gan yr un o'r ddwyblaid yr hawl leiaf i'r fath arglwyddiaeth, a bod y ddwyblaid yn fodlon i ferthyru Dyn er mwyn eu hamcan. Ni allaf wahanu'r adwaith Catholig oddi wrth yr adwaith gwladol; ym mhob cyfeiriad gwelaf genhedlaeth o ddynion a merched ieuanc yn holl wledydd Ewrop wedi codi i wawdio ac i ddibrisio syniadau dyngarol y cyfnod diwethaf, a'r un yw'r nodau sydd arnynt hwy pa un ai mewn gwlad ai mewn eglwys y ceisiant benarglwyddiaeth ar ysbryd dyn.[3]

Casgliad Gruffydd ar sail yr ymresymiad hwn, casgliad a fuasai'n gwbl anghredadwy yn 1937, oedd y dylid cefnogi, er mor amodol a gwangalon y gefnogaeth honno, ymdrechion Prydain i wrthsefyll yr Almaen. Rhagymadroddodd yn annodweddiadol o hirwyntog:

> Ni bu neb chwerwach na mi yn y gorffennol yn condemnio rhai agweddau ar bolisi'r Ymerodraeth Brydeinig, ac ni ddymunwn dynnu sillaf yn ôl o'r hyn a ddywedais. Ond fe gollir *popeth* a fu'n werthfawr erioed gennym yng Nghymru os â Hitler ymlaen i ychwanegu at y galanastra a wnaed ganddo'n barod; ni buasai'n bosibl i mi nac i tithau, gyfaill, a fagwyd yn nhraddodiadau rhyddfrydig a dyngarol Cymru, fyw o gwbl mewn unrhyw wlad a orchfygwyd ganddo ef na chan Mussolini lwfr na chan Franco grefyddus. Ac os yw hynny'n wir, chwarae ag angau fuasai peidio â rhoddi ein holl ynni fel cyfraniad bychan at ymdrech Prydain i geisio cyflawni ei gwyrth.

Ymhelaethodd ar y cyswllt tybiedig rhwng Catholigiaeth a Ffasgiaeth yn rhifyn yr hydref. Teitl annheilwng o drwsgl yw 'Mae'r Gwylliaid ar y Ffordd' i ysgrif chwim a chynhwysfawr, y cyflwyniad llawnaf i ddealltwriaeth dra unigolyddol Gruffydd o'r ffactorau a fu ar waith yn hanes syniadol Ewrop a'u heffaith ar Gymru. Gwyddai'r awdur y golygai ei syniadau ysgariad effeithiol oddi wrth hen gyfeillion a chymdeithion ond ni phetrusodd.

Mewn gwirionedd ni dddywedodd Gruffydd yn 'Gwylliaid' ddim nas dywedasai'n llai uniongyrchol o'r blaen. Gorwedd pwysigrwydd y darn yn ei uniongyrchedd ac ym meiddgarwch ei gasgliadau. Fe'i cymhellwyd, o bosib, gan 'A Pacifist's Confession' yr Athro C. E. M. Joad a ymddangosodd yn *The Listener* ar 12 Medi. Yr oedd y ddeuddyn yn adnabod ei gilydd ac wedi rhannu'r llwyfan fwy nag unwaith mewn darllediadau o'r *Brains Trust* o Gaerdydd. (Pryfociodd Joad ef unwaith trwy ddweud mai barddoniaeth eilradd oedd y Mabinogion; atebodd Gruffydd fod Joad yn amlwg wedi bod yn darllen llyfr, ond yn anffodus nid y llyfr iawn.)[4] Ceir copi o ysgrif Joad ymhlith papurau Gruffydd. Mae ei harddull a'i hymresymiad a'i hieithwedd yn bur debyg i'r hyn a ddywedir yn Nodiadau haf 1940 ac yn 'Gwylliaid' fel ei gilydd. Mae'n werth dyfynnu'n lled lawn ohoni:

> I have said that war endangers the human values; that the value of the free mind and the compassionate heart, that love of truth and respect for human personality are all endangered by it. What I have said is true; they *are* endangered, but if the Nazis win they will be not merely endangered, but destroyed so completely that Europe will enter upon a new Dark Age comparable with that which succeeded the break-up of the Roman Empire. If there is ever again to be good and secure living in Europe, if civilized ways of thinking are ever to be restored to us, then this horrible rule of gangsters and thugs must be overthrown. Can it be overthrown except by force? . . . I have come to believe that it cannot.

Cymerodd Gruffydd safbwynt dyneiddiol dadrithiedig tebyg iawn yn fan cychwyn. Ni chyfeiriodd at Saunders Lewis na niwtraliaeth y Blaid Genedlaethol yn benodol yn ei lith, ond yr oedd yr ensyniad yn ddigamsyniol. Troes yn ôl yn y paragraffau cyntaf at ei fagwraeth mewn cyfnod pan oedd bri ar ddamcaniaeth esblygiad (neu 'Ddatblygiad' ac arfer enw Gruffydd arno) a Chynnydd. 'Yr oedd y ddau ddogma yn gyfrodedd â'i gilydd . . . yr oedd y naill yn dibynnu ar y llall, fe dybid, am y gwirionedd sydd ynddynt.' Erbyn 1940 yr oedd y dogmâu cydymddibynnol hyn yn ymddatod. Gallai Gruffydd o hyd dderbyn proses esblygiad fel yr esboniad mwyaf credadwy ar dyfiant y byd byw, eithr peth arall oedd datgan yn hyderus fod pwrpas a chyfeiriad yn y broses honno. 'Os ydym am sôn am "well" neu "waeth", am "berffeithrwydd", am "gynnydd", rhaid inni adael bro rhif-a-mesur gwyddoniaeth a myned i wlad Ffydd, i'r wlad honno lle y gosododd Crefydd ei phebyll er gwawr hunan-ymwybod dyn.'

Cynnyrch a chanlyniad yr ymddatod a'r ymddieithrio hwn, meddai Gruffydd, oedd twf yr adain dde eithafol yn Ewrop; rhan o broses ddall esblygiad a oedd hefyd yn 'wrthryfel ymwybodol yn erbyn yr hyn a wnaeth Datblygiad ym mywyd cymdeithasol dyn'. Yr oedd yr adwaith hwn i'w weld ar wahanol ffurfiau mewn gwahanol fannau: gan Nietzsche yn yr Almaen a Carlyle yn Lloegr ac erlidwyr Dreyfus yn Ffrainc, a rhan o'r un symudiad 'cosmig' oedd Hitler a'r *Action Française* a ffyniant yr Eglwys Babyddol:

> Galwn y rhyfel hwn yn rhyfel imperialaidd, yn rhyfel i gadw'r gyfundrefn gyfalafol, i ymladd dros unigoliaeth, – y mae peth gwir yn y cwbl a ddywedwn. Ond cofiwn, wrth uchel waeddi'r ystrydebau hyn, ein bod, dan awgrym cyfrwys yr Adwaith, yn ein byddaru ein hunain rhag clywed rhaeadrau mawr llifogydd y trychineb sydd yn gyflym agosáu i orlifo dros bopeth a garwn yn y byd, dros bob Rhyddid a enillwyd i ni gan Reswm a Chariad at Ddyn yn y gorffennol.

> A chofiwn yn anad dim, fod eisoes yn y wlad hon ddynion sydd a'u dwylo ar y llif-ddorau yn barod i'w hagor, fel yr agorwyd hwy yn yr Iseldiroedd a Norwy a Ffrainc. Seithennin, saf di allan.[5]

Yr oedd Gruffydd ar ei fwyaf eneiniedig broffwydol ac felly bron yn rhwym o gael ei gamddehongli. Canmolwyd yr ysgrif gan un adolygydd yn *The Western Mail*, er enghraifft, a gredai mai'r mudiad heddwch a gwrthwynebwyr cydwybodol oedd 'gwylliaid' Gruffydd. Gorfodwyd y papur i ymddiheuro wedi derbyn llythyr eglurhaol oddi wrth yr awdur. I eraill, ystrydebau oedd rhyddid a rheswm hwythau. Deallodd eraill ergyd y paragraffau clo uchod, os rhywbeth, yn rhy dda.

Ysgrifennodd Thomas Artemus Jones, gŵr a oedd i chwarae rhan flaenllaw o blaid Gruffydd yn is-etholiad y Brifysgol, ato ar 12 Hydref yn cytuno ag ysbryd y cyhuddiadau. Yr oedd teyrngarwch Saunders Lewis i'r 'Babaeth', meddai, wedi ei ddallu i 'ddrygioni' llywodraeth Vichy. Daeth llythyr i'r un perwyl oddi wrth Emrys O. Roberts ar y deunawfed. Ymateb gorfoleddus a gaed gan R. T. Jenkins: 'A gaf i ddiolch *o galon* ichwi am yr ysgrif ar y "Gwylliaid"? Y mae'n *rhagorol*, ac yr oedd mawr angen dweud yr hyn a ddywedwch. Wrth gwrs, fe gewch eich damnio gan rai o'n cyfeillion, ond yr ydych wedi hen gynefino â hynny!'

Nid damnio Gruffydd a wnaeth D. J. Williams ond mynegi siom ac annealltwriaeth. Ysgrifennodd ddau lythyr, y naill ar 24 Gorffennaf wedi darllen Nodiadau'r haf, a'r llall ar 28 Awst yn sgil ymddangosiad 'Gwylliaid' ac y mae'r gwahaniaeth goslef rhyngddynt efallai'n ddrych go deg o deimladau cymysg aelodau'r Blaid Genedlaethol tuag at Gruffydd yn hanner olaf blwyddyn lawn gyntaf y rhyfel. Yn Nodiadau haf 1940, fe gofir, galwodd Gruffydd ar y Cymry i helpu Lloegr 'i gyflawni ei gwyrth'. Anghytunodd D. J. Williams yn foneddigaidd ddigon ar lefel ddeallusol:

> I mi nid oes ond gwahaniaeth graddau rhwng totalitariaeth Hitler a thotalitariaeth Seisnig sy'n ceisio ei drechu drwy ei efelychu. O ddau ddrwg na ddewiser yr un . . . canys i Gymru cyflog y naill fel y llall yw marwolaeth.

Cafodd Williams hi'n 'eironig' (a dim byd gwaeth na hynny, sylwer) fod 'yr Athro Gruffydd heddiw yn gofyn gan Gymru gynorthwyo Prydain i gyflawni ei gwyrth. Bu Cymru wrthi'n ddyfal ers pedwar can mlynedd yn cynorthwyo Lloegr i gyflawni ei gwyrthiau a gwyddom ei chyflwr heddiw'. Cynhwysodd gyda'r llythyr gân George M. Ll. Davies i 'Heddwch' a gofyn i Gruffydd ystyried ei chyhoeddi yn *Y Llenor*. Ni chollwyd ar Williams yn bendant eironi'r penderfyniad i gyhoeddi'r gân yn yr un rhifyn â 'Gwylliaid'.

Yr oedd llythyr Awst, a ysgrifennodd Williams, 'er mwyn,' meddai, 'ceisio cymod ac osgoi dadl rhyngoch chi a Saunders' yn llawer taerach. Ymglywir drwyddo â rhwyg rhwng calon a meddwl yr awdur, rhwng edmygedd personol ac argyhoeddiad gwleidyddol, rhwng profiad Cymreig cyffredin (gwahanol i eiddo Saunders) a chanlyniad anghydfod cyhoeddus i ddyfodol y blaid yr oeddynt ill tri'n aelodau ohoni:

> Y mae yna ragfarn gibddall, ail-law o Loegr yn erbyn Catholiciaeth [sic] yng Nghymru – ymhlith pobl na ddeallant ddim ohonoch chi na o Saunders fel y teimlaf i fy mod i'n deall rhyw gymaint ar y ddau ohonoch. Ac fe ddefnyddir y peth ail-law hwnnw ar bob achlysur gan bobl ofnus, sigledig a bob dim, rhag uno â'r unig fudiad a gais lunio a meddwl o ddifrif am ffordd i gadw einioes y

genedl. Y mae'n wledd o'r fath a garant i'r bobl hyn i gael honni eu bod hwy yn yr un cwch â W. J. Gruffydd – ac mai Churchill yw'r strôc ganddo.

I arbed peth o'r fath onid oes modd i ddau gyfaill mor ddiffuant â chi a Saunders gwrdd yn rhywle i anghytuno'n gaclwn yn bersonol uwchben eich damcaniaethau llygatgroes er mwyn cytuno i gyd-arwain Cymru yn ymarferol yn y cyfwng presennol, a'r cyfwng pwysicach byth sy'n ei haros, os digwydd iddi yn llaw dirion Rhagluniaeth oroesi'r rhyfel hwn?

Yr ydych yn hollol yn eich lle, ni fedrai Saunders fyw hanner awr yn y Gymru sy'n annwyl i chi a minnau. Mewn theori y mae Saunders yn werinwr, nid mewn calon ac ysbryd. Ond mater o dymheredd yw hynny ynddo, ac ni all help oddi wrtho, mi gredaf. Yn hyn o beth y mae'n dra thebyg i Parnell – dyn pell oddi wrth bawb, ond a'i allu a'i ddewrder, a didwylledd ei amcanion yn ei wneud yn annwyl i bawb sydd â dim sifalri yn ei enaid.

Yr oedd, meddai i gloi, 'yn wirioneddol awyddus am i chi a Saunders setlo'ch anawsterau yng nghegin gefn y "Red Lion" yn hytrach nag ar y sgwâr o'i flaen'. Apêl ddidwyll wedi ei seilio ar un gamddealltwriaeth fawr, sef cydymdeimlad gwaelodol Gruffydd a Saunders y naill â'r llall.

Oedodd Gruffydd yn hir cyn ymateb. Gyrrodd o'r diwedd lythyr teipiedig Saesneg ar 13 Rhagfyr gan ymddiheuro na allai weld yn ddigon da i ysgrifennu'n bersonol ac na fedrai ei ysgrifenyddes ddeall Cymraeg:

I don't care who is a scoundrel, I don't care who is an angel, I don't care who has got wrong motives or who is acting on right motives; all I am concerned with is whether in the end Wales, as well as the rest of Britain and indeed the rest of the world, can be saved from a demonism which we thought had been conquered 2000 years ago. I'll jump into any old lifeboat that is going to carry me away from it; I'll push any old women and children and congenital idiots and lame dogs into that boat if I have the chance, and I don't care if they all tumble together on top of each other. I don't even care if the dogs bite the old women or the old women bite the dogs. All I want is to get them away from it somehow. If and when we are picked up, or, as is more likely, landed on a desert island, we shall probably quarrel like hell, but this will be a mere trifle compared with the tragedy we have escaped. This will be a mere contention among humans and not a revolt of Titans and Calibans and Elementals against the cosmic order imposed on the world by a will which seems to me at least to emanate from a sensible, 'humane' and, on the whole, understandable God.

Neilltuodd Gruffydd y Nodiadau hwyaf yn hanes *Y Llenor*, wyth tudalen yng ngaeaf 1940, i ymhelaethu ar gynnwys 'Gwylliaid' ac nid am y tro cyntaf yr ymgais at hunangyfiawnhad ac nid yr erthygl gysefin a dynnodd y nyth gacwn am ei ben. Pe buasai wedi ymgadw rhag crybwyll y mater eto, fe ddichon y buasai'r Blaid Genedlaethol wedi caniatáu iddo ei farn ar y rhyfel, er mor groes oedd hi i'w pholisi. Wedi'r cyfan yn y dychymyg poblogaidd Cymro cadarn oedd Gruffydd o hyd; arwr annisgwyl Penyberth a phrif gorddwr ymddiswyddiadau egwyddorol Machynlleth. Gyda Nodiadau'r gaeaf, er hynny, codwyd anghydwelediad i wastad gelyniaeth ddigymrodedd.

Awydd i'w amddiffyn ei hun ac nid awydd i barhau'r gwrthdaro oedd cymhelliad ymddangosiadol y Nodiadau. Cawsai Gruffydd ei feirniadu gan J. E. Daniel yn *Y Ddraig Goch* ym mis Awst am osod rhinweddau 'rhyddfrydigrwydd a dyngarwch' o flaen rhyddid cenedlaethol. Ymatebodd trwy droi cyhuddiad Daniel ar ei ben; dilynodd yn rhesymegol fod 'hawl cenedl i'w rhyddid yn bethau [sic] pwysicach na rhyddfrydigrwydd a dyngarwch'. Cyfarchodd Daniel yn uniongyrchol a'i atgoffa o gyfrifoldebau ei swydd fel Prifathro Coleg Bala-Bangor, 'yn cael y fraint anrhydeddus o gyfeirio cenedlaethau o wŷr ieuainc a fydd rywdro yn gwasanaethu Cymru ym mhulpudau'r Annibynwyr a'r Bedyddwyr':

> Ond os cyhoeddi Cenedlaetholdeb (gair a dreisiwyd ac a buteiniwyd gan orthrymwyr y werin ymhob oes i'w hamcanion eu hunain) yn bwysicach na Rhyddid a Dyngarwch fydd neges Annibynwyr a Bedyddwyr y dyfodol, ac os chwi fydd yn gyfrifol am hynny, byddwch wedi llwyddo i ddadwneud canrifoedd o waith y tadau Ymneilltuol mewn ychydig flynyddoedd, a gorau po gyntaf, er mwyn cadw rhyw fath o grefydd yn y wlad, y gwêl yr Annibynwyr a'r Bedyddwyr Natsïedig hyn eu ffordd yn glir i Eglwys Rufain.

Yr oedd rhethreg wedi cael y llaw uchaf ar synnwyr cyffredin. Caed yr ymateb disgwyliedig. Rhyfeddodd 'Pendew' yn *Y Faner* 12 Chwefror 1941 at bersonoliaeth a allai greu'r fath ddrwgdeimlad: 'Paham y mae'n well gan yr Athro Gruffydd wneud gelynion o'i gyfeillion a chyfeillion o'i elynion?' A neilltuodd Prosser Rhys holl golofnau 'Led-Led Cymru' ar y pedwerydd ar bymtheg i ateb yr 'ymosodiad personol bustlaidd' ar Daniel. Yr oedd chwithigrwydd ei gystrawen yn arwydd o'i ddicter:

> Wrth alw ar Gymry i roddi eu 'holl ynni' at ennill y rhyfel, y mae'r Athro yn ofni'r Gwylliaid sydd wrth ei ddrws, ac yn lladd ei genedl ef ei hun wrth y fodfedd. Anodd osgoi'r casgliad na ddaeth yr Athro bellach i hyn: bod ennill y rhyfel gan Loegr, ni waeth pa mor dotalitaraidd yr â – yn bwysicach yn ei olwg nag achub cenedl y Cymry, – mae eisiau i un set o Wylliaid guro'r lleill y mae, heb fod gan y naill na'r llall o'r rhain ddim llawer mwy o barch na'i gilydd i'r hyn a eilw'r Athro yn Rhyddid a Rheswm!

Ar 1 Mawrth arwyddodd tri o fyfyrwyr Daniel – H. Rhys Hughes, Llywydd Coleg Bala-Bangor, Herbert Roberts o Goleg y Bedyddwyr ac

Emyr Roberts, Llywydd Pwyllgor Myfyrwyr y Methodistiaid ym Mangor – ddeiseb brotest yn erbyn 'cyhuddiadau sarhaus a disail' Gruffydd. Fe ymddangosodd yn *Y Cymro* wythnos yn ddiweddarach: 'Ni fu i ni erioed (a dylem fod mewn gwell safle i farnu na'r Athro Gruffydd) weled yn narlithiau Mr Daniel unrhyw arlliw o duedd tuag at Babyddiaeth na Natsïaeth na chwaith unrhyw sôn am genedlaetholdeb Cymreig.' Yr oedd Gruffydd 'yn llefaru yn hollol ar ei gyfer heb wybod dim am y ffeithiau'. Gyrrodd Edwin Williams, golygydd *Y Cymro*, gopi o'r ddeiseb at Gruffydd cyn ei chyhoeddi gan gynnig 'rhyddid colofnau'r papur' iddo i ddatgan barn. Yr oedd yn well ganddo beidio.

Cadwyd ei blaid, er hynny, ar 22 Mawrth gan Frank Price Jones ifanc. Cyhuddodd ef arwyddwyr deiseb Bangor o 'ddarllen i mewn i nodiadau W. J. Gruffydd lawer ychwaneg nag oedd ynddynt'. Ni werthfawrogai ei elynion ei swyddogaeth arbennig fel 'prif (yn wir, unig) "broffwyd" Cymru . . . "FLOREAT GRUFFYDD"'.

Gyda hyn, ym misoedd cynnar 1941, y daw'r condemniad a'r canmol ar safiad Gruffydd parthed y rhyfel i ben. Paid yr ymgais i'w ddarbwyllo ac i'w amddiffyn. Caiff golygydd *Y Llenor* ddirmyg eithaf y wasg: gadewir llonydd iddo am yn agos i ddwy flynedd. Mae blas ymsonol bron i ddatganiadau golygyddol Gruffydd o hyn allan: meddyliau gŵr yn byw iddo'i hun ac ynddo'i hun – a'r symbyliad y tu ôl iddynt bellach yn debyg i'r hyn (yn ôl ei honiad ef ei hun) a ysgogodd ei farddoniaeth, gweithgarwch i'w blesio ei hun, 'fel y byddaf yn canu cân'. Trwy weddill 1941 a'r rhan helaethaf o 1942 unawd ddigyfeiliant ddwys yw'r gân honno a'i byrdwn cyson yw annigonolrwydd iaith. Yn Nodiadau gwanwyn 1941, er enghraifft:

Gwaethygu o ddydd i ddydd y mae rhagolwg ar y dyfodol yng Nghymru. Efallai fod rhywun craffach na mi yn gallu gweled llygedyn o olau yn rhywle, ond ni chlywais amdano hyd yn hyn. Mae digon ohonom, wrth gwrs, yn 'ddewr', hynny yw, yn ddigyffro, ond mae'n hawdd bod yn ddigyffro pan na bo buddiannau'r wlad y'n magwyd yn pwyso'n rhy drwm ar ein calonnau. Mae eraill yn ymfodloni, ac yn llonyddu'n rhyfeddol os tybiant y gallant *ddadlau'n* llwyddiannus ar bwnc ein hargyfwng a rhoi'r bai ar ryw achos newydd yn lle'r hen achos confensiynol a dderbynnir gan bobl gyffredin. Efallai eu bod weithiau'n iawn, ond nid ydynt yn ddim nes i waredigaeth na'r rhai sy'n cyfeiliorni bellaf.

Aethai'r dadlgarwch iach yn *dialogue des sourds* chwerw. Hyn yn Nodiadau gaeaf 1941: 'Mae hen gyfeillion wedi myned yn elynion, mae hen gytundebau wedi eu torri, mae rhan fawr o'r genedl wedi myned yn annealladwy i'r rhan arall; mae unrhyw gydsyniad am ddyfodol Cymru wedi ei wneud yn amhosibl am genhedlaeth; mae trahauster newydd a

bryntni, annioddefgarwch ac erlid, wedi dyfod yn ôl i'r bywyd Cymreig.'
Rhu'r awyrennau uwchben Bro Morgannwg oedd ysgogiad allanol
'Mae'r Pasiant Trosodd', penillion Gruffydd yn rhifyn gwanwyn 1942 o
Y Llenor; darfu, er hynny, am fwy na 'charu swil' Wil Hopcyn ac Ann
Maddocks, 'athrylith unig' Iolo Morganwg a huodledd Thomas
Williams 'yn herio trais':

> Mae'r pasiant trosodd; nid oes un
>   Actiwr nac actres a fu ddoe'n
> Dangos dan rith tymhorol lun
>   Mor ddarfodedig ydyw poen . . .
> Plygwyd y babell; ni bydd cerdd
>   Na thriban mwyach dan ei tho,
> Na goslef o Ewenni werdd,
>   Na chwynfan o Fethesda'r Fro.

Gyrrodd y rhyfel Gruffydd yn ôl at farddoni, ond ar y cyfan y mae
cerddi'r cyfnod yn ddigon siomedig. Pedwarawdau dychanol ar y mesur
saith-chwech yw 'Goresgyniad' (1943) yn adleisio digofaint Nodiadau
haf 1940 am drychineb anwahaniaethol y rhyfel. Cyffelybir gwerin
Cymru i adar y berth, 'Ned Nico a Dic Drudws a Robin, gochyn glew', yn
wynebu cyrchoedd adar didostur yr Almaen:

> Ond Abram Ddu sy'n damio
>   A chrawc ei gecrus geg
> Pob drwg, pob da, pob diawl, pob dyn,
>   Â'r un amhleidiol reg.

Hyd yn oed pan fo'r testun yn llai amlwg o achlysurol ac *engagé*,
dengys y cerddi fwy o afael ar grefft nag o ddychymyg creadigol. Soned
gymesur yw 'Y Murddyn' (1941), ond nid yw delweddaeth yr adeilad
briw i gyfleu delfrydau drylliedig y bardd yn briodas hapus iawn, yn
enwedig pan ddefnyddir priflythrennau i sodro'r gyffelybiaeth:

> Mae pob rhyw rygnu trosodd ar y traeth,
>   A rhaffau hwyliau Ffydd yn pydru'n dawel,
> Cadwyni'r Addewidion sydd dan gaeth
>   Ddiymod gochni rhwd y glaw a'r awel.

Y gerdd fwyaf llwyddiannus yw soned redegog, ysmala 'Cyffes
Gweinidog Bethesda' (1941), undod mor gywrain nes gwneud aralleiriad
teilwng yn anodd a dyfynnu rhannau ohoni i bwrpas yn anos byth.
Edrydd hen weinidog am gyfnod 'cyn bod sôn am ansoddeiriol gathlau
clic y coleg' pan ddechreuodd gyfansoddi pryddest yn null y Bardd

Newydd ar 'amled gwyrthiau'r Iawn'. Cyfeiria at ddirifedi sêr y nos a thywod y môr heb unwaith enwi ei destun a gadael y gwaith heb ei orffen:

> Ond rhyw gythreulig law o uffern Ariaeth
> Sgrifennodd hyn cyn diwedd oedfa'r pnawn, –
> '*Cwpanau tê a yfais i wrth westa*
> *Yn nhai aelodau'r eglwys ym Methesda.*'

Gwaedd uwch adwaedd ymson ei ferch Gwladys a glywir yn 'Er Cof am Thomas Rhys, Gweinidog Horeb, 1860–1924', a ymddangosodd yn rhifyn gwanwyn–haf 1944 o'r *Llenor*. Deillia hynny o arwyddocâd sydd yn y gerdd o'r cyferbyniad rhyngddi a'r cyfansoddiad cynharach. Fel 'Gwladys Rhys' hithau, cyfarchiad o'r tu draw i'r bedd yw 'Er Cof' er bod y teitl ei hun yn eironig am nad oes mwyach neb a gofia'i ymdrechion darfodedig ac ofer. Yn hon, fe ddichon, cyrhaedda awen leddf Gruffydd ei hisafbwynt:

>   os daw
> I'th feddwl holi pwy oedd hwn, a beth
> A wnâi, yn chwysu ar y Sul a rhodio
> Foreuau Llun ei oes mewn gwegi llwfr,
> Ni chei un ateb, – nid oes neb a'i gŵyr,
> Na gwraig na phlant na ffrind nac un o'r saint
> Fu'n gwylio Mistar Rhys ar Beniel faith
> Mewn ymdrech unig chwerw ddi-goffâd.

Yr agwedd fwyaf diddorol ar weithgarwch creadigol Gruffydd ym mlynyddoedd cynnar y rhyfel oedd ei ddychweliad at fyd y stori fer, cyfrwng nad oedd wedi rhoi cynnig arno yn *Y Llenor* ond unwaith cyn hynny gyda 'Dygwyl y Meirw' yn 1922. Buasai'n ddibris iawn o'r ffurf yn Nodiadau haf 1927: 'Ymddengys bod iddi ddau ganon – yn gyntaf na ddylai fod plot ynddi ar yr un cyfrif, ac yn ail, na ddylai fod yn "ddiddorol".' Yr oedd Gruffydd yn hollol o ddifrif yn ei feirniadaeth: iddo ef, calon 'diddordeb' stori oedd ei phlot, cyfres o ddigwyddiadau'n cyrraedd clo. A chan mai digwyddiadau oedd ei hadeiladwaith, yr oedd stori'n ffurf hanfodol fynegol, rhywbeth y gellid ei ailadrodd a'i aralleirio heb golli dim o ergyd y gwreiddiol. Gellir cywasgu plot 'Dygwyl y Meirw', er enghraifft, i ychydig gymalau: Thomas Prisiart mewn tŷ tafarn ar ei ben-blwydd yn bump a deugain oed yn gwawdio ofergoelion ei gymdogion ynghylch ysbrydion ac yn mynnu mai ef sy'n iawn; yn cerdded adref trwy fynwent y plwyf; yn cofio mai Dygwyl y Meirw yw hi a bod cred ymhlith y trigolion mai hon yw'r noson pan fydd y meirwon yn gorymdeithio; yn gofyn iddynt yn ei ryfyg meddw a oes ganddynt neges iddo o'r tu hwnt i'r bedd ac ar hynny yn gweld torf o ysbrydion ac yn eu plith hen gyfaill marw a etyb mai ef, Tomos, sy'n iawn cyn diflannu ohono i'r tywyllwch. Stori ddifyr, ond heb ynddi ddim o'r mewnoli dadansoddol a'r cymhwysiad oesol sy'n nodweddu straeon Kate Roberts ac a'i gwna'n amhosibl cyfleu eu naws mewn byr eiriau fel hyn. Er iddo roi llwyfan i waith Kate Roberts yn ei gylchgrawn, ni chydymdeimlai Gruffydd â'i dull. Yr oedd ei storïau hi, fel y dywedodd wrth Mary Davies, ar ôl dechrau darllen ei *Ffair Gaeaf* yn Rhagfyr 1937, 'yn rhy *photographic*'; hynny yw, ni welai ôl symudiad ynddynt. Pan droes Gruffydd yn ôl at y ffurf mewn tri rhifyn cyfredol o *Y Llenor* rhwng gaeaf 1939 a haf 1940, yr oedd yn arwydd o newid meddwl rhannol ynghylch priodoldeb yr elfen ddadansoddol honno ac yn addefiad y gallai'r ffurf fod yn 'ddiddorol' yn annibynnol ar ystyriaethau plot. Yn sicr, ni ellir ail-ddweud cynnwys 'Distyll y Dail', 'Breuddwyd y Bardd' a 'Bethesda'r Fro' heb air o eglurhad.

Gweledigaethau dirywiol yw testun y tair. Yn 'Distyll y Dail', dychwela dyn llwyddiannus canol oed i'w hen gynefin am y tro cyntaf ers rhagor na deng mlynedd ar hugain a'i gael ei hun, ar ei waethaf, yn ail-fyw bywyd hen gymydog iddo. Siomwyd hwnnw mewn cariad yn ŵr ifanc ac fe aeth i ffwrdd gan ddod yn ôl yn doredig. Wrth gofio Wmffra, sylweddola'r dychweledig di-enw'n sydyn mor debyg yw ei hanes ef ei hun. Dealla'n awr paham yr oedd arno ofn dychwelyd cyn hyn: rhaid iddo yntau'n awr chwarae rhan yr henwr truenus. Daw'r stori i ben gyda'r gŵr yn cyfarch cariadon ar y lôn gan ddefnyddio'r union eiriau a glywodd ef o enau Wmffra pan oedd yntau a'i gariad yn ifanc.

Darganfyddiad yn peri dadrithiad a geir yn 'Breuddwyd y Bardd'. Â dau fyfyriwr ifanc rhamantus ar drywydd y ferch a fu'n ysbrydoliaeth gudd i Gwyrfai, bardd telynegol mwyaf Cymru. Dônt o hyd i dystiolaeth yn llaw Gwyrfai ei hun mai Lois Roberts, y slwt anllythrennog sy'n cadw'r tŷ tafarn lle y treuliai ei amser, oedd ei Ddyddgu ef.

Darllediad radio oedd stori 'Bethesda'r Fro' yn wreiddiol ac fe fradycha yn ei harddull a'i mater ei hamcanion mwy poblogaidd. Esboniad ffansïol yw hi o'r hyn a alwodd Gruffydd yn Nodiadau hydref–gaeaf 1944 yn 'ddadrithiad crefyddol' yr emynydd a'r gweinidog Thomas Williams. Caiff Williams weledigaeth o ddyfodol Bethesda'r Fro dan raib yr Ail Ryfel Byd: 'twf anfad o dai a chytiau a thyrau a llawer o bethau eraill nas gallai eu deall' ac fe dyrr ei galon. O'i anobaith, yn ôl y stori, y daeth ei emyn enwocaf:

> Adenydd fel clomen pe cawn,
> Ehedwn a chrwydrwn ymhell.

Teimlai Gruffydd yn nes i ysbryd y bedwaredd ganrif ar bymtheg yn 1940 nag erioed o'r blaen.

Troes yn ôl hefyd at ysgrifennu dychan wedi bwlch o ryw ugain mlynedd oddi ar 'Y Diweddar Pontius Pilatus' a'r 'Diweddar Lemuel Parry'.[6] I 1943 neu 1944 y perthyn y darn anghyhoeddedig a di-deitl a ddechreuodd Gruffydd mewn hen lyfr arholiad, 'i ddiffinio'n syml agwedd meddwl dynion sydd yn ceisio arfer eu rheswm wrth farnu'r rhyfel presennol ac, yn yr ail le, i enwi rhai o'r prif seiliau sydd dan yr agwedd honno'. Dameg yw hanes N'gomo Bwanga, 'brenin un o lwythau canolbarth Affrica', a gyll ei haid o ieir. Geilw dri o'i ddynion doethaf i geisio esboniad ganddynt ar y golled. Esboniad Salaku yw fod rhyw ddiawl pluog wedi mynd i eneidiau ei ddeiliaid a'u cymell i reibio'r clwydi; deil N'gola mai ysfa naturiol am antur, asbri a llawenydd sydd wedi meddiannu'r lladron; dadleua Watomo fod yr ieir wedi cael eu dwyn gan fod y rhai a'u dug yn newynu. Mae'n well gan y brenin esboniad arall:

Aeth N'gomo i'w boced a thynnodd allan eiriadur Bwaneg a gyhoeddasai cenhadwr o America. Wedi troi'r dalennau am gryn ysbaid pigodd allan ohonynt dri gair gogoneddus, a rhoes ei ddyfarniad fel hyn. 'Yr wyt ti, Salaku, yn ceisio esbonio'r mater yn *ddiwinyddol*; yr wyt ti, N'gola, yn barnu'n *eneidegol*, a thithau, Watomo, yn seilio dy farn ar *economeg*. Yr ydych eich tri yn iawn ac yr ydych eich tri yn methu. Ond yn iawn neu beidio, nid yw hyn yn ddim help i mi i ddiogelu fy ieir, oherwydd mae'r diawliaid bychain yn cyniwair drwy'r wlad bob amser, mae pob dyn yn caru anturiaeth, ac mae pob dyn yn newynu. Ond mi rof i chwi reswm arall, a gall cydnabod hwn ddiogelu fy ieir. Dyma fo – mae'r cwt ieir brenhinol heb fur o'i amgylch na chlo ar y drws. Mi adeiladaf fur ac mi rof glo mawr ar y drws, a gall fy ieir wedyn glowcian yn sâff yn wyneb pob diwinyddiaeth ac eneideg ac economeg.' Ac felly y bu, ac ymhen ychydig amser nid oedd drosedd gwaeth yng ngolwg pobl y Bwanga na dwyn ieir y brenin. Bellach yr oedd y fath ysgeldra yn beth na freuddwydiasai'r un Bwanga parchus ei gyflawni. Ond yn rhyfedd iawn, haerent mai'r rheswm am hynny oedd fod y peth yn anfoesol, yn aflan, yn groes i'r gydwybod, ac nid am fod mur a chlo o gylch yr ieir brenhinol.

Yn y diwedd try pobl y Bwanga i ddwyn ieir ei gilydd, 'fel nad oedd iar gyffredin yn y wlad i gyd y gellid dweud ei bod yn ddiogel'. Gyda meddwl pragmataidd a gwrth-ddamcaniaethol N'gomo yr aeth Gruffydd ati i ymladd sedd wag Prifysgol Cymru yn niwedd 1942.

14

Y *Seneddwr*, 1943–1950

T EIMLADRWYDD yn hytrach na rheswm a ddenodd Gruffydd i'r Blaid Genedlaethol yn 1935, ysbryd ei haelodau yn hytrach na'i rhaglen. Erbyn 1942 yr oedd yr ymchwydd byrhoedlog hwn o ffydd y gellid ateb anghenion 'hanfodol' Cymru trwy ddulliau gwleidyddol wedi pallu'n llwyr. 'As an old minesweeper,' meddai'r Dr Thomas Jones yn *Western Mail* 11 Chwefror y flwyddyn honno, 'Professor Gruffydd knows how, when and where to blow up for the general good.' Trwy flynyddoedd cynnar y rhyfel cyfyngwyd ei ffrwydradau i dudalennau'r *Llenor*. Ym mis Hydref 1942 ymgynigiodd ffordd arall pan benodwyd Ernest Evans, Aelod Seneddol Rhyddfrydol Prifysgol Cymru, yn Farnwr Llys Sirol gan achosi is-etholiad. Cyrhaeddodd gêm wyddbwyll syniadol gyfrwys Gruffydd a Saunders Lewis ei therfyn mewn ymrafael cyhoeddus.

Mynegodd y Blaid bron ar unwaith ei bod wedi enwebu Lewis, yr ymgeisydd aflwyddiannus am yr un sedd yn 1935. O ystyried natur unigryw yr etholaeth (graddedigion y Brifysgol yn unig a oedd â'r hawl i fwrw pleidlais) ac amgylchiadau'r etholiad, credid yn gyffredinol fod gan Lewis eithaf siawns o gario'r dydd. Bu dealltwriaeth rhwng y prif bleidiau na chystadleuent yn erbyn ei gilydd am seddi gwag yn amser rhyfel ac yr oedd yn bur annhebygol gan hynny y byddai na'r Toriaid na'r Blaid Lafur yn enwebu ymgeiswyr swyddogol. Yn fwy addawol byth o safbwynt y Blaid, nid oedd gan y Rhyddfrydwyr ymgeisydd cydnabyddedig wrth law.

Fis yn ddiweddarach, yn dilyn cryn ddyfalu yn y wasg ynghylch pwy a gynrychiolai'r Blaid Ryddfrydol, gofynnwyd i Gruffydd gan ohebydd yn *The Western Mail* ar 14 Tachwedd a ystyriai ef sefyll. Datganodd delerau a awgrymodd nad oedd y syniad yn un cwbl newydd iddo:

> I am prepared to accept on certain conditions, the chief of which is that I must be a non-party candidate. You cannot run an election in the University on

party lines, and as the Independents in the House now constitute a party, I should insist on being a non-party candidate.

Ychwanegodd na fyddai'n ymddeol o'i Gadair yng Nghaerdydd ped etholid ef ac na welai ddim yn anghyson rhwng dal yn aelod o'r Blaid Genedlaethol mewn enw tra byddai ar yr un pryd yn ystyried gwrthsefyll ymgeisydd swyddogol y blaid honno.

Erbyn 1942 yr oedd perthynas gyfansoddiadol Gruffydd â'r Blaid yn amwys a dweud y lleiaf. Nid oedd wedi ymddiswyddo, ond nid oedd chwaith wedi talu tanysgrifiadau oddi ar ddechrau'r rhyfel. Mewn anerchiad i raddedigion yng Nghaerdydd ym mis Rhagfyr eglurodd ei fod wedi gadael y Blaid yn ymarferol, ond bod gadael plaid wleidyddol yn debyg i adael eglwys. Yr oedd dwy ffordd o'i wneud, 'being "chucked out" or "gwrthgiliad" (losing membership by default)'. Nid oedd ei union statws o dragwyddol bwys: yr oedd yr un mor annerbyniol gan y Blaid ag yr oedd y Blaid ganddo yntau:

> When the war broke out . . . the Nationalist Party stated that they were not in favour of the war effort and that they were definitely and quite honestly authoritarian in philosophy. I wrote an article in the 'Llenor' entitled 'The gangsters are on the way.' Such a spate of abuse followed that I took it I was the least acceptable man for the party.[1]

A'r gŵr lleiaf derbyniol i unrhyw blaid arall o ran hynny. Yr oedd Gwilym R. Jones wedi nodi'r duedd at unigoliaeth anarchaidd bron yn athroniaeth wleidyddol Gruffydd yn *Tir Newydd* yn 1938: 'Nid oes wersyll gwleidyddol hollol gartrefol [iddo] a'i debyg yn yr oes sigledig hon.'[2] Yr oedd y duedd annibynnol hon yn rhan o'i gyfansoddiad, fel y gwelwyd, mor bell yn ôl ag 1935 ac ni leihaodd hyd yn oed ym mhoethder ymgyrch Penyberth. Nid oedd penderfyniad Gruffydd i sefyll yn Is-etholiad y Brifysgol ond mynegiant allanol eithaf yr anniddigrwydd a oedd yn ei gorddi ymhell cyn dyddiau mwy sigledig fyth y rhyfel. I'r graddau hyn, boed frad neu boed fawredd ar ei ran, perthynai i benderfyniad Gruffydd elfen o anocheledd. A derbyn mai Saunders Lewis fuasai ymgeisydd y Blaid, y mae'n rhesymol bwrw y buasai Gruffydd wedi *ystyried* sefyll yn ei erbyn pe buasai is-etholiad dan amgylchiadau tebyg yn 1936 neu 1937 pan oedd ei deyrngarwch ymddangosiadol i'r Blaid ar ei gryfaf. Yn bendant, cof gwallus yw'r esboniad caredicaf ar haeriad Iorwerth Peate yn Y *Llenor* coffa: 'Penderfynodd [Gruffydd] sefyll fel ymgeisydd annibynnol cyn iddo wybod dim am fwriadau'r Blaid Genedlaethol yn yr etholiad.'[3]

Pwysau oddi allan a ddug Gruffydd i'r Blaid; pwysau tebyg a'i gwnaeth yn amhosibl iddo gymryd arno aros yn aelod ohoni. Yn dilyn ei addefiad yn *The Western Mail* ei fod yn barod i ystyried sefyll, daeth llythyr ar ddiwedd Tachwedd oddi wrth Ernest Hughes o Goleg Abertawe, hen goleg Lewis ei hun wrth gwrs, wedi ei arwyddo gan holl aelodau'r staff ond dau a oedd yn raddedigion y Brifysgol. Cynigiasant roi eu hadnoddau a'u dylanwad at ei wasanaeth pe cytunai i sefyll. Ymddangosai eu bod yn barod i'w gefnogi ni waeth pa delerau a ddewisai i'w ymgeisiaeth. Yr oedd R. T. Jenkins (a oedd wedi awgrymu wrth Gruffydd yn 1940 mai'r Senedd oedd y lle addasaf i'w ddoniau) wedi bod wrthi'n ddyfal yn hel enwau cefnogwyr ym Mangor a bu'r Parch. Herbert Morgan, cyfrannwr achlysurol i'r *Llenor*, wrth yr un gorchwyl yn Aberystwyth. Yr oedd diddordeb Gruffydd yn y sedd yn amlwg yn hysbys i rai cyn i'r *Western Mail* ei gyfweld er na ellir dweud a oedd Gruffydd ei hun yn ymwybodol o'r trefniadau a oedd ar droed. Daeth llythyr cefnogol oddi wrth R. I. Aaron ar yr wythfed o Dachwedd ac un arall, annisgwyl braidd, oddi wrth Niclas y Glais chwe diwrnod wedi hynny. Beirniadodd Niclas gymeriad 'hollol anwerinol' Lewis a darogan y byddai Gruffydd yn 'ddigon diogel' o ennill pe safai.

Cadarnhaodd Gruffydd ei fwriad i sefyll ar 1 Rhagfyr. Ni allai'n gydwybodol beidio, meddai. Ysgrifennodd D. J. Williams ato'r diwrnod canlynol yn erfyn arno i ailystyried. Yr oedd yr awydd a fynegodd ddwy flynedd ynghynt i gyfyngu'r ddadl rhwng Gruffydd a Saunders i 'gegin gefn y "Red Lion" ' wedi methu; yr oeddynt yn amlwg am setlo'u cweryl ar y sgwâr o'i flaen. Ceisiodd ymresymu â Gruffydd. Byddai pawb a fu o'i blaid erioed yn ei erbyn. Soniai Gruffydd am ei gydwybod, ond yr oedd yn rhaid 'angori'r gydwybod mewn egwyddor sylfaenol'. Nid oedd ei benderfyniad i sefyll yn gyson â'r egwyddorion a gynhaliai ddatganiadau Penyberth. Cymerai Williams yn ganiataol y byddai Gruffydd yn ennill, ond ar 'gost ddifrifol' i Gymru ac i'w enw da ei hun.

Daliai'r Rhyddfrydwyr heb ymgeisydd. Crefwyd arnynt yn *Western Mail* 4 Rhagfyr i beidio ag oedi yn wyneb y bygythiad o du'r Blaid Genedlaethol; yr oedd eisiau 'exceptional candidate to oust these cranks'. Ar y deuddegfed daeth newydd fod Undeb Rhyddfrydol y Brifysgol wedi mabwysiadu Gruffydd. Yr oedd wedi darllen ei faniffesto a'i wahodd i Lundain. Er mawr ollyngdod, derbyniodd Gruffydd yr enwebaeth yn unol â'r amodau a roesai y mis blaenorol. Efallai mai cywirach fyddai dweud i Gruffydd fabwysiadu'r Blaid Ryddfrydol. Caniataodd i'w enw fynd gerbron, eithr nid fel ymgeisydd y blaid honno y safodd. Dewisodd enw 'plaid' o'i wneuthuriad ei hun – y Blaid Gynyddol Annibynnol (Independent Progressive Party). Os caniateir ychydig ysmaldod, buasai 'progressively independent' yn gystal cyfieithiad; fel y sylwodd Gruffydd pan gysylltwyd ei enw gyntaf â'r sedd ym mis Tachwedd, gweithredai'r Annibynwyr o fewn y Senedd fel plaid, a mynnai fod yn annibynnol hyd yn oed ar eu hannibyniaeth hwy.

Ymgeisydd swyddogol answyddogol ydoedd. Derbyniodd gefnogaeth y Blaid Ryddfrydol ar y ddealltwriaeth na fyddai dan orfod i ymddarostwng i'w chwipiaid ac y câi berffaith ryddid i ddweud yr hyn a fynnai y tu mewn a'r tu allan i'r Tŷ. Oblegid trefn etholiadol afreolaidd blynyddoedd y rhyfel aeth Gruffydd (a oedd wedi galw oddi ar lwyfan Eisteddfod Bae Colwyn yn 1941 am 'undod' ymhlith y Cymry er mwyn gwrthweithio effeithiau San Steffan ar yr hen ffordd Gymreig o fyw yn amser rhyfel) i'r frwydr gyda bendithion Lloyd George a'r Arglwydd Davies Llandinam yn atseinio yn ei glustiau a than faner y llywodraeth glymblaid. Ei noddwyr oedd Syr Percy Harris, Prif Chwip y Blaid Ryddfrydol, a D. O. Evans, Aelod Seneddol Ceredigion. Yr oedd cydwybod Gruffydd ynghylch y trefniant *carte blanche* hwn yn glir: 'I have been charged with changing my coat,' oedd ei ateb i gwynion am ei gyswllt â phlaid arall ar 17 Ionawr, 'but I have not moved one iota from any of my political ideals.' Yn ôl Prosser Rhys yn Y *Faner* 16 Rhagfyr, 'ffars' oedd y cytundeb a ddangosai pa mor ddigydwybod o bragmatig y gallai'r pleidiau Seisnig fod. Nid ethol Gruffydd oedd yr amcan ond atal Lewis. Yr oedd yn ddiamau beth sail i'r cyhuddiad o gynllwyn. Awgryma Tegwyn Jones yn ei arolwg fanwl o hanes yr etholiad (Y *Faner*, 2, 9, 16 a 23 Medi 1977), mai person Lewis oedd y gelyn ac nid yn gymaint y Blaid a gynrychiolai. Parai Lewis ffwdan ymhlith un o ddwy garfan o 'Fandariniaid' dylanwadol:

Yn gyntaf yr oedd Mandariniaid Rhyddfrydol y Brifysgol. Oherwydd yr *electoral truce,* 'doedd dim angen iddynt boeni am wrthwynebiad y Blaid Lafur a'r Ceidwadwyr, a'u busnes hwy yn syml oedd dewis ymgeisydd swyddogol y Llywodraeth . . . Am yr ail set o Fandariniaid, bobl barchus, gyfrifol y Brifysgol oeddynt hwy – pobl hawdd eu dychryn. Bwgan mawr y rhain oedd Saunders Lewis. Nid oeddynt yn amau ei allu, ac ni allai'r un ohonynt estyn bys at ei fuchedd, ond yr oeddynt yn ei ofni am y byddai'n debyg o sefyll dros fuddiannau Cymreig yn rhy ddigymrodedd, ped etholid ef, neu achosi anghysur nid yn unig i'r aelodau seneddol Cymreig, ond i'r bobl barchus hyn eu hunain.[4]

'Yn y diwedd,' medd Tegwyn Jones, 'trawyd ar W. J. Gruffydd.' Mae'r ddamcaniaeth yn iawn cyn belled ag yr â, ond anwybydda ran weithredol Gruffydd ei hun yn y broses. Cyd-drawiad oedd y cytundeb; dewisodd Gruffydd a'r Blaid Ryddfrydol y naill y llall. Os defnyddiwyd Gruffydd o gwbl, fe'i defnyddiwyd gyda'i gydweithrediad parod. Hyd yn oed cyn iddo benderfynu sefyll, yr oedd yn amlwg na fynnai i'r Blaid gipio'r sedd. 'Pan ofynnodd fy marn a ddylai ymgeisio am aelodaeth o'r Senedd,' meddai R. T. Jenkins yn Y *Faner* ar 6 Hydref 1954, 'dwedais [sic] wrtho mai gresyn fyddai defnyddio rhasel i hollti tanwydd – ond yr oedd ei ateb yntau'n barod: "pan na bo bwyell o fewn cyrraedd, mae'n rhaid i'r rhasel wneud y tro!" ' Ei lwyfan trwy'r ymgyrch oedd gwrthwynebiad agored i'r Blaid Genedlaethol ar dir yr 'hanfodion', fel yr eglurodd wrth ddarllenwyr *Y Faner* ar 6 Ionawr 1943: 'Yr wyf yn dibynnu ar gefnogaeth pobl yng Nghymru sydd yn credu fel finnau fod polisi presennol arweinwyr y Blaid Genedlaethol yn gwbl groes i holl fuddiannau gorau Cymru ac i ddyfodol ei hiaith, ei gwerin, a'i diwylliant.' Gyda Gruffydd a Lewis cynigiwyd i etholwyr Is-etholiad Prifysgol Cymru 1943 ddewis moel rhwng dau ddehongliad o Gymreictod: eiddo O. M. Edwards ac eiddo Emrys ap Iwan.

Yr oedd teimladau rhai cenedlatholwyr, megis Ambrose Bebb, yn nes i ing nag i ddicter wrth glywed am y cytundeb rhwng Gruffydd a'i noddwyr. Gyrrodd Bebb ato ar Noswyl y Nadolig lythyr yn arddangos yr un mawrfrydigrwydd canmoladwy a'r un annealltwriaeth ddall o berthynas Gruffydd a Lewis ag a ddangosodd D. J. Williams adeg helynt y 'Gwylliaid':

Buasai'n well gennyf i, o lawer, pe baech chi a Saunders wedi dyfod i gytundeb ynglyn â'r Etholiad, na'ch gweld chi, dau Gymro da, yn ymgais yn erbyn eich gilydd, a pheri i'r myrdd corachod di-enaid sydd yng Nghymru i'ch defnyddio chi yn unig er mwyn rhwystro Saunders i ennill y Sedd. Cywilydd o beth yw hynny; a'r rhai sy'n gas gan eich calon a elwa ar yr helynt: 'A Lloegr yn well . . . !!!'

Agos i fis yn ôl ysgrifennais lythyr maith at Saunders yn ceisio'i ddarbwyllo i dynnu ei enw'n ôl yn eich ffafr chwi (gan eich bod chwithau ar y maes). Yn ofer, wrth reswm! Fel ymgeisydd y Blaid, ni allai'n hawdd wneud hynny. Yn awr, *ni* ofynnaf yr un peth gennych chwi, – y mae'n rhy hwyr. Ond nid yw'n rhy hwyr ichi gyhoeddi na fynnwch weled defnyddio'r Etholiad i barddduo neb yn y byd, nac i elynion Cymru fanteisio arno i gyrraedd eu hamcanion sâl eu hunain.

Gwael a brysiog yw'r pwt geiriau hyn; a'u hunig amcan ydyw lliniaru peth ar gynnen a chenfigen brodyr o'r un genedl.

Ar y llaw arall, gollyngodd *Y Cymro* 5 Rhagfyr ochenaid o ryddhad: 'Y mae'r neb sy'n adnabod "W. J." a'i waith yn gwybod beth yw seiliau ei ffydd gyda'i bwyslais angerddol ar ryddid ac ar weriniaeth. Saif ar ganol traddodiad rhyddfrydig Ymneilltuol a chynyddol gwerin Cymru.' Brwydr etholiadol ar dudalennau'r wasg lawn gymaint ag ar lwyfannau cyhoeddus fyddai hon. Derbyniodd Gruffydd gefnogaeth ddigwestiwn *Y Cymro* a'r *Western Mail*; pleidiwyd Lewis yr un mor anfeirniadol yn *Y Faner* a'r *Ddraig Goch*. Yn eironig iawn, yn y wasg Seisnig yn unig y ceid unrhyw fesur o wrthrychedd. Ni bu'r ddau brif ymgeisydd yn ffodus yn eu cefnogwyr mwyaf hyglyw.

Er gwaethaf cefnogaeth foesol ac ariannol y Blaid Ryddfrydol a'r deisebu brwd trwy golegau'r Brifysgol, nid oedd buddugoliaeth Gruffydd yn sicrwydd. O'r 11,009 o raddedigion a chanddynt hawl i bleidleisio yr oedd rhyw 3,000 o'i gefnogwyr mwyaf tebygol ar wasgar yn y lluoedd arfog a thua hanner y rheini'n gwasanaethu dramor. 'Hundreds of young graduates who esteem his scholarship, his lifetime of service to Wales and his fellow-countrymen irrespective of party, and his truly catholic outlook,' meddai'r *Western Mail* ar droad y flwyddyn, 'will be unable to vote for him because they are fighting Fascist aggression all over the world. Unlike Professor Gruffydd's chief opponent in this by-election the majority of these young men want no compromise with Fascism.' Mynegodd Ernest Hughes, swyddog etholiadol Gruffydd, bryder tebyg mewn llythyr diddyddiad ato tua'r un pryd. Yr oedd gan gynifer o gefnogwyr Lewis gyfeiriadau sefydlog am eu bod naill ai'n wrthwynebwyr cydwybodol neu mewn swyddi 'diogel' fel athrawon a gweinidogion. Poenodd *Y Cymro* 19 Rhagfyr y byddai nifer fawr o ymgeiswyr yn rhannu'r bleidlais yn erbyn Lewis.

Pump enw oedd ar y rhestr pan gaeodd yr enwebiadau ar 14 Ionawr: Gruffydd, Lewis, Aneirin Talfan (Annibynnol) a dau Sosialydd Annibynnol, y Rhingyll Evan Davies, Hengoed, a Neville Evans – y rhestr ymgeiswyr hwyaf yn hanes y sedd: 'Up to now,' oedd darogan (cwbl gywir) John Pennant yn *The South Wales News* ddeuddydd yn ddiweddarach, 'the University of Wales has not cashed in on a lost deposit. This time it may gather a substantial windfall.' Yr oedd sawl un yn sicr wedi tynnu ei enw'n ôl er mwyn cynorthwyo Gruffydd. Honnodd F. Elwyn Jones, er enghraifft, iddo ef a chynifer ag un ar bymtheg o rai eraill dderbyn cynnig i sefyll ond iddynt wrthod rhag ofn y golygai fuddugoliaeth i 'the pacifist Welsh Nationalist', Saunders Lewis.' Cydnabyddid yn bur gyffredinol mai Gruffydd a Lewis oedd yr unig ddau ymgeisydd o ddifrif ac adlewyrchwyd hyn mewn ymgyrch bersonol ben-ben ensyniadus a chas, nid gan yr ymgeiswyr eu hunain ond gan eu cefnogwyr. Yn wir, un o'r agweddau mwyaf diddorol oedd natur gyhoeddus a llafar y gefnogaeth: amrywiad diddorol ar yr *argumentum ad nomina* yr oedd Gruffydd wedi tynnu sylw ato yn ei 'Atebiad' i 'Lythyr' Lewis yn 1927. Yn *The Western Mail* 7 Ionawr (a Gruffydd o hyd, cofier, heb dderbyn cefnogaeth y Blaid Ryddfrydol) cyhoeddwyd llythyr (deiseb i bob pwrpas) gan bedwar ar bymtheg a thrigain o edmygwyr Gruffydd gan gynnwys R. I. Aaron, R. G. Berry, E. G. Bowen, Jano Clement Davies (gwraig Clement Davies, AS), Lloyd George, Ernest Hughes, R. T. Jenkins, Thomas Artemus Jones, Syr John Edward Lloyd, T. J. Morgan, Angharad a Gwenllian Morris-Jones, Iorwerth Peate, Goronwy Roberts ac Ifor Williams. 'A certain diligent clique of Welsh Quislings' oedd sylw dirmygus *The Welsh Nationalist* ar y rhestr;

ni chadwodd hynny gefnogwyr Lewis hwythau rhag gyrru llythyr a rhestr debyg i'w chyhoeddi yn yr un papur ar y trydydd ar ddeg: Ambrose Bebb, J. E. Daniel, Pennar Davies, Kitchener Davies, Gwynfor Evans, J. Gwyn Griffiths, A. O. H. Jarman, Cynan, Gwenallt, T. Gwynn Jones, Myrddin Lloyd, Thomas Parry, Prosser Rhys, Lewis Valentine, D. J. Williams, G. J. ac Elizabeth Williams, J. E. Caerwyn Williams, Kate Roberts ac R. Williams Parry.

Ni flinodd cefnogwr tanbeitiaf Gruffydd, Thomas Artemus Jones, ar atgoffa etholwyr y Brifysgol mai etholiad rhyfel oedd hwn. Yn *Western Mail* y seithfed o Ionawr cyfeiriodd at unplygrwydd Gruffydd adeg helynt y 'Gwylliaid': 'His controversy about a year or two ago with the irresponsible hot-heads of the Welsh Nationalist Party on the subject of the war may now be well recalled to his advantage.'

Ni wnaeth datganiadau'r ymgeiswyr eu hunain ddim i dawelu'r dyfroedd. Soniodd Gruffydd am y Blaid, 'yn onest ac yn agored yn ceisio gwthio awdurdodaeth ar y genedl . . . yn ymwthio yn y byd ac *yn ffurfafen Cymru yn arbennig* argoel o ddrygioni digymysg'. Gadawsai'r Blaid, meddai wrth annerch etholwyr yng Nghaerdydd, 'because it began to mock freedom and reason'. Byddai curo Lewis yn gyfystyr ag ennill y rhyfel ei hun. Rhygnodd Lewis ar dant rhan Cymru (a Gruffydd trwy estyniad) yn 'rhyfel Lloegr'.

Caniatawyd pum niwrnod i fwrw pleidlais, o 25 hyd 29 Ionawr. Cyfrifwyd y pleidleisiau fore Sadwrn 30 Ionawr yn Swyddfa Cofrestrydd y Brifysgol heb i Gruffydd na Lewis fod yn bresennol. Yr oedd y canlyniad i'w ddisgwyl, ond nid felly'r ffigyrau: cawsai Gruffydd 3,098 pleidlais a Lewis 1,330. Derbyniodd Aneirin Talfan 755. Collodd Evan Davies (634) a Neville Evans (101) ill dau eu hernes. Buasai unrhyw argraff a grewyd o gystadleuaeth agos yn rhith; yr oedd Gruffydd wedi ennill gyda mwyafrif o 1,768 gan gipio 52.3 y cant o'r holl bleidleisiau a fwriwyd o'i chymharu â 22.5 y cant i Lewis. Llongyfarchwyd Gruffydd gan Ernest Hughes, a fynychodd y cyfrif ar ei ran, mewn llythyr y diwrnod canlynol. Synnai, meddai at 'faint y fuddugoliaeth'.

Llawenhaodd a galarodd y papurau Cymreig yn ôl tuedd a rhagfarn. Gan *The Manchester Guardian* 1 Chwefror o bosibl y caed yr ymateb mwyaf ystyriol. Canolbwyntiodd yr adroddiad ar siom ddirfawr y Blaid:

Many Welshmen expected a close contest . . . Mr Saunders Lewis had started with many advantages. He could hardly have chosen a better ground than a small university constituency . . . The circumstances, too, of the selection of Professor Gruffydd as the Liberal candidate might have been expected to help his opponent, for Professor Gruffydd was himself at one time closely associated with the Nationalist party and his selection was by no means welcomed by all Liberals or by non-party men who dislike the Nationalist policy.[5]

Cyflwynwyd Gruffydd i'r Tŷ ym mis Chwefror 1943 gan ei ddau noddwr, Syr Percy Harris a David Owen Evans. 'It is a difficult ceremonial,' meddai un gohebydd mewn erthygl ymhlith papurau Gruffydd y methwyd ag olrhain ei tharddiad, 'and two incidents occurred to which some members were inclined to attach some significance. The first was that Professor Gruffydd got very early out of step, and the second that as the trio advanced, making in all three bows to the Speaker, they seemed to veer more and more to the left.' Yr oedd methiant Gruffydd i gydgerdded gyda'i blaid yn ffaith; yr oedd ei ogwydd tybiedig tua'r chwith, wrth gwrs, yn dibynnu a oedd dyn wrth ei ochr neu yn ei wynebu. I W. J. Gruffydd AS yr oedd diffiniadau confensiynol chwith a de'n amherthnasol, fel yr eglurodd yn *Yr Einion*, cylchgrawn Urdd Graddedigion y Brifysgol, yn 1949: 'I was elected to the House as a Liberal, which means. as things are at present, that I can be eclectic in my politics.'

Gwnaeth Gruffydd ei araith forwynol ym mis Mawrth 1943. Yr oedd, meddai, am ddweud rhywbeth syfrdanol, hyd yn oed anweddus: bwriadai ganmol y BBC. 'It provides the ordinary Briton with a magnificent opportunity to warm his nationally chilled bones at the fire of universal approbation when he condemns the BBC.' Gwelai Gruffydd rinwedd yng ngweithgarwch y Gorfforaeth yn amser rhyfel

Yn ei gyfraniad nesaf o bwys – yn y ddadl ar Bapur Gwyn Ad-drefniant Addysgol ar 29 Gorffennaf, yr oedd ei fagwraeth radicalaidd ac Anghydffurfiol yn llawer amlycach. Bwriodd iddi i geisio diwygio gweinyddiaeth addysg yn yr un modd ag yr oedd wedi diwygio trefniadaeth yr Eisteddfod – o'r gwraidd. Anghytunodd â'r farn Anglicanaidd a Phabyddol mai 'the training of the young [is] an essential activity of the Church rather than the State' a gwrthwynebodd le i addysg grefyddol orfodol yn y cwricwlwm ar yr un tir. Nid oedd i'w feddwl ef ond un ffordd o ddatrys yr anghysonderau mewn addysg genedlaethol a olygai'r ysgolion eglwys a gwirfoddol: 'Completely cut them out. Take all schools and make them fully provided council schools.'

Yr oedd y dimensiwn Cymreig ar ad-drefnu yn fwy dryslyd byth gan fod dau gorff annibynnol, y Bwrdd Canol ac Adran Gymreig y Bwrdd Addysg, yn rhannu'r cyfrifoldeb gweinyddol. Yr oedd profiad Gruffydd ar y Pwyllgor Adrannol a luniodd *Y Gymraeg mewn Addysg a Bywyd* rhwng 1925 ac 1927 wedi bod yn fedydd tân iddo yng nghymlethdodau'r trefniant pigog ac anfoddhaol hwn. Sefydlwyd y Bwrdd Canol yn 1896 o ganlyniad i argymhellion Deddf Ysgolion Canolradd Cymru 1889, yr un ddeddf a roes fod i hen ysgol Gruffydd ei hun yng Nghaernarfon. Swyddogaeth y Bwrdd oedd goruchwylio ac arholi'r ysgolion canolradd newydd hyn gyda golwg ar bennu maint y grantiau a dderbynnid gan y Llywodraeth Ganol. Gyda Deddf Addysg Balfour yn 1902 datganolwyd cyfrifoldeb am ddarpariaeth addysg elfennol a chanolradd fel ei gilydd i'r cynghorau sir ac yn 1907 crewyd Adran Gymreig o fewn y Bwrdd Addysg i oruchwylio'r cyfan. Y canlyniad oedd cydarolygu aneffeithiol a adawodd lonydd i'r awdurdodau lleol unigol i wneud fel y mynnent. Defnyddiodd Gruffydd hynny o gyfle a gâi yn y Tŷ i draethu yn erbyn penrhyddid y cynghorau sir: 'The efficiency of education should be the concern of the State as a whole and not of local councils as at present.' Ailadroddodd eiriau Gorffennaf 1943 lawer gwaith o feinciau Tŷ'r Cyffredin; nid sêl dros genedlaetholi addysg a'u cymhellodd yn gymaint â drwgdybiaeth ddofn o gymhwyster y cynghorau hyn i ymgodymu â'r cyfrifoldeb a osodwyd arnynt.

Mae i wrthdaro Gruffydd ag awdurdodau addysg Cymru hanes hir ac anrhydeddus. Ar ddiwedd ei yrfa seneddol, yn Chwefror 1950, rhoes hyn o ateb mewn llythyr i ymholiad gan Tom Lloyd Roberts o Fudiad Addysg y Gweithwyr ynghylch y gweithgarwch gwleidyddol yr oedd ef falchaf ohono: 'Fy mhrif waith (yn fy marn i) – h.y. gwaith cyhoeddus pennaf oedd gwylio dros fuddiannau Cymru yn bennaf yn erbyn yr Awdurdodau Lleol. Gellwch ddweud os mynnwch mai fy "bug bear" yw'r Alderman a "bosses" y gwahanol Gynghorau Sir.' Edrychai arnynt fel yr edrychai ar y pwyllgorau lleol yn nyddiau duaf yr Eisteddfod Genedlaethol – amaturiaid anghymwys ac anoleuedig. Gorweddai gwreiddiau ei agwedd tuag atynt yn ei hanes ef ei hun. Gadawodd wlad hud Rhydychen yn 1903, fe gofir, i chwilio am swydd mewn byd addysg wedi ei weddnewid gan Ddeddf Balfour 'a thraed fflat yr alderman a'r blaenor yn drwm arno'. Methodd â chael swydd yng Nghymru a daliodd ddig. Canlyniad ei waith ar bwyllgor Y Gymraeg mewn Addysg a Bywyd chwarter canrif yn ddiweddarach oedd atgyfnerthu'r argyhoeddiad fod addysg Cymru yn nwylo ffyliaid. Wedi i'r Pwyllgor gyfarfod bymtheg ar hugain o weithiau a holi 170 o dystion a chyhoeddi adroddiad 345-tudalen yn amlinellu ugeiniau o argymhellion, aeth y cyfan i'r gwellt, ym marn Gruffydd, oherwydd difaterwch a gwaseidd-dra'r awdurdodau y paratowyd ef yn bennaf ar eu cyfer. Rhoes lais i anniddigrwydd yn Nodiadau gaeaf 1927 a fyddai'n nodyn cyson yn ei gyfraniadau ar bwnc addysg o hynny allan:

Y mae'r Saeson sydd yng Nghymru ar y cyfan yn derbyn awgrymiadau'r Pwyllgor er hyrwyddo dysgu'r Gymraeg gyda phob serchowgrwydd [sic] a chalondid; daw'r holl wrthwynebiad i gario allan yr awgrymiadau o Gymru Gymraeg, o blith rhieni Ceredigion a Môn, o blith Pwyllgorau Addysg y mae eu safle a'u pwysigrwydd i gyd yn dibynnu ar y ffaith eu bod yn medru Cymraeg. Yr wyf wedi cael agoriad llygad a mawr dristâd yn yr wythnosau diwethaf. . .

Rhoes y bai am y croeso oeraidd a roddwyd i'r Adroddiad ar y caswir '[nad] oes ran na chyfran i'r bobl hynny sy'n *gwybod* trwy brofiad am y diwylliant Cymreig yn ein Cynghorau Addysg':

> Fel Cynghorwyr Sir, am resymau hollol wahanol, yr etholwyd llywodraethwyr ein haddysg gan y bobl, ac y maent, a chofio hyn, yn gweithredu'n rhyfeddol o dda. Ond hyd nes bod dylanwad ar y Bwrdd Canol, ar Lys y Brifysgol, ar Gyngor y Brifysgol, ac yn y Pwyllgor Ymgynghori y mae'r Bwrdd Addysg yn debyg o'i sefydlu, hyd nes bod dylanwad, meddaf, gan gynrychiolwyr diwylliant Cymru ar y byrddau hyn, ni bydd byth lun ar ddysgu Cymraeg nag [sic] ar estyn drwy'r ysgolion effeithiau diwylliant Cymru.

Yn ystod yr ymgyrch etholiadol addefodd Gruffydd yr âi i'r Senedd, pe câi ei ethol, 'er mwyn dysgu'. Edliwiwyd iddo yn *Y Faner* fod cyflog Aelod Seneddol yn swm rhy fawr i'w dalu i brentis, sylw a oedd yn gamddehongliad chwareus ond bwriadus o natur anwleidyddol agored ei ymgyrch. Ymladdodd Gruffydd y sedd ar dir gwladgarwch diwylliannol a'r unig gymhwyster a hawliodd iddo'i hun yn yr ymgyrch ac yn y Senedd fel ei gilydd oedd blynyddoedd ei brofiad fel un o gynrychiolwyr y diwylliant hwnnw. Yr oedd yn nes yn ei feddylfryd ac yn ei weithgarwch i'r bobl hynny a enwebir bellach i Dŷ'r Arglwyddi ar sail eu hawdurdod mewn maes arbennig yn hytrach nag ar gyfrif plaid na breintiau genedigaeth. Addysg, ac addysg Cymru'n fwyaf penodol, oedd ei faes.

Ddeng mlynedd cyn iddo fynd i'r Tŷ yr oedd Gruffydd wedi croesi cleddyfau gyda'r awdurdodau lleol yn llawer mwy agored nag y gwnaethai hyd yn oed yn sgil Y *Gymraeg mewn Addysg a Bywyd*. Yn Nodiadau gaeaf 1932 o'r *Llenor* cwynodd am 'y miloedd o bunnau a werir yn ofer yn enw "Addysg" ar yr hyn nad yw addysg o gwbl'. Y peirianwaith gweinyddol a oedd ganddo dan sylw: 'Y mae'r peiriant wedi myned gymaint yn bwysicach na'r cynnyrch fel nad oes neb mwyach yn meddwl am ddim ond y peiriant pan sonnir am addysg, a pheiriant costus a gwastraffus yw yn nwylo'r bobl sydd yn ei drin.' Cododd enghreifftiau penodol o'r camdrin hwnnw yn Nodiadau'r haf canlynol pan gyhuddodd y cynghorau o gamddefnyddio eu dylanwad er elw: 'Mewn llawer sir yng Nghymru nid yw'r awdurdodau mwyach yn meddwl mai diben y gyfundrefn addysg yw rhoddi'r addysg orau i'r plant, nac yn wir yn meddwl am y plant o gwbl; yn hytrach y maent wedi penderfynu mai ei diben yw darparu swyddi i athrawon a chael bywoliaeth i feibion a merched y gymdogaeth sydd wedi gorffen eu cwrs addysg.' Yr oedd wedi clywed o ffynhonnell ddibynadwy o fewn yr Arolygaeth (gan Mary Davies ond odid) fod llwgrwobrwyo 'yn rhemp yn rhai o'r cynghorau' a rhoddodd hanes Cymraes ifanc mewn ysgol yn

Lloegr a ddymunai ddychwelyd i Gymru i ddysgu ond na allai fforddio perswadio'r awdurdodau gartref i'w hystyried. Baich ei gŵyn, er hynny (cŵyn nid annhebyg i honno a leisiodd wrth geisio am Brifathrawiaeth Coleg Caerdydd yn 1919), oedd ymhlygiadau diwylliannol plwyfoldeb y cynghorau. Cymerodd brofiad bachgen o'r Rhondda yn esiampl:

> Â'r bachgen i ddechrau i ysgol elfennol yn y cylch; dysgir ef yno gan athrawon a anwyd ac addysgwyd yn y cylch ac na buont erioed allan ohono; â wedyn i ysgol ganolraddol lle y caiff eto athrawon o'r cylch, a'r rheini'n aml wedi eu penodi nid am eu cymhwyster ond am eu bod yn adnabyddus i'r apwyntwyr. Wedi hynny, os gall godi o'r gors anobaith hon, fe â i Goleg Caerdydd gan deithio yn ôl ac ymlaen bob dydd i'r coleg a byw gartref gyda'i rieni. Caiff ei radd yng Nghaerdydd; ac wedyn ymgeisia am rywle 'yn ymyl cartref.' Nid ansawdd ei radd sydd o'r pwys mwyaf yn awr, oherwydd gŵyr yn dda mai yn erbyn bechgyn eraill o'r Rhondda'n unig y mae'n cystadlu. Mewn amser caiff le yn y Rhondda; erys adref i fyw gyda'i rieni, – y mae ei dad, efallai, allan o waith, a rhaid iddo helpu gyda'r costau. Oherwydd hynny, ni all fforddio mynd i weled y byd ar ei wyliau, fel y dylai pob athro ac athrawes, ac i bob pwrpas, y mae'n aros heb wybodaeth effeithiol o ddim na neb tu allan i'r Rhondda. Daw plant ei gymdogion dan ei addysg, a dyna'r holl diwn gron yn dechrau drachefn.

Proffwydodd Gruffydd yn 1933 na ellid gwella 'haint fel hwn' oni bai bod y Bwrdd Addysg yn dileu'r cynghorau a gosod Dirprwywyr y Llywodraeth yn eu lle i oruchwylio penodiadau. Nid oedd ei argymhellion yn 1943 ac 1944 fawr amgen ac fe arweiniodd ei egwyddorion ef i ambell bwll. Ymddangosai ar lawer ystyr yn ei ddatganiadau seneddol yn fwy ceidwadol ar gwestiwn addysg na'r Llywodraeth Geidwadol a wrthsafodd. Am yr ysgolion bonedd ac annibynnol, er enghraifft, gwell oedd ganddo amddiffyn eu statws na'u gweld yn mynd yn eiddo i'r gelyn. Golygai hyn gyfeillion annisgwyl a lle nid yn unig ar Bwyllgor Adrannol y Gymraeg ond hefyd ar y Pwyllgor Ysgolion Bonedd cyn troad y flwyddyn. Derbyniodd y Rhyddfrydwr Annibynnol lythyr o ddiolch oddi wrth un ar ddeg o athrawon Ysgol Uwchradd y Merched yn Nhreganna ar 17 Mawrth ac un arall gan T. Harold Morgan ar ran 550 o brifathrawon Cymru ar 22 Mawrth 1944 yn canmol ei safiad.

Etholwyd Gruffydd i'r Tŷ yn ddigon cynnar i chwarae rhan yn y dadleuon a ragflaenodd Ddeddf Addysg Butler 1944 ac yn y dadleuon hynny y'i caed ar ei fwyaf huawdl a ffraeth. Mewn darllediad radio yn rhoi 'ychydig argraffiadau "wythnos gwas newydd"' ar 24 Medi 1943, cyfaddefodd mai 'siaradwr afrwydd a herciog' ydoedd a chanddo lawer i'w ddysgu o wrando ar yr Aelodau Cymreig eraill: '. . . a phob tro y byddaf yn gwrando ar Gymro'n siarad, byddaf yn falch o'r diwylliant llafar parablus a fagwyd gan draddodiadau Cymru yn ystod y ddwy ganrif diwethaf'. Edmygai yn arbennig 'rwyddineb geiriau a beiddgarwch meddwl' Aneurin Bevan, a gwnaeth ei orau i'w efelychu. Atgoffir dyn yn aml wrth ddarllen cyfraniadau seneddol Gruffydd am y pwys a roddai gweinidogion y bedwaredd ganrif ar bymtheg, yn ei eiriau ef, ar 'Nerth y Gair'. Yr oedd ofn ymhlith cefnogwyr Gruffydd trwy'r etholiad y defnyddiai Saunders Lewis y Senedd yn focs sebon pe câi gyfle; etholasant yn ei le ŵr a'i defnyddiodd yn bulpud Anghydffurfiol. Yn ystod ail ddarlleniad y mesur ar 20 Ionawr, mynnodd fod y Llywodraeth, wrth lunio unrhyw ddeddf, yn trin addysg fel diben ynddo'i hun ac nid rhywbeth at wasanaeth anghenion byd gwaith, llywodraeth leol a mudiadau crefyddol: 'Its provisions must be judged by one criterion only and that is the child in the school – that and nothing else.' Yr oedd Cymru o'r diwedd i gael ei phwyllgor addysg ymgynghorol ei hun, datblygiad a groesawodd er iddo boeni am ei gyfansoddiad. Ofnai weld, er hynny, ôl llaw farw cynrychiolwyr yr awdurdodau lleol 'for social and political reasons' yn rhy drwm arno. Gwrthwynebiad arall i'r mesur oedd y cynnig i godi'r oedran ymadael o 14 i 15 oed. Dadleuodd fod prinder adeiladau, ac yn enwedig prinder athrawon ar adeg pan oedd y Llywodraeth yn hyrwyddo 'a policy of throwing the teachers of the future into the vast maw of war' yn gwneud cynnig o'r fath yn anymarferol. Dioddefai athrawon yn barod dan faich gweinyddol: 'I suggest that a teacher's job is to teach and not to spend a large portion of his time day by day on things which should be done by caretakers, clerks and bath attendants.' Yr oedd y paratoad a roed i athrawon yn y colegau hyfforddi hefyd yn 'ludicrously inadequate for the purpose'. Cyfeiriodd yn yr un araith wasgarog, fel y gwnaethai yn *Y Llenor* dros ddeng mlynedd ynghynt, at blwyfoldeb addysg wladol. Yr oedd y ffaith fod cynllunwyr, cyfarwyddwyr ac arolygwyr addysg mwyafrif mawr plant y wlad yn gyrru eu plant eu hunain i ysgolion preifat ('They no more consume their own goods than a manufacturer of ready-made clothes goes about in reach-me-downs'), yn ddadl gref o blaid ansawdd y dysgu a geid ynddynt. Yr oedd yr ysgolion bonedd yn rhydd o blwyfoldeb y cynghorau ac felly'n rhydd i gynnig addysg genedlaethol:

> Unless we make radical changes in the basis of our state education the dice will continue to be loaded in favour of the public schools and older universities. There is no basis of education except the integration of the nation as a whole to which every class and every rank must contribute. Some of us believe in democracy, but we go on educating the democrats of the future in separate cages . . .

> I am convinced that we are heading for a national disaster if we continue our double system of one kind of schooling for the poor and another kind for the rich.

Ymosododd eto ar 'provincialism' ac 'inbreeding' addysg wladol pan ddaeth y mesur yn destun Pwyllgor ar 15 Chwefror. Adroddodd wrth gynulleidfa newydd hanes y bachgen o'r Rhondda a raddia o Gaerdydd cyn mynd yn ôl i'w gwm i ddysgu cenhedlaeth arall o blant fel y cânt hwythau ddilyn ei gamau. Y tro hwn, problem i Brydain ac nid i Gymru'n unig ydoedd: 'That is one of the greatest menaces to Education in Britain.' Ar y pedwerydd ar hugain o'r mis, mewn cyfarfod o'r un pwyllgor, honnodd fod 99 y cant o blant Cymru'n dod o gartrefi Anghydffurfiol a bod hynny'n golygu problemau neilltuol mewn perthynas ag addysg mewn ysgolion eglwys: 'Our view is not the sacramental view of religion which the Church of England, especially the High Anglicans take of religion. We do not wish our children to be brought up with that sacramental view. We wish them to be brought up in the clear and wideswept realm of conscience alone, and it is only just that our children should be allowed to be brought up in such an atmosphere.'

Dychwelodd at ofnau am ymyrraeth o du'r cynghorau sir a'i ddelfrydau am addysg wladol eangfrydig ar batrwm yr ysgolion bonedd ar 9 Mawrth: 'I want to close that gap not by pulling down the prestige of the public school, but by raising the prestige of the county school to the same level.' Ei ddewis batrwm, wrth gwrs, oedd ei *Alma Mater* yng Nghaernarfon yn y dyddiau cyn Deddf Addysg 1902 a agorodd y drws i'r alderman a'r blaenor:

> Schools of the grammar school type, providing and preparing for the professions and for the university; schools which aimed at what is called a liberal education, whether that ideal was reached or not. It was precisely that aspect of education which captured the imagination of the poorer parents of this country who wanted their children to get on. These parents in the past did not actually think much of what we now call senior-school education or modern education and not very much of technical education. It was in quality precisely the type of education which was being given in the public schools of England and Wales that the parents wished to see their own children enjoy. That might have been wrong and it might have been snobbish or very ill-advised, but their ambition was that their children should have the same education as the children of the rich, to have the same opportunities, tasting the rare and refreshing fruit of office and privilege which the other classes had.

Oherwydd ei gred yn hawl yr ysgolion gramadeg i gystadlu â'r ysgolion preifat, ni ddymunai weld rhoi'r label cyffredin 'secondary' ar bob ysgol i blant un ar ddeg oed ac uwch. Dadleuodd y diwrnod wedyn o blaid rhoi i lywodraethwyr ysgolion gramadeg yr hawl i benodi athrawon yn ôl model yr ysgolion bonedd gan wrthod cyfran i'r awdurdodau addysg yn y broses.

Caed trydydd darlleniad y mesur ar 11 Mai. Hyd y diwedd ceisiodd Gruffydd ddarbwyllo'r Tŷ mai'r awdurdodau lleol oedd y ddolen wan. Ni allai'r mesur lwyddo ond gyda'u 'wisdom, goodwill and honesty', rhinweddau prin yn ei olwg ef. Hyd yn oed wedi i Dŷ'r Arglwyddi gynnig gwelliannau a chyflwyno'r mesur yn ôl ar 27 Gorffennaf, y cam olaf ar daith y mesur i fod yn gyfraith gwlad, yr oedd yn anfodlon ar rôl ganolog yr awdurdodau, 'a lay body advising professionals'.

Gwrthododd Gruffydd, er hynny, y gwahoddiad i gyfyngu ei sylw i addysg pan drafodwyd materion Cymreig ar 3 Gorffennaf tra oedd y mesur gerbron yr Arglwyddi. Nid diben ynddo'i hun oedd y dimensiwn Cymreig ar addysg rhagor yr un cynllun arall a oedd a wnelai ag ad-drefnu wedi'r rhyfel: 'The end in itself, so far as we are concerned, is the preservation of the integrity and the individuality of a country called "Wales" and the guarding of the rights and priviledges of Wales as a separate country with a separate tradition and with very much a separate way of life.' Caed ganddo yng ngweddill ei araith ond odid y datganiad cliriaf trwy ei holl yrfa seneddol o'r gwahaniaeth hanfodol rhwng cenedlaetholdeb a gwladgarwch:

> Though we speak a different language, and have a different literature and a different view of life, we are not a queer people. We are not like the Hairy Ainus of Japan, a survival of the past, nor do we come out of our caves covered in woad; nor do we dress our womenfolk in witch hats and stuff skirts.

> It is as much the duty of this house to safeguard the nationhood of Wales as it is to safeguard the nationhood of England or of Scotland. We are not a subject nation, to be dragooned into assimilation; we regard ourselves as a full partner with Britain.

> . . . Self-government cannot be given by one stroke of the pen. We must grow to be worthy of it, to learn it; we must grow into self-government.

Daeth Deddf Butler yn gyfraith yn niwedd 1944, yn groes ym mhob cymal ohoni bron i'r egwyddorion addysgol a bleidiai Gruffydd. Mewn erthygl i *The Liberal Magazine* 2 Mawrth 1945 ar 'The Education Act and its Implications', rhoes broc olaf i ludw'r ddadl. Yr oedd wedi sefyll gyda'i blaid fabwysiedig yn ei wrthwynebiad i noddi ysgolion enwadol, eithr ar bwnc yr ysgolion bonedd yr oedd wedi bod i bob pwrpas ar ei ben ei hun yn ei amddiffyniad: 'The type of education provided by them is neither snobbish nor inadequate . . . They represent the traditional form of education in this country.' Yr oedd y Ddeddf wedi niweidio addysg uwchradd yn enwedig: 'When it is realized that all grades of school pupils, from the exceptionally bright to those on the verge of mental deficiency, are thus huddled together under the title "Secondary" it will be seen what an important step has been taken in widening the chasm between the Secondary Schools and Public Schools.' Ac am Butler ei hun, 'like all Conservatives, he regards the education of the people as a boon conferred by the privileged class'.

Yr oedd i'w ddisgwyl y byddai gweithgarwch seneddol Gruffydd yn andwyo ansawdd *Y Llenor*. Ymddiheurodd wrth ddarllenwyr Nodiadau hydref-gaeaf 1943 (y flwyddyn gyntaf i ddau rifyn dwbl ymddangos) am y dirywiad. Yr oedd prinder papur yn ffactor a diffyg cyfranwyr: 'Ond nid yw'r Golygydd ei hunan yn ceisio dianc rhag peth o'r bai . . . er trymed pwys amryw orchwylion bydol, ni ddylent (yr wyf yn addef) ymyrryd â moddion ein diwylliant. Ac o hyn allan y mae ef yn addaw diwygiad.' Yr oedd am amryw byd o resymau, fel y ceir gweld maes o law, yn addewid na allai'r golygydd mo'i chadw.

Er na chyfeiriodd Gruffydd erioed yn uniongyrchol at ei waith yn San Steffan (a phwysig nodi hefyd na ddefnyddiodd *Y Llenor* yn gyfrwng adeg yr etholiad chwaith), yr oedd y cylchgrawn yn llawer mwy gwleidyddol ei naws o 1943 ymlaen, neu o leiaf yn llawer llai llenyddol. Gwelwyd enwau newydd ar ei glawr a phynciau newydd y tu mewn: 'Agwedd ar Wleidyddiaeth Cymru' gan Ben Bowen Thomas (hydref-gaeaf 1943), Tecwyn Lloyd ar 'Datblygiad Addysg' (gwanwyn-haf 1944) a D. J. Williams, a oedd wedi cyfrannu storïau byrion yn y tridegau cynnar, yn mentro barn ar 'Y Ddau Genedlaetholdeb yng Nghymru' (hydref-gaeaf 1944). 'Y Cenedlaetholwyr, – a'r Lleill' oedd testun Cyril P. Cule yn rhifyn gwanwyn-haf 1945. Unig gyfraniad Gruffydd i'r rhifyn hwn oedd un adolygiad ar chwech o lyfrau gyda'i gilydd, gan gynnwys *Y Dwymyn* a *Brithgofion* T. Gwynn Jones ac *O'r Pedwar Gwynt* T. H. Parry-Williams. Gyda rhifyn gwanwyn-haf 1946 ymddangosodd y cylchgrawn dan gyd-olygyddiaeth Gruffydd a T. J. Morgan am y tro cyntaf ynghyd ag addewid arall: 'Yr wyf yn addaw y bydd *Y Llenor* yn fwy rheolaidd yn y dyfodol ac, mi obeithiaf, yn well.'

Un ymgeisydd yn unig a wrthwynebodd Gruffydd pan amddiffynnodd sedd y Brifysgol ar 5 Gorffennaf 1945. Etholiad Cyffredinol y flwyddyn honno oedd yr ymgyrch fwyaf yn hanes y Blaid: ymladdodd saith o seddi a'r Dr Gwenan Jones oedd ei hymgeisydd fwyaf llwyddiannus yn nifer a chanran ei phleidlais er na ddaeth yn agos i'r buddugwr. Enillodd 1,696 (24.5 y cant) a Gruffydd 5,239 (75.5 y cant). Gallai Gruffydd fforddio haelioni a oedd yn brin ddeunaw mis ynghynt. 'I have had Welsh nationalists as opponents at both elections,' meddai yn y Senedd 28 Hydref, 'but I should like to say that Welsh Nationalism, even in its extreme form, draws on the cream of Welsh intellectuals. It may be said that the students in the Universities are very largely members of the

Welsh Nationalist Party, and when they become adults, they will become the intellectual population of Wales.' Dychwelodd Gruffydd i'r Senedd i wynebu'r weinyddiaeth Lafur newydd a oedd wedi cyhoeddi ei bwriad i ddiddymu'r holl seddi prifysgol.

Gruffydd llai llafar a welwyd yn ei ail dymor seneddol; yr oedd achos diriaethol Deddf Butler wedi mynd a thynged ei sedd ef ei hun wedi'i selio. Siaradodd o 1945 ymlaen fel Cymro wrth Saeson. Enghraifft dda o hyn oedd ei eiriau pan drafodwyd y Papur Gwyn ar Gymru ar 28 Hydref 1946: 'In the limited time at my disposal, I want to embark on a brief series of platitudes. This may not be anything new in this House, but perhaps it is new to proclaim it.' Fe'i gorfodwyd i ddefnyddio ystrydebau, meddai, gan fod hawliau Cymru wedi cael eu trin yn y Tŷ gynifer o weithiau nes colli eu hystyr. Yr oedd hyn yn feirniadaeth nid ar y Llywodraeth bresennol yn benodol ond ar 'all Governments [who] have positively refused to understand my country, and have allowed it to drift into a state of frustration and unhappiness . . . manipulated for the sake of England.' Yr oedd Lloegr wedi camdrin Cymru am iddi ei chamddeall yn ddiwylliannol: 'I am sorry to have to say it, but the Englishman has only two ways of dealing with a mystery – either to hate it or to laugh at it, and we have had experience in Wales of both of these reactions.' Lloegr a ddioddefai ganlyniadau ei hanwybodaeth ewyllysiol o Gymru:

> Are we to believe that the English will only concede justice to a minority when that minority becomes a nuisance? Is the history of the American colonies, of India and of Ireland to be re-enacted again on the small-scale map of Wales? Twenty years ago there were practically no Welsh nationalists in Wales; today the party is growing from day to day.

Gwneud Cymru'n ddealladwy i'r Sais oedd tasg hunan-apwyntiedig blynyddoedd olaf Gruffydd yn y Senedd. Ymddangosodd 'What Wales Wants' yn *The Spectator* ar 11 Mawrth 1949 yn ymateb i lyfryn y Blaid Geidwadol ar *The Conservative Party for Wales and Monmouthshire*. Mewn gwirionedd, ychydig iawn o sylw a roddodd i'r llyfryn. Canolbwyntiodd Gruffydd yn hytrach ar bwysigrwydd ymreolaeth a chreu swydd Ysgrifennydd Gwladol, nid fel dibenion ynddynt eu hunain, 'but as a means to secure what English politicians have never understood'. Troes yr erthygl yn rhestr siopa o ddyheadau'r gwladgarwr diwylliannol:

> What Wales wants is the full development of all her own resources, material and cultural, and she desires it all the more passionately because she sees that, with the drift of the years, those resources of both kinds are diminishing.

She wants to develop her social services and her education in her own way, which, rightly or wrongly, she considers superior to the English way. She wants to give official recognition and patronage to the Welsh language and its living literature and to all Welsh intellectual activities.

Proffwydodd Gruffydd am y Cymry, 'if they were given the means of determining their own destiny, they could produce an example of national culture unparalleled in the world'. Gydag etholiad 1950 dilewyd sedd y Brifysgol. Yr oedd gyrfa seneddol Gruffydd ar ben.

15

'Rho Oleuni, Hwylia F'enaid', 1950–1954

O HERWYDD GWAELEDD aeth cyfraniadau Gruffydd yn y Tŷ erbyn 1949 yn ysbeidiol. Traddododd ei araith olaf ar faterion Cymreig yno ar 24 Tachwedd, yn pwysleisio o hyd anallu cynhenid y Sais i ddeall meddwl ac anghenion y Cymro: 'A hostile Englishman does not do very much harm – he has often been a great help – but the Lord deliver us from the too well disposed Englishman who tries to meddle in Welsh affairs.' Erbyn hynny yr oedd wedi ymgartrefu yng Nghaernarfon ers blwyddyn: Rhiw, Ffordd Bangor. Yn dilyn ei ymddeoliad o Gadair Caerdydd yn 1946 aeth i fyw i Chertsey er mwyn bod yn nes i'w waith seneddol, ond buan y dychwelodd i Sir Gaernarfon. Yr oedd erbyn hynny wedi olynu Lloyd George fel Llywydd Cyngor yr Eisteddfod ac wedi ennill Medal Anrhydeddus Gymdeithas y Cymmrodorion am ei gyfraniad i lenyddiaeth ac ysgolheictod Cymru. Yn yr un flwyddyn, 1946, fe'i gwnaed yn D.-ès L. *honoris causa* gan Brifysgol Rennes a blwyddyn yn ddiweddarach cydnabuwyd ei wasanaeth i Brifysgol Cymru pan ddyfarnwyd D.Litt. iddo. Erbyn diwedd y pedwardegau yr oedd anrhydeddau cyhoeddus ac academaidd yn od o amherthnasol. Mewn darllediad radio, 'Teg Edrych tuag Adref', ym mis Mawrth 1948 portreadodd ei hen gynefin fel dihangfa rhag byd modern a digydymdeimlad:

> Mi adewais i fy mro a chredo sicr gennyf, er enghraifft, mai Owen Edwards oedd y cymwynaswr mwyaf a gafodd Cymru erioed, mai dynion fel Alafon oedd ffrwyth perffeithiaf y grefydd Gristnogol, fod Rhyddid a Rheswm yn bwerau sofren [sic] yn nhwf y ddynoliaeth, a bod fy Nhad wrth y llyw yn amgylchiadau'r byd. Wedi gwrando ar hogiau clyfar a merched parablus yr ugeinfed ganrif yn ymosod ar bob un o'r argyhoeddiadau hyn yr wyf yn dychwelyd i'r hen fro heb newid yr un iota ar fy nghredo.

Sylwodd ar newidiadau er gwell yng nghwrs yr hanner can mlynedd y buasai i ffwrdd: y plant yn iachach, safle merched wedi gwella, tref

Caernarfon yn Gymreiciach a'r siopwyr yn fwy cwrtais. Ei unig ofidiau oedd fod nifer y capelwyr wedi gostwng a Saeson bellach yn berchnogion ar y ffermydd a'r tyddynnod cyfagos. Aethai Gruffydd, bron yn ddiarwybod iddo'i hun yn hen ŵr atgofus. 'Coelier fi,' meddai yn rhifyn hydref y flwyddyn honno o'r *Llenor*, 'mae bywyd fy mhlentyndod yn fwy o ran o'm myfyrdod nag unrhyw gyfnod arall, ac y mae fy nghof am ei ddigwyddiadau yn llawer sicrach. Pe cawn gynnig gan ryw jinn [sic] nefol neu uffernol i ail-fyw fy ngyrfa, mi wnawn lawer o gyfnewidiadau yn fy mywyd ar ôl yr un ar bymtheg, ond ni newidiwn ddim yn fy hanes cyn hynny. Mae'n sicr imi gael rhai helyntion chwerwon a rhai siomiannau yn yr oes euraid honno, ond nid wyf yn cofio dim amdanynt.' Daeth yn 'aelod cyffredin' o Gylch Gweinidogion y dref (gwrthododd y teitl 'anrhydeddus') ac o Glwb y Castell lle y câi flas ar englyna. Llwyddiant rhannol, ar y gorau, oedd ei ymdrechion i ailafael yn y gorffennol: 'Credaf o hyd mai camgymeriad oedd iddo ddychwelyd i Arfon er iddo gael pob gofal a chysur yno,' oedd barn hyd yn oed Iorwerth Peate, ei edmygydd mwyaf anfeirniadol, yn *Y Llenor* coffa. 'Rhan ddigon naturiol o'i ramantusrwydd oedd dychwelyd i'r hen fro. Ond yr oedd wedi newid llawer mwy nag a newidiasai ef.'[1]

Buasai'r *Llenor*, fel y dywedwyd eisoes, dan olygyddiaeth T. J. Morgan i bob pwrpas er 1946. Yr unig gyfraniad o bwys gan Gruffydd rhwng hynny a thranc y cylchgrawn yn 1951 oedd ei ysgrif ar T. Gwynn Jones pan drowyd rhifyn haf 1949 yn rhifyn coffa arbennig, y cyntaf o'i fath yn ei hanes. Ni chaed dim ganddo yn 1950 a daeth ei gyswllt gweithredol â'r *Llenor* i ben gyda Nodiadau haf 1951. Yr oedd y pynciau yr ymdriniodd â hwy yn y Nodiadau olaf hynny yn grynodeb teg o'i ddull cusan-a-chic dros bum mlynedd ar hugain: ffolinebau'r bywyd cyhoeddus (y Llywodraeth yn penodi pwyllgor i ddewis prifddinas i Gymru), addysg Gymraeg (mewn ysgol elfennol newydd yng Nghaerdydd) a gair o gyngor wrth y Blaid Genedlaethol ar ei hymgyrch etholiadol: 'Er bod *Y Llenor* yn osgoi "politics".' Faint o selogion y Blaid a drafferthodd i ddarllen sylwadau Gruffydd yn 1951, heb sôn am eu derbyn, sy'n gwestiwn. Yr oedd dyddiau'r cylchgrawn wedi'u rhifo.

Lladdwyd *Y Llenor* o'r diwedd gan gyfuniad o ddifaterwch a chwerwedd a diffyg rheolaeth ariannol. Yn unol â thelerau'r cytundeb a luniwyd rhwng Gruffydd a Chwmni Hughes a'i Fab yn 1923, fe gofir, yr oedd Gruffydd, yn rhinwedd ei swydd fel golygydd, i dderbyn 5 y cant o bris pob copi a werthid a phob cyfrannwr ac adolygydd i dderbyn copïau o'r cylchgrawn yn rhad ac am ddim. Parhaodd y drefn hon yn ddigyfnewid am yr wyth mlynedd ar hugain nesaf. Ni wnaed ym mlwyddyn olaf *Y Llenor*, o ganlyniad, ond elw o ychydig dros un bunt ar hugain. Isafbwynt ydoedd ar ddirywiad graddol. Nifer y copïau a gyhoeddwyd yn 1949 oedd: 1,100 (gwanwyn); 2,000 (haf, rhifyn coffa T.

Gwynn Jones); 1,225 (hydref); 1,225 (gaeaf). Erbyn hydref 1950 bu'n rhaid cwtogi'r rhediad i 1,050; yng ngaeaf 1950 disgynnodd y ffigur o dan 1,000 am y tro cyntaf yn hanes y cylchgrawn i 950. Gwerthiant *Y Llenor* yn 1951, yn ôl ffigyrau yng Nghasgliad Christopher Davies yn y Llyfrgell Genedlaethol, oedd:

Gwanwyn	950 gwerthwyd 895 α 2/6 =	£111/17/6
Haf	950 gwerthwyd 893 α 2/6 =	£111/12/6
Hydref	950 gwerthwyd 864 α 2/6 =	£108/0/0
Gaeaf	950 gwerthwyd 833 α 2/6 =	£104/2/6
		————
		£435/12/6
Tâl o 5% i'r Golygydd a chostau ar £436		
		————
		£21/16/0

Ar y deuddegfed o Dachwedd 1951, gyrrodd Rowland Thomas o Wasg Caxton, argraffwyr *Y Llenor*, at y cyhoeddwyr i'w hysbysu ei fod yn 'doing all I can to hold this magazine'. Ei argymhelliad oedd codi'r pris i driswllt neu driswllt a chwecheiniog y rhifyn (buasai'n hanner coron er diwedd y rhyfel) a'i droi'n gylchgrawn tanysgrifiadol 48-tudalen. Gwrthododd, er hynny, ddefnyddio papur rhatach; yr oedd rhai pethau na ellid eu haberthu! Un peth nad ystyriodd yn gysegredig oedd hawl y golygydd i'w bump y cant: 'I feel a bit niggardly about the editorial fee having regard to all the facts, but do not desire to raise this at the present juncture.'

Erbyn diwedd y flwyddyn daeth yn amlwg y byddai'n rhaid i Hughes a'i Fab ddarbwyllo Gruffydd o gyflwr y cylchgrawn. Ni fabwysiadwyd yr un o gynlluniau Rowland Thomas yn syth am y rheswm na ellid bod yn sicr sut yr ymatebai Gruffydd. Mewn nodyn diddyddiad wedi'i arwyddo yn enw'r cyhoeddwyr, rhoes Thomas Bassett y ffeithiau gerbron ychydig cyn lansio'r rhifyn olaf un:

Annwyl Gyfaill,
    Yr wyf yn amgau dau gopi o'r *Llenor* sydd i fynd allan i'r llyfrwerthwyr. Rhai misoedd yn ôl soniais wrth Mr T. J. Morgan fod ei gylchrediad yn parhau i waethygu ac awgrymais y byddai'n ddoeth iddo drafod y pwnc gyda chwi pan ddeuai cyfle. Gan fod diwedd y flwyddyn yn nesáu, a ffigyrau ein cyhoeddiadau'n cael eu hystyried fel arfer gan berchnogion y fusnes hon, dyma fi'n anfon gair bach atoch yn gyfrinachol ymlaen llaw.

Gan fod papur mor ddrud penderfynais argraffu 950 o bob rhifyn yn 1951, ac y mae gennym ddau neu dri chopi drosodd o bob un o'r tri. O'r 950 fe anfonir 50 o gopïau'n ddi-dâl i ysgrifennwyr, y chwe llyfrgell, yr adolygwyr etc., ac yr ydym felly'n gwerthu tua 900.

Am yr argraffwaith, y papur, a rhwymo rhifynnau Gwanwyn Haf a Hydref 1951, y mae Hughes a'i Fab eisoes wedi talu i gwmnïau eraill y cyfanswm o £248. Ychwaneger at hynny dyweder £16 i'r gohebydd – £264.

Derbyniwn dyweder £247 o werthiant y tri rhifyn – dyna £17 o golled heblaw'r gost o bacio, anfon invoices, cadw llyfrau cownt, etc.

Bûm yn brwydro o'r blaen, unwaith neu ddwy dros gadw'r *Llenor* yn fyw; ond pan ddaw diwedd y flwyddyn, ni bydd gennyf ddim sail ar wahân i'w deilyngdod.

Petaem yn mynnu'r papur rhrataf ni allaf weled y byddwn yn ennill mwy na seithbunt y rhifyn, ac fe gollai'r *Llenor* ei hen urddas. O'm rhan i, byddai'n well gennyf ei weld yn tewi'n 30 mlwydd oed na'i weld yn wael ei wedd neu wedi'i grebachu yn ôl y ffashwn. Carwn gael eich barn chwi . . .

Nid cylchrediad y cylchgrawn oedd yr unig beth i ddioddef yn y cyfnod yn dilyn y rhyfel: dirywiodd ansawdd y cyfraniadau hefyd. Collwyd nifer o'r hen selogion, fel y ceir gweld, ac ar wahân i un gerdd gan Caradog Prichard (gwanwyn 1950) a dwy gan Harri Gwynn (gwanwyn 1950 a gaeaf 1951),[2] nid oes yn holl farddoniaeth y ddwy flynedd olaf, er enghraifft, ddim gan yr un bardd adnabyddus. Pallodd Nodiadau Gruffydd bron yn llwyr. Mewn gair, yr oedd yr hen sbonc wedi diflannu. Nid annisgwyl, felly, i Gruffydd, ac yntau'n ddeg a thrigain oed, gydsynio mor rhyfeddol o rwydd ag awgrym Bassett mai rhoi terfyn ar *Y Llenor* fyddai orau. Daeth ei ateb o Gaernarfon ar ddiwrnod olaf y flwyddyn:

Diolch yn fawr i chwi am eich llythyr – maddeuwch fy oediad yn ei ateb. Mae arnaf ofn mai gadael i'r *Llenor* fynd fydd raid oherwydd gwn fod pris argraffu etc. yn ei gwneud yn amhosibl yn awr, ac nid oes gennyf innau gymaint o ynni ag a fu i geisio brwydro ymlaen. Yr wyf wedi ysgrifennu eisoes at T.J. Morgan.

Yr wyf yn ddiolchgar iawn i chwi yn bersonol am yr help mawr a'r sirioldeb a gefais yn ystod y deng mlynedd ar hugain hyn. Gallwn ein dau deimlo'n falch, yr wyf yn meddwl, ein bod wedi cynorthwyo i roi safonau i lenyddiaeth a bywyd Cymru yn ystod y cyfnod hwn, ac amdanaf fy hun yr wyf yn berffaith fodlon ar fy ngwaith. Nid oeddwn yn disgwyl i'r to ieuengaf sydd yn y Blaid gan mwyaf weled yr un fath â mi nac ychwaith deimlo fod dim dyled arnynt i'r rhai a aeth o'u blaen. Rhoes ffasgistaeth S. Lewis a Daniel ben effeithiol ar y pethau hyn ym mywyd Cymru.

Dychwelir yn y man i leoli Saunders Lewis a J. E. Daniel yn y ddrama hon, ond perthyn yr ensyniadau a ddug Gruffydd yn eu herbyn i gylch lletach o lawer a tharfu ar rediad yr hanes fyddai sôn amdanynt yn y fan hyn.

Dan ei enw ef ei hun yr atebodd Thomas Bassett ym mis Ionawr 1952:

> Diolch yn fawr am eich llythyr caredig Rhagfyr 31. Bûm yn disgwyl copiau rhifyn olaf Y *Llenor* oddi wrth yr argraffwyr. Y maent wedi newydd gyrraedd [sic] ac yr wyf yn anfon dau gopi fel arfer . . .
>
> Weithiau byddaf yn cael fflach wan o obaith y daw o rywle gylchgrawn arall yn ei le; brydiau eraill, wrth edrych o gwmpas, nid wyf yn gweld sut y gellir cael ei debyg yng Nghymru eto.
>
> Ni bydd ei debyg i mi, beth bynnag a ddaw, oherwydd y mae cyfnod geni'r *Llenor* yn Lôn y Dail yn fyw iawn yn fy nghof . . .
>
> O hynny ymlaen gwnaethoch waith cawr ynglŷn â'r *Llenor*, ac yr wyf yn credu y bydd sôn am y gwaith hwnnw tra pery'r iaith, achos fe fydd y sawl sy'n berchen ar set o'r cyfrolau'n sicr o droi'n aml at rywbeth neu'i gilydd a sgrifennwyd yng nghwrs y 30 mlynedd.
>
> Byddaf innau'n un o'r rheini, ac fe ddaw atgofion am eich caredigrwydd a'ch cymwynasau yn ôl imi wrth droi'r dail.

Ac ar waelod y llythyr, yn ei law ei hun, 'Y mae'n gas gennyf feddwl taw hwn yw'r rhifyn olaf.'

Yn sgil cytundeb Gruffydd i ollwng ei afael yn y cylchgrawn, lluniodd T. J. Morgan 'Nodiad y Golygydd' yn cyfaddef na wyddai wrth hel deunydd at rifyn gaeaf 1951 mai hwnnw fyddai'r rhifyn olaf a gyhoeddid gan Hughes a'i Fab, 'ac mai hwn, efallai, fyddai rhifyn olaf Y *Llenor*'.[3] Soniodd yn hyderus, serch hynny, am gael cyhoeddwyr newydd a golygydd newydd: dwy swyddogaeth y byddai'n rhaid eu cyflawni yn annibynnol ar ei gilydd. Ni fynnai Morgan gael ei benodi'n olygydd parhaol; daethai eisoes yn Gofrestrydd y Brifysgol ym mis Gorffennaf y flwyddyn honno ac yr oedd pwysau'r gwaith yn ormod. Yr unig obaith a welodd er sicrhau dyfodol y cylchgrawn oedd galw cyfarfod o gynrychiolwyr Cymdeithasau Cymraeg y Colegau Cenedlaethol, y noddwyr gwreiddiol. Gellid gohirio, am y tro o leiaf, chwilio am gyhoeddwyr. Yn Y *Traethodydd* Ionawr 1982 rhoes T. J. Morgan hanes a chanlyniadau'r cyfarfod hwnnw ddeng mlynedd ar hugain union ynghynt:

> Fe ddaeth cynrychiolwyr ynghyd ac eithrio o Fangor: fe esboniodd yr Athro (wedyn Syr) Thomas Parry a chydymaith o blith y myfyrwyr eu bod wedi cychwyn o Fangor ac wedi gorfod troi'n ôl ym Mhentrefoelas gan faint yr eira. Cystal imi ddweud y fan hyn mai fy newis i, i fod yn olygydd fyddai Hugh Bevan gan fy mod wedi cael tystiolaeth ynglyn â'i drefnusrwydd. Cynnig A. O. H. Jarman oedd ein bod yn gwahodd Saunders Lewis ac er fy mod yn ystyried y cynnig yn hollol afresymol ac eironig, pan ddaeth yn fater o bleidlais dyna a gariwyd. Fe ddarlledwyd hyn yn newyddion y BBC yn y diwetydd, ac os do, dyma delegram yn dod i'r tŷ oddi wrth Gruffydd yn

dweud wrthyf am roi stop ar hyn. Gwnaeth hyn imi golli fy nhymer ac ysgrifennais lythyr pigog yn esbonio beth oedd wedi digwydd yn groes hollol i'm dymuniadau.[4]

Os oedd Gruffydd yn anhapus ynglŷn â'r dewis (ac erbyn 13 Chwefror yr oedd Morgan mewn llythyr at Gruffydd yn sôn am ymweliad gan Saunders Lewis fel petai'r penodiad eisoes yn *fait accompli*), yr oedd Rowland Thomas o Wasg Caxton yn fwy anfodlon byth. Gyrrodd lythyr 'strictly private and confidential' at T. J. Morgan ar 22 Chwefror yn mynegi ei amharodrwydd i gyd-dynnu â'r hyn a benderfynwyd yn Amwythig. Awgrymodd na châi Lewis sêl bendith y cyhoeddwyr chwaith:

> My attention has been called by Mr Bassett to certain proposals to re-issue this magazine under the editorship of Mr Saunders Lewis. We are not concerned with the political or nationalist views of Mr Saunders Lewis, but I am of the opinion that it would be of more benefit to the future of Welsh Publishing and to the language that this title should remain with Hughes a'i Fab.

Er nad oes tystiolaeth bendant a gysylltodd Gruffydd â Rowland Thomas ar y pen hwn ai a gysylltwyd ag ef, yr oedd yn glir fod trafodaethau wedi bod a berswadiodd Gruffydd i geisio adfeddiannu cadair y golygydd, mewn enw o leiaf. Ar y chweched ar hugain o'r un mis, lai nag wythnos wedi iddo ddod i ddeall am benderfyniad cynrychiolwyr y Cymdeithasau, danfonodd Rowland Thomas gylchlythyr i'r colegau yn cynnig ail-lansio'r *Llenor* dan 'gyfarwyddyd' Gruffydd mewn cydweithrediad â John Roberts Williams, golygydd *Y Cymro* – hyn oll yn groes i'r dymuniad a leisiwyd yn Amwythig fis cyn hynny. Ofn Gruffydd yn 1938 pan soniodd gyntaf am roi heibio olygu'r *Llenor*, fe gofir, oedd y defnyddid ef gan ei elynion i danseilio'r egwyddorion y sefydlwyd ef i'w hyrwyddo. I'w feddwl ef, yr oedd y dydd o brysur bwyso y soniodd gyntaf amdano yn 1940 wedi dod.

Buwyd yn osgoi'n fwriadol fanylu ar y llenorion hynny a ymbellhaodd oddi wrth *Y Llenor* o ganol y rhyfel ymlaen ac ar ddatganiad Gruffydd wrth Thomas Bassett mai 'ffasgistaeth S. Lewis a Daniel' a lusgodd y cylchgrawn i'w fedd. Yr oedd cysylltiad. Parhad ôl oedd brwydr *Y Llenor* chwerwedd etholiad y Brifysgol 1943, ac fe wyddai Gruffydd hynny.

Ar y seithfed o Ionawr y flwyddyn honno arwyddodd pedwar ar bymtheg a thrigain o gefnogwyr Gruffydd dysteb i'w gymwysterau yn *The Western Mail*. O'r rhain i gyd nid oedd ond dau – Iorwerth Peate ac R. T. Jenkins – a fu'n gyfranwyr cyson i'r *Llenor*. Ar y trydydd ar ddeg cyhoeddodd cefnogwyr Lewis hwythau lythyr o'r un natur. Y peth a dery un wrth ddarllen trwy'r enwau ar waelod yr ail lythyr hwn yw bod cynifer ohonynt yn bur adnabyddus i ddarllenwyr cylchgrawn Gruffydd. Pan ddeuir i gysoni rhai o'r enwau hyn â'u cyfraniadau olaf i'r *Llenor* gwelir cyfatebiaeth rhyngddynt a awgryma'n gryf mai trobwynt argyfyngus a chyrhaeddbell yn hanes *Y Llenor* oedd yr etholiad. Bu cynllwyn yn ei sgil i foicotio'r cylchgrawn ac er na ellir bellach gyfeirio bys at bob un o'r cynllwynwyr, gellir dyfalu'n weddol hyderus. Ni chyfrannodd Ambrose Bebb ddim ar ôl rhifyn hydref-gaeaf 1943, er enghraifft, a gellir dweud yr un peth am R. Williams Parry (na wnaeth ddim i'r *Llenor* wedi gaeaf 1941), Thomas Parry (dim ar ôl haf 1942) a J. Gwyn Griffiths (hydref-gaeaf 1944); yr oedd y ddau olaf hyn, dylid ychwanegu, wedi cyfrannu dros hanner dwsin o eitemau rhyngddynt yn y blynyddoedd 1938–42. Ni welwyd dim gan D. J. Williams na Lewis ei hun ar ôl gwanwyn 1939, er i Lewis ddechrau ysgrifennu'n rheolaidd ar drothwy helynt Penyberth. Yr enw mwyaf arwyddocaol oedd G. J. Williams ei hun, is-olygydd Gruffydd a'i adolygydd mwyaf cynhyrchiol, a dawodd yn 1942 am gyfuniad o resymau personol a phroffesiynol. Yr oedd yn un o'r rhai a oedd wedi ymrwymo, yng ngeiriau T. J. Morgan yn *Y Traethodydd* yn Ionawr 1982 'na chyfrannent ddim byd i'r *Llenor* cyhyd ag y byddai enw Gruffydd ar y clawr', a daethai i'r casgliad erbyn 1950 hefyd nad *Y Llenor* oedd ei briod gyfrwng. Yn 1950 cyhoeddwyd yn *Y Llenor* adolygiad ar rifyn cyntaf *Llên Cymru* gan D. Simon Evans a luniwyd fel petai i ganu cnul y cyfnodolyn a'i cartrefodd. Yng ngwanwyn y flwyddyn honno dug Bwrdd Gwybodau Celtaidd y Brifysgol gyfrol o waith academaidd trwy'r wasg dan olygyddiaeth G. J. Williams. *Llên Cymru* a roddwyd yn enw arno ac fe'i cychwynnwyd, hyd y gellir casglu, i lenwi'r bwlch a adewid yn fuan gan *Y Llenor*:

> Bellach gall dysg Gymraeg fforddio cael dau gylchgrawn, ysgolheigaidd. Yn ogystal â chynnwys defnyddiau a ffrwyth ymchwil nad oedd modd na diben eu cael yn y gorffennol, bydd y cylchgrawn hwn yn ymgymryd â rhan o'r gwaith a gyflawnid o'r blaen gan y *Bulletin* a'r *Llenor*. Ac nid gormod yw awgrymu y bydd yn fwy 'poblogaidd' na'r naill, ond yn llai 'poblogaidd' na'r llall.[5]

O gofio'r hyn a ddywed Morgan am 'ddiffyg ffrendshipiaeth' Gruffydd a G. J. Williams gellir yn hawdd goelio mai amcan anuniongyrchol sefydlu'r fath gyfnodolyn oedd dwyn darllenwyr (a chyn-gyfranwyr) oddi ar *Y Llenor*. Geiriau Morgan yn 1982 sydd yma eto yn dangos llwyred ei anwybodaeth o ddyfnder ac ymhlygiadau'r rhwyg:

> Ymhen amser fe roed fy enw ar glawr *Y Llenor*, nid o'm dewis i, ond gan mai myfi oedd yn gyfrifol i bob pwrpas fe fyddai'n beth ffôl imi brotestio. Pan

gyhoeddwyd cyfieithiad Gwyn Jones a Tom Jones o'r Mabinogion yn 1948 gan wasg y Golden Cockerel – a dim ond dau gopi a anfonwyd i Gymru gyda golwg ar gael adolygiad – yr oeddwn mor ddiniwed fel y gelwais yn nhy Griffith John a'r llyfr gennyf i ofyn iddo ysgrifennu adolygiad; fe dreiais i bob perswâd ond heb lwyddo; myfi a ddylai adolygu a chael y cyfle i gadw'r copi crand. A bod yn hollol onest, 'doeddwn i ddim yn sbecto dim beth oedd y gwir reswm am ei wrthodiad.[6]

Bu cryn ddryswch yn dilyn penderfyniad cynrychiolwyr y Cymdeithasau i gael Saunders Lewis yn olygydd newydd Y Llenor. Er gwaethaf deisebu brwd Rowland Thomas o blaid cyd-fenter rhwng Gruffydd a John Roberts Williams, cadarnhaodd Y Cymro 15 Chwefror 1952 fod Lewis wedi'i benodi ac mai Llyfrau'r Dryw a ymgymerai â'r cyhoeddi. Cynhwyswyd yn yr un rhifyn deyrnged i yrfa olygyddol Gruffydd gan Goronwy Roberts. Nid cynt yr ymddangosodd y newydd nag y mynegodd Lewis ei anfodlonrwydd i olynu Gruffydd, a Hugh Bevan ei amharodrwydd yntau i gymryd unrhyw gyfrifoldeb. Bythefnos yn ddiweddarach, ar 29 Chwefror, mynnodd Y Cymro fod Y Llenor unwaith yn rhagor dan ofal Gruffydd a bod Llyfrau'r Dryw wedi ymwrthod ag unrhyw ran yn y cyhoeddi. Mabwysiadwyd cynllun Rowland Thomas:

> Drwy drefniant â Hughes a'i Fab a chyda chaniatâd Dr W.J. Gruffydd, y mae'n dda gan 'Y Cymro' gael hysbysu y cyhoeddir 'Y Llenor' fel atodiad llenyddol i'r 'Cymro' unwaith yn y mis.
>
> Fe barha Dr Gruffydd i'w gyfarwyddo mewn cydweithrediad â Mr J. Roberts Williams, Golygydd 'Y Cymro'.
>
> Fe gynhwysir yr atodiad hwn yn argraffiad cyffredinol 'Y Cymro', ac fe gyhoeddir manylion llawn yn ddiweddarach.

Ni ddaeth dim o'r trefniant. Erbyn y seithfed o Fawrth datgelwyd, eto yn Y Cymro, bod dwy garfan wedi bod yn ceisio llywio cwrs Y Llenor yn ddiarwybod i'w gilydd. Dyna'r unig esboniad dichonadwy ar ohebiaeth Alun Talfan Davies a John Roberts Williams. Yr oedd Davies, perchennog Llyfrau'r Dryw, wedi cynnig ysgwyddo'r baich ariannol a gofalu am gyhoeddi ac argraffu'r cylchgrawn. Croesawyd ei gymorth yn llawen, meddai, gan T. J. Morgan ar ran y Cymdeithasau. Ni wyddai Alun Talfan ar y pryd (rhagor neb arall) pwy fyddai'r golygydd newydd. Fe'i synnwyd nid ychydig pan gyhoeddwyd y newydd fod Y Cymro (a Gruffydd) am droi'r Llenor yn atodiad llenyddol i'r papur. Galwodd ar Roberts Williams i ailystyried y briodas: 'Y peth pwysicaf ar hyn o bryd yw cadw ac hyrwyddo y nifer mwyaf posibl o gyfnodolion Cymraeg ac yn arbennig y rhai hynny y mae eu hapêl yn weddol gyffredinol. Ni allwn fforddio gweld diflannu un o'r ychydig sydd ar ôl. Mynnwch eich atodiad llenyddol ar bob cyfrif, ond da chwi, nid ar draul yr unig gyfnodolyn sydd yn mwynhau safon, braint, enw da a thraddodiad yng Nghymru.[7] Ychwanegodd nad oedd ganddo wrthwynebiad i Hughes a'i Fab fwrw ymlaen gyda'r gwaith os dyna oedd eu bwriad ac na safai Llyfrau'r Dryw yn eu ffordd am eiliad.

Ffromodd John Roberts Williams gan ateb mai unig effaith llythyr o'r fath fyddai creu drwgdeimlad. Cyfeiriodd yn wawdlyd at anwybodaeth Alun Talfan o'r trefniadau ac yr oedd yn neilltuol o ddig wrth T. J. Morgan: 'Ni wnaed y cynnig hwn i Hughes a'i Fab ac ni bu ef na'r bobl a fu y tu ôl i'r antur newydd yn ddigon cwrtais i hysbysu Hughes a'i Fab y bwriedent afael yn nheitl cyfnodolyn a gynhaliwyd dros lawer blwyddyn ar golled sylweddol gan Hughes a'i Fab.'

Gorweddai gwreiddiau'r dryswch yn y dauddegau. Yn ôl y cytundeb a wnaed rhwng Gruffydd a Henry Lewis ar y naill law a Gwasg Caxton ar y llall, yr athrawon oedd perchnogion y teitl. Y cyfan y gellid cyhuddo Alun Talfan a chynrychiolwyr Cymdeithasau Cymraeg y Colegau Cenedlaethol o'i wneud oedd ymddwyn braidd yn fyrbwyll. Gwasanaethai'r *Llenor* ddau feistr: yr oedd yn eiddo i Gruffydd, ond ymddangosai (mewn egwyddor) dan nawdd corff a oedd wedi dewis Llyfrau'r Dryw yn gyhoeddwyr a Saunders Lewis yn olygydd. Nid oedd heddwch (na chyhoeddiad) i fod nes cael cymod rhwng Gruffydd a'r Cymdeithasau ar olygydd newydd ynghyd â gwarant y ceid gwasg a oedd yn fodlon parhau â'r gwaith. Ni chaed yr un o'r ddau. Annheg fyddai cyhuddo'r un o'r ddwy ochr o fod yn benstiff a gwrthnysig. Trengodd y cylchgrawn oblegid problemau ariannol, gwrthdaro personoliaethau anghydnaws ac amryfusedd ynghylch hawliau perchnogaeth. Yr oedd dwylo T. J. Morgan yn lân, fel yr eglurodd yn 1982. 'Geiriau olaf Gruffydd wrth drosglwyddo'r gofal am Y *Llenor* oedd "Gwnewch chi fel y mynnoch ag ef". '

Bu ymgyrch arall i atgyfodi'r *Llenor* yn fuan ar ôl marw Gruffydd yn 1954. Dywedodd un yn ysgrifennu dan yr enw 'Disgybl' yn Y *Faner* 20 Hydref mai 'rhagfarn' yn unig a gadwasai Saunders Lewis rhag mynd yn olygydd yn 1952 ac awgrymodd fod y rhwystr hwnnw bellach wedi ei symud:

Hoffwn bwysleisio yn y cyfnod dyrys ac ansicr ar ein bywyd a'n llenyddiaeth, fe allai Mr Saunders Lewis fel golygydd 'Y Llenor' fod o werth amhrisiadwy, ac fe ddylem wneud popeth sydd yn ein gallu i'w sicrhau. Mae gormod yn y fantol i dewi, ac yn sicr fe wnâi'r 'Faner' gymwynas fawr eto â ni pe gallai hi wyntyllu'r mater hwn, a rhoi inni'r ffeithiau. Ni ddylid gadael yr un garreg heb ei throi. Nid yw pawb yn mynd i dewi o hyd.

Cydsyniodd y colofnydd 'Mignedd' yn yr un rhifyn â chynllun 'Disgybl' er iddo obeithio 'na bydd awgrymu hyn yn ailbrocio unrhyw hen ragfarn nac yn ailgynnau hen gynnen. Os yw'n amhosibl ailgychwyn y "Llenor", tybed na ellid sefydlu cylchgrawn llenyddol newydd sbon? Dichon y gellid galw hwnnw'n "Llenor Newydd". Beth a ddywed cymdeithasau Cymraeg colegau ein Prifysgol?'

Yn ôl Dewi M. Lloyd, Maesteg (ar y pryd), yn yr un papur ar 17 Tachwedd, 'celwydd golau' oedd yr holl sôn a fu am nawdd y Cymdeithasau: 'Ar wahân i'w ddarllen, nid oedd a wnelo Cymdeithas Geltaidd Coleg Aberystwyth ddim â'r "Llenor" nes ein gwahodd i'w atgyfodi tua 1952.' Nid oedd, meddai, ddim i'w ddisgwyl gan y colegau bellach; yr oedd y coffrau'n wag ac nid lle myfyrwyr prifysgol oedd gofalu am ffyniant cylchgrawn a fu unwaith mor ddylanwadol ym mywyd diwylliannol y wlad. Gofynnodd Lloyd i gloi, tybed a ymroddai Cyngor yr Eisteddfod i'r dasg. O ystyried mai Saunders Lewis fyddai'r golygydd, yr oedd yn gwestiwn ofer.

Iorwerth Peate yn Y Faner 1 Rhagfyr oedd piau'r gair olaf. Collid arbenigrwydd Y Llenor, meddai ef, pe ceisid ei ail-lansio heb enw Gruffydd ar y clawr. Ei gylchgrawn ef ydoedd cyn bod yn ddim arall: 'Yn awr gyda marwolaeth ei hen olygydd a roes stamp ei bersonoliaeth mewn dull mor bendant arno, ni ddylid ceisio atgyfodi'r cylchgrawn.' Diau ei fod yn iawn.

Yn 1951 y cyhoeddwyd dau lyfryn, South Wales and the Marches a North Wales and the Marches yn y gyfres Around Britain a lansiwyd i ddathlu Gŵyl Prydain. Yn hydref 1951 traddododd Gruffydd yn Aberystwyth Ddarlithoedd Coffa David Owen Evans (cyn-Aelod Seneddol Rhyddfrydol Ceredigion ac un o noddwyr Gruffydd pan aeth i'r Senedd yn 1943, fe gofir) ar ffynonellau a datblygiad ceinciau Pwyll a Manawydan o'r Mabinogi. Cyhoeddwyd y darlithoedd yn gyfrol dan y teitl Rhiannon gan Wasg y Brifysgol yn 1953. Chwaer-gyfrol feinach a llawer mwy darllenadwy ydyw i Math vab Mathonwy 1928, ac yn llai dan ddylanwad cyfyngus braidd dysgeidiaeth ieithegol John Rhŷs. Er gwaethaf trylwyredd ymchwil Gruffydd ar yr elfennau traddodiadol a'r benthyciadau yn y ceinciau, nid fel cynnyrch cysodwr neu gysodwyr, nid fel cyfansoddiad llafar wedi'i drosglwyddo mewn ysgrifen, ond fel gwaith un llenor ymwybodol y mynnodd eu trin. 'If we make due allowance for errors in transcription, omissions, and some other adventitious changes, the Mabinogi, in spite of the almost unbelievable complexity of its material, is the product of one mind, the fruit of one integrated artistry.'

Tasg amhosibl ac anghyfiawnder â Gruffydd yw ceisio cywasgu dadleuon cymhleth y llyfr i ychydig frawddegau brasgamus, ond gellir dweud (a symleiddio'n arw) mai ei amcan yn Rhiannon yw dangos y modd y rhoes 'awdur' y Mabinogi drefn ar elfennau disberod ei ddeunydd trwy ymchwilio i ffynonellau'r elfennau hynny. Y diddordeb deublyg hwn yw nod amgen ei ysgolheictod ar y Mabinogi; dengys chwilfrydedd y ditectif parthed y chwedlau traddodiadol y deilliodd y Pedair Cainc ohonynt a chywreinrwydd y seicolegydd mewn perthynas â'r meddwl creadigol y tu ôl i'r fersiynau terfynol. Bu tuedd i synio am Gruffydd y beirniad llenyddol a Gruffydd yr ysgolhaig fel dau fod gwahanol, eithr i'r graddau hyn saif ei waith ar y Mabinogi yn gadarn yn nhraddodiad ei ysgrifau arloesol ar lenorion poblogaidd y bedwaredd ganrif ar bymtheg yn rhifynnau cynnar *Y Llenor*; yr un yw'r pwyslais ar gydymddibyniaeth testun a chyd-destun. Bodloner ar un enghraifft i oleuo ei ddull. Wedi dadlau fod y Pedair Cainc wedi'u seilio ar bedwar prif ddigwyddiad gyrfa Pryderi, sef ei genhedlu, ei gipio, ei gampau a'i farw ar batrwm chwedlau Gwyddeleg cytras, cais esbonio'r anghysonderau rhwng y patrwm hwn a hanes Pwyll yn y gainc gyntaf trwy ddamcaniaethu nid yn unig ynghylch ffurf gysefin y stori ond hefyd ynghylch y cymennu a fu arni gan y llenor a'i cynhwysodd yn ei fersiwn yntau. Yn rhan gyntaf *Pwyll Pendefig Dyfed*, fe gofir, cyfnewidia Pwyll bryd a gwedd ag Arawn, brenin Annwfn, a threulia'r ddau flwyddyn yn nheyrnas ei gilydd. Y flwyddyn hon yn Annwfn, medd y storïwr, sy'n esbonio paham yr adwaenir Pwyll fel Pendefig Dyfed a Phen Annwfn. Dim ond yn ail ran *Pwyll* y cyflwynir Rhiannon, mam Pryderi, geni Pryderi ei hun, hanes ei gipio a'i adferiad. Eglurhad Gruffydd ar y dryswch hwn yw mai llurguniad sydd yn rhan gyntaf y stori ar hen chwedl draddodiadol am frenin o fyd arall yn ymserchu yng ngwraig brenin o'r byd hwn ac yn cyfnewid lle ag ef drwy dwyll er mwyn ei chael. Yr hyn a geir yn *Pwyll 1*, fel y geilw Gruffydd hi, felly, yw olion hen chwedl am Arawn yn cyfnewid lle â Phwyll er mwyn meddiannu ei wraig. Mab Brenin Annwfn yw Pryderi mewn gwirionedd, er mai mab Pwyll ydyw yng ngolwg y byd. Carn dadl Gruffydd yw chwedlau cyfatebol o draddodiadau eraill a'r ffaith na chrybwyllir Pwyll wrth ei enw trwy gydol ei arhosiad yn Annwfn. Yr esboniad a rydd Gruffydd ar hyn yw fod yr awdur mor ymwybodol ei fod yn gwyrdroi traddodiad fel y dileodd enw Pwyll o fwriad er mwyn cuddio newydd-deb ei weithred.

Cofir am Gruffydd fel ysgolhaig a chanddo 'gynneddf arbennig', yng ngeiriau'r Athro Caerwyn Williams,[8] i adnabod motiffau chwedlonol traddodiadol dan orchudd llygriadau ac ychwanegiadau diweddarach, ac yn sicr ei gyfraniad mwyaf i astudiaethau yn y maes hwn oedd dadlau'n argyhoeddiadol dros y syniad fod y Mabinogi yn dwyn nodau myth hynafol am Riannon y Fam-Frenhines a'r Frenhines-Dduwies Fawr. Ond uwchlaw popeth, dangosodd *Rhiannon* nad oedd Gruffydd deg a thrigain oed wedi colli dim o reddf y llenor-feirniad i ymuniaethu ag ymdrech yr artist, ni waeth ym mha oes, i'w wneud ei hun yn ddealladwy.

Yr oedd Gruffydd erbyn 1953 yn bur sâl. Ymddiswyddodd o fod yn Llywydd Cyngor yr Eisteddfod a symudodd ei chwaer Ceridwen o Rosllanerchrugog i fyw ato i Gaernarfon. 'Trefniant gydnaws iawn,' oedd barn Mrs Myfanwy Jenkins, gwraig R.T., a ddaeth i adnabod Gruffydd yn dilyn ei phriodas yn 1947. 'Y ddau â "golwg y byd" ar ei gilydd.'[9] Mynychodd ei Eisteddfod olaf yn y Rhyl ym mis Awst y flwyddyn honno lle y gwrandawodd – gyda dagrau yn ei lygaid, meddai'r diweddar Ernest Roberts wrthyf un tro – ar yr actor Emlyn Williams fel Llywydd y Dydd yn sôn am ei fachgendod. 'Glywsoch chi,' gofynnodd Gruffydd wrth Ernest Roberts ar ddiwedd y perfformiad, 'fel y byddai ei fam yn torri brechdan iddo i fynd i'r ysgol?' Wedi cyfnod mewn clinig preifat yn Llundain ar ddiwedd y flwyddyn, symudodd, ar gyngor ei feddyg y Dr G. Ap Vychan Jones yn nechrau 1954 i gartref nyrsio, o'r enw Craig Beuno, nad yw'n sefyll bellach yn Ffordd Garth Isaf, Bangor. Cafodd ymweliadau mynych gan Geridwen, ei chwaer ieuengaf Blodwen – hithau bellach yn briod ac yn byw ym Methel – ac R. T. Jenkins.

I Graig Beuno y gyrrodd H. Parry Jones 'Gywydd y Cur' ar 26 Gorffennaf wedi i Gruffydd ddioddef 'chwe mis o boen':

Ond wele'n llwyd o'i alaeth
O'i orwedd o'r diwedd daeth
Oddi ar lwth i ddaear lawr,
Unionodd o'i gaeth nenawr.
O'i ddu loes y cafodd lan,
Ni achwyn ar Ap Fychan . . .
Â'i foddion y gwych feddyg
O'i gyndyn dwymyn a'i dug . . .

Ein hiaith a'n llên aeth yn llwyd,
Y goeth awen gaethiwyd;
Mwy o'i chwiw caiff ymiachau,
A'i lowfryd uwch ei lyfrau.
Daeth gôr y Cymmrodorion
Oll un swydd yn llawen sôn;
Rhydd eto'r ddeddf i'r 'Steddfod,
Do, bu'r clwyf, Duw biau'r clod.
Hawddamor oddi yma,
O golli hoen, ffrind, gwellhâ;
Ffoniaf am air o'th ffyniant
O hap cur; H.P. a'i cant.[10]

Bu farw Gruffydd brynhawn Mercher 29 Medi 1954, pan oedd y tywydd yn Eryri bron mor erwin ag ar ddiwrnod ei eni. Gadawodd yn ei ewyllys £3,747 a phedair ceiniog; y cyfan i'w fab Dafydd. Y person olaf i'w weld yn fyw oedd y Dr Ap Vychan: 'Aeth i sôn am hen gymeriadau ardal Bethel ac yna mynd ati i sgwrsio am emynau Pantycelyn. Dywedodd yr hoffai imi ddarllen yn ei wasanaeth angladdol yr emyn: "O Iachawdwr pechaduriaid/ Sydd â'r gallu yn dy law". '[11] Cafodd Gruffydd ei ddymuniad. Cynhaliwyd gwasanaeth preifat yn y Rhiw ddydd Sadwrn yr ail o Hydref gan y Parch R. Lloyd Matthews. Darllenodd Ap Vychan Jones eiriau Pantycelyn a darllenwyd yr ysgrythur ar lan y bedd ym mynwent Llanddeiniolen gan ei gyfaill oes H. Parry Jones. Canwyd yr emyn eto mewn gwasanaeth coffa yng Nghapel Ebeneser, Caerdydd dan arweiniad D. Myrddin Davies bedwar diwrnod yn ddiweddarach, ynghyd â thri emyn arall: 'O Arglwydd, dyro awel', 'O llefara, addfwyn Iesu' a 'Dwy aden fel colomen pe cawn'. Ac fe'i caed am y trydydd tro pan ddathlwyd ei fywyd a'i waith ym Methel nos Wener 15 Hydref. Ymhlith y siaradwyr yr oedd H. Parry Jones, R. T. Jenkins, J. Ifor Davies (Prifathro Ysgol Caernarfon), Goronwy Roberts ac Ernest Roberts.

Efallai mai un o'r teyrngedau didwyllaf o'r degau a gaed i'w weithgarwch cyhoeddus oedd eiddo Alun Llywelyn-Williams yn Y Cymro 8 Hydref: 'A gellir dweud yn hyderus amdano na byddai Cymru heddiw yn gwbl yr hyn ydyw petai'r gŵr hwn heb fyw yn ein plith. Os ydym yn fwy gwrywaidd ac yn llai rhagrithiol nag y buom, y mae llawer o'r diolch yn ddyledus i W. J. Gruffydd.' Gwell, er hynny, ddiweddu gyda geiriau Gruffydd ei hun amdano'i hun. Deuant o baragraff clo'r sgwrs radio i blant, 'Pan Oeddwn Fachgen', yn 1951. Nid cyflawniad yw eu testun ond cymhelliad:

Ac yr oeddwn i'n hapus. Er fy mod yn gorfod mynd i'r capel tua phum gwaith bob Sul a bron bob nos o'r wythnos – ac a dweud y gwir, mi fyddwn i'n casáu hynny – ac er bod yr hen bobl yn ein dwrdio am ein bod yn anystyriol, yr oeddem i gyd yn mwynhau bywyd yn fwy na dim a gawsom ar ôl hynny. Nid oedd gennym deganau wrth y dwsin fel plant heddiw, ond buasech yn synnu'r hwyl a gaem wrth chwarae â darnau o lestri wedi torri neu hen gyllell heb lafn, neu gaead bocs tun. Yr oeddem yn dlawd ac yn hapus. Nid oes gennyf ond gobeithio eich bod chwi, blant Cymru heddiw, gyda'ch bysus a'ch sinema a'ch teganau drudion hanner mor ddedwydd ag yr oeddym ni. A bendith ar eich pennau chwi, blant, gwnewch gymaint o dwrw ac o fwstwr ac a alloch – bu'n rhaid i mi fod yn llawer rhy ddistaw pan oeddwn i'n blentyn.

Cyfeiriadau

Pennod 1

1 *Hen Atgofion* (Aberystwyth, 1936), t.114.

2 *Y Tro Olaf ac Ysgrifau Eraill* (Dinbych, 1939), tt.9–21.

3 *Hen Atgofion*, tt.49–50.

4 Casgliad Mary Davies (heb ei rifo), Archifdy CPGC Bangor, 5.9.32.

5 *Hen Atgofion*, t.61.

6 *Cofiant Owen Morgan Edwards* (Aberystwyth, 1936), t.36.

7 *Hen Atgofion*, t.116.

8 *Hen Atgofion 1: Rhydychen*, Casgliad W. J. Gruffydd, LlGC, Mai 1951.

9 *Hen Atgofion*, t.126.

10 Dyfynnir yn J. Ifor Davies, *The Caernarvon County School, a History* (Caernarfon, 1989), t.65.

11 *Y Llenor: Cyfrol Goffa William John Gruffydd* (Caerdydd, 1955), t.5.

12 J. Ifor Davies, op. cit.

13 *Y Llenor Coffa*, op. cit., t.11.

Pennod 2

1 E. G. Hardy, *Jesus College* (Llundain, 1899), tt.199–211.

2 *Y Llenor: Cyfrol Goffa William John Gruffydd* (Caerdydd, 1955), t.10.

3 *Y Llenor* (haf 1949), t.73.

4 *Tir Newydd: Rhifyn Teyrnged W. J. Gruffydd* (Mai 1938), t.14.

5 *Y Cymro*, 2 Hydref 1902.

6 *Y Nos, Y Niwl, a'r Ynys* (Caerdydd, 1960), tt.51–7.

7 *Y Llenor Coffa*, t.63.

Pennod 3

1 J. Gwynn Williams, *The University College of North Wales, 1884–1984* (Caerdydd, 1984), t.229.

2 *Hen Atgofion 2: Biwmaris*, Casgliad W. J. Gruffydd, LlGC, Gorffennaf, 1951.

3 Casgliad Madoc Jones, Archifdy Rhanbarthol Môn, 4.2.26.

4 Ceir y cofnodion mewn llyfr nodiadau ymhlith papurau Gruffydd yn LlGC. Gan na ddaeth y Gymdeithas i ben gydag ymadawiad Gruffydd i Gaerdydd yn 1906, mae'n anodd egluro paham y cadwodd ef hwy.

5 'Nodiadau'r Golygydd' ('N.G.), *Y Llenor* (hydref 1930), t.132.

6 *Ynys yr Hud a Chaneuon Eraill* (ail arg., Wrecsam, 1963), t.14.

7 'Hen Atgofion: Blwyddyn Fawr', *Y Llenor*, (haf 1941), t.64.

8 Casgliad T. Gwynn Jones, LlGC, 10.12.05.

Pennod 4

1 Casgliad John Morris-Jones, CPGC, 3248.

2 'Rhagarweiniad i'r Bedwaredd Ganrif ar Bymtheg I', *Y Llenor*, (gaeaf 1934), t.194

3 *Tir Newydd*, op. cit., t.3.

4 *Y Llenor: Cyfrol Goffa William John Gruffydd* (Caerdydd, 1955), t.21.

5 *Y Brython*, 29 Medi 1910 a *Baner ac Amserau Cymru*, 21 Medi, 1910.

6 'N.G.', *Y Llenor*, (hydref 1936), t.143.

7 'N.G.', *Y Llenor*, (gaeaf 1942), t.105.

8 *Y Llenor Coffa*, t.17.

9 *Y Cymro*, 22 Hydref 1954.

10 *Hen Atgofion 3: Caerdydd*, Casgliad W. J. Gruffydd, LlGC, Gorffennaf 1951.

11 Ibid.

Pennod 5

1 'Y Farn Fawr', *Ynys yr Hud*, t.96.

Pennod 6

1 'Hen Atgofion: Blwyddyn Fawr', *Y Llenor* (haf 1941), t.64.

2 Aneirin Lewis, 'Welsh', yn S. B. Chrimes (gol.) *University College Cardiff, A Centenary History 1883–1983* (anghyhoeddedig), tt.269–70.

3 *Y Llenor: Cyfrol Goffa William John Gruffydd* (Caerdydd, 1955), t.31.

4 *Y Faner*, 6 Hydref 1954.

5 Casgliad John Morris-Jones, 35B.

6 A. O. H. Jarman, 'G. J. Williams fel Ysgolhaig, Hanesydd Llên ac Athro', *Taliesin* 7 (1963), t.19.

Pennod 7

1 *Y Llenor: Cyfrol Goffa William John Gruffydd* (Caerdydd, 1955), t.41.

2 Ibid.

3 Casgliad John Morris-Jones, 3248, 2.3.23.

4 'Theomemphus', *Y Llenor* (gwanwyn 1922), t.37.

5 'Atebiad y Golygydd i Lythyr Mr Saunders Lewis', *Y Llenor* (haf 1927), t.79.

6 *Cofiant Owen Morgan Edwards*, t.12.

7 'Crefydd a Chymdeithas', *Y Llenor* (hydref 1933), t.151.

8 Y *Llenor* (gwanwyn 1937), t.57.

Pennod 8

1 'N.G.', Y *Llenor*, Gwanwyn 1936, t.1.
2 'N.G.', Y *Llenor*, Gwanwyn 1929, t.4.
3 R. T. Jenkins, 'Hanes Cymdeithas yr Eisteddfod Genedlaethol', *Transactions of the Honourable Society of Cymmrodorion* 1933–5, tt.139–55.
4 Cynan, 'Yr Orsedd: Ochr Arall y Darian', Y *Geninen* XLIV, t.128.
5 Y *Llenor: Cyfrol Goffa William John Gruffydd* (Caerdydd, 1955), t.57.
6 *Cofiant Owen Morgan Edwards*, t.6.
7 *Welsh in Education and Life* (Report of Departmental Committee) HMSO, 1927. Cyflwynwyd yr Adroddiad ym mis Gorffennaf 1927 a'i gyhoeddi'n llyfr 345 tudalen ddeufis yn ddiweddarach. Cyhoeddwyd cyfieithiad o waith G. J. Williams, Y *Gymraeg mewn Addysg a Bywyd*, ym mis Hydref yr un flwyddyn. Ceir adolygiadau arno gan William George yn *Yr Efrydydd* (Tachwedd 1927), tt.29–32; yn Y *Faner*, 30.8.27, ac yn Y *Darian*, 22.9.27.
8 Y *Llenor Coffa*, t.39.

Pennod 9

1 'N.G.', Y *Llenor* (gwanwyn 1926), t.4.
2 Saunders Lewis, *Gwaed yr Uchelwyr* (Caerdydd, 1922), t.58.
3 Y *Llenor*, (haf 1922), t.149.
4 'Atebiad y Golygydd i Lythyr Mr Saunders Lewis', Y *Llenor* (haf 1927), t.79.
5 *Hen Atgofion*, t.131.
6 Casgliad Christopher Davies, LlGC, diddyddiad (gaeaf 1921?).
7 Saunders Lewis, *Egwyddorion Cenedlaetholdeb* (Caerdydd, ail arg. dwyieithog, 1975), t.4.
8 Casgliad Percy Mansell Jones, CPGC, 17.9.26.
9 Ibid., 22.12.26.
10 'Llythyr ynghylch Catholigiaeth', Y *Llenor* (haf 1927), tt.72–7.
11 Y *Llenor* (gaeaf 1929), t.255.
12 Y *Llenor*, (gaeaf 1932), tt.150–1.
13 *Hen Atgofion*, t.45.
14 'N.G.', Y *Llenor* (gwanwyn 1934), tt.1–2.
15 *Cofiant Owen Morgan Edwards*, t.6.
16 'N.G.', Y *Llenor* (haf 1927), t.65.
17 'John Morgan', Y *Llenor*, (gwanwyn 1922), tt.11–17.
18 *Wales*, IV (1913), tt.34–5.
19 *Hen Atgofion*, t.72.

Pennod 10

1 *Hen Atgofion*, t.102.
2 Ymdrinnir â bywyd a gwaith Timothy Lewis gan W. Beynon Davies yn 'Timothy Lewis (1877–1958)', *Cylchgrawn Llyfrgell Genedlaethol Cymru*, XXI, tt.145–58.

3 Casgliad W. J. Gruffydd, LlGC, 12.12.28.

4 'N.G.', *Y Llenor* (haf 1926), t.68.

5 'N.G.', *Y Llenor* (hydref 1931), t.129.

6 Y Cythraul Bach, 'O Glust i Glust', *Y Ford Gron* (Awst 1938), t.111.

7 Ernest Roberts, *Briwsion y Brifwyl* (Caernarfon, 1978), tt.25–6.

8 Kate Roberts, *Y Llenor* (gwanwyn 1937), t.57.

Pennod 11

1 Ar ymwneud uniongyrchol Williams Parry â helynt yr Ysgol Fomio, gweler Bedwyr Lewis Jones, 'Yr Academig Dost', *Taliesin*, 76 (Mawrth, 1992), tt.32–47.

2 H.D.R., 'Buasai Dewi Sant Wedi Llosgi'r Ysgol Fomio', *Y Brython*, 4 Mawrth 1937.

3 *Hen Atgofion*, t.206.

4 'N.G.', *Y Llenor* (haf 1937), t.65.

Pennod 12

1 *Y Llenor* (gwanwyn-haf 1944), t.44.

2 'N.G.', *Y Llenor* (haf 1940), t.58.

3 *Y Llenor: Cyfrol Goffa William John Gruffydd* (Caerdydd, 1955), t.67.

Pennod 13

1 'Crefydd a Chymdeithas', *Y Llenor* (hydref 1933), t.153.

2 'N.G.', *Y Llenor* (gwanwyn 1940), t.1.

3 'N.G.', *Y Llenor* (haf 1940), t.58.

4 Marian Goronwy-Roberts, *Darlith Ganmlwyddiant W.J. Gruffydd* (Eisteddfod Genedlaethol Maldwyn a'i Chyffiniau, 1981), t.9.

5 'Mae'r Gwylliaid ar y Ffordd', *Y Llenor* (hydref 1940).

6 'Y Diweddar Lemuel Parry, Ysw., Y.H., O.B.E.', *Y Llenor* (haf 1923), tt.125–31 ac 'Y Diweddar Pontius Pilatus, Marchog a Rhaglaw', *Y Llenor* (gwanwyn 1926), tt.11–26. Cyhoeddwyd y gyntaf o'r ddwy ysgrif dan y ffugenw Roger Francis a than enw Gruffydd ei hun yn *Y Tro Olaf*, op. cit., tt.49–59.

Pennod 14

1 Dyfynnir yn *The Western Mail* 16 Ionawr, 1943.

2 *Tir Newydd*, Mai 1938, t.13.

3 *Y Llenor: Cyfrol Goffa William John Gruffydd* (Caerdydd, 1955), t.54.

4 Tegwyn Jones, 'Etholiad y Brifysgol 1943 – (2)', *Y Faner*, 9 Medi 1977, tt.5–6.

5 Ceir trafodaeth hwyliog ar yr Is-Etholiad o safbwynt Saunders Lewis gan A. O. H. Jarman, 'Y Blaid a'r Ail Ryfel Byd' yn John Davies (gol.), *Cymru'n Deffro: Hanes y Blaid Genedlaethol 1925–75* (Aberystwyth, 1981), tt.68–92.

Pennod 15

1   *Y Llenor: Cyfrol Goffa William John Gruffydd* (Caerdydd, 1955), t.55.

2   Sef cerdd Prichard i George M. Ll. Davies, 'Y Tangnefeddwr', a cherddi Harri Gwynn, 'Yr Hiraeth Llwyd' a 'Plaza' (cyfrifir y rhain yn un cyfraniad), ac 'Y Ceffyl Gwedd'.

3   *Y Llenor* (gaeaf 1951), t. 157.

4   T. J. Morgan, 'Machlud 'Y Llenor', *Y Traethodydd* CXXXVII (Ionawr 1982), t.4.

5   *Y Llenor* (haf 1950), t.104.

6   T. J. Morgan, ibid.

7   *Y Cymro*, 7 Mawrth 1952.

8   J. E. Caerwyn Williams, 'Pedair Cainc y Mabinogi', *Lleufer* (1959), t.8. Mae pump ysgrif yr Athro Williams ar y Mabinogi yn y cylchgrawn rhwng 1959 ac 1960 rhyngddynt yn gyflwyniad poblogaidd a darllenadwy i ddamcaniaethau astrus Gruffydd.

9   Manylyn personol, 16 Awst 1990.

10   'Casgliad W. J. Gruffydd, LlGC, 26.7.54.

11   *Y Cymro*, 22 Hydref 1954.

Nodyn Llyfryddol

Ceir rhestr gymharol gyflawn o weithiau llenyddol a beirniadol cyhoeddedig Gruffydd yn Idwal Lewis, 'W. J. Gruffydd: Llyfryddiaeth', *Journal of the Welsh Bibliographical Society* VIII, tt.208–19. Nid oes yr un o'i weithiau gwreiddiol yn dal mewn print, ond ailgyhoeddwyd cyfran ohonynt mewn tair cyfrol ddiweddar:

Cyflwynir ei weithgarwch fel golygydd Y *Llenor* yn T. Robin Chapman (gol.), *Nodiadau'r Golygydd W. J. Gruffydd* (Llandybïe, 1986).

Ailgyhoeddir rhai o'i ysgrifau beirniadol pwysicaf ar lenyddiaeth a llenorion y bedwaredd ganrif ar bymtheg yn Bobi Jones (gol.), *Yr Hen Ganrif* (Caerdydd, 1991) a chynnwys *Detholiad o Gerddi W. J. Gruffydd* (Caerdydd, 1991), gan yr un golygydd, y cyfan o *Caniadau* Gruffydd ei hun yn 1931 ynghyd â nifer o'i gerddi diweddar.

Tynnais yn helaeth wrth baratoi'r gyfrol hon ar fy nhraethawd MA *Amcanion a Chyraeddiadau 'Y Llenor' W. J. Gruffydd* (Bangor, 1982) a chydnabyddaf fy nyled i draethawd Geraint Eckley, *Rhai Agweddau ar Feirniadaeth Lenyddol W. J. Gruffydd* (Aberystwyth, 1970).

Mynegai